Rauminteragierendes, funktionsintegrales Mobiliar zur zielgruppenorientierten Erhöhung der Barrierefreiheit in Bestand und Neubau

Schriftenreihe Bau- und Immobilienmanagement
herausgegeben von Bernd Nentwig

Band 43

Die vorliegende Arbeit entstand im Rahmen einer Dissertation an der Bauhaus-Universität Weimar, Fakultät Architektur und Urbanistik.

Lukas Beyerle

Rauminteragierendes, funktionsintegrales Mobiliar zur zielgruppenorientierten Erhöhung der Barrierefreiheit in Bestand und Neubau

BAUHAUS
UNIVERSITÄTSVERLAG

Band 43 der Schriftenreihe Bau-und Immobilienmanagement, herausgegeben von Bernd Nentwig

Besuchen Sie uns im Internet:
www.asw-verlage.de

Satz und Gestaltung: Dr.-Ing. Antonia Herten

Druck: ScandinavianBook, Neustadt a. d. Aisch

ISBN print 978-3-95773-326-9
ISBN E-Book 978-3-95895-076-4

Bibliografische Information der Deutschen Nationalbibliothek:
Die Deutsche Nationalbibliothek verzeichnet diese Publikation in der Deutschen Nationalbibliografie; detaillierte bibliografische Daten sind über http://d-nb.de abrufbar.

Vorwort des Herausgebers

Mit der vorliegenden Veröffentlichung von Lukas Beyerle unter dem Titel „Rauminteragierendes, funktionsintegrales Mobiliar zur zielgruppenorientierten Erhöhung der Barrierefreiheit in Bestand und Neubau“ liegt ein ebenso wissenschaftlich fundiertes wie praxisrelevantes Werk vor, das die Schnittstellen von Architektur, Planung, Design und gesellschaftlicher Teilhabe in exemplarischer Weise verbindet.

Das Buch widmet sich der Frage, wie räumliche Strukturen und Möblierungen so gestaltet werden können, dass sie den unterschiedlichen Bedürfnissen einer zunehmend diversifizierten und alternden Gesellschaft gerecht werden. Der Ansatz versteht Barrierefreiheit nicht allein als normatives oder technisches Erfordernis, sondern als integratives Prinzip einer inklusiven, menschengerechten Gestaltung von Bestands- und Neubauten.

Besonders hervorzuheben ist die Verbindung von theoretischer Fundierung und praktischer Anwendung. Die Arbeit führt die Lesenden von der begrifflichen und methodischen Klärung über die Analyse bestehender Regelwerke und Designansätze bis hin zu innovativen prototypischen Lösungen – einschließlich der Entwicklung und Erprobung rauminteragierender Möbelkonzepte. Damit bietet das Buch sowohl einen wissenschaftlichen Erkenntnisgewinn als auch konkrete Impulse für die Planungspraxis.

Die Veröffentlichung richtet sich an ein breites Fachpublikum: an Architektinnen und Architekten, Innenarchitektinnen und Innenarchitekten, Produktdesignerinnen und Produktdesigner, ebenso wie an Projektentwickler, Wohnungswirtschaft, kommunale Entscheidungsträger sowie Forschende und Studierende der Planungs- und Sozialwissenschaften.

Durch die interdisziplinäre Perspektive und die konsequente Verbindung von Forschung, Entwurf und Anwendung, leistet dieses Buch einen wichtigen Beitrag zu einer zukunftsfähigen, inklusiven und ökonomisch tragfähigen Bau- und Immobilienkultur.

Weimar, Dezember 2025 Prof. Dr.-Ing. Bernd Nentwig

Für Gerlinde und Ricarda

Inhalt

Abbildungsverzeichnis

Tabellenverzeichnis

1 EINLEITUNG

1.1 HINTERGRUND

Die vorliegende Dissertation entstand im Rahmen meiner Anstellung von Mai 2020 bis Dezember 2024, als wissenschaftlicher Mitarbeiter der Technischen Hochschule Rosenheim (TH-Rosenheim). Über einen Zeitraum von viereinhalb Jahren bearbeitete ich am Zentrum für Forschung, Entwicklung und Transfer (F&E) das Forschungsprojekt „DeinHaus 4.0-Oberbayern“.[1] Dein Haus4.0 ist eine mit 4,5 Millionen Euro geförderte Forschungsprojektreihe des Bayerischen Staatsministeriums für Gesundheit und Pflege, unter Beteiligung dreier Hochschulen an drei Standorten: DeinHaus4.0-Oberbayern (TH-Rosenheim), -Niederbayern (THD-Deggendorf) und -Oberpfalz (OTH-Regensburg). Drei Hochschulen, drei übergeordnete Forschungsfelder: Therapie- und Pflegewissenschaften, digitale Assistenzsysteme, Architektur und Design. Übergeordnetes Ziel: Menschen vor dem Hintergrund des demografischen Wandels und in Erwartung einer zunehmend überalterten Gesellschaft[2], ein langes und selbstbestimmtes Leben im eigenen Zuhause zu ermöglichen. DeinHaus4.0-Oberbayern, als transdisziplinäres Forschungsprojekt, gliederte sich in sieben kooperierende, an Profession und Forschungsfeld der Teilnehmenden, orientierte Teilprojekte, wie bspw. Ergonomie, Technikimplementierung, Post-Reha und weitere. Meinem beruflichen als auch akademischen Hintergrund entsprechend, war ich im genannten Zeitraum für das Teilprojekt 5 „Integrativer Raum“, unter Leitung von Prof. Dipl.-Ing. (FH) Andreas Betz (Fakultät Holztechnik und Bau), tätig. Innerhalb meines Anstellungsverhältnisses, sowie durchweg selbstständig erbrachter Forschungsarbeit entwickelte ich ein innovatives Raum-in-Raum-Konzept für den Sanitärbereich, im Rahmen eines praxis-geleiteten[3], partizipativen Forschungsprojekts. Die teilweise Mitverwendung von Forschungsergebnissen des DeinHaus4.0-Projekts zu Dissertationszwecken, erfolgte auf Grundlage der Einverständniserklärung des Bayerischen Staatsministeriums für Gesundheit und Pflege (Punkt 1.2) sowie nach individueller schriftlicher Genehmigung am 14.10.2022.

[1] vgl. Technische Hochschule Rosenheim 2024: DeinHaus 4.0 Oberbayern

[2] vgl. DESTATIS Statistisches Bundesamt 2024: Bevölkerung

[3] vgl. Candy 2006: Practice Based Research: A Guide

1.2 ZUM AUTOR

1979 geboren und aufgewachsen in München, entdeckte ich früh meine Leidenschaft für das kreative Arbeiten, die mich 2002 nach Weimar zum Produktdesignstudium führte. Begeistert von integrativen Entwurfsansätzen und „Kleinraumlösungen" begann ich ab 2004 zusätzlich Architektur zu studieren (ebenfalls in Weimar). Nach erfolgreichem Abschluss beider Studiengänge 2013, arbeitete ich im praktischen Bereich für diverse Architekturbüros und bin seit 2016 für FG Architektur in Sonthofen tätig. Im akademischen Bereich war ich sowohl an der TU München (2018–2019) als auch an der TH Rosenheim (2020–2025) als wissenschaftlicher Mitarbeiter beschäftigt. Am Zentrum für Forschung, Entwicklung und Transfer (TH Rosenheim) entwickelte ich das Raum-in-Raum-System als Grundlage der vorliegenden Dissertation. Ich hoffe, mit meiner Arbeit einen Beitrag dazu leisten zu können, wissenschaftliche Handlungsfähigkeit im Bereich Design durch Adaption sozialwissenschaftlich-ethnografischer Methodik herzustellen, die bis dato nicht gegeben ist.[4] Mein ausdrücklicher Dank gilt meinem Mentor Prof. Dr.-Ing. Bernd Nentwig (Bauhaus Universität-Weimar) sowie meinen Gutachterinnen Prof. Dr.-Ing. Caroline Günther (Frankfurt University of Applied Sciences) und Prof. Dr.-Ing. Gesine Marquardt (Technische Universität Dresden).

1.3 ABSTRACT

Die vorliegende Dissertation dokumentiert ein praxis-geleitetes[5] Forschungsprojekt innerhalb eines theoretischen Bezugsrahmens des „Research-through-design"-Ansatz Christopher Fraylings[6] und Klaus Krippendorffs Theorie einer „Wissenschaft für Design".[7] Als weiterer, entscheidende Impulse gebender Autor muss an dieser Stelle Tom Bieling mit seiner Dissertation „Inklusion als Entwurf" genannt werden.[8] Das Forschungsfeld stellte die Barrierefreiheit von Sanitärräumen in Bestand und Neubau dar; das konkrete Forschungsthema die praktische als auch theoriegeleitete Entwicklung eines Raum-in-Raum-Systems unter nachstehenden Forschungsfragestellungen.
Praxisgeleitet: Kann Barrierefreiheit, orientiert an DIN-Standards, durch innovative Raum-in-Raum-Systeme im Bestand hergestellt, bzw. verbessert werden? Welche Perspektiven erge-

---

[4] vgl. Findeli 2004: Die projektgeleitete Forschung: Eine Methode der Designforschung, S.45

[5] vgl. Candy 2006: Practice Based Research: A Guide

[6] vgl. Frayling 1993: Research in art and design

[7] vgl. Krippendorff 2013: Die semantische Wende

[8] vgl. Bieling 2019: Inklusion als Entwurf

ben sich aus den im Bestand gewonnenen Erkenntnissen für den Neubau? Wie praktikabel erscheinen in diesem Kontext die cross-funktionalen Gestaltungsansätze nach Bieling[9] als Werkzeug statt „Beifang" des Entwurfsprozesses? Innerhalb der Analyse- und Spezifikationsphase erfolgten Recherche und Auswertung ähnlich gelagerter Forschungsprojekte (Stand der Forschung) sowie gängiger Produkte des Marktes. Aufbauend wurde ein u. a. durch Design-Thinking-Workshops begleitetes Entwurfskonzept entwickelt (Konzeption), das im Rahmen einer Testphase fortlaufend optimiert wurde. Diese (Testphase) orientierte sich methodologisch an der qualitativ/quantitativen Sozialforschung, sowie ethnografischen Standards, unter Einbezug der relevanten Stakeholder des Konzepts. Zunächst auf Grundlage von Plänen und Skizzen, später unter physischem Einbezug des 1:1 Prototypen. Im Rahmen eines mixed-methods Forschungsdesigns kamen insbesondere Gruppendiskussionen, ExpertInnen-Interviews, Beobachtungsstudien, Fragebogenerhebungen, sowie geometrische Grundrissanalysen zur Auswertung.

Theoriegeleitet: Inwiefern kann die „Wissenschaft für Design" als zielführend hinsichtlich wissenschaftlichen Arbeitens zur Thematik Barrierefreiheit, im Kontext „Bedeutung von Artefakten" und Altersstigmatisierung betrachtet werden? Inwiefern lässt sich der teilweise vage beschriebene Transfer ermittelter Stakeholder-Bedarfe in den Entwurfsprozess optimieren? Die Kombination praxis- und theoriegeleiteter Aspekte implizierte eine explorative Vorgehensweise, ein instrumentelles Erkunden der Forschungsfrage und ein Verständnis des Forschungsprozesses als Lernprozess, unter der übergeordneten Fragestellung: Welche Rückschlüsse lassen sich aus dem beschriebenen praktischen wie auch theoretischen Kontext auf das Berufsbild Designschaffender ziehen? Auf Grundlage der beschriebenen Fragestellungen erfolgte die Entwicklung eines Raum-In-Raum-Systems bis auf Prototypenstatus, unter fortlaufender theoretischer Kontextualisierung und innerhalb mehrerer Testphasen. Somit entstanden aus praktischer Entwurfsarbeit theoretische, die Praxis informierende Erkenntnisse.[10] Die Arbeit folgt den partizipativ orientierten Grundprinzipien des „Human-centered Designs" und dessen unter anderem in der DIN EN ISO 9241-220 beschriebenen Phasen aus: Analyse, Spezifikation, Konzeption und Testphase.[11]

---

[9] vgl. Bieling 2019: Inklusion als Entwurf, S. 59–62

[10] vgl. Hohl 2015: Praxis-basierte, Praxis-geleitete oder Theorie-basierte Ph.D. Forschung in Kunst und Design?

[11] vgl. Deutsches Institut für Normung 2019: DIN EN ISO 9241-210, Ergonomie der Mensch-System-Interaktion. Teil 210, Prozess zur Gestaltung gebrauchstauglicher interaktiver Systeme (ISO/FDIS 9241-210:2019)

2 FORSCHUNGSGEGENSTAND

2.1 INHALT

Im Rahmen des nun folgenden Kapitels erfolgt die Beschreibung des Forschungsgegenstands, der sich aus architektonischen wie auch designrelevanten (Forschungs-)Fragestellungen zusammensetzt und sowohl praktische als auch theoriegeleitete Aspekte beinhaltet. Zunächst werden Kontext und Forschungsbedarf dargelegt, sowie die Wahl des Forschungsfeldes und -Themas begründet. Es folgt eine Beschreibung von Aufbau und Gliederung der Arbeit sowie der zugrunde liegenden Methodik und Evaluationsverfahren. Das Kapitel schließt mit einem Fazit und stellt die Bezugnahme zur Forschungsfrage im Rahmen einer Kontextualisierung her.

2.2 KONTEXT UND FORSCHUNGSBEDARF

2.2.1 Kontext Demographie

Die demografische Entwicklung in Deutschland ist bekannt: Immer mehr alten stehen immer weniger junge Menschen entgegen, einhergehend mit schwindenden Bevölkerungszahlen. Jede zweite Person in Deutschland ist heute älter als 45, jede fünfte Person älter als 66 Jahre.[12] Die aktuelle Entwicklung wird durch drei Komponenten bestimmt: steigende Lebenserwartung, sinkende Geburtenraten und Wanderungssaldo. Migration scheidet aufgrund mittel- und langfristig kaum prognostizierbarer Zu- und Abwanderungstendenzen, sowie Ressentiments der Bevölkerung, als ausgleichender Faktor aus. In naher Zukunft wird es weniger Kinder, dafür immer mehr alte und sehr alte Menschen geben.[13] Mit zunehmender Lebenserwartung erhöht sich die Wahrscheinlichkeit körperlich-geistiger Einschränkung[14], die sich angesichts des beschriebenen demografischen Wandels zu einer zunehmend „universellen gesellschaftlichen Erfahrung“ entwickelt.[15] Die Gesellschaft der Zukunft ist somit nicht nur eine Gesellschaft der Alten, sondern auch der Eingeschränkten. Alter geht für viele Menschen mit einem Verlust von Autonomie, Mobilität und sozialer Teilhabe einher und führt zu einem stetig steigenden Hilfe- und Unterstützungsbedarf, einhergehend

[12] vgl. DESTATIS Statistisches Bundesamt 2024: Bevölkerung

[13] vgl. Vries/Perry 2007: Der demografische Wandel und die Zukunft der Gesellschaft, S. 115

[14] vgl. Mitnitski et al. 2015: Age-related frailty and its association with biological markers of ageing

[15] vgl. Bieling 2019: Inklusion als Entwurf, S. 13

mit zunehmender Pflegebedürftigkeit.[16] Technische Assistenzsysteme können diesbezüglich unterstützend eingreifen, Selbstständigkeit erhalten und vor dem Hintergrund des allgemein bekannten Fachkräftemangels in der Pflege, professionell Pflegende als auch pflegende Angehörige entlasten.[17] Die Arbeit thematisiert daher neben design- und architekturspezifischen Fragestellungen zwangsläufig auch die Themen Behinderung und Inklusion. Das entwickelte Raum-in-Raum-System als technische Assistenz kombiniert raumsparende Aspekte mit physischer Unterstützung, innerhalb eines funktionsintegralen Ansatzes.

2.2.2 Kontext Architektur

Gesellschaftlicher Wandel steht zwangsläufig in Verbindung mit sich wandelnden (Wohnungs-)Märkten und Zielgruppen. Der beschriebenen demografischen Entwicklung stehen bis dato unzureichende Antworten der Architektur gegenüber: Lösungsstrategien beschränken sich vorwiegend auf barrierefreies Bauen nach DIN-Standards, mit quantitativ geringem Erfolg: Nur 2 % des Gesamt-Gebäudebestands und nur 3 % der Seniorenhaushalte in Deutschland gelten als barrierefrei gemäß DIN 18040 - Barrierefreies Bauen. 2018 verfügten über 85 % der Seniorenhaushalte über keinen stufenlosen Zugang, selbst im Neubau war dies noch 2011 in der Hälfte der Objekte der Fall.[18] Hinzukommend belegen Untersuchungen den Wunsch älterer Menschen, selbstständig, so lange wie möglich in Ihrer vertrauten Umgebung zu leben, einhergehend mit konstant sinkender Umzugsbereitschaft in Relation zum Alter.[19] 2008 lebten 93 % der SeniorInnen im „normalen Wohnungsbestand", lediglich 7 % in alternativen Wohnformen wie Heimen, betreutem Wohnen und sogenannten Altenwohnungen; alternative Wohnkonzepte, wie Senioren-Wohngemeinschaften und Mehrgenerationen-Wohnen erscheinen zahlenmäßig nicht relevant.[20] Wohnen im Alter findet somit in den eigenen vier Wänden statt. Die genannten Zahlen und Fakten verdeutlichen den Forschungs- und Handlungsbedarf, hinsichtlich Schaffung einer zeitgemäßen baulichen Lebensumwelt des Bestands, eine kritische Reflexion der Lösungsstrategie „Barrierefrei nach DIN" beinhaltend.

---

[16] vgl. Schüz et al. 2011: Autonomie trotz Multimorbidität im Alter – Der Berliner Forschungsverbund AMA

[17] vgl. Hergesell 2021: Innovationsimperativ und digitale Pflegetechnik

[18] vgl. bfb 2020: Barrierefreier Wohnraum: Ausnahme statt Regel | Ergebnisse Mikrozensus

[19] vgl. Kremer-Preiß/Stolarz 2003: Neue Wohnkonzepte für das Alter und praktische Erfahrungen bei der Umsetzung - eine Bestandsanalyse, S. 8

[20] vgl.Statista Research Department 2011: Verteilung altersgerechter Wohnformen in Deutschland im Jahr 2008

2.2.3 Kontext Design

Insbesondere in Städten ist die Lebensumwelt eine künstliche und maßgeblich bestimmt durch ein Wechselgefüge aus Architektur und Design. So sind design-assoziierte Rollatoren/Rollstühle in ihrer Funktionsfähigkeit an ein entsprechendes bauliches Umfeld gebunden; ein Kernanliegen der DIN 18040 - Barrierefreies Bauen.[21] Design steht einerseits vor der Herausforderung dem demografischen Wandel durch zielgruppenorientierte Produkte Rechnung zu tragen und die Chancen eines demographiebedingt wachsenden Marktes zu ergreifen. Andererseits gilt es, einer Selbst- und Fremdstigmatisierung älterer Menschen, insbesondere durch sogenannte „Seniorenprodukte“ entgegenzuwirken, die als nahezu unverkäuflich gelten.[22] Es müssen daher Alternativen zum „ignoranten“, die Bedürfnisse älterer Menschen ignorierenden und „expliziten“, die Bedürfnisse älterer Menschen augenscheinlich adressierenden Design[23] entwickelt werden. Lösungsansätze wie „Universal-Design“ und „Design für Alle“ scheitern unter anderem an Ihrem Universalisierungsanspruch: Zu unterschiedlich die Bedürfnisse bspw. junger und alter, eingeschränkter und nicht eingeschränkter Menschen[24], zu vage die formulierten Entwurfskriterien[25] zu wenig prozesshaft die Umsetzung.[26]

2.2.4 Forschungsbedarf Architektur

Der spezifische Forschungsbedarf der Arbeit hinsichtlich des architektonischen Aspekts begründet sich wie folgt: Der Wohnungsbestand in Deutschland gilt, wie dargestellt, als flächendeckend nicht barrierefrei im Sinne der DIN 18040. Zeitgleich spielen Um- und Neubauten im Sinne der DIN eine zahlenmäßig marginale Rolle. Die Sinnhaftigkeit zentraler Forderungen der DIN, bspw. das Vorsehen von Bewegungsflächen zur Schaffung eines Rollator-/Rollstuhlgerechten Lebensumfelds jedoch, kann in Anbetracht des demografischen Wandels nur bedingt infrage gestellt werden. Somit gilt es im Rahmen der vorliegenden Arbeit zum einen das „Scheitern“ der DIN 18040 kritisch zu hinterfragen, zum anderen gilt es Alternativen zu den bis dato gängigen, jedoch wenig populären Umbaumaßnahmen zu entwickeln (siehe: 2.2.2 Kontext Architektur). Die vorliegende Arbeit untersucht daher Potentiale der Bestandsertüchtigung von „innen“ über das Thema Mobiliar und Design, mit dem

---

[21] vgl. Deutsches Institut für Normung 2023: DIN 18040-2, Barrierefreies Bauen - Planungsgrundlagen. Teil 2, Wohnungen

[22] vgl. Santermans 2004: Herausforderungen für die europäische OTC-Industrie, S. 106

[23] vgl. Bieling 2019: Inklusion als Entwurf, S. 60

[24] vgl. Bieling 2019: Inklusion als Entwurf, S. 39–43

[25] vgl. Park 2012: Inklusion und Design, S. 23

[26] vgl. Bade 2008: Universal Design im globalen demographischen Wandel

übergeordneten Ziel der Vermeidung von Grundrissanpassungen. Aufgrund überwiegend räumlicher DIN-Forderungen (Bewegungsflächen) und vor der Grundannahme eines statischen Grundriss standen hierbei aktiv raumbildende Eigenschaften eines zu entwickelnden Mobiliars im Vordergrund.

2.2.5 Forschungsbedarf Design

Das zu entwickelnde Raum-in-Raum-System beschränkte sich nicht auf den räumlich-architektonischen Aspekt. Es galt, ein Produkt zu entwickeln, dessen Funktionalität insbesondere die Bedürfnisse älterer Menschen adressiert und zeitgleich einer Antizipation als Seniorenprodukt entgegenwirkt. Nicht zuletzt deshalb erfolgte die Entwicklung in Kooperation (auch) mit jungen Menschen. Universal Design im Sinne eines „Produkts für alle" und der damit einhergehenden Aufhebung einer Zuweisung des entstehenden Produkts zu bestimmten gesellschaftlichen Gruppen, ließ sich nur bedingt realisieren: Insbesondere Barrierefreiheit ist gruppen- und einschränkungsspezifisch, d.h. zielgruppenorientiert und individuell statt universell zu betrachten.[27] Die durch Park reduzierten Kriterien des Universal Design wie Zugänglichkeit, Entstigmatisierung und Berücksichtigung von Hilfsmitteln[28] wurden im Laufe des Prozesses zwar realisiert, dennoch entstand kein „Produkt für alle". Während universelle Designkonzepte, Einschränkung im Idealfall „mitdenken", schlagen Cross-Funktionale-Konzepte einen alternativen Weg ein.[29] Dies, indem Einschränkung als Ausgangspunkt des Prozesses fungiert, deren weiterer Verlauf in kontextungebundene, teils unvorhersehbare Anwendungsgebiete münden kann, wie historische Beispiele zeigen. So fanden einerseits technische Verfahrensweisen zur Herstellung einschränkungsspezifischer, expliziter Artefakte bspw. im Möbelbau Anwendung: Die Furnierschichtholzbauweise des „Eames Chair" wurde ursprünglich zur Herstellung von Prothesen entwickelt.[30] Andererseits wurden Artefakte explizit für bestimmte Zielgruppen entwickelt, dann jedoch von anderen antizipiert bzw. neu kontextualisiert: Schreibmaschinen, ursprünglich als Blindenkommunikationshilfe entwickelt, wurden vorwiegend von Sehenden genutzt.[31] Aufgrund des Neukontextualisierungspotenzials und zahlreicher denkbarer Anwendungskontexte, bleiben (weitere) Zielgruppen dabei immer auch spekulativ im Sinne des „spekulativen Entwerfens"[32] Der Entwurfsprozess

---

[27] vgl. Bieling 2019: Inklusion als Entwurf, S. 41–42

[28] vgl. Park 2012: Inklusion und Design, S. 23

[29] vgl. Bieling 2019: Inklusion als Entwurf, S. 59–62

[30] vgl. Pullin 2009: Design meets disability

[31] vgl. Bergermann 2013: Abilty Trouble, S. 19

[32] vgl. Bieling 2022: Experiment und Versprechen

des Raum-in-Raum-Systems folgte einem cross-funktionalen Ansatz, die Bedürfnisse älterer Menschen dienten dabei als stets fokussierter, zentraler Ausgangspunkt. Während im Bereich Universal-Design vergleichsweise intensiv geforscht wird (verdeutlicht u. a. durch die „Expertenkonferenz universal design" der Bauhaus-Universität, 2009[33]) stellt Cross-Funktionales-Design ein bis dato kaum erforschtes Feld, mit entsprechendem Forschungsbedarf dar. Die vorliegende Arbeit unternimmt dabei den Versuch, dieses als Werkzeug statt „Beifang" des Forschungsprozess' in Wert zu setzen und sichtbar zu machen. Dessen bis dato stiefmütterliche Behandlung mag der allgemeinen Begriffs-Diffusität des Diskurs´ als auch dem erst nachträglichem „Erkennen" cross-funktionalen Designs als solches geschuldet sein (Schreibmaschine). Die Forschungsarbeiten Bielings sowie Heylighen/Herssens lieferten diesbezüglich wertvolle Anknüpfungspunkte aufbauender Forschung.[34] „Forschungsbedarf Design" impliziert Designforschung, die zwar stattfindet, aber bis dato keine legitimierte akademische Wissenschaft darstellt (siehe: 2.3 Forschungsfeld und Thema).[35] Den Entwurf einer „Wissenschaft für Design", formulierte Klaus Krippendorff 2012, in der „Semantischen Wende"[36]. Er beschreibt eine umfassende Theorie menschenbezogenen, „Human-centered Designs", formuliert innovative Ansätze zur Semantik von Artefakten, sowie - und das ist entscheidend, kommunizier- und anwendbare Methoden. Der Terminus Wissenschaft „für" Design ist bedeutend, da Krippendorff weder Wissenschaft „über" Design, aus einer externen Beobachtungsperspektive, noch „Designwissenschaft", im Sinne einer (oftmals bemühten) Verwissenschaftlichung von Design proklamiert (siehe: 3.6.3 Methodik, Semantische Wende). Es geht um die Kommunizierbarkeit von Designprozessen, die Schaffung einer belastbaren Rechtfertigungsgrundlage gegenüber Stakeholdern und Forschenden durch systematische Dokumentation und Interpretation von Designpraktiken, dem Lernen aus Fehlern sowie der Kodifizierung des Bewährten.[37] Kurz: Um Integration wissenschaftlicher Qualitätskriterien, als Bestandteil einer Wissenschaftsethik in den Designprozess.[38] Human-centered-design stellt keine Erfindung Krippendorffs dar und wird von zahlreichen weiteren AutorInnen

[33] vgl. Bauhaus-Universität Weimar 2009: Archiv

[34] vgl. Heylighen/Herssens 2014: Designerly Ways of Not Knowing: What Designers Can Learn about Space from People Who are Blind; Bieling 2019: Inklusion als Entwurf

[35] vgl. Hugentobler 2008: Abstract und Einleitung, S. 5

[36] vgl. Krippendorff 2013: Die semantische Wende

[37] vgl. Krippendorff 2013: Die semantische Wende, S. 263–264

[38] vgl. Balzert et al. 2017: Wissenschaftliches Arbeiten, S. 13–24

beschrieben[39]. Als frühe Wegbereiter gelten u. a. Protagoras, Descartes und weitere, wobei Ludwig Wittgenstein insbesondere aufgrund seiner sprachphilosophischen Einlassungen, die für Krippendorff bedeutendste Persönlichkeit darstellt.[40] Human-centered Design wurde wie erwähnt im Rahmen der DIN EN ISO 9241-220[41] in eine Norm überführt. Zentral und abgrenzend vom technologiegetriebenen User-centered Design sind nach Krippendorff unter anderem folgende Aspekte:[42] Ein explizites und tiefgreifendes Verständnis von NutzerInnen und deren geplanter Verwendung und Implementierung der Artefakte, statt Fokussierung auf einzelne, parametrisierte EndnutzerInnen (Krippendorff spricht hier vom „Verstehen des Verstehens der Anderen", einem Verstehen zweiter Ordnung); kontinuierlicher und gleichberechtigter Einbezug aller vom entstehenden Artefakt Betroffenen, im Rahmen von Stakeholder-Netzwerken (NutzerInnen gestalten aktiv mit); iterative Entwurfsprozesse mit integrierten Feedbackschleifen im Rahmen fortgeführter Usability-Tests; Berücksichtigung einer vollumfänglichen User-Experience, jenseits von Einzelaspekten wie bspw. intuitiver Bedienbarkeit; Kooperation von multidisziplinären Teams im Entwurfs- und Entwicklungsprozess; Wandel vom (Berufs-) Bild Designschaffender als Autoritäten in Gestaltungsfragen, zu OrganisatorInnen sozialer Prozesse und Teamworkern (Stakeholder). Krippendorff geht es explizit um den Begriff der „Bedeutung" von Artefakten, die er neben dem Handeln, dem Lebenskreislauf und einer Ökologie der Artefakte, vor allem auf der sprachlichen Ebene verortet und der bloßen Funktionalität von Artefakten überordnet. Deren kontextabhängige Wahrnehmung, Erfahrung und Interpretation durch Stakeholder stehten im Vordergrund, zu dessen Erfassung und Beschreibung Krippendorff den entsprechenden Methodenapparat liefert. Es liegt auf der Hand, dass Konsumentscheidungen vielfach nur bedingt bedarfs- und funktionalitäts-, sondern vor allem bedeutungsorientiert getroffen werden. Kleidung erfüllt die vorrangige Funktion thermischer Isolation, ihr wesentlicher Zweck jedoch ist Bedeutung: Modisches Statement, Bekenntnis zu sozialer Gruppenzugehörigkeit, Autorität (Uniformen) etc. Während die Handlungsebene vorwiegend auf intuitive Bedienbarkeit von Artefakten abzielt, befasst sich die sprachliche Ebene naheliegend mit der Frage, wie wir über Arte-

---

[39] vgl. Jonas 2010: Designwissenschaft als Netz von Theorien und Akteuren; Rosenbrock 1989: Designing human-centred technology; Buchanan 2007: Anxiety, wonder and astonishment: The communion of art and design

[40] vgl. Krippendorff 2013: Die semantische Wende, S. 67–75

[41] vgl. Deutsches Institut für Normung 2019: DIN EN ISO 9241-210, Ergonomie der Mensch-System-Interaktion. Teil 210, Prozess zur Gestaltung gebrauchstauglicher interaktiver Systeme (ISO/FDIS 9241-210:2019)

[42] vgl. Krippendorff 2013: Die semantische Wende, S. 65–102

fakte sprechen und sie auf diese Weise kategorisieren: Eine „Seniorenwohnung" verkauft sich nicht, wohl aber die identische Wohnung, bezeichnet als „Wohnung für ein langes Leben".[43] Krippendorffs Fokussierung auf den Aspekt der Bedeutung erschien als prädestiniert, scheitern doch insbesondere „Seniorenprodukte" an den Ihnen zugeschriebenen Bedeutungen und weniger an Ihren Funktionen (Seniorenhandy). Im Rahmen der vorliegenden Arbeit, sollte u. a. die „Semantische Wende" in Hinblick auf ihrer Praktikabilität, bezüglich wissenschaftlichen Arbeitens im Kontext Barrierefreiheit, untersucht werden. Diesbezüglich finden sich Anknüpfungspunkte bei Ralf Michl und Jörg Petruschat, die Krippendorffs Theorie seit geraumer Zeit im Lehrkontext nutzen.[44] Neben der Erweiterung und Beförderung des Designdiskurses stellt das Anliegen einer Wissenschaft „für" Design explizit die *„laufende Bereitstellung neuer beruflicher Möglichkeiten"*[45] für Designschaffende dar. Die vorliegende Arbeit unternimmt den Versuch, diese nur vage beschriebenen Optionen, im Rahmen eines explorativ-reflektiven Forschungsdesigns zu konkretisieren, Designschaffenden neue Wege aufzuzeigen, bekannte Wege zu optimieren.

2.3 FORSCHUNGSFELD UND -THEMA

2.3.1 Forschungsfeld

Wie erwähnt handelte es sich bei DeinHaus4.0 um ein Forschungsprojekt des Bayerischen Staatsministeriums für Gesundheit und Pflege. Die Entwicklung eines nicht näher spezifizierten „Raum-in-Raum-Systems" stellte den Kernauftrag des Forschungsantrags (Teilprojekt-05) dar. Zunächst galt es, einen (Wohn-)Raum zu definieren, innerhalb dessen ein solches System sinnvoll erschien. Die Wahl fiel auf das Bad, aus folgenden Gründen: Forschungsrelevante Themen wie mangelnde Barrierefreiheit und Platzmangel wurden insbesondere im Falle des Bades bereits explizit untersucht. So geschehen im Rahmen einer 2017 durch die Vereinigung Deutsche Sanitärwirtschaft e. V. in Auftrag gegebene Forsa-Studie mit 3000 Befragten, nachstehend wiedergegeben.[46] Demnach sind aktuell in Deutschland lediglich 17 % des Gesamtbestands an Badräumen (46,20 Millionen) für ältere Menschen *„voll und ganz bequem nutzbar"*. In lediglich 6 von 36 Millionen erhobenen Wohnungen ist somit ein „altersgerechtes" Bad vorhanden (Begrifflichkeiten wie „altengerecht" und „voll [...] nutzbar" werden in besagter Studie nicht konkretisiert).

[43] vgl. Haimann 2013: Für Seniorenwohnungen fühlen sich alle zu jung

[44] vgl. Michel 2018: Licht – Farbe – Licht, S. 35

[45] vgl. Krippendorff 2013: Die semantische Wende, S. 264

[46] vgl. Vereinigung Deutsche Sanitärwirtschaft (VDS) 2017: Die Deutschen und ihre Bäder

Zeitgleich stellt die *„bequeme Nutzung in jeder Lebensphase"* mit 90 % Zustimmung, das Hauptkriterium der Befragten an eine zeitgemäße Badgestaltung dar. 81 % der Befragten zeigten sich mit ihrem Bad zufrieden; bei den verbliebenen 19 % der unzufriedenen Befragten gaben 85% Platzmangel und 49% Renovierungsbedürftigkeit als Gründe der Unzufriedenheit an. Der generelle Wunsch nach mehr Platz im Bad findet in konstant steigenden Raumgrößen von 7,80 qm (2006) auf 9,10 qm (2017) sowie dem Trend zur bodengleichen Dusche von 7 % (2011) auf 17 % (2017) Ausdruck. Die Studie zeugt zudem von einem hohen Sanierungsstau: 17,7 von 46,2 Millionen Bädern wurden seit ihrem Bau nicht saniert und sind durchschnittlich 19,5 Jahre alt. Die Investitionsbereitschaft der Befragten hinsichtlich einer Badsanierung liegt bei durchschnittlich 9.200,00 Euro.
Somit ist insbesondere das Bad von mangelnder Barrierefreiheit, Raumknappheit und Sanierungsstau betroffen, bei zeitgleich hoher Investitionsbereitschaft der Betroffenen und dem Wunsch nach Nutzbarkeit über verschiedene Lebensphasen hinweg. Ein ideales Forschungsfeld der vorliegenden Arbeit. Raum-in-Raum-Systeme innerhalb des Badraums als Nasszelle gehen zwangsläufig mit erhöhten baukonstruktiv-technischen Anforderungen wie Wasserführung und Abdichtung einher. Das Forschungsumfeld einer technischen Hochschule erschien diesbezüglich prädestiniert. Die Wahl der Nasszelle als Forschungsfeld birgt zudem hohes Potenzial der Übertragung des Konzepts auf andere Wohnräume, inklusive kostensparenden technischen Downgradings: Was im Bad funktioniert, funktioniert auch und erst recht in anderen, nicht feuchtebelasteten Räumen!

2.3.2 Forschungsthema

Der vorbeschriebene Forschungsbedarf (siehe: 2.2 Kontext und Forschungsbedarf), begründete das konkrete Forschungsthema: Die praxis-[47] und theoriegeleitete Entwicklung eines (im Bestand nachrüstbaren) Raum-in-Raum-Systems für den Badraum, zur Herstellung bzw. Erhöhung der Barrierefreiheit gemäß DIN 18040.[48]
Dabei können die **praxisgeleiteten Aspekte** wie folgt umrissen werden: Das Forschungsfeld Badraum (Nasszelle) führte zu den bereits erwähnten technischen Fragestellungen, die sich in feuchtebelasteten Räumlichkeiten komplexer darstellen als in nicht feuchtebelasteten Räumlichkeiten; Stichworte: Entwässerung, Abdichtung, Schimmel. Die geplante Implementierung in Bestand und Neubau stand zwangsläufig mit bestandstypischen Problemstellungen wie bspw. geringen Estrichaufbauten in Verbindung die einer Schwellenlosigkeit des Systems (Barrierefreiheit) im Wege standen. Im Sinne einer rationalisierten Herstellung und Montage

[47] vgl. Candy 2006: Practice Based Research: A Guide

[48] vgl. Deutsches Institut für Normung 2023: DIN 18040-2, Barrierefreies Bauen - Planungsgrundlagen. Teil 2, Wohnungen

galt es ein sinnhaftes, seriell herstellbares „Baukastenkonzept" zu konzipieren; vor dem Hintergrund heterogener Zielgruppen inklusive ästhetischer wie auch funktionaler Individualisierungsoptionen. Zur Realisierung von Bewegungsflächen und Funktionalitäten auf beengtem Raum wurde das beschriebene, auf Grundriss-Mobiliar-Interaktion basierende Konzept entwickelt (siehe: 5. Raum-in-Raum-System). Dessen Funktionalitäten wurden innerhalb des theoretischen Rahmens zunächst definiert (bspw. ExpertInnen-Interviews) und anschließend in kreative, am Prototypen zu testende Lösungsansätze transferiert. Dies unter Einbindung von ExpertInnen bspw. aus der Physiotherapie und den Gesundheitswissenschaften (Stakeholder-Einbezug). Die raumbildenden Aspekte des Systems wurden im Rahmen von Grundrissanalysen untersucht, deren Sinnhaftigkeit auf Grundlage der DIN 18040[49] als auch des Ready-Standards des Instituts Wohnen und Entwerfen (IWE) der Universität Stuttgart bewertet.[50] Die Entwicklung des Gesamtkonzepts folgte dem cross-funktionalen Gestaltungsansatz Bielings[51], eine kritische Reflexion stets beinhaltend.
Die **theorie-geleiteten Aspekte** können wie folgt umrissen werden: Wissenschaft im Allgemeinen, kann als systematische, teilweise auch zufällige Suche nach neuer Erkenntnis (Wissensgenerierung), innerhalb einer abgegrenzten wissenschaftlichen Disziplin und einer methodisch bedingten Perspektive auf einen Forschungsgegenstand beschrieben werden.[52] Methodik, Wissensgenerierung und Abgrenzung von anderen wissenschaftlichen Disziplinen, stellen zentrale Elemente des Designdiskuses dar (siehe: 3. Forschungsfeld). Dabei erscheint zur Herstellung wissenschaftlicher Belastbarkeit designerischen Handelns, der Rückgriff auf anerkannte Methodik fachfremder Disziplinen wie den Sozialwissenschaften, als legitim und zielführend.[53] Die Methodik Krippendorffs bedient sich u. a. sozialwissenschaftlicher als auch ethnografischer Standards, vorwiegend zur Bedarfsanalyse in Stakeholder-Netzwerken.[54] Im Rahmen des Forschungsthemas galt es, deren Praktikabilität bezüglich der spezifischen Thematik der Barrierefreiheit, des Aspekts der „Bedeutung" im Kontext stigmatisierenden Designs, sowie der Anwendung cross-funktionaler Designstrategien zu untersuchen. Auswertung und Transfer der gewonnenen Daten in den Entwurfsprozess, werden in der semantischen Wende, mit Aus-

---

[49] vgl. Deutsches Institut für Normung 2019: DIN EN ISO 9241-210, Ergonomie der Mensch-System-Interaktion. Teil 210, Prozess zur Gestaltung gebrauchstauglicher interaktiver Systeme (ISO/FDIS 9241-210:2019)

[50] vgl. ready – vorbereitet für altengerechtes Wohnen o. J.: Standards für altengerechtes Wohnen

[51] vgl. Bieling 2019: Inklusion als Entwurf, S. 59–62

[52] vgl. Online Lexikon für Psychologie & Pädagogik 2023: Wissenschaftliche Forschung

[53] vgl. Findeli 2004: Die projektgeleitete Forschung: Eine Methode der Designforschung, S. 45

[54] vgl. Krippendorff 2013: Die semantische Wende, S. 261–332

nahme von qualitativen Inhaltsanalysen[55] (hier wird seitens Autor auf weiterführende Literatur verwiesen) nur vage beschrieben. Die vorliegende Arbeit unternimmt diesbezüglich den Versuch im Rahmen der Themenstellung „nachzuschärfen". Auf diese Weise soll ein Beitrag geleistet werden, Designwissenschaft aus der bis dato vorherrschenden Situation einer Entsprechung von Forschungsfeld und Forschungsgegenstand herauszuführen, den Methodenbaukasten zu erweitern bzw. zu komplettieren und wissenschaftliche Handlungsfähigkeit herzustellen.

2.3.3 Forschungsfrage

Die der vorliegenden Arbeit zugrunde liegende Forschungsfrage lautete wie folgt:
Kann ein zu entwickelndes Raum-in-Raum-System durch (1) räumliche Interaktion und (2) Funktionsintegration die (3) Barrierefreiheit in Bestandsbauten mit transferierbarem Erkenntnisgewinn für den Neubau herstellen bzw. erhöhen? Welcher insbesondere methodologisch-designwissenschaftliche Beitrag kann dabei abgebildet, welche Rückschlüsse auf das sich wandelnde Berufsbild Designschaffender gezogen werden?
Die Bedeutung (1) räumlicher Interaktion bzw. rauminteragierenden Mobiliars wurde bereits hinreichend erläutert. Der Begriff der (2) Funktionsintegration bezeichnet in der Konstruktionslehre das Ziel, mit möglichst wenigen Bauteilen möglichst viele Funktionen abzudecken.[56] Somit galt es, Einzelfunktionen des Bades (auch zur Platzersparnis) zu bündeln, sowie physische Assistenzen, wie bspw. Haltegriffe, in das Gesamtkonzept zu integrieren. Herstellung bzw. Erhöhung von (3) Barrierefreiheit setzt einerseits deren Definition und andererseits deren Messbarkeit voraus. Als Vorläufer des Begriffs „barrierefrei" gelten die Begriffe „behindertengerecht" und „behindertenfreundlich".[57] Eine Definition von Barrierefreiheit, bedingt somit stets auch eine Definition von Behinderung (siehe 4. Barrierefreiheit). Behinderung lässt sich als Wechselspiel aus Mensch und einstellungsbezogenen bzw. baulichen Barrieren beschreiben, welches Waldschmidt in der Konsequenz als spezifische *„Problematisierung körperlicher Differenz"* [58] bezeichnet. Die Entstehung von Behinderung, bzw. deren Ausmaß (Messbarkeit) nach Waldschmidt, hängt maßgeblich davon ab, inwiefern körperliche Differenz durch Barriere einerseits sichtbar und andererseits zur physischen Problemstellung wird. Hinzukommend stellt sich die Frage, in welchem Maße Menschen mit Behinderung aufgrund des besagten Wechselgefüges als „andersartig" wahrgenommen werden.

---

[55] vgl. Krippendorff 2013: Die semantische Wende, S. 280

[56] vgl. Academic o. J.: Funktionsintegration

[57] vgl. Bundesfachstelle Barrierefreiheit o. J.: Wie ist Barrierefreiheit definiert?

[58] Waldschmidt 2005: Disability Studies: Individuelles, soziales und/oder kulturelles Modell von Behinderung?, S. 24

Behinderung lässt sich somit zunächst als Mensch-Umwelt-Interaktion definieren (siehe: 4. Barrierefreiheit).[59] Wie erwähnt (siehe: 1.2. Hintergrund), erhöht sich mit zunehmender Lebenserwartung, die Wahrscheinlichkeit körperlich-geistiger Einschränkung, sprich Behinderung.[60] Festzustellen ist zunächst, dass Menschen in Ihren Bedürfnissen offenkundig nicht „problematisiert" werden möchten, wie die einhellige Ablehnung von speziellen, mit Behinderung assoziierten, Seniorenprodukten belegt.[61] Möchte man Barrierefreiheit messen, gilt es somit, das Ausmaß besagter „Problematisierung körperlicher Differenz" zu erfassen und zu quantifizieren. Innerhalb des Projekts kam diesbezüglich ein Mixed-Methods-Ansatz zur Anwendung. Zunächst wurde mittels qualitativer Verfahren der Versuch unternommen, insbesondere einstellungsbedingten Barrieren „ein Gesicht zu geben" und „Dos and Don´ts" zu ermitteln, die eine Antizipation von Produkten als „Seniorenprodukt" befördern oder verhindern. Im zweiten Schritt wurde die Antizipation (Seniorenprodukt, ja oder nein?) des an den ermittelten Kriterien orientierten Entwurfs quantitativ, d. h. statistisch messbar, verifiziert. Barrierefreiheit an die Erfüllung von DIN-Vorgaben zu koppeln, greift aus den genannten Gründen zu kurz, dennoch kann die Sinnhaftigkeit bestimmter DIN-Forderungen (Bewegungsflächen) schwerlich in Abrede gestellt werden. Im dritten Schritt, innerhalb dessen vorwiegend bauliche Barrieren im Fokus standen, wurde einerseits die Funktionalität des Konzepts durch qualitative Testreihen mit quantitativer Rückkoppelung (mixed-methods) analysiert sowie räumliche Aspekte mittels geometrischer (statistisch greifbarer) Verfahren im Rahmen der Grundrissanalysen untersucht (siehe: 6. Evaluation)

Die vorliegende Arbeit unternimmt somit den Versuch, mittels des Raum-In-Raum-Systems, sinnhafte Forderungen der DIN zu erfüllen und zeitgleich ein für breite Bevölkerungsschichten attraktives Produkt, jenseits der viel zitierten „Seniorenprodukte" zu gestalten. Auf diese Weise konnte Anschlussfähigkeit zum beschriebenen Cross-funktionalen Gestaltungsansatz[62] (siehe: 4.3.4 Design: explizit, universell, cross-funktional) hergestellt werden: Behinderung als Expertise statt Makel, mit Fokus auf der Erweiterung von Zielgruppen (von vornherein) und der damit im Idealfall einhergehenden Überwindung des Stigmas „Seniorenprodukt", als Gradmesser von Barrierefreiheit. Wie beschrieben erfolgte zunächst die Entwicklung eines Konzepts für den Bestand („Vom Raum zum Mobiliar"). Aufbauend wurde die Fragestellung untersucht, welche räumlichen Szenarien im Neubau, sprich auf frei konfigurierbarem statt statischem Grundriss, denkbar erschienen („Vom Mobiliar zum Raum"). Theoriegeleitete,

[59] vgl. Anderberg 2005: Making both ends meet, S. 5

[60] vgl. Mitnitski et al. 2015: Age-related frailty and its association with biological markers of ageing

[61] vgl. Santermans 2004: Herausforderungen für die europäische OTC-Industrie, S. 106

[62] vgl. Bieling 2019: Inklusion als Entwurf, S. 60

methodologische Fragestellungen als auch der Aspekt sich wandelnder Berufsbilder folgten den im vorherigen Kapitel erläuterten Aspekten (siehe: 2.3 Forschungsfeld und -Thema).

2.4 AUFBAU UND METHODIK

2.4.1 Gliederung

Die vorliegende Arbeit gliedert sich wie folgt: Zunächst wird die bereits dargelegte Verortung in den Themenfeldern Architektur und Design vorgenommen (Forschungsgegenstand), der individuelle Forschungsbedarf begründet, Forschungsfeld, -Thema und -Fragestellungen definiert. Im darauffolgenden Kapitel (siehe: 3. Forschungsfeld), wird eine Kontextualisierung der Arbeit in aktuellen Diskursen der Designwissenschaften unter konkreter Darstellung des geplanten Diskursbeitrags (Wissensbeitrag) vorgenommen. Aufbauend werden die Themen Behinderung und Barrierefreiheit im forschungsrelevanten Kontext beleuchtet und die erforderlichen Begriffsdefinitionen vorgenommen (siehe: 4. Barrierefreiheit). Es folgt die Darstellung der Fallstudien des Forschungsprojekts (siehe: 5. Raum-in-Raum-System und 6. Evaluation), orientiert an den vier, innerhalb der DIN EN ISO 9241-220 beschriebenen Phasen aus: 1) Verstehen der Bedürfnisse und des Nutzungskontextes, 2) Festlegung der Nutzungsanforderungen (Entwurfskriterien), 3) Entwurf von Gestaltungslösungen (Konzeption) und 4) Evaluation der Gestaltungslösungen.[63] In einem abschließenden Kapitel (siehe: 7. Ergebnisse) werden die erzielten Forschungsergebnisse zusammengeführt, der faktisch entstandene Wissensbeitrag in Form von Thesen und Reflektionen dargestellt, sowie ein Ausblick formuliert.

2.4.2 Recherche

Der allgemein üblichen Vorgehensweise entsprechend, erfolgte zunächst eine Literaturrecherche. Zur Verifizierung der Hypothese, dass Bäder faktisch größer werden, das „zu kleine Bad" vorwiegend ein Problem der Vergangenheit (des Bestands) darstellt und eine typische, verlässlich wiederkehrende Badtypologie nicht existiert, wurden typologische Badgrundrisse aus Neuferts Bauentwurfslehre in den Ausgaben 1970, 1982, 1992 analysiert und der Ausgabe von 2018 gegenübergestellt.[64] Ergänzend wurden, wie erwähnt, entsprechende Stu-

---

[63] vgl. Deutsches Institut für Normung 2019: DIN EN ISO 9241-210, Ergonomie der Mensch-System-Interaktion. Teil 210, Prozess zur Gestaltung gebrauchstauglicher interaktiver Systeme (ISO/FDIS 9241-210:2019)

[64] vgl. Neufert 1970: Bauentwurfslehre; Neufert 1982: Bauentwurfslehre; Neufert/Neufert 1992: Bauentwurfslehre; Neufert/Kister 2018: Neufert Bauentwurfslehre

dien, bspw. der Vereinigung der Deutschen Sanitärwirtschaft gesichtet.[65] Parallel erfolgten Recherche und Auswertung thematisch verwandter Forschungsprojekte, im Sinne aufbauender Forschung, sowie eine Analyse des aktuellen Marktangebots, hinsichtlich barrierefreier Ertüchtigung von Bestandsbädern. Die im Rahmen der Recherche gewonnenen Erkenntnisse wurden abschließend in Entwurfskriterien transferiert (Festlegung der Nutzungsanforderungen, gem. DIN EN ISO 9241-220).

2.4.3 Konzeptentwicklung

Aufbauend auf Recherche und Ableitung von Entwurfskriterien, erfolgte eine erste Konzeptentwicklung im Rahmen von Skizzen und Modellen. Es entstanden zunächst zwei Varianten eines Raum-In-Raum-Systems. Man entschied sich zur Weiterverfolgung eines auf horizontaler Verschiebbarkeit des Waschtischs basierenden Konzepts, innerhalb dessen folgende marktübliche Produkte im Sinne eines funktionsintegralen Entwurfsansatzes berücksichtigt wurden: Duschklappsitz, barrierefreier Waschtisch, sowie Boden-Deckenstangen und Haltegriffe als physische Assistenzen.

2.4.4 Workshops

Parallel zur Bearbeitung zunächst technisch-funktionaler Aspekte, fanden kreative Design-Thinking-Workshops mit Studierenden statt. Diese verfolgten einerseits das Ziel, einem stigmatisierenden Erscheinungsbild des Konzepts entgegenzuwirken (siehe: 5.6 Workshops) und andererseits kreativen Input zu denkbaren Ästhetiken zu generieren, dem entstehenden Produkt „ein Gesicht zu geben“. Unter Verwendung der Umkehrmethode und unter Bezugnahme auf Krippendorffs „Bedeutung der Artefakte in der Sprache“[66] wurden zunächst Best- und Worst-Case-Szenarien barrierefreier Badräume, mittels Moodboards entwickelt. Die aufbauende Erstellung der Prototypings anhand von Collagen, orientierte sich an Krippendorffs (Um)Gestaltung der Charaktere von Artefakten.[67] Die Präsentationen der Ergebnisse wurde mittels Audioaufnahme aufgezeichnet, transkribiert und kategorienbasiert im Rahmen qualitativer Inhaltsanalysen ausgewertet. Transkription und Auswertung folgten den gängigen Regelwerken Kuckartz[68] unter Zuhilfenahme der Software F4 (Transkription) und MaxQDA (Auswertung). Die Veranstaltungen fanden in Präsenz statt.

---

[65] vgl. Vereinigung Deutsche Sanitärwirtschaft (VDS) 2017: Die Deutschen und ihre Bäder

[66] vgl. Krippendorff 2013: Die semantische Wende, S. 189–195

[67] vgl. Krippendorff 2013: Die semantische Wende, S. 289–298

[68] vgl. Kuckartz 2018: Qualitative Inhaltsanalyse

2.4.5 Gruppendiskussionen

Bereits zu einem frühen Zeitpunkt der Arbeit wurden Funktionalität und Sinnhaftigkeit des Konzepts im Rahmen einer Gruppendiskussion mit dem Münchner Verein Stadtteilarbeit auf die Probe gestellt. Der gemeinnützige Verein betreibt u. a. das Kompetenzzentrum Barrierefreies Wohnen, sowie die Fachstelle Wohnberatung Bayern, mit breit gestreuter Expertise (ArchitektInnen, WohnberaterInnen) zu forschungsrelevanten Fragestellungen.[69] Die Auswertung der Gruppendiskussion erfolgte protokollarisch, die Veranstaltung fand in Präsenz statt.

2.4.6 ExpertInnen-Interviews

Aufbauend auf die beschriebenen Gruppendiskussionen, wurde das Konzept im Rahmen teilstrukturierter, narrativer Leitfaden-Interviews[70], in diesem Fall ExpertInnen-Interviews mit WohnberaterInnen weiterentwickelt. Dabei wurde den ExpertInnen die Rolle gleichberechtigt Mitgestaltender im Sinne Krippendorffs zuteil [71], Ihre Anregungen und Ideen flossen mitunter unmittelbar in die Prototypenentwicklung ein. WohnberaterInnen befassen sich hauptberuflich mit den Problemstellungen der (Nicht-)Barrierefreiheit des Bestands. Aufgrund Ihrer teilweise jahrzehntelangen Vertrautheit mit den Sorgen und Nöten Betroffener, können sie als prädestiniert zur Klärung forschungsrelevanter Fragestellungen erachtet werden. Darüber hinaus bündeln diese zwangsläufig Wissen, was die Erhebungen um ein Vielfaches effizienter gestaltete als bspw. Einzelbefragungen von Betroffenen. Wie bereits im Falle der Workshops, wurden die Interviews mittels Audioaufnahme aufgezeichnet, transkribiert und kategorienbasiert im Rahmen qualitativer Inhaltsanalysen ausgewertet. Transkription und Auswertung erfolgten erneut nach Kuckartz[72] unter Zuhilfenahme der Software F4 (Transkription) und MaxQDA (Auswertung). Die Veranstaltungen fanden sowohl in Präsenz als auch online statt.

---

[69] vgl. Verein Stadtteilarbeit o. J.: Leitbild des Vereins „Stadtteilarbeit e.V.“

[70] vgl. Kruse 2015: Qualitative Interviewforschung; Mey/Mruck 2011a: Qualitative Interviews

[71] vgl. Krippendorff 2013: Die semantische Wende, S. 93–96

[72] vgl. Kuckartz 2018: Qualitative Inhaltsanalyse

2.5 EVALUATION

2.5.1 Grundrissanalysen

Raumbildende, geometrische Aspekte des Konzepts wurden im Rahmen umfangreicher Grundrissanalysen untersucht. Hierzu wurden zunächst über 100 denkbare Badkonfigurationen nach VDI-Standard [73], mit unterschiedlichen Ausstattungsmerkmalen entwickelt. (Bestand). Im Anschluss wurde das System innerhalb besagter Konfigurationen zeichnerisch platziert und dessen raumbildende Aspekte, insbesondere unter dem Aspekt eines verschiebbaren Waschtischs, analysiert. Eine Beurteilung der Vor- und Nachteile besagter Verschiebbarkeit, erfolgte auf Grundlage zweier Standards barrierefreien Bauens (DIN 18040[74], Ready-Standard[75]) und den damit verbundenen Anforderungen, nach spezifischen Bewegungsflächen. Im Anschluss erfolgte eine gesonderte Untersuchung mit Bezugnahme auf den Neubau. Die in der Entwurfsphase durch Konzeption, Gruppendiskussion, Expertinnen Interviews und Workshops gewonnenen Erkenntnisse mündeten schließlich in den Bau eines ersten Prototypen. Dieser wurde aufbauend den nachstehend beschriebenen Tests aus Fragebogenerhebungen, Beobachtungsstudien und Workshops unterzogen.

2.5.2 Fragebogenerhebungen

Ein Fachkongress der Technischen Hochschule Rosenheim zum Thema „Selbstbestimmtes Leben im Alter“[76] bot die Möglichkeit, den Prototypen einer großen Anzahl an ExpertInnen vorzustellen und zielführendes Feedback mittels Fragebogenerhebung einzuholen. Im Vorfeld wurde ein zunächst rein quantitativ gehaltener Fragebogen, orientiert am Leitfaden des Bibliotheksportals,[77] sowie der vorangegangenen Erhebungen (ExpertInnen-Interviews) konzipiert und einem Pretest mit Studierenden unterzogen. Die im Rahmen von Ordinalskalen zu beantwortenden Fragen zielten dabei auf Krippendorffs Bedeutung der Artefakte in Gebrauch und Kommunikation[78] ab und dienten darüber hinaus der Ermittlung cross-funk-

[73] vgl. Verband Deutscher Ingenieure VDI o. J.: VDI 6000 Sanitärtechnik; Ausstattung von und mit Sanitärräumen

[74] vgl. Deutsches Institut für Normung 2023: DIN 18040-2, Barrierefreies Bauen - Planungsgrundlagen. Teil 2, Wohnungen

[75] vgl. ready – vorbereitet für altengerechtes Wohnen o. J.: Standards für altengerechtes Wohnen

[76] vgl. Technische Hochschule Rosenheim 2023: DeinHaus4.0 Konferenz

[77] vgl. Bibliotheksportal 2016: Quantitative Befragung

[78] vgl. Krippendorff 2013: Die semantische Wende, S. 109–186

tionaler Designpotentiale[79] des Konzepts. Auf Grundlage des Pretests sowie Feedback der Studierenden, wurde der bis dato quantitative Fragebogen um qualitative Elemente ergänzt. Das auf diese Weise optimierte Erhebungsinstrument kam auf besagtem Fachkongress zur Anwendung. Die Auswertung erfolgte im Rahmen einer Triangulation aus quantitativer und qualitativer Methodik: Quantitativ mittels Excel-Codierung und Überführung des gewonnenen Datenmaterials (Tabellencode-Maske) in tabellarische Darstellungen; qualitativ mittels Transkription der Freitextfelder, Übertrag in MaxQDA und kategorienbasierter Auswertung nach Kuckartz, analog ExpertInnen-Interviews. Qualitativ erhobene Daten wurden zudem durch einfache Abbildung von Häufigkeitsverteilungen (Auszählen), quantitativ abgebildet.

2.5.3 Beobachtungsstudien

Der auf Grundlage vorbeschriebener Erhebungen entwickelte Prototyp, wurde im Anschluss einer ersten Testphase unterzogen. Im Rahmen offener, teilstrukturierter Beobachtungen[80], sowie unter Anwendung der Think-Aloud-Methode, hier in der „Concurrent Think-Aloud-Variante“[81] (Testende verbalisieren unmittelbar während des Tests Ihre Gedanken), erfolgten Selbsttests der Forschenden mittels Alters-Simulationsanzug. Konkret handelte es sich dabei um teilnehmende, leitfadengestützte Beobachtungsstudien geskripteter Testszenarien im Laborkontext, unter vollständiger Teilnahme des Forschenden[82]. Der Fokus lag naheliegend auf der Interaktion zwischen Testenden und Prototypen als „nicht menschlichem Akteur“, anschaulich beschrieben von Latour.[83] Die Testreihe wurde mittels Video- und Audioaufnahmen protokolliert und im Nachgang in Beobachtungsprotokolle, zur fortlaufenden Optimierung des Prototypen, überführt. Insgesamt wurden zwei Beobachtungsstudien durchgeführt. Zunächst galt es, den funktionalen Optimierungsbedarf des Prototypen zu ermitteln (1. Studie) um aufbauend die Sinnhaftigkeit der vorgenommenen Modifikationen zu verifizieren (2. Studie)

2.5.4 Workshops

Aufbauend auf Beobachtungsstudien und Fragebogenerhebungen fand ein explizit auf den Designbegriff Krippendorffs abzielender Workshop mit Studierenden statt, der das Ziel verfolgte, das intuitive Nutzungsverständnis des Prototypen abzufragen. „Gutes Design“ nach

[79] vgl. Bieling 2019: Inklusion als Entwurf, S. 59–62

[80] vgl. Kochinka 2010: Beobachtung

[81] vgl. Häder 2006: Empirische Sozialforschung

[82] vgl. Gold 1958: Roles in Sociological Field Observations

[83] vgl. Latour 2015: Der Berliner Schlüssel

Krippendorff, steht, wie beschrieben, in enger Beziehung zu den Faktoren „Erkennen-Erkunden-Vertrauen“[84], eine möglichst intuitive Bedienbarkeit von Artefakten implizierend, die auch im Kontext Barrierefreiheit eine maßgebliche Rolle spielt (Demenz, Fremdwahrnehmung). Im Kontrast zu vorherigen Erhebungen wurden ProbandInnen gänzlich unvorbereitet mit dem Prototypen konfrontiert und gebeten, diesen zu erkunden respektive zu testen. Analog zu den Beobachtungsstudien mittels Alters-Simulationsanzug, kam diesbezüglich erneut die Think-Aloud-Methode in der „Concurrent Think-Aloud-Variante“[85] zur Anwendung, nun aber im Rahmen einer „nicht teilnehmenden, unstrukturierten“ Beobachtung[86] und unter Verzicht auf vorab geskriptete Testszenarien. Diesbezüglich wurden Video- und Audiomitschnitte erstellt, die im Rahmen von Protokollanalysen qualitativ interpretiert (induktive Hypothesenbildung) und quantitativ verifiziert wurden (deduktive Hypothesenprüfung).

2.6 FAZIT

Der demografische Wandel stellt Architektur und Design vor große Herausforderungen. Es gilt der gesellschaftlichen Entwicklung und dem daraus resultierenden Zielgruppenwandel mit adäquatem Wohnraum und Produkten zu begegnen. Bauen nach DIN 18040[87] erscheint zahlenmäßig irrelevant, Design verharrt wahlweise in ignorantem Mainstreamdesign oder explizitem Altendesign. Das Konzept des Universal-Designs scheitert unter anderem am Universalisierungsanspruch de facto individueller statt universeller Bedürfnisse der Zielgruppen, insbesondere vor dem Hintergrund hochindividueller Einschränkungen. Die „Rückwärtsstrategie“ cross-funktionalen Designs erscheint naheliegend: Fokus auf die Bedürfnisse älterer Menschen mit potenziellem Upgrading für junge Menschen als Gegenpol zu Mainstream-Design und stigmatisierendem Downgrading für ältere Menschen (Seniorenhandy). Zielgruppenorientierte Produkte scheitern bezüglich Ihrer Akzeptanz wesentlich an der Ihnen zugeschriebenen Bedeutung, unter anderem im Sprachlichen: Ein „Fahrrad mit Hilfsmotor“ erfährt eine andere Konnotation als ein „Pedelec“ oder gar „Speed-Pedelec“, Konnotationen, die es zu gestalten und zu erforschen gilt. Die dafür erforderliche Methodik orientiert sich an Krippendorffs „Wissenschaft für Design“ und hinterfragt dabei sowohl deren Praktikabilität

[84] vgl. Krippendorff 2013: Die semantische Wende, S. 109–168

[85] vgl. Häder 2006: Empirische Sozialforschung

[86] vgl. Kochinka 2010: Beobachtung

[87] vgl. Deutsches Institut für Normung 2023: DIN 18040-2, Barrierefreies Bauen - Planungsgrundlagen. Teil 2, Wohnungen

als auch zwangsläufig das Berufsbild Designschaffender: von kreativen Genies, zu GestalterInnen sozialer Prozesse, zu…? Orientiert an den vier Entwicklungsstufen des Human-centered Designs sowie vorbeschriebener Methodik erfolgte die Entwicklung eines Raum-in-Raum-Systems bis auf Prototypenstatus, mit sich anschließender Test- und Optimierungsphase, im Sinne eines zirkulären Forschungsmodells.

3 FORSCHUNGSFELD

3.1 INHALT

Das nun folgende Kapitel des Forschungsfelds ließe sich mit dem übergeordneten Titel „Design als Forschungsparadigma“ beschreiben. Quellennachweise finden sich fortgeführt in allen nachstehenden Ausführungen ab 3.2 Designbegriff. Zunächst erfolgt der Versuch einer Definition des Designbegriffs auf der Ebene der Sprache, des Berufes sowie des Handelns. Im Anschluss wird die historische Entwicklung der Designforschung von den 1960er Jahren (Rittel, Archer), über die 1990er Jahre (Frayling) bis in die Nullerjahre (Findeli) skizziert. Es folgt eine Darstellung der wesentlichen Forschungsansätze, beginnend mit Erläuterungen zur Thematik des impliziten Erfahrungswissens im Entwurfsprozess. Daran anschließend finden sich Ausführungen zur Forschung „into“, „for“ und „through“ Design (Frayling, Findeli), sowie einer „Neuen Wissenschaft für Design“ (Krippendorff). Ergänzend werden verschiedene Beobachtungsperspektiven Forschender auf das Phänomen Design beschrieben (Glanville). Aufbauend wird der Wissensbegriff der Designforschung beleuchtet, Definitionen, vor allem jedoch Klassifikationen von Wissen, vorgenommen, sowie die designspezifische Thematik deontischer Fragestellungen in Kombination mit sogenannten „wickedproblems“ (Rittel) erörtert. Es folgt eine Beschreibung der Forschungsfelder - Prozesse (Vorgehensmodelle) und - Methoden der Designforschung, innerhalb derer im letzten Abschnitt vertiefend auf die Methodik Krippendorffs eingegangen wird. Das Kapitel schließt mit einem Fazit und stellt die Bezugnahme zur Forschungsfrage im Rahmen einer Kontextualisierung her.

3.2 DESIGNBEGRIFF

Wie erwähnt, gilt es, den Begriff der Barrierefreiheit als Teil der Forschungsfrage zu definieren (siehe: 2.3.3 Forschungsfrage), selbiges gilt für Design. Das Thema Barrierefreiheit wird kontextbezogen im Rahmen eines separaten Kapitels behandelt (siehe: 4. Barrierefreiheit). Im Folgenden werden vergleichsweise viele Zitate verwandt. Auf diese Weise soll bloßes Wiederkäuen bestehenden Wissens im Sinne von Umformulierungen begrenzt werden, die relevanten AutorInnen „zu Wort kommen“. Es erfolgt eine Annäherung an den Begriff des Designs auf vier Ebenen: Die erste fragt nach einer verbindlichen sprachlichen Definition, ähnlich einem Rechtsbegriff, die zweite nach der beruflichen und akademischen Praxis, die dritte nach der (designspezifischen) Handlungsweise, die vierte nach der historischen Entwicklung Designs im Forschungskontext.

3.2.1 Design im sprachlichen Kontext

Der Duden als probates Nachschlagewerk definiert Design wenig hilfreich wie folgt: *„formgerechte und funktionale Gestaltgebung und daraus sich ergebende Form eines Gebrauchsgegenstandes o. Ä.; Entwurf[szeichnung]“* [88] Ralf Michel, Doktorand der Bauhaus-Universität Weimar und Herausgeber der „Semantischen Wende“ hingegen, bezieht sich in seiner Dissertation zielführender auf die Autoren des „Wörterbuchs Designs“[89]. So räumen Michael Erlhoff und Timothy Marshall bezeichnenderweise gleich zu Beginn ihres Buches ein, dass für dessen zentrales Anliegen „Design“, keine allgemeingültige Definition vorläge.[90] Zumindest im deutschsprachigen Raum erscheint die Abgrenzung des Begriffs Design, vom häufig simultan verwendeten Begriff der Gestaltung naheliegend. Zumindest diesbezüglich gelingt den Autoren folgende Begriffsdefinition:

„Der Begriff Gestaltung meint zunächst einen Eingriff in die Umwelt, der zu deren absichtsvoller Veränderung führt. Gegenstand der Veränderung können dabei unmittelbar wahrnehmbare Dinge wie Räume, Objekte oder Abläufe oder auch unmittelbar wahrnehmbare Inhalte wie Lebensgestaltung, Gestaltung gesellschaftlicher Strukturen durch Politik usw. sein. Meist wird Gestaltung jedoch als die bewusste Modifikation der ästhetischen Erscheinungen von Dingen, Informationen usw. verstanden und auch als Formfindung oder Formgebung bezeichnet, wobei die Form [...] abstrakt, zwei- oder dreidimensional sein kann. Damit verweist der Begriff auf einen bewussten Handlungsvorgang [...] oder auf dessen Ergebnis [...].“ [91]

Selbstredend existieren zahlreiche, ebenso unterschiedliche wie vage Versuche einer Definition (auch) von Design, die sich tendenziell als Charakterisierungen interpretieren lassen. So unter anderem von Bernhard Bürdeck, Beat Schneider oder Gui Bonsiepe, deren Mehrwert Michel wie folgt subsumiert:

„Sie alle eint ein humanistisches Motiv: die Fokussierung auf den tatsächlichen Gebrauch der (zu gestaltenden) Artefakte und die methodisch auf dem Entwerfen basierende Herangehensweise diese Gebrauch nicht nur zu erzeugen, sondern damit eine Situation zu verbessern.“ [92]

Claudia Mareis thematisiert eines der Kernprobleme kultur- und disziplinübergreifender Definitionen von Design: Die unterschiedliche Verwendung und Bedeutung eines englischsprachigen Begriffs in verschiedenen kulturellen Kontexten. Dies sowohl hinsichtlich des

[88] Duden 2022: Duden – mehr als ein Wörterbuch

[89] vgl. Erlhoff/Marshall 2008: Wörterbuch Design

[90] vgl. Michel 2018: Licht – Farbe – Licht, S. 24

[91] Erlhoff/Marshall 2008: Wörterbuch Design, 176 f.

[92] Michel 2018: Licht – Farbe – Licht, S. 23

Verbs „to design“ (Formgebungsprozess) als auch des Substantives „Design“ (Formgebungsresulat):
„Während in der deutschen Bedeutung von Design vor allem formal/künstlerische Aspekte betont werden, umfasst Design in seiner englischen Bedeutung auch technisch konstruktive Bestandteile der Gestaltung und adressiert planerische Vorgehensweisen im Allgemeinen“ [93]

3.2.2 Design im beruflichen Kontext

Als ebenso wenig zielführend hinsichtlich eines tiefergehenden Verständnisses dessen, was Design im Kern auszeichnet, erweist sich der Blick darauf, was Designschaffende in ihren Berufen konkret tun und wie sie im Vorfeld für dieses Tun ausgebildet werden. Aus der Beobachtung eines Kochs ließe sich eine Begriffsdefinition des Kochens vermutlich ableiten. Im Design ist dies nicht der Fall, aus den folgenden Gründen: Generell erhöhte sich in den vergangenen Jahrzehnten sowohl die Anzahl als auch die Spanne design-assoziierter Berufe, inklusive sehr verschiedenartiger Arbeitsweisen (2D, 3D, virtuell), was deren Subsummierung unter einem einheitlichen Designbegriff nahezu unmöglich macht, bzw. kontinuierlich erschwert.[94] Hinzukommend: Im professionsbezogenen Kontext kommt der Zusatz „Design“ seit Jahrzehnten zur vermeintlichen Aufwertung unspezifischer Tätigkeiten und Produkte als „irgendwie künstlerisch“ zur Anwendung. Die nicht geschützte, frei verwendbare Bezeichnung „Design“ erfreut sich allgemeiner Beliebigkeit, wie Bürdek feststellt:
„Ob Bad-Design, Dach-Design, Food-Design, Hair-Design, Nail-Design u.v.a.m., die Welt funktioniert einfach nicht mehr ohne Design. Aber woran liegt das?“ [95]
Bürdek zitierte zudem in seinem Vortrag 2013 an der Bauhaus-Universität Weimar Burghart Schmidt (HfG-Offenbach), nicht ohne darauf hinzuweisen, dass genannte Tendenzen des Nebulösen schon durch Victor Papanek in den 1970er Jahren beklagt wurden:
„Heute löst sich der Designbegriff weitgehend auf. Die Identität einer Disziplin, die anscheinend keine sein will, wird nebulös. Heute ist alles Design und jeder Mensch ein Designer.“ [96]
Es lässt sich zunächst festhalten, dass ein klares Berufsbild, welches Rückschlüsse auf den Begriff dessen, „was getan wird“, offensichtlich nicht existiert. Hinzukommend wird Design aufgrund der beschriebenen unterschiedlichen Konnotationen des englischsprachigen Begriffs, in verschiedenen Ländern, verschiedenen beruflichen als auch akademischen Sparten zuordnet, wie auch Philip Zerweck schreibt: Er führt das Beispiel des angelsächsischen

---

[93] Mareis 2008: Einführung in die Designforschung, S. 19
[94] vgl. Zerweck 2008: Design als berufliche Praxis, S. 9
[95] Wagner/Binner 2016: Ein weites Feld, S. 151
[96] Bürdek 2013: Vom unsichtbaren zum sichtbaren Design

Raums an, innerhalb dessen die Stadtplanung als Urban Design dem Fachbereich Design unterstellt ist, während sie bspw. in Deutschland der Architektur zugeordnet wird.[97]

3.2.3 Design im Handlungskontext

Wie eingangs erwähnt, erfolgt eine Annäherung an Design innerhalb des Kapitels auf drei Ebenen. Der Begriffsebene, der Ebene der beruflich/akademischen Praxis, sowie im Folgenden der Handlungsweise. Es existieren zahlreiche Kategorisierungen (nicht Definitionen) anerkannter Theoretiker über Design als Verb „to design". Die Herangehensweise ähnelt derjenigen über die Profession Design. Das Handeln rückt in den Fokus – diesmal jedoch nicht das Handeln explizit Designschaffender, sondern des Menschen im Allgemeinen. In Literatur und Forschungsarbeiten finden sich diesbezüglich kontinuierlich wiederkehrend zwei bekannte Zitate Bruce Archers sowie Herbert Simons:
„a goal directed problem-solving activity"[98] und: *„Everyone designes who devices courses of action aimed at changing existing situations into preferred ones."*[99]
Hans Kaspar Hugentobler ergänzt diese weithin bekannten Zitate und den damit verbundenen Blick auf die Handlungsweise Design um eine Definition von Fillipo A. Salustri und Nathan L. Eng.[100] Diese schließen sich Simon an, indem auch sie postulieren, dass zunächst einmal der Mensch an sich designerisch tätig sei, indem er „gestalte". Jedoch unterscheide sich der Designer dabei durch seine Professionalität, die er durch „Training, Erfahrung und Wissen" erworben habe.[101] Hier klingen Michel Polanyi als auch Donald Schön bzgl. der Rolle des „tacit-knowledge" (Erfahrungswissen) im Entwurfsprozess an[102] (siehe 3.3 Wissensbegriffe). Hugentobler thematisiert ferner Harald Nelson, Eric Stolterman und Nigel Cross:[103] Nelson und Stolterman folgen der beschriebenen Sichtweise auf Design als intrinsisch- menschliche „Natural human ability", einer „first tradition".[104] In „Designerly ways of knowing" spricht Cross in diesem Kontext von Design als „third tradition": Soziale und kulturelle Systeme seien durch natur- und Geisteswissenschaften als erste und zweite Kultu-

[97] vgl.vgl. Zerweck 2008: Design als berufliche Praxis, S. 9
[98] Archer 1964: Systematic method for designers
[99] Simon 1969: The sciences of the artificial, S. 69
[100] vgl. Salustri/Eng 2007: Design as...: Thinking of what Design might be
[101] vgl. Hugentobler 2008: Design als Handlungsweise, S. 13
[102] vgl. Polanyi 1985: Implizites Wissen; Schön 1983: The reflective practitioner
[103] vgl. Hugentobler 2008: Design als Handlungsweise, S. 14–15
[104] vgl. Nelson/Stolterman 2012: The design way: Intentional change in an unpredictable world

ren dominiert, die dritte Kultur des Designs erfahre keinerlei Beachtung, obgleich sie den gesamten Wissensschatz der materiellen Kultur in sich beherberge:[105]

„The 'third culture' is not so easily recognized, simply because it has been neglected, and has not been adequately named or articulated. Archerii and his RCA colleagues were prepared to call it 'Design with a capital D' and to articulate it as 'the collected experience of the material culture, and the collected body of experience, skill and understanding embodied in the arts of planning, inventing, making and doing'"[106]

Angemerkt sei an dieser Stelle, dass der u.a. durch Nelson, Stolterman und Cross thematisierte Gedanke einer ersten, zweiten oder dritten Kultur sowie wechselseitig ausgelebter Ignoranz, keineswegs designspezifisch ist: So wurde selbiges auch durch den Physiker C.P. Snow, 1959 in „Two Cultures"[107] beschrieben, ebenso durch den Literaten John Brockman (in der Rolle des Gegenspielers) in „The Third Culture" von 1995.[108]

Fazit: Eine Annäherung an den Begriff Design bzw. eine Antwort auf die Frage, wovon wir sprechen, wenn wir von Design sprechen, verlief zunächst ergebnislos. Auf der sprachlichen Ebene steht vor allem die englischsprachige Herkunft des Begriffs einer präzisen und vor allem trennscharfen Definition im Wege. Im beruflichen Kontext verunmöglicht die stetig steigende Zahl design-assoziierter Berufe, bzw. ursprünglich nicht design-assoziierter, aber nun unter „Design" firmierender Berufe, eine übergreifende Definition der Designtätigkeit. Auf der Ebene der Handlungsweise erscheinen die geschilderten Erklärungsansätze stark verallgemeinernd und ungeeignet, um einer tatsächlichen Begriffsschärfung Vorschub zu leisten, wie Mareis, bezogen auf Cross, treffend bestätigt:

„Es stellt sich die Frage, was eine Designdefinition, die Design als etwas a priori Naturgegebenes darstellt, leisten soll" [109]

Ich möchte mich aufgrund der genannten Aspekte Ralf Michel anschließen:

„Design umschreibt zwar die disziplinäre Verortung meiner Arbeit [...] doch letztgültig zu fassen bekomme nicht nur ich den Begriff nicht." [110]

---

105 vgl. Cross 1982: Designerly ways of knowing

106 Cross 1982: Designerly ways of knowing, S. 221

107 vgl. Snow 1959: The two cultures and the scientific revolution

108 vgl. Brockman 1995: The third culture

109 Mareis 2008: Designerly ways of knowing, S. 28

110 Michel 2018: Licht – Farbe – Licht, S. 24

3.2.4 Design im Forschungskontext

Das Forschungsfeld Designwissenschaft umfasst alle forschenden Zugänge, die über, mit und durch Design, neues, vermittelbares Wissen schaffen. Design(-forschung) stellt dabei bis dato keine eigenständige wissenschaftliche Disziplin dar. Forschung gemäß gängiger Definitionen (siehe Folgeausführungen), findet vornehmlich aus der Perspektive fachfremder (wissenschaftlicher) Disziplinen heraus statt. Zur Etablierung besagter Eigenständigkeit, gilt es nach Auffassung zahlreicher AutorInnen, explizit designspezifische Forschungsansätze und - Methoden zu definieren, die in der Regel einem praxisorientierten Schwerpunkt folgen. [111]
Wovon sprechen wir, wenn wir von „wissenschaftlicher Disziplin" sprechen? Beat Schneider definiert diese wie folgt:
„Kurz beschrieben ist eine wissenschaftliche Disziplin Folgendes: Sie ist die Gesamtheit der Voraussetzungen, Begriffe, Theorien, Methoden und Werkzeuge, mit denen eine bestimmte Gruppe von WissenschaftlerInnen und ForscherInnen, die Forschungsgemeinschaft (scientific community), arbeitet. [...] Zu den Grundkategorien einer Disziplin gehört die intersubjektive Verständigung der jeweiligen Forschungsgemeinschaft über Ihre Zieldefinition, den Gegenstand und die Methoden der Disziplin. [...] Diese Beschreibung impliziert, dass wissenschaftliche Disziplinarität nicht eine absolute, sondern eine historische ist." [112]
Wovon sprechen wir, wenn wir von „Methodik" sprechen? Die bekannte Website für Forschende „Science" definiert diese wie folgt:
„Die wissenschaftliche Methode ist ein systematischer Prozess, der zu neuen Erkenntnissen führt, die auf Basis von Beobachtungen, Experimenten, Analysen und Kritik entstehen. Dieses Wissen gilt so lange als anerkannt und gesichert, bis neue Erkenntnisse oder Erfahrungen es ergänzen oder widerlegen." [113]

Historische Entwicklung der Designforschung
Es folgt ein kurz gehaltener historischer Abriss der Entwicklung der Designforschung, vorwiegend in Deutschland und England, beschrieben nach Mareis:[114] Der Grundgedanke, wissenschaftliche Erkenntnisse in Design zu integrieren, findet sich bereits im Bauhaus. Reflektionen über das Verhältnis zwischen Kunst (Design) und Wissenschaft, stellen ein zentrales Thema der Moderne dar. Dem entsprechen, wie eingangs erwähnt, die beiden Hauptströmungen der generellen Theoriebestrebungen des Designs: Die kreative Praxis, sowie ein

---

[111] vgl. Mareis 2008: Ansätze in der Designforschung, S. 24
[112] Schneider 2005: Design - eine Einführung, S. 280–281
[113] Science 2013: Wie Forscher arbeiten
[114] vgl. Mareis 2008: Einführung in die Designforschung, S. 19–22

vorangegangenes methodisch-wissenschaftliches Paradigma, das sich an den Planungs- und Ingenieurswissenschaften orientiert. Die chronologische Entwicklung der Designforschung bis Mitte der 1990er Jahre lässt sich nach Mareis wie folgt beschreiben.

„First generation designmethods“: In den 1960er und 1970er Jahren beginnt man in England im Rahmen der durch Horst Rittel, Christopher Alexander, Bruce Archer und John Chris Jones gegründeten „Design theory and methods movement“ mit der Methodisierung des Designs. Man orientiert sich vorwiegend an den Ingenieurswissenschaften, die auf rationale Entwurfsmethoden und Evaluationen setzen und den kreativen Aspekt als untergeordnet betrachten. Wegweisend zu dieser Zeit: Herbert Simon (1969) mit seiner Arbeit „The sciences of the artificial“, innerhalb derer er eine radikal erweiterte Sicht auf Design als universelle Art und Weise des Denkens und Planens in einer künstlich erschaffenen Welt abzielte.[115] Parallel entsteht (1965) Buckminster Fullers „design science“, innerhalb derer Fuller auf Grundlage physikalischer und mathematischer Zusammenhänge, das Dymaxion-Prinzip als auch die bekannten geodätischen Kuppeln entwarf und damit das Bild von Design als allgemeinen Problemlösungsansatz thematisierte.[116] Besagter Gedanke wird in Deutschland durch Horst Rittel ab 1963 an der HfG Ulm, mit deren rationalistisch geprägtem Ansatz, aufgenommen und vorangetrieben.

„Second generation designmethods“: Auf den streng rationalistischen Fokus der sechziger und siebziger Jahre, folgt in den achtziger Jahren eine Hinwendung zum sog. „impliziten Erfahrungswissen“. Hier wegweisend der Soziologe Donald Schön (1983) mit „the reflective Practitioner“. Wie bereits Michael Polyani (1958)[117] beschreibt er darin die Rolle des unbewussten Erfahrungswissens (tacit knowledge) im Entwurfsprozess.[118]

„I begin with the assumption that competent practitioners usually know more than they can say. They exhibit a kind of knowing in practice, most of which is tacit...Indeed, practitioners themselves often reveal a capacity for reflection on their intuitive knowing in the midst of action and sometimes use this capacity to cope with the unique, uncertain, and conflicted situations of practice“[119]

Ähnlich wie Schön definiert Bruce Archer (1995) Designforschung als systematische praxisbasierte Untersuchung durch praktisches Handeln, Testen und Dokumentieren, um neues und vor allem kommunizierbares (!) Wissen zu generieren. Bezüglich des zu generie-

---

[115] vgl. Simon 1969: The sciences of the artificial

[116] vgl. Krausse/Lichtenstein 2017: Your private sky

[117] vgl. Polanyi 1966: The tacit dimension; Polanyi 1985: Implizites Wissen

[118] vgl. Schön 1983: The reflective practitioner

[119] Schön 1983: The reflective practitioner, S. 8–9

renden Wissens prägt Nigel Cross den umstrittenen Begriff der „designerly ways of knowing", Wissen beschreibend, das lediglich dem Designer innewohne und in dessen Designprozessen und Designobjekten verkörpert sei (siehe 3.3 Wissensbegriff).[120] 1993 schließlich skizzierte Christopher Frayling wie praxisnahe und angeleitete Forschung in Kunst und Design aussehen könnte und inwiefern sie sich von text- und theoriebasierten Forschungsansätzen, bspw. in der Kunstgeschichte unterscheidet. Er formulierte die bis heute in zahlreichen Forschungsarbeiten verwendete Definition von Research „for" „into" and „through" Art and Design, siehe Folgeausführungen.[121] Bei Mareis nicht erwähnt, obgleich bedeutend, Findeli wie auch Krippendorff: 2004 adaptiert und schärft Alain Findeli den Ansatz Fraylings, in seinem für den Diskurs bis heute bedeutsamen Artikel: „Die projektgeleitete Forschung: Eine Methode der Designforschung".[122] 2012 erscheint Klaus Krippendorffs „Semantische Wende" und dessen Entwurf einer „Neuen Wissenschaft für Design". Diese ordnet die Bedeutung von Artefakten auf verschiedenen Ebenen (in der Sprache, im Handeln) deren (praktischer) Funktion über.[123]

3.3 WISSENSBEGRIFF

3.3.1 Designspezifisches Wissen

Mareis stellt fest, dass der Begriff des Wissens einerseits nicht abschließend definiert, wohl aber klassifiziert werden kann, wie nachstehend beschrieben:[124] Sie bezieht sich unter anderem auf Mittelstraß/Wolter und Hacking und hinterfragt den expliziten Wahrheitsanspruch des Wissensbegriffs: Die traditionelle Philosophie, die Wissen stets noch an besagten Wahrheitsbegriff koppelte und streng von Glauben und Meinen abgrenzte, wurde spätestens seit den 1970er Jahren durch den philosophischen Konstruktivismus abgelöst.[125] Dies mit folgenden Erkenntnissen: Wissen folgt keinem Postulat der Wahrheit. Hinzukommend ist Wissen stets kulturell und sozial bedingt und konstruiert. Wissen ist ein wandelbarer, von zahlreichen Faktoren beeinflusster Terminus, der ebenso wenig wie Design einer klaren Definition unterliegt, sich aber wie erwähnt klassifizieren lässt.[126] Besagte Klassifizierungsversuche lassen sich

---

[120] vgl. Cross 1982: Designerly ways of knowing

[121] vgl. Frayling 1993: Research in art and design

[122] vgl. Findeli 2004: Die projektgeleitete Forschung: Eine Methode der Designforschung

[123] vgl. Krippendorff 2013: Die semantische Wende

[124] vgl. Mareis 2008: Wissen und Wissensbegriffe

[125] vgl. Mittelstraß/Wolters/Carrier 1995: Enzyklopädie Philosophie und Wissenschaftstheorie, S. 717

[126] vgl. Hacking 1999: Was heißt „Soziale Konstruktion"?

nach Mareis, anhand von vier damit assoziierten Disziplinen darstellen. So erfolgt innerhalb des Wissensmanagements, die von Polyani und Schön bekannte Differenzierung in implizites (tacit knowledge) und explizites Wissen (propositional knowledge).[127] Die Kognitionspsychologie greift diese Differenzierung auf, indem sie zwischen deklarativem (Wissen-was) und prozeduralem (Wissen-wie) Wissen differenziert und sich damit an die Rittelsche Definition von faktischem Wissen (Wissen, was ist) und instrumentellem Wissen (Wissen, wie das was ist, verändert werden kann) anlehnt.[128]

Die Erkenntnistheorie nach Gilbert Ryle spricht vom „propositionalen Wissen", einem „Wissen-das" (engl. Propositional knowledge), in Abgrenzung zu einem „Wissen von" (bloße Kenntnis) und einem Wissen-wie (engl. knowledge how).[129] Auch an dieser Stelle erscheinen die Parallelen zu Rittel offensichtlich. Die Hirnforschung nach Ernst Pöppel schließlich fügt explizitem und implizitem Wissen, das sogenannte bildliche Wissen hinzu. Dieses vereint sinnliches Anschauungswissen als auch Erinnerungs- und Vorstellungswissen in sich (sich ein Bild von etwas machen). Die eigentliche Wahrnehmung resultiert aus dem voneinander abhängigen Wirkungsgefüge der drei genannten „Akteure".[130] Praxisgeleitete (Design)-Forschung als junge Disziplin, kollidiert nach Mareis mit dem Paradigma der Wissenschaft, die explizites Wissen als privilegierte Art des Wissens, als intersubjektiv vermittelbares „wahres" Wissen in Form schriftlicher Abhandlungen postuliert und implizites Wissen auf Nebenschauplätze verweist. Der Wert auch impliziten Wissens, werde jedoch zunehmend seitens Wissenschaftstheorie erkannt und anerkannt.[131] Es war dies, was auch Donald Schön kritisierte, indem er Wissenschaft und Hochschulen die vielzitierte „selektive Unaufmerksamkeit" für berufliche Kompetenz attestierte, die maßgeblich auf implizitem Wissen fuße, jedoch keinerlei Beachtung fände.[132] Differenzierungen, bspw. in explizites, implizites und bildliches Wissen, sind zunächst allgemeingültig und treffen keine Aussage darüber, was konkret unter designspezifischem Wissen zu verstehen sei. Findelis beschriebene designspezifische Fragestellungen liefern diesbezüglich mögliche Anhaltspunkte, da sie eine konkret designspezifische Sichtweise auf „die Welt" durch entsprechende Forschungsfragen in den Fokus rücken.[133] Jedoch spricht Findeli explizit von Grundlagenforschung, die eine Mensch-

[127] vgl. Polanyi 1985: Implizites Wissen; Schön 1983: The reflective practitioner

[128] vgl. Benesch 2006: dtv-Atlas Psychologie, S. 199

[129] vgl. Ryle 1992: Der Begriff des Geistes

[130] vgl. Pöppel 2000: Drei Welten des Wissens

[131] vgl. Mareis 2008: Wissen und Wissensbegriffe, S. 29

[132] vgl. Hohl o. J.: Hintergründe zur Forschung durch Praxis

[133] vgl. Findeli 2004: Die projektgeleitete Forschung: Eine Methode der Designforschung, S. 46

Umwelt-Wechselbeziehung unter Verwendung fachfremder Methodik in den Vordergrund rückt und räumt Schwächen, hinsichtlich des epistemologischen Aspekts eines „Forschung DURCH Design"-Ansatzes, ergo praxisbasierter Forschung offen ein:
„Where methodology scholars differ or a silent is on the (epistemic) function to be assigned to the design project within the research, i.e. within a process of rigorous and relevant knowledge production in design. [...] it is one thing to claim that practice is important and necessary for theory building, but it is another, more challenging one, to explain how this contribution of practice to theory is to be contrived and operationalized." [134]
Polanyi begreift Tacites Wissen als expliziten Bestandteil wissenschaftlichen (nicht designspezifischen) Wissens und differenziert zwischen Wissen und Können. „Knowing what" und „Knowing how" seien dabei untrennbar miteinander verbunden:
„These two aspects of knowing have a similar structure and neither is ever present without the other. This is particulary clear in the art of diagnosing, which intimately combines skillful testing with expert observation. I shall always speak of "knowing", therefore, to cover both practical and theoretical knowledge." [135]
Wolfgang Jonas betont die Fragilität designspezifischen Wissens (sofern existent):
„Auch Designforschung schafft Wissen. Dieses Wissen informiert den Designprozess. Design verändert jedoch die Welt und damit die Bedingungen der Gültigkeit dieses Wissens. Wissen im Design ist daher unsicher und temporär, Erzeugung und Zerstörung gehen Hand in Hand." [136]
Bruce Archers Definition von Design Research (also der Definition dessen, welches Wissen eine Wissenschaft des Designs hervorbringen möge) stellt auf den Wissensaspekt explizit ab, bleibt jedoch ebenfalls im Vagen:
„Design Research is systematic inquiry whose goal is knowledge of, or in, the area of human experience, skill und understanding that reflects man's concern with the enhancement of order, utility, values and meaning in his habitat [...] knowledge of, or in the embodiment of configuration, composition, structure, purpose, value, and meaning in man-made things and systems" [137]
Nigel Cross bezog sich explizit auf Archers Definition von Forschung mit Schwerpunkt von Entwicklung, Artikulation und Kommunikation von Designwissen und stellte die Frage danach, wo besagtes Wissen gefunden werden könne. Er identifizierte diesbezüglich drei Quellen/ Kategorien der Designforschung: 1) Menschen (Design Epistemology): Studium

---

[134] Findeli et al. 2008: Research through design and transdisciplinarity: A tentative contribution to the methodology of design research, S. 73

[135] Polanyi 1966: The tacit dimension, S. 7

[136] Jonas 2004: Forschung durch Design, S. 5

[137] Archer 1981: A view of the nature of design research, S. 31

der „designerly ways of knowing“; 2) Prozesse (Design Praxiology): Studium der Praktiken und Prozesse; 3) Produkte (Design Phenomenology): Studium der Artefakte.[138] Cross benennt in seinem Beitrag somit Quellen, nicht aber eindeutige Charakteristika designspezifischen Wissens. Zusammenfassend muss konstatiert werden, dass der Begriff des Wissens und insbesondere des „Designwissens“ keiner abschließenden Definition, wohl aber zahlreichen Klassifizierungsversuchen und Anhaltspunkten zu dessen Generierung unterliegt.

3.3.2 Deontische Fragestellungen

Ausgehend davon, dass Wissen (Erkenntnis) auf Grundlage einer vorangestellten (Forschungs-) Frage entsteht, muss bezüglich der Designforschung der Aspekt sogenannter deontischer Fragestellungen thematisiert werden. Zerweck fragt diesbezüglich nach dem „Wesen“ des zu generierenden Wissens, das er wie folgt beschreibt:[139] Im Gegensatz bspw. zur Naturwissenschaft widmet sich Designwissenschaft besagten deontischen Fragestellungen. Untersuchungsgegenstand stellt die Frage danach „Was sein soll?“ im Gegensatz zur Frage nach dem „Was ist oder war?“ dar. Design (als Praxis) beantwortet deontische Fragestellungen, Designwissenschaft sichert und kodifiziert die gewonnenen Erkenntnisse und überführt auf diese Weise deontische Fragestellungen in faktisches Wissen. Problem: Das entstehende Faktenwissen lässt sich nur bedingt zur Lösung weiterer (oftmals völlig anderer) deontischer Fragestellungen heranziehen. Aus dem Entwurf von Artefakt A resultiert keine Blaupause für Artefakt B.

Dennoch entsteht durch die Analyse des Gestaltungsprozesses sowohl instrumentelles als auch erklärendes Wissen. Designwissenschaft schafft somit Wissen, das Gestaltungsprozesse informiert, jedoch keine „Rezepte“. Im Artefakt entsteht ein Entwurf, eine Projektion einer möglichen Wirklichkeit, die Holger van den Boom als *„Vorwegnahme des Möglichen, bevor es Wirklichkeit geworden ist“* [140] beschreibt. Eine Vorwegnahme, die im Rahmen partizipativer, rekursiver Forschungsprozesse fortlaufend getestet und verändert wird und sich „post factum“ bewähren muss.[141] Das Verhältnis zwischen Wissenschaft und Design (nicht näher definiert), bezüglich der Thematik deontischer Fragestellungen, bringt Wolf Reuter sehr treffend zum Ausdruck:

„Wissenschaft steuert verlässliches Wissen über die vorhandene Welt an; Design steuert neue Produkte, Erweiterungen der realen Welt an. Wissenschaft hat sich personenunabhängiger Objekti-

---

[138] vgl. Cross 1999: Design research: A disciplined conversation, S. 5

[139] vgl. Zerweck 2008: Deontische Fragestellungen

[140] Van den Boom (Hg.) 2000 – Entwerfen, S. 19

[141] vgl. Bieling 2019: Inklusion als Entwurf, S. 85

vität verpflichtet; Design basiert auf Überzeugungen und Urteilen von Personen. Wissenschaft erzeugt universale Aussagen; Design spezifische pro Objekt. Wissenschaft minimiert Effekte ihrer Intervention in die Situation der Untersuchung; Design erzeugt willentlich Änderung. Wissenschaft erzeugt faktisches und explanatorisches Wissen, Design vorrangig deontisches und instrumentelles Wissen.“ [142]

3.3.3 Wicked problems

Die Thematik deontischer Fragestellungen in Verbindung mit verschiedenen Wissenskategorien wird auch durch Horst Rittel beschrieben, der die bisherigen Aspekte um eine Unterscheidung zwischen sogenannten „wicked“ und „tame“ Problems ergänzt:[143]Rittel differenziert in faktisches, deontisches, instrumentelles und erklärendes Wissen, entstehend durch „Lösung“ besagter wicked problems Dabei meint 1) faktisches Wissen: Wissen, was ist, 2) deontisches Wissen: Wissen, was sein soll, 3) instrumentelles Wissen: Wissen, wie das, was ist, verändert werden kann, und 4) erklärendes Wissen: Wissen, was die Folge aus dem, was ist oder entsteht, sein wird. Später fügte er das konzeptuelle Wissen hinzu: Wissen, welches der Frage nachgeht, was unter einer Sache zu verstehen sei, bspw. unter dem Begriff „zeitloses Design“. Die Problemlösungskompetenz Designschaffender nach Rittel setzt Wissen der vorbeschriebenen vier Kategorien voraus. Hier kommt hinzukommend Rittels vielzitierte Differenzierung von Problemen in „tame“ und „wicked“ zum Tragen. Wissenschaft und Technik befassen sich demnach mit „zahmen“ (tame), Design hingegen mit „bösartigen“ (wicked) Problemen. Worum handelt es sich bei den zahmen (tame) Problemen? Abgekürzt um Probleme, die aus einer singulären Perspektive sowohl erschlossen als auch behoben werden können. Problemstellung, Vorgehensweise und Ziel sind klar definiert, wie bspw. bei mathematischen Gleichungen. „Wicked Problems“ hingegen beschreibt Bieling sehr anschaulich wie folgt:

„Welche Lösung für ein Problem ist die richtige? Was überhaupt ist eigentlich das Problem? Stinken die Füße, müssen Socken mit Nanopartikeln her, die die geruchserzeugenden Bakterien vernichten. Doch beim Waschen der Socken werden die Nanopartikel ausgespült und gelangen über die Kanalisation in die Abwasserkläranlage der Stadt, wo sie die Bakterien töten, die dafür sorgen sollen, dass das Abwasser wieder sauber wird. Nicht stinkende Füße verursachen also stinkende Städte.“ [144]

---

[142] Reuter o. J.: Wissen im Design

[143] vgl. Rittel/Webber 1992b: Dilemmas in einer allgemeinen Theorie der Planung

[144] Bieling 2019: Im Zweifel performative Stadtplanung

Konkret nennt Rittel 10 Kategorien/Merkmale der sogenannten Wicked Problems, von denen einige kurz umrissen werden:[145] Sie haben keine definitive Formulierung, Ihr Erfolg ist schwer messbar; Lösungen können gut oder schlecht, aber nicht wahr oder falsch sein; es entstehen keine „Rezepte" der Problemlösung; Erklärungen sind vielseitig und multiperspektivisch; ein Problem bedingt das andere; Lösungen sind wenig „testbar" und häufig singulär. Kerngedanke: Aufgrund eines komplexen Problemgeflechts lassen sich „wicked problems" nicht durch wissenschaftliches Standardvorgehen lösen, es kann daher auch keine *„Lösungen im Sinne von endgültigen, objektiven Antworten" geben.*[146] Bieling bescheinigt Design aufgrund dessen keine Lösungs-, sondern lediglich Abmilderungskompetenz, der negativen Folgen besagter wicked problems.[147] Wie so oft stellt sich auch hier die Frage, wie designspezifisch „wicked problems" tatsächlich sind? Buchanan überführte Rittels „wicked" und „tame" problems in: „Indeterminate" und „undeterminate", zu Deutsch: „in-determiniert" und „un-determiniert". Entscheidend: Buchanan thematisiert den Aspekt der Kreativität. Bei der Lösung un-determinierter Probleme, ist der Untersuchungsraum durch bekannte Variablen und eindeutiges Ziel klar definiert. Das un-determinierte Problem wird durch fortlaufende Untersuchung sukzessive deteminierter und schließlich gelöst. Bei den in-determinierten hingegen, sind sowohl der Untersuchungsraum als auch das Ziel individuell zu definieren, plausible Verbindungen und Umstände zu konstruieren, die so per se nicht gegeben sind. Die Definition des Untersuchungsraums bereits, die Festlegung einer Stoßrichtung unter Einbezug fachfremder Disziplinen, stellt einen kreativen Akt dar.[148] Es handelt sich somit um einen kreativen, individuellen Lösungsansatz, mit subjektiver Ziel- und Schwerpunktsetzung, was Designprobleme vielleicht „more wicked" als andere „wicked problems" macht.

3.3.4 Wissensgesellschaft

Will Design wissenschaftlich(er) werden, muss es Entscheidungen treffen. Unter anderem die, ob es sich (wie bereits mehrfach beschrieben) an tradierte Wissenschaft und deren Ansätze und Methodiken anlehnt, oder aber sich als neue, „wissenschaftsalternative" Form der Wissensgenerierung, durch textalternative Darstellungsformen begreift, sich abgrenzt. Mareis plädiert, bezugnehmend auf Dombois dafür, Forschung im Design in „einem weiteren Verständnis von Erkenntnis" zu erfassen und Wissenschaft und Forschung nicht syn-

---

[145] vgl. Rittel/Webber 1992b: Dilemmas in einer allgemeinen Theorie der Planung, S. 23–31

[146] Rittel/Webber 2013: Dilemmas einer allgemeinen Theorie der Planung, S. 13

[147] vgl. Bieling 2019: Im Zweifel performative Stadtplanung

[148] vgl. Buchanan 1992: Wicked problems in design thinking

onym zu verwenden.[149] Dies unter anderem aufgrund mangelnder verbindlicher Kriterien des Begriffs Forschung, der einer Differenzierung zwischen Designpraxis und -Forschung entgegensteht.[150] Warum sollte Design (ver)wissenschaftlich(t) werden, Forschung betreiben? Vorwiegend aus dem Zwang heraus, Teil der vielfach zitierten Wissensgesellschaft zu sein. Es geht um ein Schritthalten mit wirtschaftlichen und gesellschaftlichen Entwicklungen, innerhalb derer die Industrie an Bedeutung verliert, während der Dienstleistungsbereich an Bedeutung gewinnt, inklusive sogenannter „wissensintensiver" Dienstleistungen. [151]

„Das Konzept der ‚Wissensgesellschaft' hebt die Bedeutung von Information und Wissen als wichtigen Produktionsfaktor in der Wirtschaft, aber auch als ein relevanter, die moderne Gesellschaft (mit-)bestimmenden Faktor hervor. Dabei geht es nicht nur um wissenschaftlich generiertes Wissen. Jedoch nehmen Wissenschaft und Forschung sowie die durch sie geprägten modernen Technologien eine besondere Rolle ein. In den letzten Jahrzehnten ist in Deutschland wie auch in vielen anderen Industrieländern eine zunehmende Akademisierung erkennbar geworden. Dadurch differenziert sich die ‚Wissensgesellschaft' zu einer ‚Wissenschaftsgesellschaft' aus.[152]

Mareis verweist zudem auf Gibbons der in diesem Kontext vom Wandel einer traditionell akademischen „Modus-1" Wissensproduktion, zu einer „Modus-2" Wissensproduktion, die bspw. im Falle des Designs anwendungsbezogene, partizipative Forschungsansätze (auch) mit nicht wissenschaftlichen Akteuren in den Vordergrund rückt und tradierte Verfahrensweisen der Wissensgenerierung zunehmend aufweicht:[153]

„Wie Wissen produziert wird und nach welchen Kriterien dieses Wissen beurteilt wird, wird derzeit neu ausgehandelt. Dies gilt für bestehende wissenschaftliche Disziplinen und ihre Leitideale. Es gilt aber auch für die junge Designforschung." [154]

3.4 FORSCHUNGSFELDER

3.4.1 Klassifikationen

„Das Forschungsfeld der Designforschung umfasst im weitesten Sinne alle wissenschaftlichen bzw. forschenden Zugänge, die über, mit und durch Design neues, vermittelbares Wissen erzeugen." [155]

---

[149] vgl. Dombois 2005: CFF-Content Follows Form

[150] vgl. Mareis 2008: Designforschung und wissenschaftliche Forschung, S. 56–57

[151] vgl. Mareis 2008: Designforschung und wissenschaftliche Forschung, S. 57

[152] Arnold 2012: Was bedeutet „Wissensgesellschaft"?, S. 3

[153] vgl. Gibbons et al. 1994: The new production of knowledge

[154] Mareis 2008: Designforschung und wissenschaftliche Forschung, S. 57

[155] Mareis 2008: Ansätze in der Designforschung, S. 23

Vorangestellte Definition Mareis´ lässt die Frage (bewusst) offen, was im Rahmen der Designforschung konkret erforscht werden kann. Es existieren verschiedene Versuche der Ordnung und Strukturierung eines Forschungsfeldes, bzw. der Definition einzelner Forschungsfelder, die das Ziel verfolgen, Forschungsprojekte sowohl rückblickend (!), als auch vorausschauend zu verorten. Hinzukommend befassen sich genannte Strukturierungsversuche stets auch mit der Frage, was alles innerhalb einer entstehenden wissenschaftlichen Disziplin erforscht werden könnte (Konjunktiv), aber nicht zwingend erforscht wird.[156] Ein Prozess, den bspw. die Medizin lange hinter sich gelassen hat, wie Berhard Bürdek prägnant in einem Vortrag 2013 an der Bauhaus-Universität Weimar[157] und später erneut i Interview mit Katrin Binner und Frank Wagner vom Designmagazin „nomad" feststellt:

„Der Medienwissenschaftler Hans-Ulrich Reck (1996) hatte dazu angemerkt, dass sich das Industrial-Design heute dort befinde, wo die Medizin vor 500 Jahren gestanden habe. Erst im 19. Jahrhundert befreite sich die Heilkunde vom Handauflegen, Aderlass und Humoralpathologie (die sogenannte Säftelehre). Wolfang Jonas (2011) war nicht ganz so skeptisch, als er konstatierte, die Designwissenschaft befinde sich heute auf dem Stand, den die Medizin vor 200 Jahren hatte." [158]

Definitionsversuche von Feldern der Designforschung stellen sich chronologisch mit Bruce Archer beginnend in etwa wie folgt dar, nachstehend beschrieben nach Hugentobler:[159] Archer (1981) liefert eine erste, obgleich vage Definition des Forschungsfeldes. Er beschreibt 10 Bereiche (denkbarer) Designforschung, die er in Design-phänomenologie, -praxis und -philosophie subsummiert.[160] Nigel Cross (1999) baut auf Archer auf und strukturiert das Feld, in Bezug auf Menschen, Prozesse und Produkte. Im Zuge dessen entsteht der ebenso bekannte wie umstrittene Ansatz der „designerly ways of knowing".[161] Keiichi Sato (2000) unterscheidet zwischen genereller Theorie von Design und domänenspezifischer Designforschung. Aus genereller Designforschung resultieren Theorien und Methodiken, als Basis für eine darauffolgende, domänenspezifische Designforschung.[162] Ken Friedman (2002) lehnt sich an die traditionelle Wissenschaft an und differenziert zwischen Grundlagenforschung,

---

[156] vgl. Hugentobler 2008: Felder von Designforschung, S. 32

[157] vgl. Bürdek 2013: Vom unsichtbaren zum sichtbaren Design

[158] Wagner/Binner 2016: Ein weites Feld, S. 150

[159] vgl. Hugentobler 2008: Felder von Designforschung, S. 33–38

[160] vgl. Archer 1981: A view of the nature of design research

[161] vgl. Cross 1999: Design research: A disciplined conversation

[162] vgl. Sato 2000: Constructing Knowledge of Design, part 1: Understanding Concepts in Design Research.

angewandter Forschung und Forschung im Bereich spezifischer Fälle.[163] Nigan Bayazit (2004) bezieht sich ebenfalls auf Archer und vertritt den Standpunkt, einer Verpflichtung des Designs gegenüber den „Humanities“ zu beantworten. Ziele von Designforschung stellen das Studium, die Erforschung und die Untersuchung des von Menschen geschaffenen Künstlichen dar, sowie die Art und Weise, wie diese Aktivitäten entweder in Studien oder in der Industrie geleitet würden.[164]

„Zusammenfassend ist natürlich die Frage zu stellen, wie erhellend oder hilfreich solche Klassifikationen von Designwissenschaft bzw. Designforschung sind. Sie können natürlich wie bei Archer in einer Rückschau ein Ausdruck dessen sein, was man als Forschender untersucht hat. Oder sie können [...] im Sinne eines Ausblicks auf Bereiche hindeuten, die man als vernachlässigte, aber relevante Gebiete identifiziert hat.“ [165]

3.4.2 Forschung und Praxis

Die durch einen Anteil von Designpraxis gekennzeichnete Forschungspraxis des “practice led-research”, wurde durch den „Arts and Humanities Research Council“ (AHRC) anerkannt, der wiederum Chris Rust und Judith Mottram 2007 mit der Untersuchung dieses neuartigen Forschungsfeldes beauftragte, mit folgenden Ergebnissen.[166] So stellen diese einerseits fest, dass auch der Terminus „practice-led research“ keiner verbindlichen Definition unterliegt. Somit wäre auch Candys Differenzierung in practice-based und -led[167] zu relativieren. Rust und Mottram liefern (immerhin) eine eigene, obgleich vage Definition und weisen zeitgleich im Sinne Friedmans darauf hin, dass Praxis aus ihrer Sicht weder Methode noch Methodologie meint:

„Research in which the professional and/ or creative practices of art, design, or architecture play an instrumental part in inquiry. This is not to say that practice is a method of research or, as some assert, a methodology (3). Practice is an activity which can be employed in research, the method or methodology must always include an explicit understanding of how the practice contributes to the inquiry and research is distinguished from other forms of practice by that explicit understanding.”[168]

---

[163] vgl. Friedman 2002: Theory construction in design research: criteria, approaches, and methods.

[164] vgl. Bayazit 2004: Investigating Design: A Review of Forty Years of Design Research

[165] Hugentobler 2008: Felder von Designforschung, S. 39

[166] vgl. Hugentobler 2008: Designforschung und Designpraxis, S. 41–42

[167] vgl. Candy 2006: Practice Based Research: A Guide

[168] Rust/Mottram/Till 2007: AHRC research review: Practice-led research in art, design and architecture, S. 11

Rust und Mottram erkennen „dem Artefakt eingeschriebenes“ Wissen als Kommunikationsmedium an und thematisieren die Frage nach Form oder genereller Notwendigkeit der Verschriftlichung. Auch sie postulieren die Notwendigkeit des expliziten, teilbaren, test- und diskutierbaren Wissens und stellen klar, dass Wissen (!) und nicht Artefakt den Fokus forschenden Handelns darstellen (sollten). Einschränkend verweisen diese auf die Richtigkeit kritischer Stimmen, die auf die kreativitätseinschränkende Wirkung starrer Gerüste bei Beantwortung deontischer Fragestellungen (siehe: 3.3 Wissensbegriff) hinweisen, die immer auch „wicked problems“ darstellen: Starre Rezepte vs. diffuse Probleme.[169] Findeli räumt Unklarheiten zur Frage, wie konkret Wissen durch Praxis entstehen soll, offen ein und Stappers bescheinigt dem generellen Diskurs um Designresearch einen Abstraktionsgrad, der eher verwirrt als erhellt.[170] Stappers beleuchtet ebenso wie schon Rittel, die Thematik deontischer Fragestellungen. Die Grundfrage lautet: Wie kann man Forschung und Praxis aufeinander beziehen, eine theoretische mit einer praktischen Ebene verbinden, ohne Praxis mit Forschung gleichzusetzen?[171] „Wie“ impliziert in diesem Kontext die Frage nach geeigneter Methodik, die u. a. Friedman thematisiert, in dem er einerseits die Verbindung von Theorie und Praxis und hinzukommend, den disziplinübergreifenden Aspekt von Designforschung (bspw. Ergonomie) thematisiert.[172] Der Aspekt des Einbezugs der Praxis in Forschungsvorhaben wurde, wie beschrieben, vor allem durch die Thesen von Schön und Polanyi geprägt[173] und ergänzt bspw. durch Thesen von Niedderer und Roworth-Stokes.[174] Schöns Ansatz einer reflektiven Praxis wurde bereits in den vorherigen Kapiteln erläutert, ebenso Polanyis Begriff des impliziten Erfahrungswissens und dessen Vorstellung des „Herauskitzelns“ und Theoretisierens von Wissen. Niedderer und Roworth-Stoke stützen den bereits beschriebenen „knowing how- knowing that“-Ansatz Polanyis. Innerhalb Ihrer Auseinandersetzung mit der Rolle der Praxis in der Forschung entwickeln diese ein konkretes Forschungsmodell.[175] Es handelt sich um eine Art Leitfaden, zum Erzielen valider, objektiver Ergebnisse, im Feld der „prozessorientierten Forschung“ nach Definition des AHRC, orientiert an: 1) Forschungsfrage, 2)

---

[169] vgl. Rust/Mottram/Till 2007: AHRC research review: Practice-led research in art, design and architecture, S. 12–13

[170] vgl. Hugentobler 2008: Designforschung und Designpraxis, S. 43

[171] vgl. Stappers 2007: Doing Design as a Part of Doing Research

[172] vgl. Friedman 2002: Theory construction in design research: criteria, approaches, and methods.

[173] vgl. Polanyi 1985: Implizites Wissen; Schön 1983: The reflective practitioner

[174] vgl. Niedderer/Roworth-Stokes 2007: The role and use of creative practice in research and its contribution to knowledge

[175] vgl. Hugentobler 2008: Designforschung und Designpraxis, S. 49

Forschungskontext, 3) Forschungsmethode, 4) Forschungsresultat.[176] Einer der schärfsten Kritiker hinsichtlich der Rolle taciten Wissens und reflexiver Praxis in der Designforschung bleibt Ken Friedman, wie Hugentobler schreibt:[177] Wie bereits erwähnt, vertritt dieser die These, aus reflexiver Praxis allein entstünde kein explizites Wissen und folglich auch keine Theorie. Zudem bewegten sich Wissen und Wissenschaft auf Zyklen des Wissensmanagements, die zwischen implizit und explizit hin- und herpendeln; implizites Wissen somit kontinuierlich auch explizit machen. Die Rolle des impliziten Wissens würde in der Designforschung konsequent überhöht. Nach Friedman besteht die Notwendigkeit einer allgemeinen Theorie von Design, die anwendungsorientierte und operationale Programme unterstützen kann, woraus folgende dreigliedrige Differenzierung resultiert: Basic-, Applied- und Clinical-Research oder zu Deutsch: Grundlagenforschung, angewandte Forschung, Forschung im Bereich spezifischer Fälle (siehe: 3.4 Forschungsfelder). Designforschung jedoch, entwickelt keine Theorie aus der Praxis und verwechselt hinzukommend kontinuierlich Praxis mit Theorie.[178] Friedman kritisiert, die Aussagen Polanyis, Schöns, Fraylings als auch Cross', würden entweder lediglich zitiert (aber nicht gelesen), um „wissenschaftlich fundiert" zu wirken, oder schlichtweg missinterpretiert:

„As nearly as I can tell, over 95 percent of the citations, references, and loose paraphrases of Frayling's idea come from people who have not themselves read Frayling" [179]

An dieser Stelle sei der Hinweis gestattet, dass der Autor der vorliegenden Arbeit Frayling durchaus und in Gänze gelesen hat. Besagte Missinterpretationen gestalten sich nach Friedman wie folgt. Tacites Wissen nach Polanyi wird mit Designwissen gleichgesetzt und als Quelle der Theoriebildung genutzt. Theorie jedoch, entsteht nicht aus Anhäufung subjektiven taciten Wissens, sondern auf Grundlage expliziten Wissens, wie bereits beschrieben.[180] Schöns „Reflective practitioner" beschreibt nach Friedmans Lesart keine Methode der Theoriebildung, sondern einer Effizienzsteigerung in der Praxis. Reflexive Praxis nach Schön dreht sich vorrangig um explizites statt implizites Wissen, da Schön durch „Mobilisierung taciten Wissens" lediglich ein „Mehr" an Wissen, ergänzend zum bereits vorhandenen expliziten Wissen generieren will. Schön unterscheidet dabei im Gegensatz zu vielen Designforschen-

---

[176] vgl. Niedderer/Roworth-Stokes 2007: The role and use of creative practice in research and its contribution to knowledge, S. 15

[177] vgl. Hugentobler 2008: Designforschung und Designpraxis, S. 51

[178] vgl. Friedman 2002: Theory construction in design research: criteria, approaches, and methods.

[179] Friedman 2008: Research into, by and for design, S. 153

[180] vgl. Hugentobler 2008: Designforschung und Designpraxis, S. 51

den ausdrücklich zwischen der Epistemologie theoretischer Forschung und reflexiver Untersuchung.[181]

„One of the little noted points in many design research debates is the fact that reflective practice itself rests on explicit knowledge, rather than on tacit knowledge. [...] While Schön (1994:9) suggests that there may be more possibilities for reflection than words alone, he clearly distinguishes between the epistemology of theoretical research and reflective practice." [182]

Die Kritik an Frayling und dessen tendenziell unreflektierter Übertrag eines pädagogischen Konzepts Herbert Reads auf Designforschung, wurde bereits unter 3.3 Wissensbegriff thematisiert, obgleich Findeli diese erste einfache Schablone Fraylings stark ausdifferenzierte.[183] Friedman weist zudem darauf hin, dass auch Nigel Cross die Auffassung vertritt, man setze vielfach Forschung mit Design gleich; ein Ansatz, dem es an Evidenz über entsprechende Resultate mangle.[184] Findeli spricht explizit von „project-grounded-research", entsprechend seinem Verständnis von Designforschung als inter- und transdisziplinärem Projekt. Gemäß Findeli ist es ein Leichtes, die Behauptung in den Raum zu stellen, der Praxis käme eine herausragende Bedeutung hinsichtlich Theoriebildung zugute. Schwieriger hingegen wäre die Frage zu beantworten wie, d. h., auf welche Weise dies konkret geschehen soll.[185] Designforschung legitimiert sich gegenüber tradierter Wissenschaft v. a. durch designspezifische Forschungsfragen aus denen durch ein zunächst interdisziplinäres, dann transdisziplinäres Vorgehen, explizites Wissen (keine Theorie; siehe Friedman) in Text- und Artefaktform entsteht.[186] Dies wie folgt: In einem ersten interdisziplinären Schritt, wird eine Problemstellung zwischen („inter") verschiedenen Disziplinen eingebettet. Dies schafft einerseits die Grundlage für einen darauf aufbauenden praktischen Teil und sorgt v.a. auch dafür, dass jede der beteiligten Disziplinen Ihren wissenschaftlichen Benefit erfährt, und nicht lediglich in der „Zulieferrolle" für Design verkümmert. Auf den interdisziplinären Schritt folgt der transdisziplinäre, bzw. die sogenannte Pragmatisierung des Wissens, durch Gestaltung eines konkreten Artefakts, dass im Idealfall pragmatisch einen Zustand für Nutzende verbessert. Besagte Pragmatisierung von Wissen stellt für Findeli den Kern des Transdisziplinären dar. Interdiszi-

---

181 vgl. Hugentobler 2008: Designforschung und Designpraxis, S. 51

182 Friedman 2002: Theory construction in design research: criteria, approaches, and methods., S. 16

183 vgl. Hugentobler 2008: Designforschung und Designpraxis, S. 52

184 vgl. Friedman 2002: Theory construction in design research: criteria, approaches, and methods.

185 vgl. Hugentobler 2008: Designforschung und Designpraxis, S. 53

186 vgl. Hugentobler 2008: Designforschung und Designpraxis, S. 52

plinär erzeugtes Wissen wird in einen sinnvollen und somit pragmatischen Designvorschlag transformiert.[187]

3.5 FORSCHUNGSPROZESSE

Prozesse stehen nach Zerweck in enger Verbindung zu Methodik, siehe nachfolgendes Kapitel. Es geht um das Beschreiben und Fassen von Vorgängen, die während des Handelns bzw. dem Reflektieren darüber stattfinden. Prozesse der Designforschung sind generell häufig auf das aktive, singuläre Handeln des Designers fokussiert und vernachlässigen externe Einflüsse, bzw. die „Verschachtelung" von Problemen, Fragestellungen und Perspektiven. Unter Prozess lässt sich das Subsummieren, die „modellhafte Abbildung" derjenigen Prozesse beschreiben, die in der Realität faktisch stattfinden. [188]

3.5.1 Prozesse, Modelle

Nach Zoglauer ist zunächst zu entscheiden, was (im Modell) abgebildet werden soll und welchen Zweck diese Abbildung erfüllen soll. Er spricht von drei Merkmalen: 1) Das Abbildungsmerkmal (Was bildet das Modell ab?), 2) Das Verkürzungsmerkmal (Wo schränkt das Modell die Abbildung ein oder abstrahiert?), sowie 3) das pragmatische Merkmal (Welchen Zweck verfolgt das Modell?).[189] Forschen meint somit zunächst den zu untersuchenden Ausschnitt der Realität zu wählen (was abbilden?), den Standpunkt Forschender zu bestimmen (wo abstrahieren?), und die Adressaten zu klären (wen/was damit erreichen?), siehe Folgeausführungen.[190] Der Erkenntnisprozess erfolgt analog zum menschlichen Bewusstsein: Auf einen Sinneseindruck erfolgt der Abgleich mit dem mentalen Modell der Realität (Erfahrungswissen, Kategorisierung). Die in diesem Fall wissenschaftliche Erkenntnis, ersetzt den Begriff Sinneswahrnehmung durch „beobachtbares Phänomen". Aus den vorbeschriebenen Überlegungen resultieren somit drei sogenannte Adressebenen (wen/was damit erreichen?), von Modellen und somit Designprozessen: Adressebene 1) Die Abbildung der Realität, Adressebene 2) Die Nutzung von Prozessen als Anleitung für Designhandeln (Rezept), Adressebene 3) Das Vermitteln von Designhandeln im Rahmen eines pädagogisch/didaktischen Vorhabens. Die Parallelen zwischen Modellen von Vorgängen (Designprozess), als auch haptisch/visuellen Modellen im Entwerfen sind offensichtlich. Jansen und Bieling

---

[187] vgl. Hugentobler 2008: Designforschung und Designpraxis, S. 52

[188] vgl. Zerweck 2008: Prozesse des Design und DesignResearch, S. 69

[189] vgl. Zoglauer 1992: Wissenschaftstheoretische Aspekte der Modellbildung und Modellübertragung

[190] vgl. Zerweck 2008: Prozesse des Design und DesignResearch, S. 69

haben die durch Zoglauer und Zerweck beschriebene Dialektik des Modells sehr anschaulich und lesenswert beschrieben:
„Das Modell ist seit jeher, nicht nur für Gestalter, ein nutzbringendes Hilfs- und Planungsmittel, um mögliche Zukünfte in die Gegenwart zu befördern und dort (be-)greifbar zu machen. In gestaltungsrelevanten Disziplinen dient das Modell beispielsweise als Speichermedium oder als Instrument zur Formfindung und Konzeptentwicklung. Es kann dabei Erkenntniswerkzeug sein, und birgt zugleich didaktisches und kommunikatives Potenzial, kann also der Distribution von Wissen dienen. Was wäre die Welt ohne die Möglichkeit des Modellierens?“ [191]
Die Zielsetzung von Prozessen, verschiedenen Vorgehensmodellen, die Problematik starrer Rezepthaftigkeit sowie die Entwicklung hin zu zirkulär vernetzten Prozessmodellen der second-generation design methods, lassen sich nach Zerweck wie folgt beschreiben:[192] Ziele der Designprozesse sind generell synonym zu den Zielen von Methodiken zu verstehen: Sie ermöglichen es, Wissen zu konservieren und zu mehren, sowie die Organisation einer effizienten Arbeitsteilung in Projekten. Darüber hinaus können sie für sich stehend als Evaluierungsgrundlage herangezogen werden. Ist das entstandene Artefakt für sich stehend zu komplex, kann über den Herstellungsprozess evaluiert werden. Haben sich bestimmte Vorgehensweisen in der Vergangenheit bewährt, werden diese häufig in Vorgehensrichtlinien und diese wiederum in Vorgehensmodelle gefasst.

3.5.2 Phasenmodelle

Die häufigste Form der Vorgehensmodelle sind die sogenannten Phasenmodelle, ein step-by-step Vorgehen, mit in sich geschlossenen, stringent aufeinander aufbauenden Vorgängen, innerhalb definierter Zeiträume. Besagte Phasenmodelle existieren auch im Bereich der Designforschung, i. d. R. gegliedert in drei oder vier grundsätzliche Phasen (bspw. Analyse, Synthese, Projektion), die zumindest hypothetisch vom Problem zur Lösung führen. Als früher Vertreter besagter Phasenmodelle der 1970er Jahre kann wie erwähnt Rittel[193] genannt werden, vergleichbare Ansätze entwickeln sich über die 1990er (Jonas[194], Melican[195]) bis in die Nullerjahre. Die beschriebenen Modelle stehen nicht erst seit der aufkommenden Kritik an den streng systematischen Vorgehensweisen, der durch Rittel geprägten „first-generation“

[191] Janser/Bieling 2016: “Die Welt als Modell”

[192] vgl. Zerweck 2008: Prozesse des Design und DesignResearch, S. 70–75

[193] vgl. Rittel 1970: Der Planungsprozess als iterativer Vorgang von Varietätserzeugung und Varietätseinschränkung

[194] vgl. Jonas 1996: Systems thinking in industrial design

[195] vgl. Melican 1997: Design Methods

Methods“ in der Kritik. Phasenmodelle sind zudem fester Bestandteil industrieller Produktentwicklung, innerhalb derer Schritte, (Entwicklungs-)Phasen, Zeitabläufe und Kooperation verschiedener Abteilungen eines Unternehmens organisiert werden. Die Probleme derartiger Anleitungen, übertragen auf Designforschung, stellen sich wie folgt dar: Die in Drei- und Vierklängen organisierten Modelle (Analyse, Synthese, Projektion etc.) postulieren oftmals kein eindeutiges Ziel, vereinheitlichen verschiedenste Formen der Wissensgenerierung und thematisieren den Umgang mit Rückschritten und Feedback-Zyklen nur zurückhaltend. Einfach ausgedrückt: Sie pauschalisieren stark und liefern damit zwar einen groben Orientierungsrahmen, jedoch keine „Anleitung“ im Sinne einer eindeutig definierten Vorgehensweise.

Sie operieren auf einer Adressebene-1 als abstraktes, allgemeines Vorgehensmodell, nicht aber auf einer Adressebene-2 als konkretes, problembezogenes Prozedere. Ein weiterer Nachteil besagter Modelle ist derjenige, dass der „Guss“ in starre Vorgehensweisen am Ende wenig Rückschlüsse darauf zulässt, welche Art der Wissensgenerierung in welcher Phase denn nun effizient war. Das Konzept starr aufeinander aufbauender Phasen funktioniert somit im Falle der Designforschung nur bedingt. Entscheidend ist, dass Phasenmodelle aus den genannten Gründen nicht als Methode taugen, da sie aufgrund der Einzigartigkeit jedes Designprojekts in Verbindung mit deontischen Fragestellungen nicht als Rezept funktionieren und lediglich eine grobe Orientierung, eine Struktur vorgeben können. Das Phasenmodell des „System-Engineering“ nach Uhlmann bspw. folgt einem klaren Schema, sequentiell aufeinander aufbauender Schritte, innerhalb dessen ein Arbeitsschritt nicht begonnen werden darf, solange der vorherige noch nicht abgeschlossen ist.[196] Hinzukommend erfolgt ein nach vorne orientierter Entwurfsprozess parallel zu einem rückblickend orientierten Reflektionsprozess. Es mag Anwendungen geben, innerhalb derer eine solche Vorgehensweise praktikabel erscheint. Im Falle des DesignResearch, assoziiert mit einem praktischen Teil, also faktischem Entwerfen, erscheint sie völlig ungeeignet:

„Bei Gestaltungsprozessen ergeben sich häufig auf dem Weg zu einer Lösung ganz neue Dimensionen, die das zuerst angestrebte Ziel als irrelevant erscheinen lassen oder zumindest in Frage stellen, sodass die Erkenntnisse, die bei dem anfangs eingeschlagenen Lösungsweg zu Tage kamen, die Konsequenz nach sich ziehen, dass sich das ursprüngliche Ziel verändert.“ [197]

---

[196] vgl. Uhlmann 2005: Die Vorgehensplanung Designprozess für Objekte der Technik

[197] Reichhardt 2008: Designwissenschaft und Planungswissenschaft, S. 88

3.5.3 Zirkuläre Modelle

Im Rahmen der Entwicklung der second-generation design methods, sowie zunehmenden Verständnis der in sich verschachtelten, vor- und zurückspringenden Entwurfsvorgänge u. a. durch David A. Kolb, Charles Owen und Rittel, entstehen die „zirkulär, vernetzten Modelle“ die explizit auch Rückschritte und Scheitern vorsehen und zusätzlich unterschiedliche Arten der Wissensgenerierung berücksichtigen.[198] Hinzukommend erlauben diese flexiblen Modelle den Wechsel zwischen Adressebene 1) Abbildung der Realität und Adressebene 2) Nutzung von Prozessen als Anleitung für Designhandeln (Rezept) sowie das „switchen“ zwischen, oder weglassen einzelner Schritte. Dem Geist der second-generation design methods und Rittels „wicked Problems“ folgend, binden diese zudem Stakeholder in den Entwurfsprozess ein und sind an einer Vielzahl von Lösungsoptionen statt an einer einzelnen fixen Problemlösung (die es nie geben kann, interessiert (siehe 3.3 Wissensbegriffe). Die Differenzierung in first-generation und second-generation design methods, wurde u. a. durch Wolfgang Jonas beschrieben: Der Wandel von der streng funktionalistischen Ausrichtung der Design-Methodik in den 1960er Jahren mit Fokus industrieller Fertigungsmethoden (HfG-Ulm/Research „for“ Design) hin zu partizipativen, trans-/interdisziplinären Forschungsansätzen ab den 1990er Jahren (Research „through“ Design). Nach Jonas ging besagter Wandel einher mit einer Verschiebung der Art und Weise der Bedürfnisbefriedigung bzw. des Bildes vom Designer als Problemlöser. Von der simplen Bedürfnisbefriedigung in den 1960er Jahren, zur Stimulation in den 1970/80er Jahren, hin zu Mischformen in den 1990er Jahren. [199] Vergleichbares beschreibt Krippendorff im Rahmen seiner Trajektorie der Artefaktualität.[200] Im Folgenden werden zwei Beispiele zirkulär vernetzter Modelle vorgestellt, der generelle Mehrwert besagter Modelle kritisch hinterfragt.[201] Als vergleichsweise simples Beispiel kann Rittels populäre Suchstrategie von 1970 gelten, die in einem mehrstufig optimierenden Verfahren möglichst viele Varianten der „Problemlösung“ generiert und am Ende die vielversprechendste auswählt.[202]

[198] vgl. Kolb 2015: Experiential learning; Owen 1998: Design, Advanced Planning and Product Development; Rittel 1970: Der Planungsprozess als iterativer Vorgang von Varietätserzeugung und Varietätseinschränkung

[199] vgl. Jonas 1996: Systems thinking in industrial design, S. 242

[200] vgl. Krippendorff 2013: Die semantische Wende, S. 23–59

[201] vgl. Zerweck 2008: Prozesse des Design und DesignResearch, S. 76–81

[202] vgl. Rittel 1970: Der Planungsprozess als iterativer Vorgang von Varietätserzeugung und Varietätseinschränkung

Optimiert wurde diese durch Raap, die ein ebenfalls mehrstufig optimierendes Verfahren vorsieht, jedoch bereits während des Prozesses, Einzelprozesse selektiert und nicht weiter verfolgt, wodurch sich sukzessive die Anzahl der verbleibenden Varianten reduziert.[203] Komplex hingegen die sog. Methodenplattform von Hugentobler/Jonas/Rahe, die unter Bezugnahme auf die beschriebenen Prozesstypen verschiedene Typen der Makro- und Mikroprozesse, korrespondierend mit Nelson/ Stoltermann[204] vorschlagen: Reflektiv (Nelson/Stoltermans „the true"), projektiv (ebd. „the Ideal") und produktiv (ebd. „the real"). Aus den genannten Prozesstypen entstehen wiederum vier verschiedene iterative Stufen des Erkenntnisgewinns (Analyse, Projektion, Synthese, Kommunikation), aus denen dann nochmals (!) 7 mögliche Prozesstypen von Designresearchprojekten resultieren. Im Resultat wird der beschriebene, nur schwerlich zu überblickende Vorgang, auf eine Tabelle der 7 möglichen Prozesstypen reduziert, anhand derer „mögliche" Anteile von Analyse, Synthese und Projektion und Kommunikation im jeweiligen Prozesstyp, mit einfachen Farbfeldern gekennzeichnet werden. Sinn und Zweck stellt die Definition des Forschungsfokus, sowie die Auswahl geeigneter Methoden dar.[205]

3.5.4 Kritik am Modell

Der generelle Vorschlag, Designprozesse in voneinander entkoppelte Abschnitte zu gliedern, wurde auch durch Archer[206], Jones[207] oder Alexander[208] vorgenommen. Jonas und das ist entscheidend, grenzt sich diesbezüglich von anderen Autoren ab, indem er den einerseits Rückschritten und Feedback-Zyklen innerhalb des Prozesses berücksichtigt (Noise) und andererseits den Faktor der Kommunikation als entscheidenden Treiber des Gesamtprozess thematisiert.[209] Der Mehrwert derartiger Modelle für Designschaffende erscheint nach Zerweck zumindest fragwürdig. [210] Hintergrund sind die bereits beschriebenen Adressebenen. Zur Erinnerung: Adressebene 1) Abbildung der Realität; Adressebene 2) Nutzung von Prozessen als Anleitung für Designhandeln (Rezept); Adressebene 3) Das Vermitteln von

---

[203] vgl. Raap 2008: Virtuos Scheitern

[204] vgl. Nelson/Stolterman 2012: The design way: Intentional change in an unpredictable world

[205] vgl. Hugentobler/Jonas/Rahe 2004: Designing a Methods Platform for Design and Design Research

[206] vgl. Archer 1981: A view of the nature of design research

[207] vgl. Jones 1992: Design methods

[208] vgl. Alexander 1970: Notes on the synthesis of form

[209] vgl. Jonas 2004: Forschung durch Design

[210] vgl. Zerweck 2008: Prozesse des Design und DesignResearch

Designhandeln im Rahmen eines didaktischen Vorhabens. Der Gedanke eines übergeordneten Prozesses im Sinne der Adressebene-2 kann spätestens seit Beginn der Kritik an den first-generation design methods als überholt gelten. Prozesse der Adressebene-1 adressieren die Vergangenheit, nicht die Zukunft. Ein (erfolgreicher) Projektverlauf wird rückblickend in einem Schema erfasst. In den seltensten Fällen wird der Prozess „vor" Projektbeginn definiert. Somit bilden diese Prozesse einen Ist-Zustand ab, eignen sich aber nur bedingt zur Beantwortung in die Zukunft gerichteter, deontischer Fragestellungen. Neues entsteht durch Hinterfragen des Bewährten. Es geht insbesondere um das Verhältnis Gestaltende und Prozess: Je mehr man die Zügel lockert (starres Rezept), desto mehr gewinnen Prozesse an Eigendynamik und desto innovativer fällt das Ergebnis aus. Im Rahmen einer bestehenden Adressebene-2 lässt sich gut „der nächste" Akkuschrauber (Bosch), vielleicht aber weniger gut ein innovatives Befestigungskonzept entwickeln. Designprojekte stellen für sich genommen eigene Gestaltungsaufgaben dar und unterliegen in sämtlichen Belangen Rittels „wicked problems".

3.6 FORSCHUNGSMETHODEN

3.6.1 Adaption, Triangulation, Fachspezifik

Der Begriff der Methode wurde bereits unter 3.3 wie folgt definiert:
„Die wissenschaftliche Methode ist ein systematischer Prozess, der zu neuen Erkenntnissen führt, die auf Basis von Beobachtungen, Experimenten, Analysen und Kritik entstehen. Dieses Wissen gilt so lange als anerkannt und gesichert, bis neue Erkenntnisse oder Erfahrungen es ergänzen oder widerlegen." [211]
Das diffuse Verhältnis zwischen Design und Designforschung, der faktischen Nicht-Existenz von originären Designforschungsmethoden, sowie die Notwendigkeit der Adaption von bzw. Triangulation mit fachfremder Methodik, wird nachstehend erneut nach Zerweck beschrieben.[212] Wie das vorangestellte Zitat verdeutlicht, stehen Methoden in enger Verbindung zu Prozessen. Nicht immer gelingt eine trennscharfe Differenzierung, insbesondere dann, wenn verschiedene kooperierende Methoden als Prozessmodell subsumiert werden. Generell ließe sich Methodik als klar definiertes Werkzeug für einen singulären Zweck beschreiben. Beispielsweise eine bestimmte Kreativitätstechnik zur Generierung möglichst vieler Ideen. Prozesse hingegen stellen, wie beschrieben, ein schematisches Vorgehen unter Zuhilfenahme verschiedener Methoden dar. Erschwerend kommt hinzu, dass innerhalb des Diskurses in der Regel

[211] Science 2013: Wie Forscher arbeiten

[212] vgl. Zerweck 2008: Methoden in Design und Designresearch

keine Unterscheidung zwischen Design und Designforschung, zwischen Designergebnis und -Erkenntnis und somit auch nicht zwischen Designmethoden und Designforschungsmethoden stattfindet. Es existieren zudem konträre akademische Perspektiven auf die Thematik aus Sicht von Forschung und Lehre, innerhalb derer Forschung das Ziel der Übereinkunft, Lehre hingegen jenes der Anwendung in den Fokus rückt. Das generelle Ziel, die Entstehung von Artefakten (Prozess) für Außenstehende nachvollziehbar und kommunizierbar zu gestalten, setzt eine regelkonforme, prozesshafte Vorgehensweise voraus. Diesbezüglich gilt es, die entsprechende Methodik zu entwickeln, zu adaptieren oder eben zu triangulieren. Bei der Adaption anerkannter, wissenschaftlich kodifizierter Methodik gilt der Grundsatz: Je höher die Abweichung von der kodifizierten (regelkonformen) Vorgehensweise, desto höher der Begründungsbedarf und desto geringer der Mehrwert der Adaption: Die Methode informiert das Ergebnis. Designforschung unternimmt dabei den Versuch, kodifizierte Methoden bei der Entstehung des „Neuen“ (deontische Fragestellungen) statt des „Bestehenden“ zielgerichtet einzusetzen. An dieser Stelle lohnt ein Blick auf die sogenannten Methodensammlungen. Der Sinn und Zweck von Methoden verhält sich dabei ebenso analog zu Prozessen: Erstens geht es darum, Wissen durch modellhafte Abbildung der Realität zu mehren und weiterzugeben (Kommunizierbarkeit herzustellen). Zweitens geht es darum, Arbeitsteilung innerhalb von Projektstrukturen zu ermöglichen und drittens darum, Bewertbarkeit für entstandene Artefakte herzustellen. Eine der bekannteren Methodensammlungen der Designforschung stellt jene von Hugentobler/Jonas/Rahe dar. Durch kontextuelle Verortung von Designvorhaben und aufbauend Auswahl der „richtigen“ Methode innerhalb einer schematischen Tabelle, erfolgt eine Problemspezifikation, die mit einer Prozessverschlankung durch *„already reduced and problem oriented set of tools“* [213] einhergeht. Je eher bzw. häufiger sich Designfragestellungen in bestimmten Kategorien/Boxen des besagten Methodenbaukastens verorten lassen, desto wissenschaftlicher, da expliziter und wiederholbarer wird die Vorgehensweise, so der Gedanke.[214] Erneut geht es darum, implizites Wissen explizit zu machen. Auch hier kommt bei Jonas der Kommunikation die entscheidende Bedeutung zu. Sie zeichnet den Prozess als übergeordnete Instanz aus und dient als Vermittlerin zwischen implizit-explizit und intuitiv-rational. Dennoch handelt es sich bei der beschriebenen Methodenplattform lediglich um eine grobe Kategorisierung von Prozessen, eine Orientierungshilfe, und mitnichten um ein operationalisierbares Modell.

---

[213] Hugentobler/Jonas/Rahe 2004: Designing a Methods Platform for Design and Design Research, S. 10

[214] vgl. Hugentobler/Jonas/Rahe 2004: Designing a Methods Platform for Design and Design Research

„[...] we have established a universal framework/platform for the description of design- [...] processes. The next step will be the development of a functional prototype: a methods toolbox for collaboratively planning and conducting specific design processes." [215]

Methodensammlungen sind und bleiben in der Regel das, was sie im Wortsinne beschreiben. Ansammlungen verschiedener, vage beschriebener Methoden, die man innerhalb eines in der Regel höchst individuellen Entwurfsprozesses anwenden könnte (Konjunktiv), aber nicht muss (Imperativ). Läge ein Imperativ zugrunde, so bewegte man sich im Bereich eines Vorgehensmodells, welches aber durch bloße Sammlungen von Methoden (noch) nicht zustande kommt. Sie fördern wie bereits beschrieben das Verständnis von Prozessen, schaffen Kategorisierungsmöglichkeiten und ermöglichen Arbeitsteilung, jedoch kein Vorgehensmodell im Sinne einer verbindlichen Richtschnur. Dies meint nicht Richtschnur zum rezepthaften Entwickeln von Artefakten, sprich „Design betreiben" (first,generation design methods), sondern eine Richtschnur zum „Design erforschen", was Konsens darüber voraussetzt, was Design und Designforschung voneinander unterscheidet bzw. welche konkreten Ziele Designforschung überhaupt verfolgt, der bis dato nicht besteht. Methoden-Sammlungen (die sich allesamt ähnlich wie die Jonas´ abbilden lassen) stellen keine funktionsfähigen Werkzeuge wissenschaftlichen Arbeitens, sondern bloße Ansammlungen nicht zwangsläufig wissenschaftlicher Methodik dar. Der Anspruch einer Fortentwicklung von Methodik besteht indes zumindest bei Jonas auch (noch) gar nicht:

„The table serves as a methods/tools storage container. We do not intend to develop new tools or methods, at least not for the moment." [216]

3.6.2 Adaption, Triangulation, Notwendigkeit?

Zerweck vertritt den Standpunkt einer Notwendigkeit der Triangulation, des Rückgriffs auf fachfremde Methodik, orientiert an der individuellen Perspektive Forschender auf Design, sowie eine Anlehnung an die etablierten Planungswissenschaften. Triangulation: Carole Gray und Julian Mallins[217] schlagen diesbezüglich folgende Vorgehensweise vor: Unter Verwendung designspezifischer Methoden wie bspw. Kreativitätstechniken, werden zunächst unwissenschaftliche Ergebnisse erzielt, die unter Zuhilfenahme fachfremder Methoden, wissenschaftlich „abgesichert", d. h. explizit gemacht werden. Als Beispiel können bewährte

[215] Hugentobler/Jonas/Rahe 2004: Designing a Methods Platform for Design and Design Research, S. 12

[216] Hugentobler/Jonas/Rahe 2004: Designing a Methods Platform for Design and Design Research, S. 9

[217] vgl. Gray/Malins 2005: Visualizing research

Methoden der Sozialwissenschaften zur Bedarfsermittlung und Evaluation im Stakeholderkontext genannt werden. Rückgriff auf fachfremde Methodik (Berücksichtigung des Beobachtungsstandpunktes): In diesem Fall bezieht Designforschung Erkenntnisse unmittelbar aus dem Methodenrepertoire anderer Disziplinen und lehnt sich an diese an. An welche Disziplin(en) lässt sich nach Zerweck durch die Fraylingschen Kategorisierungen[218] in Research „for", „about" und „through", in Verbindung mit Glanvilles vier Beobachterstandpunkten definieren.[219]

So kann bspw. im Falle von außerhalb des Systems, mit nach außen gerichteter Perspektive (Research „for") ein Rückgriff auf Methoden der Ergonomie oder Festigkeitslehre sinnvoll sein, spräche man von Research „about" läge ein Rückgriff auf Methodik der Literaturwissenschaften nahe. Anlehnung an die Planungswissenschaften: Diese bieten ein hohes Potenzial der Adaption. Zerweck spricht diesbezüglich von Zwillingsschwestern. „Research through Design" wird im übertragenen Sinne innerhalb der Planungswissenschaften seit Langem praktiziert. Der Einbezug von Stakeholdern in den Planungsprozess (Bürgerbeteiligung) erfährt bei Großprojekten eine völlig andere Relevanz und Dringlichkeit als bei der Gestaltung einzelner Artefakte. Die Parallelen zur Designforschung (Anlehnung an fachfremde Methoden, Triangulation etc.) sind offensichtlich. Methoden einer Planung „mit anderen" statt „für andere" erscheinen geschärft und beschrieben, eine Adaption offenkundig sinnvoll. Ergänzend zu Zerweck muss an dieser Stelle zwingend darauf hingewiesen werden, dass die durch Rittel als Planungsmodelle (!) beschriebenen first- und second-generation design methods innerhalb der Planungswissenschaften bereits durch eine dritte Generation ergänzt wurden.[220] Diese wird innerhalb des Designdiskurses nicht thematisiert, den unterschiedlichen Entwicklungsstand, die unterschiedliche Dynamik in Planungs- und Designwissenschaften illustrierend.

3.6.3 Methodik Semantische Wende

Aufgrund der hohen Relevanz für die vorliegende Arbeit wird im Folgenden die durch Krippendorff beschriebene Methodik umrissen. Wie bereits in vorherigen Kapiteln angedeutet, beschreibt dieser im Rahmen der semantischen Wende einen dreigliedrig definierten Methodenapparat.[221] Dieser umfasst zum einen Möglichkeiten der Ideengenerierung sowie der Erhebung von Stakeholderbedarfen inklusive denkbarer Testverfahren. Im Falle der Ideen-

---

[218] vgl. Frayling 1993: Research in art and design

[219] vgl. Glanville 1997a: A ship without a rudder

[220] vgl. Roggendorff et al. 2011: Methoden der Raumplanung, S. 295

[221] vgl. Krippendorff 2013: Die semantische Wende, S. 261–320

generierung greift Krippendorff auf bekannte Kreativitätstechniken (Brainstorming) zurück, im Falle von Bedarfsermittlung und Testverfahren werden vorwiegend anerkannte Standards aus Sozialwissenschaften und Ethnografie im Sinne der Adaption bzw. Triangulation verwendet (ExpertInnen-Interviews, Gruppendiskussionen, Beobachtungsstudien). Interessanter gestaltet sich der dritte Strang der „Human-centered-Designmethoden", die Krippendorff explizit als „Designmethoden" ins Feld führt. Wie bereits beschrieben (2.3 Kontext und Forschungsbedarf), stellt Krippendorff den Begriff der „Bedeutung" von Artefakten in den Vordergrund, den er neben dem Handeln, dem Lebenskreislauf und einer Ökologie der Artefakte vor allem auf der sprachlichen Ebene verortet und der bloßen Funktionalität von Artefakten überordnet.

Dies spiegelt sich in den beschriebenen „Human-centered-Designmethoden" wider: Diese erweitern nicht lediglich den Designraum wie bspw. Kreativitätstechniken, sondern verdichten die generierten Ideen zu diskutierbaren und testbaren Vorschlägen. Hinzukommend berücksichtigen diese Krippendorffs These, Bedeutung lasse sich per se nicht (extern) gestalten, weshalb Stakeholder bedeutungsrelevante Entscheidungen proaktiv selbst treffen (Gleichberechtigte MitgestalterInnen). Durch besagte Vorgehensweise entstehen nach Krippendorff empirisch durch Tests überprüfbare, argumentierbare und kommunizierbare Designvorschläge. Auf eine Beschreibung der angelehnten Methodik Krippendorffs (Kreativitätstechniken, sozialwissenschaftliche Standards) wird an dieser Stelle verzichtet. Human centered Designmethoden jedoch, werden am Beispiel der Methode „Umgestaltung der Charaktere von Artefakten" in Kürze illustriert, die durch Reinhart Butter und nicht Krippendorff entwickelt wurde,[222] und sich somit letztlich auch an Erkenntnisse anderer anlehnt.[223] Konkret geht es um die Gestaltung eines beispielsweise „futuristischen" Fahrzeugcockpits. Stakeholder sammeln die für sie bedeutungsrelevanten Attribute des Artefakts wie „raffiniert", „präzise", „organisiert", Designschaffende erarbeiten auf dieser Grundlage einen Designvorschlag, der durch die Stakeholder rückkoppelnd evaluiert und damit modifizierbar wird. Anhand des Beispiels wird deutlich, inwiefern durch „human-centered-design" Methoden, Ideengenerierung, Umsetzung und Test innerhalb eines Prozessmodells (nicht einer einzelnen Methode umgesetzt werden können. Ebenso wie Gray/Mallins[224] spricht auch Krippendorff sich dabei in der Konsequenz für die Triangulation verschiedener Methoden aus und vollzieht diese auch, in dem er „kreative Erkenntnisse" rückwirkend durch kodifizierte Standards (bspw.

---

[222] vgl. Butter 1989: Putting theory into practice:
an application of product semantics to transportation design

[223] vgl. Krippendorff 2013: Die semantische Wende, S. 289

[224] vgl. Gray/Malins 2005: Visualizing research

der Sozialwissenschaften) absichert. So werden Erfolg und Misserfolg der „Umgestaltung der Charaktere von Artefakten" schlussendlich auf quantitativer Ebene durch semantische Differenzialskalen abgebildet.[225] Designmethoden nach Krippendorff meinen schließlich triangulierte Prozessmodelle unter konsequentem Stakeholdereinbezug, die- und das ist entscheidend, in Ihrer Umsetzung konkret beschrieben werden, statt in wolkigen Methodenbaukästen und Prozessschemata zu verharren.

3.7 FAZIT

Wie dargelegt kann der Begriff des „Designs" als undefiniert erachtet werden. Weder auf der sprachlichen Ebene, der Ebene des Handelns sowie des Berufsbilds lässt sich erschöpfend abbilden, was „Design" konkret meint. Auch der Begriff der Designforschung selbst stellt sich bis dato undefiniert dar, da es unter anderem an einer trennscharfen Differenzierung zwischen Design und Designforschung bzw. deren individuellen Stoßrichtungen mangelt. Hinzukommend verunmöglicht die Tatsache, dass innerhalb des Diskurses „alles" Methode sein kann und die Formen kommunizierbaren Wissens als relativ zu betrachten sind, dessen eindeutige Differenzierung bzw. Charakterisierung. In die Zukunft gerichtete, deontische Fragestellungen erschweren die Anbindung an tradierte Wissenschaft, zumal Designforschung im Sinne der „wicked problems" anerkennt, dass verbindliche und singuläre Antworten auf designspezifische Fragestellungen (im Gegensatz zu anderen Disziplinen), in der Regel nicht existieren. Der Wandel von der streng rationalen Vorgehensweise der „first-generation design methods", hin zu partizipativ-dynamischen Prozessen der „second-generation design methods" (implizites Erfahrungswissen, wicked problems) befeuert die Debatte um die „richtige" Methodik: Adaption, Triangulation oder gar Entwicklung eigener, designspezifischer Methodik? Der Diskurs benötigt diesbezüglich eine Differenzierung zwischen Methodik und Prozess und verschiedenen Zielsetzungen: Einzelne Vorgehensweise für einen spezifischen Zweck (Methode) vs. Koppeln von verschiedenen Vorgehensweisen zu einem Prozess? Zielsetzung Designergebnis (Kreativitätstechniken) vs. wissenschaftliche (Design) Erkenntnis? Die Kombination verschiedener Methoden zu einem Rückschritte einkalkulierenden Prozessmodell (Jonas), unter Verwendung der Triangulation (kreative Ergebnisse mit kodifizierten wissenschaftlichen Standards absichern) erscheint naheliegend und zielführend. Aus implizitem entsteht (vergleichsweise verlässlich) kommunizier- und belastbares, den Designprozess informierendes und für Außenstehende nachvollziehbares, sprich explizites Wissen.

---

[225] vgl. Krippendorff 2013: Die semantische Wende, S. 296–297

Der dreigliedrige Methodenapparat Krippendorffs und insbesondere dessen „Designmethoden“, stellen triangulierte Prozessmodelle dar, bei denen Krippendorff ebenso wie Jonas dem Faktor (Stakeholder-)Kommunikation entscheidende Bedeutung beimisst. Die sehr konkret beschriebene Handlungsanweisung eines Vorgehensmodells (statt wolkiger Diagramme) sowie der Einbezug des für die Forschungsfrage so relevanten Aspekts der semantischen Bedeutung (stigmatisierendes Design) von Artefakten begründen den Mehrwert der „Semantischen Wende“ für die vorliegende Arbeit.

Der im theoriegeleiteten Strang der Forschungsfrage enthaltene Aspekt sich wandelnder Berufsbilder Designschaffender (2.5 Formulierung der Forschungsfrage), führt zu folgender Fragestellung: Welche konkreten Betätigungsfelder lassen sich für das Designschaffende und -Forschende (heute) abbilden und mit welchen spezifischen Fähigkeiten stehen diese in Verbindung? Aufgrund der nicht trennscharfen Behandlung von Design und Designforschung innerhalb des Diskurses sind die Übergänge dabei fließend. Die Kompetenzfelder Designschaffender lassen sich mit Beantwortung deontischer Fragestellungen unter Einbezug sogenannter „wicked problems“ beschreiben. Dies, und das ist spezifisch, erfordert Kreativität: In der Gestaltung eines entsprechenden Settings (Buchanan) sowie im kreativen Mindset der „designerly ways of knowing“ (Cross). Den in die Zukunft gerichteten, deontischen Fragestellungen kamen in der vorliegenden Arbeit durch die Gestaltung von Artefakten einer Gesellschaft der Zukunft (demografischer Wandel) besondere Bedeutung zu._Dreh- und Angelpunkt jeder Dissertation stellt die Frage nach dem individuellen Wissensbeitrag dar. Kategorisierungen von Designforschung nach Findeli stellen ein Grundlagenforschungsmodell dar. Die vorliegende Arbeit bildet dessen Transfer in die angewandte Forschung anhand eines klar definierten Entwicklungsauftrags (Raum-in-Raum-System) ab. Dies impliziert zwangsläufig auch eine „Testphase“ der theoretischen Gebilde Findelis im Rahmen der Rückkopplung zur Praxis: Grundlagenforschung informiert angewandte Forschung, angewandte Forschung wiederum die Grundlagenforschung, mit entsprechendem Erkenntnisgewinn. Der beschriebene Prozess bedingt ein „switchen“ zwischen den verschiedenen Beobachtungsstandpunkten Forschender nach Glanville.[226] Die beschriebene Rückkoppelung aus Theorie und Praxis in Verbindung mit wechselnden Beobachtungsstandpunkten fand innerhalb der Forschungsfrage zudem durch Reflexion des Transfers von (theoretisch ermittelten) Stakeholderbedarfen in den (praktischen) Entwurf, insbesondere nach Krippendorff, statt.

Wie kann man Forschung und Praxis aufeinander beziehen, die Theoretische mit der praktischen Ebene verbinden, ohne Praxis mit Forschung gleichzusetzen? Der beschriebene Prozess der Triangulation basierte in der vorliegenden Arbeit unter anderem auf der Kombination

[226] vgl. Glanville 1997b: A ship without a rudder

kreativer mit sozialwissenschaftlicher Methodik des qualitativ/quantitativen Spektrums. Kreative Erkenntnisse sind zwangsläufig implizit und niemals explizit, da individuell. Qualitative Methodik kann das „Herauskitzeln“ impliziten Wissens bspw. im Rahmen narrativer Expertinnen-Interviews befördern und auf diese Weise Hypothesen generieren. Der Transfer vom impliziten zum expliziten Wissen jedoch gelingt erst durch quantitatives Überprüfen der generierten Hypothesen und begründet den Wert der beides in sich vereinenden „mixed-methods-Ansätze“ der Sozialforschung. Generell ist bezüglich jeder Methodik zumindest der Versuch trennscharfer Unterscheidung zwischen Design und Designforschung, Designergebnis und -Erkenntnis sowie Designmethode und Designforschungsmethode vorzunehmen. Fachfremde Methodik der Triangulation ist mit der gegebenen Strenge anzuwenden, da mit jeder Abweichung der Begründungsbedarf steigt: Die Methode informiert das Ergebnis! Inwiefern stellt das dabei entstehende Wissen „designspezifisches“ Wissen dar? Diesbezüglich erscheint dessen steter Abgleich mit den designspezifischen Fragestellungen Findelis, bzw. Cross „designerly ways of knowing“ hilfreich. An wen richtet sich das entstehende Wissen? Die vorliegende Arbeit orientiert sich generell an der Richtschnur der DIN EN ISO 9241-220,[227] die ein stark schematisiertes Vorgehen aus Recherche, Entwurf und Testphase vorsieht. De facto realisiert wurde ein an Jonas angelehntes zirkulär vernetztes Prozessmodell, den Faktor Störung („noise“) sowie Kommunikation (laufender projektinterner, interdisziplinärer Diskurs) als treibende Kraft einbeziehend. Dies aufgrund der als sinnvoll erachteten Adressebenen, die es ermöglichen, (denkbare) Realitäten abzubilden, Prozesse als „Anleitung“ zu dokumentieren, sowie designerisches Handeln didaktisch zu vermitteln (Kooperation Studierende). Das entstandene Wissen richtet sich somit gleichermaßen an Stakeholder, Designschaffende, Forschende und all jene, die es werden wollen.

[227] vgl. Deutsches Institut für Normung 2019: DIN EN ISO 9241-210, Ergonomie der Mensch-System-Interaktion. Teil 210, Prozess zur Gestaltung gebrauchstauglicher interaktiver Systeme (ISO/FDIS 9241-210:2019)

4 BARRIEREFREIHEIT

4.1 INHALT

Die Forschungsfrage der vorliegenden Arbeit beinhaltet den Begriff der Barrierefreiheit (siehe: 2.3.3 Forschungsfrage). Somit gilt es im folgenden Kapitel, sich dem Begriff der Barriere (-freiheit) und zwangsläufig auch dem Begriff der Behinderung anzunähern und für die vorliegende Arbeit zu definieren. Die Thematik der Messbarkeit von Barrierefreiheit wurde im Rahmen des Kapitels 2.3 Forschungsfeld und -thema bereits umrissen und wird im nachfolgenden Kapitel erneut aufgegriffen werden. Im Anschluss wird der theoretische Bezugsrahmen zum Forschungsfeld hergestellt, innerhalb dessen sich Forschungspotentiale verorten und Diskursbeiträge abbilden lassen. Zunächst erfolgt eine Definition des Behinderungsbegriffs (als Mensch-Umwelt-Interaktion), die als Orientierungsrahmen der weiteren Ausführungen dient. Im Rahmen des Kapitels der „Normative Perspektive“, werden aufbauend offizielle Definitionen von Behinderung, bspw. der Sozialgesetzgebung oder der UN-Behindertenrechtskonvention, umrissen. Im Kapitel „Trandisziplinäre Perspektive“ wird eine Interpretation der Thematik anhand dreier gängiger Erklärungsmodelle von Behinderung erläutert. Im Kapitel zur „Konstruktion und Dekonstruktion“ wird unter anderem dargelegt werden, inwieweit Behinderung durch die genannten Disziplinen konstruiert als auch dekonstruiert werden kann. Dies geschieht einerseits durch bauliche Umweltgestaltung, Artefakte, als auch durch die Schaffung von Körperidealen. Es folgt ein abschließendes Fazit sowie eine Bezugnahme zur Forschungsfrage im Rahmen einer Kontextualisierung.

4.2 PERSPEKTIVEN

Welche Relevanz hat das Thema für die vorliegende Arbeit? Entwickelt und untersucht wurde kein Konzept des sog. „Mainstreamdesigns“.[228] Es handelt sich um Design für ältere und zunehmend von Behinderung betroffene Menschen. Behinderung ist eine Altersfrage, selten angeboren und fast immer erworben: 2018 war ca. ein Drittel der schwerbehinderten Menschen 75 Jahre alt und älter, 44 % gehörten der Altersgruppe 55-74 Jahre an, 88 % der Behinderungen wurden durch Krankheit erworben, nur 3 % waren angeboren, bzw. traten

[228] vgl. Pullin 2009: Design meets disability, S. 2

im ersten Lebensjahr auf.[229] Bedingt durch die demografische Entwicklung, steigt die Zahl immer älter werdender Menschen kontinuierlich an und damit auch zwangsläufig die Zahl derjenigen, welche im Laufe ihres Lebens eine Behinderung erwerben.[230] Behinderung wird somit mittelfristig zu einer *„universellen gesellschaftlichen Erfahrung“* [231]; mit entsprechenden Konsequenzen für Architektur als auch Produktgestaltung. Eine einheitliche Definition der Begriffe Behinderung und Barriere, liegt wie auch beim Designbegriff (siehe 3.2 Designbegriff) nicht vor. Dies hängt unter anderem mit verschiedenartigen Interpretationen durch verschiedene Disziplinen, einhergehend mit unterschiedlichen Beweggründen der Untersuchung, sowie unterschiedlicher Methodik zusammen.[232] So setzt bspw. die Soziologie naturgemäß andere Forschungsschwerpunkte als die Medizin, verbunden mit diskursinternen, soziologie-spezifischen Erklärungsmodellen des Phänomens Behinderung:
„Ein wesentlicher Grund hierfür liegt darin, dass es sich um einen medizinischen, psychologischen, pädagogischen sowie bildungs- und sozialpolitischen Terminus handelt, der in den jeweiligen Kontexten seiner Verwendung unterschiedliche Funktionen hat und auf der Grundlage heterogener theoretischer und methodischer Voraussetzungen formuliert wird.“ [233]
Generell wurde das Phänomen bis dato vorrangig im Rahmen angewandter Wissenschaften, bspw. der Medizin und Reha-Forschung, untersucht; die Designperspektive spielt in der Fachliteratur eine stark untergeordnete Rolle.[234] Der Duden definiert „Barriere“ für die folgenden Kapitel (im Gegensatz zum Designbegriff) durchaus hilfreich als:
„Absperrung, die jemanden, etwas von etwas fernhält“ [235]
In den nachstehenden Ausführungen wird zwischen Einschränkung und Behinderung unterschieden, in der zumeist englischsprachigen Fachliteratur als „impairment“ bzw. „disability“ bezeichnet. Vorweggenommen: Einschränkung ist nicht Behinderung und führt auch nicht zwangsläufig zu dieser. Behinderung (disability) als übergeordnete Definition der nachstehenden Kapitel ist das Resultat von Einschränkung (impairment) und relativ zu betrachten: In welchem Ausmaß aus Einschränkung Behinderung wird, ist abhängig von einem Dreiklang sich einander bedingender Faktoren: 1) der medizinisch diagnostizierbaren Einschrän-

[229] vgl. DESTATIS Statistisches Bundesamt 2018: 7,8 Millionen schwerbehinderte Menschen leben in Deutschland

[230] vgl. DESTATIS Statistisches Bundesamt 2024: Bevölkerung

[231] Bieling 2019: Inklusion als Entwurf, S. 13

[232] vgl. Dederich/Jantzen 2009: Behinderung und Anerkennung

[233] Dederich 2009: Behinderung als sozial- und kulturwissenschaftliche Kategorie, S. 15

[234] vgl. Bieling 2019: Inklusion als Entwurf, S. 30–35

[235] Duden o. J.: Duden- Mehr als ein Wörterbuch

kung (impairment); 2) deren Kompensationsmöglichkeit durch sogenannte Hilfsmittel (zb. Rollstuhl oder Brille), 3) einer durch Einstellungs- und umweltbedingte Barrieren geprägten Gesellschaft. So ermöglicht das Hilfsmittel Rollstuhl die Kompensation einer Mobilitätseinschränkung, ist in seiner Funktion jedoch an eine entsprechende Gestaltung der Umwelt gebunden, die bauliche als auch einstellungsbedingte Barrieren (bspw. Vorurteile und Berührungsängste) bereithält und gewünschte Handlungen ermöglicht, erschwert oder verunmöglicht.[236] Behinderung soll vereinfacht formuliert zunächst als Wechselbeziehung zwischen Mensch (mit Einschränkung) - Hilfsmittel (bspw. Rollstuhl) – Umwelt (bauliche und einstellungsbedingte Barrieren) charakterisiert werden. Körper und die uns umgebenden Artefakte bilden ein System, welches es uns ermöglicht oder eben verunmöglicht, gewünschte Handlungen zu vollziehen[237]. Behinderung ist somit stets ein Wechselgefüge aus behindert sein und behindert werden und damit immer auch eine spezifische Korrelation,
„(...) die in einer Kultur zwischen Wissensbereichen, Normativitätstypen und Subjektivitätsformen besteht“.[238] Den zahlreichen, in der Literatur oft synonym verwendeten, Begriffen wie „Behinderung, Einschränkung, Beeinträchtigung, sowie damit in Verbindung stehenden Termini wie Hindernis, Barriere, Erschwernis u. a. ist eines gemein: die (negative) Implikation, dass etwas entgegen einer bestimmten Erwartungshaltung nicht geht oder ausgeführt werden kann.[239] Ein stetiger, unspezifischer Verweis auf *„Negativphänomene menschlichen Daseins oder dinglichen Seins“* [240] oder eben der Kombination aus beidem. Behinderung zu verstehen, meint somit auch, die *„Komplexität der Austauschprozesse zwischen Individuum und Umwelt, die aufgrund einer „Behinderung“ beeinträchtigt sein können“* [241] zu verstehen. Die Relevanz von Architektur und Design als eben diese Umwelt, aber auch Normalitätsbegriffe und Körperideale gestaltende Disziplinen, liegt (eigentlich, obgleich wenig beachtet) auf der Hand.

4.2.1 Normative Perspektive

Welcher Definition von Behinderung und Barriere folgen aktuelle Bestimmungen der Gesetzgebung? Zunächst erfolgt anhand von Textauszügen ein Blick auf gängige Definitionen des Sozialgesetzbuchs, der UN-Behindertenrechtskonvention, dem Behindertengleichstellungsgesetz (BGG) des Bundes sowie der Internationalen Klassifikation der Funktionsfähigkeit,

---

[236] vgl. Anderberg 2005: Making both ends meet, S. 6

[237] vgl. Anderberg 2005: Making both ends meet, S. 6

[238] Foucault 2020: Der Gebrauch der Lüste, S. 10

[239] vgl. Dederich/Jantzen 2009: Behinderung und Anerkennung, S. 15

[240] Lindmeier 1993: Behinderung - Phänomen oder Faktum?, S. 22

[241] Eberwein/Sasse 1998: Behindert sein oder behindert werden?

Behinderung und Gesundheit (ICF)" der World Health Organisation (WHO). Quellenangaben finden sich in den jeweils zitierten Textpassagen, siehe Folgeausführungen. Parallel werden für die Forschungsfrage relevante Aspekte herausgearbeitet, um diese in folgenden Kapiteln erneut aufzugreifen bzw. zu kontextualisieren.

Behinderung nach 9. Sozialgesetzbuch: *„§ 2 Begriffsbestimmungen (1) Menschen mit Behinderungen sind Menschen, die körperliche, seelische, geistige oder Sinnesbeeinträchtigungen haben, die sie in Wechselwirkung mit einstellungs- und umweltbedingten Barrieren an der gleichberechtigten Teilhabe an der Gesellschaft mit hoher Wahrscheinlichkeit länger als sechs Monate hindern können. Eine Beeinträchtigung nach Satz 1 liegt vor, wenn der Körper- und Gesundheitszustand von dem für das Lebensalter typischen Zustand abweicht. Menschen sind von Behinderung bedroht, wenn eine Beeinträchtigung nach Satz 1 zu erwarten ist."*[242]

Behinderung nach UN-Behindertenrechtskonvention: *„Zu den Menschen mit Behinderungen zählen Menschen, die langfristige körperliche, seelische, geistige oder Sinnesbeeinträchtigungen haben, welche sie in Wechselwirkung mit verschiedenen Barrieren an der vollen, wirksamen und gleichberechtigten Teilhabe an der Gesellschaft hindern können."*[243]

Behinderung nach Behindertengleichstellungsgesetz des Bundes: *„§ 3 Menschen mit Behinderungen: Menschen mit Behinderungen im Sinne dieses Gesetzes sind Menschen, die langfristige körperliche, seelische, geistige oder Sinnesbeeinträchtigungen haben, welche sie in Wechselwirkung mit einstellungs- und umweltbedingten Barrieren an der gleichberechtigten Teilhabe an der Gesellschaft hindern können. Als langfristig gilt ein Zeitraum, der mit hoher Wahrscheinlichkeit länger als sechs Monate andauert."*[244]

Auch seitens Gesetzgebung wird Behinderung zunächst als Mensch-Umwelt-Interaktion definiert. Menschen mit verschiedenartigen „Beeinträchtigungen" werden in Wechselwirkung mit verschiedenartigen Barrieren an der „gleichberechtigten Teilhabe an der Gesellschaft" gehindert. Die Frage „Behindert, ja oder nein?" ist zudem an einen zeitlichen Faktor gekoppelt (*„langfristig", „länger als 6 Monate"*). Eine temporäre Beeinträchtigung führt somit nicht zu Behinderung, da von Rehabilitation ausgegangen werden kann. „Gleichberechtigte Teilhabe an der Gesellschaft" impliziert die Existenz zumindest zweier Gruppen:

---

[242] Sozialgesetzbuch (SGB IX), Neuntes Buch, Rehabilitation und Teilhabe von Menschen mit Behinderungen o. J.: § 2 SGB IX Begriffsbestimmungen

[243] Beauftragter der Bundesregierung für die Belange von Menschen mit Behinderungen 2018: Die UN-Behindertenrechtskonvention, S. 8

[244] Bundesministerium der Justiz 2002: Gesetz zur Gleichstellung von Menschen mit Behinderungen (Behindertengleichstellungsgesetz - BGG), S. 3

Auf der einen Seite die der (Mehrheits)Gesellschaft, auf der anderen Seite die der durch Einschränkung an deren Teilhabe „Behinderten".

Gemäß der Definition des Sozialgesetzbuchs führt zudem Alter nur dann zu Behinderung, wenn *„der Körper- und Gesundheitszustand von dem für das Lebensalter typischen Zustand abweicht".*[245] Vor dem Hintergrund der beschriebenen statistischen Tatsache, dass Einschränkungen vorwiegend an das Alter gebunden auftreten, sowie des unbestimmten Begriffs eines „typischen Zustands", eine zumindest problematische Formulierung. Menschen sind zudem von Behinderung und damit nicht gleichberechtigter Teilhabe „bedroht", sobald sich Einschränkung manifestiert (Bedrohungsszenario). Wie erläutert bedingt der Behinderungsbegriff der Mensch-Umwelt-Interaktion die Barriere. Im Gegensatz zum Begriff der Behinderung, ist der Begriff der Barrierefreiheit auf Gesetzgebungsseite präzise definiert. Insbesondere das Behindertengleichstellungsgesetz-BGG liefert eine nahezu alle Aspekte umfassende Definition. Nahezu deshalb, da umweltbedingte Faktoren (Hilfsmittel einschließend) allumfassend abgebildet werden, der Aspekt der einstellungsbedingten Barriere (bspw. Vorurteile/ Berührungsängste) außen vor bleibt, der sowohl im Sozialgesetzbuch[246], als auch in der Präambel der UN-Behindertenrechtskonvention[247] durchaus abgebildet ist.

Definition von Barrierefreiheit nach dem Behindertengleichstellungsgesetz des Bundes: *„§ 4: Barrierefrei sind bauliche und sonstige Anlagen, Verkehrsmittel, technische Gebrauchsgegenstände, Systeme der Informationsverarbeitung, akustische und visuelle Informationsquellen und Kommunikationseinrichtungen sowie andere gestaltete Lebensbereiche, wenn sie für Menschen mit Behinderungen in der allgemein üblichen Weise, ohne besondere Erschwernis und grundsätzlich ohne fremde Hilfe auffindbar, zugänglich und nutzbar sind. Hierbei ist die Nutzung behinderungsbedingt notwendiger Hilfsmittel zulässig."*[248]

Präambel der UN-Behindertenrechtskonvention (seit 2008): *„e) in der Erkenntnis, dass das Verständnis von Behinderung sich ständig weiterentwickelt und dass Behinderung aus der Wechselwirkung zwischen Menschen mit Beeinträchtigungen und einstellungs- und umweltbedingten*

---

[245] Sozialgesetzbuch (SGB IX), Neuntes Buch, Rehabilitation und Teilhabe von Menschen mit Behinderungen o. J.: § 2 SGB IX Begriffsbestimmungen

[246] Sozialgesetzbuch (SGB IX), Neuntes Buch, Rehabilitation und Teilhabe von Menschen mit Behinderungen o. J.: § 2 SGB IX Begriffsbestimmungen

[247] vgl. Beauftragter der Bundesregierung für die Belange von Menschen mit Behinderungen 2018: Die UN-Behindertenrechtskonvention, S. 5

[248] Bundesministerium der Justiz 2002: Gesetz zur Gleichstellung von Menschen mit Behinderungen (Behindertengleichstellungsgesetz - BGG), S. 4

Barrieren entsteht, die sie an der vollen, wirksamen und gleichberechtigten Teilhabe an der Gesellschaft hindern, [...]" [249]
Barrierefreiheit nach UN-Behindertenrechtskonvention: *„Artikel 9, Zugänglichkeit: (1) Um Menschen mit Behinderungen eine unabhängige Lebensführung und die volle Teilhabe in allen Lebensbereichen zu ermöglichen, treffen die Vertragsstaaten geeignete Maßnahmen mit dem Ziel, für Menschen mit Behinderungen den gleichberechtigten Zugang zur physischen Umwelt, zu Transportmitteln, Information und Kommunikation, einschließlich Informations- und Kommunikationstechnologien und -systemen, sowie zu anderen Einrichtungen und Diensten, die der Öffentlichkeit in städtischen und ländlichen Gebieten offenstehen oder für sie bereitgestellt werden, zu gewährleisten. Diese Maßnahmen, welche die Feststellung und Beseitigung von Zugangshindernissen und -barrieren einschließen, gelten unter anderem für a) Gebäude, Straßen, Transportmittel sowie andere Einrichtungen in Gebäuden und im Freien, einschließlich Schulen, Wohnhäusern, medizinischer Einrichtungen und Arbeitsstätten; b) Informations-, Kommunikations- und andere Dienste, einschließlich elektronischer Dienste und Notdienste"* [250]

Fazit Barrieren in der Gesetzgebung: Seitens Gesetzgebung werden Barrieren über den Terminus der Barrierefreiheit definiert. Barrieren stellen dem eingangs erwähnten Wortsinn des Dudens folgend zunächst einmal ein Zugangs- und Nutzungshindernis dar, dem es entgegenzuwirken gilt. Hierzu sind sogenannte „Hilfsmittel" einkalkuliert. Hervorzuheben ist die Annahme einer „allgemein üblichen Weise" der Auffindbarkeit, Zugänglichkeit und Nutzung von Lebensbereichen. Ebenso wie beim Behinderungsbegriff impliziert „gleichberechtige" Teilhabe die Existenz zweier (separierter) gesellschaftlicher Gruppen. Barriere und Behinderung Begriffe im Wandel: Die Definition des im Mai 2002 in Kraft getretenen Behindertengleichstellungsgesetzes bestimmt maßgeblich die Gesetzgebung bezüglich Barrierefreiheit in Deutschland.[251] Die Bedarfe eingeschränkter Menschen sind demnach denen nicht eingeschränkter Menschen gleichzustellen, einhergehend mit der Abkehr vom Begriff der „Behindertenfreundlichkeit" hin zur „Barrierefreiheit"[252] (siehe: 2.3 Forschungsfeld und -thema). Design und Architektur als Lebensumweltgestalter sind an Entstehung und Nicht-

[249] Beauftragter der Bundesregierung für die Belange von Menschen mit Behinderungen 2018: Die UN-Behindertenrechtskonvention, S. 5

[250] UN-Behindertenrechtskonvention, Übereinkommen über die Rechte von Menschen mit Behinderungen o. J.: Zugänglichkeit

[251] vgl. Bundesministerium der Justiz 2002: Gesetz zur Gleichstellung von Menschen mit Behinderungen (Behindertengleichstellungsgesetz - BGG)

[252] vgl. Bundesfachstelle Barrierefreiheit o. J.: Wie ist Barrierefreiheit definiert?

Entstehung von Barriere maßgeblich beteiligt. Forderungen nach einem die Bedarfe aller Menschen inkludierenden „Universal-Design", finden sich sowohl im Gesetzesentwurf des Behindertengleichstellungsgesetz als auch in den Begriffsbestimmungen der Behindertenrechtskonvention der Vereinten Nationen:

Barrierefreiheit, Gesetzesentwurf des Behindertengleichstellungsgesetzes, 2001: *„Zu § 4 Barrierefreiheit [...] Die Definition löst die Begriffe „behindertengerecht" und „behindertenfreundlich" ab, die in der Kombination von „behindert" und „gerecht" oder „freundlich" falsche Assoziationen der besonderen Zuwendung zu behinderten Menschen auslösen können. Vielmehr geht es im Sinne eines „universal designs" um eine allgemeine Gestaltung des Lebensumfeldes für alle Menschen, die möglichst niemanden ausschließt und von allen gleichermaßen genutzt werden kann."* [253]

Universal-Design nach Artikel 2 Begriffsbestimmungen, UN-Behindertenrechtskonvention: *„universelles Design" ein Design von Produkten, Umfeldern, Programmen und Dienstleistungen in der Weise, dass sie von allen Menschen möglichst weitgehend ohne eine Anpassung oder ein spezielles Design genutzt werden können. „Universelles Design" schließt Hilfsmittel für bestimmte Gruppen von Menschen mit Behinderungen, soweit sie benötigt werden, nicht aus."*[254]

Ein vergleichbarer Wandel vollzog sich im Rahmen der Novelle des ICIDH (International Classification of Impairments, Disabilities and Handicaps)[255] zur ICF (International Classification of Functioning, Disability and Health), im Jahre 2001. Die ICF dient seit 2001 fach- und länderübergreifend als einheitliche und standardisierte Sprache zur Beschreibung des funktionalen Gesundheitszustandes, der Behinderung, der sozialen Beeinträchtigung und der relevanten Umgebungsfaktoren eines Menschen.[256] Die ICF wird darüber hinaus durch das Deutsche Institut für Medizinische Dokumentation in deutscher Sprache herausgegeben.[257] Vorläufer stellte das besagte ICIDH (International Classification of Impairments, Disabilities and Handicaps) Klassifizierungssystem von 1980 dar.[258] Eine Wiedergabe

---

[253] Deutscher Bundestag 2001: Gesetzentwurf der Fraktionen SPD und BÜNDNIS 90/DIE GRÜNEN, S. 24

[254] UN-Behindertenrechtskonvention, Übereinkommen über die Rechte von Menschen mit Behinderungen o. J.: Begriffsbestimmungen

[255] World Health Organization 1980: International Classification of Impairments, Disabilities, and Handicaps

[256] vgl. Bundesinstitut für Arzneimittel und Medizinprodukte: ICF

[257] vgl. Deutsches Institut für Medizinische Dokumentation und Information 2005: Internationale Klassifikation der Funktionsfähigkeit, Behinderung und Gesundheit

[258] World Health Organization 1980: International Classification of Impairments, Disabilities, and Handicaps

der Inhalte erfolgt an dieser Stelle, aus naheliegenden Gründen, nicht. Entscheidend ist der sich im Laufe der Jahrzehnte wandelnde Blick auf das Thema Behinderung: die ICIDH von 1980 folgt einem primär defizitorientierten Ansatz, nach dem stets einer Schädigung eine Fähigkeitsstörung folgt, die zu sozialer Beeinträchtigung führt. Die eindimensional-defizitorientierte Perspektive der ICIDH, wurde bereits zu Beginn der 1990er Jahre kritisiert: Im Rahmen der Revision von 2001 entwickelte sich die ICIDH als Klassifikation der „Folgen von Krankheit" zur ICF, einer Klassifikation der „Komponenten von Gesundheit". Bezüglich der Ursachen von Behinderung nimmt diese nun eine neue, u. a. auch die Wechselwirkung zwischen Person und Umwelt berücksichtigende Perspektive, mit entsprechender Relevanz für Architektur und Design, ein.[259]

4.2.2 Transdisziplinäre Perspektive

Die Disability Studies, als transdisziplinäre Wissenschaft, entstanden 1982 in den USA als Forschungsgemeinschaft behinderter Wissenschaftler. Zunächst als „Society for the Study of Chronic Illness, Impairment, and Disability" (SSCIID), ab 1986 als „Society for Disability Studies" (SDS).[260] Die Disability Studies als bis dato vorwiegend im angloamerikanischen Sprachraum beheimatete Forschungsdisziplinen, verfolgen eine kultur- und sozialpolitische Perspektive auf das Phänomen Behinderung als soziokulturelle Konstruktion, mit Parallelen bspw. zu den Critical-Race oder Gender Studies.[261] Behinderung wird folglich aus einer grundlagen- und gesellschaftstheoretischen Perspektive untersucht.[262] Im Fokus steht das Phänomen einer *„verkörperten Differenz als eine Dimension der conditio humana"*,[263] einhergehend mit gesellschaftlichen Ordnungskonzepten wie Normalität und Abweichung. Eine hypothetische Konstruktion von Normalität, damit einhergehende Inklusions- als auch Exklusionspraktiken, sowie das daraus resultierende Machtgefälle stehen im Zentrum der Betrachtung. Generell wird Behinderung nicht als medizinische Diagnose, sondern als Folge historischer, sozialer und kultureller Barrieren aufgefasst und untersucht.[264] Die kontextbezo-

---

[259] vgl. Bundesinstitut für Arzneimittel und Medizinprodukte 2022: Entstehung der englischsprachigen ICF der WHO

[260] vgl. Arbeitsgemeinschaft Disabilty Studies (AGDS) o. J.: Hintergrund

[261] vgl. Bieling 2019: Inklusion als Entwurf, S. 31

[262] vgl. Waldschmidt/Schneider 2007: Disability studies, Kultursoziologie und Soziologie der Behinderung, S. 15

[263] Waldschmidt 2005: Disability Studies: Individuelles, soziales und/oder kulturelles Modell von Behinderung?, S. 9

[264] vgl. Bieling 2019: Inklusion als Entwurf, S. 32

gene Designforschung erfolgt mit dem Anspruch des aktiven Einbezugs der Betroffenen, um der bis dato vorherrschenden Perspektive von „Handelnden und Behandelnden" entgegenzuwirken.[265]

Modelle von Behinderung aus Perspektive der Disability-Studies

Aus der gesellschaftstheoretischen Perspektive der Disability Studies wird zwischen einem „medizinischen"-, einem „sozialen" und einem „kulturellen" Modell als Grundlage der Entstehung von Behinderung, differenziert.[266] Für die folgenden Ausführungen werden die Begriffe Beeinträchtigung (Impairment) und Behinderung (Disability), mit den jeweiligen Entsprechungen in der überwiegend englischsprachigen Literatur, verwandt. Zum einen zur Vermeidung eines Begriffschaos, zum anderen zur trennscharfen Differenzierung zwischen körperlicher Differenz als Beeinträchtigung (impairment) und Behinderung (disability) als soziokultureller Benachteiligung.[267]

Das individuell-medizinische Modell

Das individuell-medizinische Modell nach Waldschmidt postuliert Behinderung als diagnostizierbaren Körperzustand und direkte Konsequenz einer Beeinträchtigung. Behinderung wird vorwiegend als Mangel an Fähigkeiten, nämlich den Fähigkeiten eines normalen „gesunden Körpers" interpretiert. Menschen mit Behinderung werden als abweichend vom Konstrukt des normalen (Körpers) definiert, einhergehend mit einem Verständnis von Behinderung, als medizinisch zu behebendes/bewältigendes Problem und einer Verobjektivierung von Betroffenen als „Patienten". Vorherrschend ist das defizitär geprägte Bild eines persönlich zu bewältigenden, individuellen Schicksals.[268] Es liegt auf der Hand, dass derartige Klassifikationen mit Diskriminierungsmechanismen, „Abhängige Patienten vs. selbstbestimmte Individuen"[269], Differenzierung in „Normal und Nicht-Normal" und einem Machtgefälle einherge-

[265] vgl. Bieling 2019: Inklusion als Entwurf, S. 19

[266] vgl. Waldschmidt 2005: Disability Studies: Individuelles, soziales und/oder kulturelles Modell von Behinderung?

[267] vgl. Waldschmidt 2005: Disability Studies: Individuelles, soziales und/oder kulturelles Modell von Behinderung?, S. 21

[268] vgl. Waldschmidt 2005: Disability Studies: Individuelles, soziales und/oder kulturelles Modell von Behinderung?, S. 15–17

[269] vgl. Batavia 1999: The role of independent living centers in meeting the health care needs of people with disabilities

hen, welches als medizinierendes Werkzeug sozialer Unterdrückung beschrieben wird.[270] Die Ursache von Behinderung liegt beim individuell-medizinischen Modell ausschließlich innerhalb des Individuums. Einschränkung und damit Abweichung von Konstrukt des „normalen Körpers", wird als naturgegeben bzw. als zu heilen/ überwinden betrachtet.[271]

Das soziale Modell

Das soziale Modell nach Waldschmidt, nachstehend beschrieben, postuliert Behinderung als alleinige Konsequenz einer Gesellschaft, die Teilhabe-verhindernde Barrieren errichtet und auf diese Weise Behinderung konstruiert, indem sie bspw. die Umweltgestaltung am „gesunden Normkörper" orientiert.[272] Das soziale Modell steht somit in enger Verbindung zum Begriff der Barrierefreiheit. Die Ursache von Behinderung liegt, dem Gedanken folgend, nicht in einer medizinischen Diagnose, sondern einer behindernden Gesellschaft begründet. Nicht Heilung und Bewältigung, sondern Anpassung gesellschaftlicher Strukturen stehen im Fokus. Die Ursache von Behinderung liegt beim sozialen Modell ausschließlich außerhalb des Individuums. Einschränkung und damit Abweichung von Konstrukt des „normalen Körpers", wird ebenso wie im individuell-medizinischen Modell als naturgegeben betrachtet, die daraus resultierende Entstehung von Behinderung jedoch als kulturell bedingt definiert. Kritik am sozialen Modell, richtet sich zum einen an das Leugnen eines kausalen Zusammenhangs von Beeinträchtigung und Behinderung, welche Beeinträchtigung als unveränderbaren status quo betrachtet und die Verantwortung für das (Nicht-)Entstehen einer Behinderung (Disability) ausschließlich seitens Gesellschaft verortet. Dabei ist festzustellen, dass nicht nur Barrieren, sondern auch Beeinträchtigungen keine gesellschaftsneutralen, „gesetzten Gegebenheiten" darstellen, sondern ebenfalls sozialen Konstruktionsmodi unterliegen und damit ebenso inkludierende/exkludierende Wirkung entfalten können, wie spezifische Barrieren.

Das kulturelle Modell

Das kulturelle Modell nach Waldschmidt, stellt einerseits die sowohl im medizinisch-individuellen als auch im sozialen Modell enthaltene Annahme der naturgegebenen Einschränkung durch einen funktional defizitären Körper infrage, die innerhalb beider Modelle als entweder

---

[270] vgl. Anderberg 2005: Making both ends meet, S. 2

[271] vgl. Waldschmidt 2005: Disability Studies: Individuelles, soziales und/oder kulturelles Modell von Behinderung?, S. 21

[272] vgl. Waldschmidt 2005: Disability Studies: Individuelles, soziales und/oder kulturelles Modell von Behinderung?, S. 19–24

individuell oder gesellschaftlich zu bewältigen gilt.[273] Einschränkung gilt in beiden Modellen als Problem, das es auf verschiedene Weisen zu beheben gilt. Das im sozialen Modell enthaltene Paradigma des Behindert-Seins und Behindert-werdens, fokussiert sich zudem zwangsläufig, ebenso wie das individuell-medizinische Modell, auf reine Fehlfunktionen und somit Abweichungen vom Konstrukt des „normalen" Körpers.
Nicht nur Barrieren werden durch die genannte Umweltgestaltung am „gesunden Normkörper" konstruiert, sondern auch Körper selbst werden konstruiert und folgen einer kulturellen Entwicklung. Was als gesund, schön etc. gilt, unterliegt einer sich wandelnden gesellschaftlichen Definition (Schönheitsideale) und somit auch das Verständnis von normal und abweichend.[274] Die im medizinischen wie auch im sozialen Modell enthaltene Trennung zwischen natürlichen und kulturellen Faktoren ist somit relativ zu betrachten. Einschränkung ist kein naturgegebenes Schicksal, sondern ebenso wie Barriere stets auch kulturell konstruiert, einhergehend mit der Konstruktion von Körpern, die als normal und abweichend begriffen werden: *„Was also wäre, wenn Behinderung weniger ein zu lösendes Problem, sondern vielmehr eine spezifische Form der Problematisierung körperlicher Differenz darstellte?"*[275] Das kulturelle Modell rückt nicht nur Einschränkung, sondern v. a. auch Normalität und damit die Mehrheitsgesellschaft in den Fokus und fragt danach, wie Normalität hergestellt und konstruiert wird. Die Identität behinderter wie auch nicht behinderter Menschen ist demnach kulturell geprägt und von *„Deutungsmustern des Eigenen und des Fremden"*[276], von „normal" und „abweichend" bestimmt. Normalität wird hinterfragt, normal ist, was man daraus macht. So konstruieren Treppen einerseits Barrieren und andererseits ein Bild des „normalen" Überwindens von Höhenunterschieden, den entsprechenden Körper mitkonstruierend:
„Gehen als Akt ist dabei das natürliche, das selbstverständliche und somit als normal gesetzte. Die Herabsetzung anderer Fortbewegungsstile (z. B. Rollen) findet sich auch überall baulich wieder in Form von: Treppen."[277]

---

[273] vgl. Waldschmidt 2005: Disability Studies: Individuelles, soziales und/oder kulturelles Modell von Behinderung?, S. 24–27

[274] vgl. Waldschmidt 2005: Disability Studies: Individuelles, soziales und/oder kulturelles Modell von Behinderung?, S. 27; Hendren 2014: All Technology Is Assistive: Six Design Rules on'Disability', S. 140

[275] Waldschmidt 2005: Disability Studies: Individuelles, soziales und/oder kulturelles Modell von Behinderung?, S. 24

[276] Waldschmidt 2005: Disability Studies: Individuelles, soziales und/oder kulturelles Modell von Behinderung?, S. 25

[277] #beHindernisse: Drei Modelle von Behinderung, S. 1

Fazit: Sowohl das individuell-medizinische als auch das soziale Modell fokussieren sich auf einen gegebenen, vom Normalkonstrukt abweichenden Körper, dem das „Problem" einer Einschränkung anhaftet und der in Wechselwirkung mit seiner Umwelt Behinderung entstehen lässt. Die Lösung des Problems erfolgt entweder individuell durch Heilung und Kompensation (medizinisches Modell) oder durch eine sich des Problems annehmende, Barrieren verhindernde Gesellschaft (soziales Modell). Das kulturelle Modell hingegen fragt nicht nach Lösungsstrategien für ein Problem, sondern hinterfragt die Mechanismen des Problematisierens, der eigentlichen Entstehung eines Problems und damit der Konstruktion von Normalität und Abweichung. Anzustreben ist eine kulturelle Repräsentation, das Sichtbarmachen behinderter Menschen als integraler Teil einer diversen Gesellschaft, statt als zu integrierende Minderheit, wodurch individuelle und gesellschaftliche Akzeptanz erst möglich wird.

4.3 DESIGN UND ARCHITEKTUR

Die vorbeschriebene Mensch-Umwelt-Interaktion bedingt eine Umwelt, die maßgeblich durch Architektur und Design konstruiert wird. Behinderung lässt sich dem Gedanken einer Konstruktion folgend somit auch dekonstruieren.[278] Architektur und Design bestimmen als Gestalter einer sozialen und artifiziellen Umwelt maßgeblich über die Entstehung von Behinderung, in dem sie auf vielschichtige Art und Weise „soziale Zusammenhänge" konstruieren.[279] Dies durch Gestaltung baulicher Umwelten und Artefakte, aber auch medialer Welten, die ein Normalitätskonstrukt von Körpern und Handlungsweisen zwangsläufig „mitgestalten", körperliche Differenz definieren und problematisieren.[280] Ein entscheidender Mehrwert der vorliegenden Arbeit liegt darin begründet, Wege aufzuzeigen, mittels derer Design und Architektur eine Dekonstruktion von Behinderung befördern können (siehe: 2.3 Forschungsfeld und -thema). Design- Architektur- Barriere: Festzustellen ist zunächst, dass eine Dekonstruktion von Behinderung in der Architektur bspw. im Rahmen des barrierefreien Bauens aktiv stattfindet, während bspw. „Universal Design" (siehe: 4.2 Perspektiven) ein bis dato unpräzise formuliertes Konzept darstellt.[281] Festzustellen ist aber auch, dass sich die in der Architektur zur Anwendung kommende technische Norm „DIN18040 Barrierefreies Bauen", vorwiegend auf umweltbezogene Barrieren des sozialen Modells von Behinderung fokussiert (bspw. Haltegriffe und Bewegungsflächen), einstellungsbedingte Barrieren außen

[278] vgl. Bieling 2019: Inklusion als Entwurf, S. 14

[279] vgl. Bieling 2019: Inklusion als Entwurf, S. 75–78

[280] vgl. Bieling 2019: Inklusion als Entwurf, S. 14

[281] vgl. Park 2012: Inklusion und Design

vorlässt und Barrierefreiheit zwangsläufig einem technisch-parametrisierten Menschenbild unterwirft.[282] Hier setzt Design(-Forschung) unter Berücksichtigung der soziologischen Perspektive der Disability-Studies an. Dies bspw. durch Relativierung der Ausführung von Handlungen in „allgemein üblicher Weise", der Relativierung eines Körperkonstrukts und damit einer *„Problematisierung körperlicher Differenz"*[283], sowie der Antizipation von Artefakten wahlweise als „Hilfsmittel" oder gewöhnlichem Gebrauchsgegenstand. Es geht dabei zwangsläufig auch um Technologie, deren Einbezug in die Disablity-Studies u.a Anderberg fordert: *"[…], because technology and design are too important to be left only to the technicians and designers; it cannotbe seen as beeing separate from other instances of the culture we live in. Technolgy and functional aids belong in the heart of Disability Studies."*[284]

Konstruktion/Dekonstruktion: Zusammenspiel von Design und Architektur

Bei der Konstruktion/Dekonstruktion von Behinderung, stehen beide Disziplinen in einer wechselseitigen Abhängigkeit, insbesondere in Bezug auf design-assoziierte Hilfsmittel, die in Ihrer Funktionsweise an eine bauliche, architektur-assoziierte Umweltgestaltung gebunden sind. So ist das Mobilitätshilfsmittel Rollstuhl in seiner Funktionsweise an ein entsprechend befahrbares, architektonisches Umfeld gebunden, das dessen Einsatz durch Nicht- bzw. Dekonstruktion umweltbedingter Barrieren, technisch ermöglicht.[285] Einschränkung kann durch Hilfsmittel und Abbau umweltbedingter Barrieren zumindest teilweise kompensiert werden. Jedoch stellt sich nicht lediglich die Frage „ob", sondern auch „wie", das bedeutet auf welche Weise dies geschieht, inwiefern diese Weise von der „allgemein üblichen Weise der Handlungsausführung" abweicht und in welchem Maße dabei eine Problematisierung körperlicher Differenz, einer Behinderung im Sinne einstellungsbedingter Barrieren Vorschub leistet. Besagte Problematisierung steht dabei immer in Zusammenhang mit der Frage, ob für die Ausführung einer Handlung „in allgemein üblicher Weise" ein Hilfsmittel erforderlich ist, ob dieses in der Verwendung an einen baulich-sozialen Umweltbezug gekoppelt ist und ob die Wahl besteht, diesen (Umweltbezug) entstehen oder eben nicht entstehen zu lassen. Ist ein Hilfsmittel de facto erforderlich lassen sich Einschränkung bzw. das Hilfsmittel selbst,

---

[282] vgl. Deutsches Institut für Normung 2023: DIN 18040-2, Barrierefreies Bauen - Planungsgrundlagen. Teil 2, Wohnungen

[283] vgl. Waldschmidt 2005: Disability Studies: Individuelles, soziales und/oder kulturelles Modell von Behinderung?, S. 24

[284] Anderberg 2005: Making both ends meet, S. 7

[285] vgl. Anderberg 2005: Making both ends meet

entweder kaschieren, markieren oder inszenieren[286] siehe Folgeausführungen. Entscheidend ist das beschriebene, sich wechselseitig beeinflussende Wirkungsgefüge eines Dreiklangs aus: Design-Architektur, Hilfsmittel-Gebaute Umwelt, Einstellungs-Umweltbedingte Barriere. Dekonstruktion von Behinderung im Sinne besagten Wirkungsgefüges, sollte generell mit dem Anspruch verbunden sein „Sonderlösungen" respektive die Gestaltung von „Sonderwelten", zu vermeiden.[287] Dies führt unweigerlich zu Gestaltungsdilemmata wie in den nachstehenden Ausführungen gezeigt werden wird.

4.3.1 Fallbeispiele, Gestaltungsdilemmata

Nicht-umweltbezogene Hilfsmittel: Brillen und Prothesen

Kurzsichtigkeit lässt sich durch Verwendung des Hilfsmittels Brille meist vollständig kompensieren. Umweltbedingte Barrieren erscheinen nicht relevant, da sich gewünschte Handlungen, mit wenigen Ausnahmen (z b. Sport), Brille tragend „in allgemein üblicher Weise" ausführen lassen und Brillen in ihrer Funktionsweise kein „brillengerechtes" Umfeld benötigen. Einstellungsbedingte Barrieren erscheinen ebenfalls nicht relevant, da Brillen einem durch Design beeinflussten, im kulturellen Modell der Disability-Studies verankerten, Normalitätskonstrukt folgen. Brillen werden, Pullin folgend, im Gegensatz zu Hörgeräten nicht (mehr) als „Hilfsmittel" antizipiert (Relativität des Hilfsmittelbegriffs), eine Problematisierung körperlicher Differenz findet somit nicht statt.[288] Durch das Nicht-Entstehen von Barrieren, weder umwelt- noch einstellungsbedingt, wird aus Kurzsichtigkeit keine Behinderung. Zudem lässt sich diese nach außen sichtbar durch das Tragen einer Brille (markieren), oder nicht sichtbar durch die Verwendung von Kontaktlinsen (kaschieren) kompensieren; das Tragen von bspw. extravaganten Brillen ermöglicht die Inszenierung eines Hilfsmittels, bzw. darüber hinaus ein modisches „Statement", unter Bezugnahme auf spezifische gesellschaftliche Gruppen (Architektenbrille, Nerdbrille, Pilotenbrille etc.) [289] Es entsteht somit kein baulicher und wahlweise ein sozialer Umweltbezug, wobei die Betonung auf wahlweise liegt. Ähnliches gilt für Prothesen, die Einschränkungen markieren (offensichtliche Prothese, analog Brille) oder maskieren (Nachbildung eines Körperteils, analog Kontaktlinsen) [290] bzw. Inszenieren: So beschreibt Hendren künstlerisch inszenierte, Schmuck nachempfundene

---

[286] vgl. Rosen/Hendren 2013: Why Are Glasses Perceived Differently Than Hearing Aids?

[287] vgl. Bieling 2019: Inklusion als Entwurf, S. 48–52

[288] vgl. Pullin 2009: Design meets disability

[289] vgl. Rosen/Hendren 2013: Why Are Glasses Perceived Differently Than Hearing Aids?

[290] vgl. Harrasser 2016: Prothesen

Prothesen, verschiedener Designschaffender.[291] Dies einhergehend mit unmittelbarer Einflussnahme auf die Problematisierung bzw. Nicht-Problematisierung körperlicher Differenz, sowie der Entstehung einstellungsbedingter Barrieren, aufgrund der kulturell bedingten, unterschiedlichen Antizipation von Hilfsmitteln als Hilfsmittel, wie erläutert.

Umweltbezogene Hilfsmittel: Rollstühle und Rollatoren

Wie bereits erwähnt, sind Rollstühle als auch Rollatoren, aber auch Kinderwagen in ihrer Funktionsfähigkeit auf ein entsprechend befahrbares Umfeld angewiesen und ohne die entsprechenden Rampen, Türbreiten, Bewegungsflächen und Schwellenlosigkeit (DIN-Normen) als lediglich „theoretische Mobilitätshilfe" zu betrachten:

"Without the necessary pavement, curbs, ramps, and funding of so-called access, the wheelchair as a system has different meanings and effects" [292]

Umweltbedingte Barrieren haben somit in diesem Fall, konträr zu Brillen und Prothesen, massiven Einfluss auf Entstehung und Nichtentstehung von Behinderung. Design und Architektur, Hilfsmittel und gebaute Umwelt, stehen in einem unmittelbaren Abhängigkeitsverhältnis, welches Anderberg mit „Technologie" und „Design" umschreibt:

"Technology and design can thus be seen as mediators of disability and can be used to create new and to consolidate old, disabling structures. But they also hold the power to break down existing disabling structures and create new function supports. Without a wheelchair I would not get anywhere, but my standard wheelchair does not give me much function in unspoiled nature or in an unadapted environment." [293]

Wie verhält es sich mit einstellungsbezogenen Barrieren? Am Beispiel des Rollstuhls lassen sich spezifische Gestaltungsdilemmata verdeutlichen. So kann ein rollstuhlgerechtes Umfeld umweltbedingte Barrieren reduzieren, einstellungsbedingte jedoch zeitgleich verstärken. „Niemand" fährt Rollstuhl: Zunächst ist festzustellen, dass Rollstuhlfahrende mit einem Anteil von lediglich 1,68 % an der Gesamtbevölkerung (2019), eine gesellschaftliche Randgruppe darstellen.[294] Sich per Rollstuhl fortzubewegen, widerspricht dem Normalitätskonstrukt, da sich Menschen naturgegeben gehend fortbewegen und Mobilitätshilfen vorwiegend zum Geschwindigkeitszugewinn, bzw. zur Überwindung größerer Distanzen (Auto, Fahrrad

---

[291] vgl. Hendren 2010: Hearing Aid Jewelry Chairs That Give Hugs And The Art Of Changing The Question

[292] Goggin/Newell 2003: Digital disability

[293] Anderberg 2005: Making both ends meet, S. 6

[294] vgl. Nullbarriere.de, Barrierefrei Planen, Bauen, Wohnen 2023: Bedarf an barrierefreien Wohnungen in Deutschland

etc.) verwenden. Bereits die fahrende Erschließung der Umwelt steht somit der Nutzung in „allgemein üblicher Weise“ entgegen, befördert die Problematisierung körperlicher Differenz und damit einstellungsbedingte Barrieren. Ein Rollstuhl ist grundsätzlich sichtbar: Mittels Rollstuhl als offensichtlichem Hilfsmittel lässt sich zudem im Gegensatz zu Wearables, Kontaktlinsen, nicht sichtbaren Prothesen etc. eine Beeinträchtigung niemals maskieren; es erfolgt im Gegenteil stets eine eindeutige Markierung der Einschränkung[295] und es besteht keine Wahlmöglichkeit bezüglich des baulich-sozialen Umweltbezugs.

Umweltbezogene Hilfsmittel: Rollstühle, Rollatoren, Gestaltungsdilemmata
Rollstuhl- und Rollator-gerechtes Bauen meint in der Praxis „Bauen nach „DIN18040-Barrierefreies Bauen“ meint aber de facto auch Bauen einer spezifischen „Hilfsmittel-Infrastruktur“ bezogen sowohl auf Architektur als auch Design.[296] Es gilt eine befahrbare, an ein „Fahrzeug“ angepasste Umwelt zu gestalten, die von der subjektiven Erfahrungswelt der „Gehenden“ zunächst als abweichend antizipiert wird. Die erforderlichen Rampen und Bewegungsflächen sind an entsprechend großzügige Raumzuschnitte gebunden, Schwellen müssen vermieden, Türen entsprechend breiter ausgeführt, Handläufe und Waschbecken mit vergleichsweise geringen Höhen vorhanden sein. Hinzu kommt eine „Sekundär-Hilfsmittel-Infrastruktur“ bspw. in Form von Hebebühnen, die baulich immobile Hilfsmittel des mobilen Hilfsmittels Rollstuhl, ergo Hilfsmittel für Hilfsmittel darstellen. Auch hier lautet die entscheidende Frage, inwieweit ein rollstuhlgerechtes Umfeld als „Sondergestaltung“ empfunden wird, einer Nutzung „in allgemeiner üblicher Weise“ entgegensteht und körperliche Differenz, wenn nicht problematisiert, zumindest jedoch thematisiert wird. Von einem schwellenlosen Terrassenaustritt wird kaum jemand Notiz nehmen, ebenso wird das Vorhandensein eines (entsprechend dimensionierten) Aufzugs, keine Assoziationen einer „Hilfsmittel-Infrastruktur“ hervorrufen. Während jedoch der großzügige Aufzug möglicherweise als angenehm empfunden wird (Distanz zu Mitfahrenden), wird ein barrierefreies WC unter Umständen als „für die Nutzung in allgemein üblicher Weise“ unnötig groß und damit abweichend empfunden. Frei stehend im Raum angeordnete, anfahrbare Sanitärgegenstände, Haltegriffe und „zu niedrig“ montierte Armaturen unterstreichen das Bild des Gegenentwurfs zur Normalität. Subjektiv empfundene Sondergestaltung ist somit in der Antizipation immer auch an Größen- und Höhenverhältnisse gebunden. Ist das WC zusätzlich mit dem

---

[295] vgl. Harrasser 2016: Prothesen

[296] vgl. Deutsches Institut für Normung 2023: DIN 18040-2, Barrierefreies Bauen - Planungsgrundlagen. Teil 2, Wohnungen

nicht unumstrittenen ISA-Symbol gekennzeichnet,[297] findet verstärkend eine *„Markierung sozial unerwünschter bzw. als problematisch wahrgenommener Differenz“*[298] im Sinne expliziter Kennzeichnung eines Sonderraumes statt.

4.3.2 Hierarchiegefälle, Normalitätskonstrukt

Wie bereits dargelegt meint „Mensch Umwelt Interaktion“ immer auch „MenschEN-Umwelt-Interaktion“. Menschen möchten Handlungen nicht lediglich ausführen (können), sondern dabei auch auf bestimmte Weise von anderen Menschen wahrgenommen werden. Architektur und Design entscheiden maßgeblich darüber, inwiefern Menschen als hilfebedürftig oder selbstständig wahrgenommen werden, einhergehend mit einem Hierarchiegefälle zur gesellschaftlichen Dominanzkultur[299], zwischen *„abhängigen Patienten und selbstbestimmten Individuen.“*[300]

„Solche Machtstrukturen können sich durch mindestens zwei Designbezüge ausdrücken: Entweder in dem Menschen bestimmte Gestaltungsobjekte nicht (adäquat) nutzen können und somit im sozialen System und aufgrund von Gestaltungsprozessen zu Behinderten gemacht werden. Oder aber indem Menschen mit Behinderung als adressierte Nutzer zu Hilfs-)Bedürftigen degradiert werden, das heißt Ihre körperliche oder geistige Beschaffenheit als eigentlichen ‚Problem‘ lokalisiert wird, welches als normabweichend verstanden und durch Gestaltungslösungen ‚behoben‘ wird.“[301]

Somit erfolgt einerseits eine Stigmatisierung der Betroffenen als hilfebedürftig, andererseits nehmen Architektur und Design eine (möglicherweise unbewusste) Wohltätigkeitsrolle ein.[302] Im Zitat angeführte Gestaltungslösungen bedienen zudem häufig eine sogenannte „Stützstrumpfästhetik“, eine an reiner Funktionalität orientierte Krankenhausästhetik,[303] die vom beschriebenen Mainstreamdesign[304] negativ abweicht und durch implizierte Betonung des Krankheitsaspekts mit einer Verobjektivierung von Menschen als „medizinische Fälle“, mehr denn „mündige Konsumenten“ mit entsprechendem ästhetischen Anspruch einhergeht:

---

[297] vgl. Bieling 2019: Inklusion als Entwurf, S. 50–51

[298] Dederich 2012: Ästhetische und ethische Grenzen der Barrierefreiheit, S. 112

[299] vgl. Rommelspacher 1998: Dominanzkultur

[300] Batavia 1999: The role of independent living centers in meeting the health care needs of people with disabilities

[301] Bieling 2019: Inklusion als Entwurf, S. 19

[302] vgl. Bieling 2019: Inklusion als Entwurf, S. 38

[303] vgl. Bieling 2019: Inklusion als Entwurf, S. 57

[304] vgl. Pullin 2009: Design meets disability

„Assistive technologies' have largely taken their points of departure from medical aids, primarily because in industrialized cultures, people with atypical bodies and minds have been thought of as medical 'cases', not as people with an expanded set of both capacities and needs. So a lot of the design, attention to things like crutches, wheelchairs, hearing aids, and the like have followed the material look and structure of hospital gear. And accordingly, designers and people working in tech have 'read' them as a branch of medical technologies." [305]

Konstruktion und Dekonstruktion von Hilfsmitteln

Es wurde deutlich, dass die Konstruktion einer künstlichen Umwelt bestimmte Funktionen konstruiert und damit zwangsläufig ein Normalitätskonstrukt von Körpern und Handlungsweisen stets mitkonstruiert.[306] Sind Funktionen an dazu befähigte Körper und eine singuläre Form der Handlungsweise gebunden, erfolgt einerseits die Konstruktion von Behinderung, in dem Menschen diese aufgrund von Einschränkung nicht ausführen können und andererseits die Konstruktion von Hilfsmitteln, indem Menschen diese „trotz" Einschränkung bzw. „Dank Hilfsmittel" ausführen können. So konstruieren Treppen nicht lediglich eine spezifische Art und Weise (Handlungsweise) der Überwindung von Höhenunterschieden (Funktion), sondern auch den dazu befähigten Körper, sowie das Hilfsmittel Treppenlift (bzw. den nicht als Hilfsmittel antizipierten Fahrstuhl). Hilfsmittel, Handlungsweisen und Funktionen werden über einen Körperbegriff definiert, der relativ ist, da auch der „normale" Körper, einem sich wandelnden kulturellen Konstrukt unterliegt[307] (siehe: Kulturelles Modell; Disabilty-Studies). Ebenso unterliegen Hilfsmittel selbst einer sich stetig wandelnden gesellschaftlichen Antizipation, siehe Brillen. Hilfsmittel ermöglichen Handlungsausführung „trotz" Einschränkung im Sinne einer freien Willensausübung, die jedoch Gefahr läuft, ins Gegenteil verkehrt zu werden, sobald menschliche Hilfsmittel, sprich helfende Personen, hinzutreten, die bspw. einen Rollstuhl schieben und damit stellvertretend (dem Willen eines Dritten folgend) bedienen.[308] Hendren unterstreicht die genannten Aspekte mit Hinweis auf den generellen Hilfsmittelcharakter von Technologie:

„All technology is assistive technology. What technology are you using that is not assistive? Your smartphone? Your eyeglasses? Headphones? Those three examples alone are assisting you in multiple registers: they are enabling or augmenting a sensory experience, or providing navigational infor-

[305] Rosen/Hendren 2013: Why Are Glasses Perceived Differently Than Hearing Aids?

[306] vgl. Bieling 2019: Inklusion als Entwurf, S. 14

[307] vgl. Waldschmidt 2005: Disability Studies: Individuelles, soziales und/oder kulturelles Modell von Behinderung?

[308] vgl. Anderberg 2005: Making both ends meet, S. 8–9

mation. They are also allowing you to decide whether to be approachable in public; to check out or in on a conversation or meeting in a number og subtle ways; to identify, by your choice of brand or look, with one cultural group and not another. [...] Assistive technology´ implies a separate species of tools designed for exclusively for people with a rather narrow set of diagnostic ´impairments´ - impairments, in other words, that have been culturally designated as needing special attention, as beeing particularly, grossly abnormal." [309]

4.3.3 Architektur: Ready-Standard, DIN 18040-2

Barrierefreies Bauen, Ready-Standard, DIN-Normen: Welche Lösungsansätze bzgl. der beschrieben Konstruktion/Dekonstruktion von Behinderung durch Architektur und Design erscheinen relevant? Wie beschrieben, fokussiert sich die Architektur auf die Anwendung der „DIN18040-2 barrierefreies Bauen"[310], einhergehend mit beschriebenen Gestaltungsdilemmata. Einen Gegenentwurf stellt der sogenannte „Ready-Standard" des Instituts Wohnen und Entwerfen der Universität Stuttgart dar:[311] Im Gegensatz zur DIN-Norm, postuliert „Ready" keine (für Einschränkung) „vorgerichtete", sondern bedarfsweise „anpassbare" Architektur, die mit „lebenslauftauglich" und „barrierearm" statt „-frei" umschrieben wird. So lassen sich bspw. Badräume durch zusätzliche Anschlüsse, bodengleiche Duschen, nachrüstbare Wannen und ausgliederbare Waschmaschinen sukzessive und bedarfsorientiert an sich ändernde Lebenssituationen anpassen. Während die DIN zweistufig zwischen barrierefrei (Rollator) und barrierefrei R-Standard (Rollstuhl) differenziert, ergänzt Ready besagte Differenzierung um einen dritten, niedrigschwelligen Faktor der „Besuchs-Eignung", der bspw. aktive Unterstützung durch Dritte einkalkuliert. Hinzukommend arbeitet Ready und mit im Gegensatz zur DIN stark reduzierten Bewegungsflächen, orientiert an Schweizer Standards, ein „normales" Erscheinungsbild der Wohnung befördernd. Dies nicht zuletzt aus marktwirtschaftlichen Gründen: Wohnungen nach DIN-Standard gelten als kaum nachgefragte, exklusive Nischenprodukte mit Verteilungsproblem, deren tatsächlicher Bedarf im Vorfeld kaum ermittelbar ist.[312]

„Ein dauerhaftes Verteilungsproblem verhindert ein optimales Marktgleichgewicht. Denn eine prinzipiell barrierefreie Wohnung an einem festgelegten Ort, fertiggestellt zu einem bestimmten Zeitpunkt, bedingt nicht, dass ein spezifischer, individueller Bedarf auf dieses exklusive Angebot

---

309 Hendren 2014: All Technology Is Assistive: Six Design Rules on'Disability', S. 140–141

310 vgl. Deutsches Institut für Normung 2023: DIN 18040-2, Barrierefreies Bauen - Planungsgrundlagen. Teil 2, Wohnungen

311 vgl. Jocher/Mühlthaler/Gerhards 2015: ready - vorbereitet für altengerechtes Wohnen

312 vgl. Haimann 2013: Für Seniorenwohnungen fühlen sich alle zu jung

passt. Diese Faktoren lassen sich äußerst schwer im Voraus kalkulieren. Demzufolge entsteht ein hoch qualifiziertes Angebot auf Vorrat für eine mehr oder weniger fiktive Nachfrage. Fehlbelegungen sind zwangsweise die Folge."[313]

Nur 2 % des aktuellen Wohnraums in Deutschland entsprechen der Barrierefreiheit.[314] Barrierefreies Bauen nach DIN ist dabei nicht, wie oft angenommen, teurer; die Kostensteigerungen im Neubau belaufen sich auf lediglich 1 %, wie Studien führender Wohnungsbaugesellschaften bestätigen.[315] Aufgrund des demografischen Wandels besteht ein theoretisch hoher Bedarf, in Kombination mit einer de facto geringen Nachfrage, aufgrund eines generellen Image-Problems (Stigmatisierung) des Themas Barrierefreiheit.[316]

„*Die Nachfrage nach diesen Wohnungen ist aber sehr gering, sagt Kruno Crepulja, Geschäftsführer des Essener Projektentwicklers Formart. Nicht mehr als 3 bis 5 Prozent der Käufer sind, daran interessiert.*"[317]

Ähnlich wie im Falle von Design greifen bzgl. des Bauens DIN die Mechanismen des „Spezialangebots", der „adressierten" Nutzer, der Wunsch nach „Normalität" und der zumindest subjektiv empfundene Stigmatisierung, auch im Sprachlichen. So verkaufen sich als „Wohnen für ein langes Leben" bezeichnete Wohnkonzepte entschieden besser als „Seniorenwohnungen".[318] Standards wie „Ready" könnten, wie erwähnt, unter Umständen der beschriebenen Problematisierung körperlicher Differenz durch hilfsmittelorientierte „Spezialarchitekturen" entgegenwirken.

4.3.4 Design: explizit, universell, cross-funktional

Im Falle von Design unterscheidet Bieling, auf die bisherigen Ausführungen aufbauend, zwischen 1) ignorantem, 2) explizitem, 3) universellem und 4) cross-funktionalem Design.[319]
1) Ignorantes Design, „ignoriert" dem Wortsinn folgend Einschränkung, bzw. bestimmte Personengruppen. Menschen sind nicht behindert, sondern werden behindert[320], indem sie

---

[313] ready – vorbereitet für altengerechtes Wohnen o. J.: Standards für altengerechtes Wohnen, S. 8

[314] vgl. DESTATIS Statistisches Bundesamt 2019: Wohnen in Deutschland - Zusatzprogramm des Mikrozensus 2018

[315] vgl. TERRAGON WOHNBAU 2012: Barrierefreies Bauen im Kostenvergleich

[316] vgl. mobilogisch! Zeitschrift für Ökologie, Politik und Bewegung 2013: Barrierefreie Stadtquartiere

[317] Haimann 2013: Für Seniorenwohnungen fühlen sich alle zu jung

[318] vgl. Haimann 2013: Für Seniorenwohnungen fühlen sich alle zu jung

[319] vgl. Bieling 2019: Inklusion als Entwurf, S. 59–62

[320] vgl. Mürner/Sierck 2009: Krüppelzeitung

im Rahmen eines Mainstreamdesigns[321] in Ihren Bedürfnissen nicht adressiert werden. 2) Explizites Design hingegen adressiert „explizit“ die (angenommenen) Bedürfnisse besagter Gruppen, einhergehend mit den beschriebenen Stigmatisierungs-Mechanismen und Gestaltungsdilemmata.

Universelles Design

Im Gegensatz zu ignorantem bzw. explizitem Design verkörpert 3) universelles Design, nachstehend beschrieben nach Park, eine seit Mitte der 1980er Jahre bestehende Idee von Design[322], die explizit als solche unter Artikel 4 „Allgemeine Verpflichtungen“ einen Bestandteil der UN-Behindertenrechtskonvention darstellt (siehe 4.2 Perspektiven).[323]Die (Be)Förderung eines universellen Designs stellt somit eine vertragsstaatliche Verpflichtung dar. Die Ursprünge des universellen Designs finden sich in den USA: Infolge des 2. Weltkriegs stand man vor der gesellschaftlichen Herausforderung, einer hohen Zahl heimkehrender Versehrter, für die Rehabilitation und Bildungsangebote geschaffen werden sollten. Die Wiedereingliederung der kriegsbedingt Eingeschränkten in die Gesellschaft, erforderte ein Umdenken in der Gestaltung öffentlicher Gebäude und Produkte. Dies führte zur Bewegung des barrierefreien Designs, zur Entwicklung bundestaatlicher Richtlinien der Barrierefreiheit und schließlich zur ADAAG der „American Disability Act Accessibility Guidelines“. Die Guidelines enthielten bereits wesentliche Punkte der schließlich durch 1988 durch Ronald L. Mace formulierten und wortwörtlich in die UN-Behindertenrechtskonvention übernommenen Definition von Universal-Design:

„Universal Design bezeichnet die Gestaltung von Produkten und Umgebungen, die von allen Menschen im größtmöglichen Umfang genutzt werden können, ohne dass eine Anpassung oder ein spezielles Design erforderlich ist“ [324]

Es existieren zahlreiche, teils synonym verwendete Begriffe wie „Design for all“, „Design für alle“ und weitere, die im Wesentlichen dasselbe meinen, jedoch in unterschiedlichen Ländern, unterschiedlich gebräuchlich sind.[325] Den genannten, aber auch weiteren Begriffen („Inclusive Design“, „Barrier-free-design“) mangelt es generell an Definitionsschärfe.[326]

---

321 vgl. Pullin 2009: Design meets disability

322 vgl. Park 2012: Inklusion und Design

323 vgl. UN-Behindertenrechtskonvention, Übereinkommen über die Rechte von Menschen mit Behinderungen o. J.: Begriffsbestimmungen

324 Park 2012: Inklusion und Design, S. 23

325 vgl. Bade 2008: Universal Design im globalen demographischen Wandel, S. 16

326 vgl. Park 2012: Inklusion und Design, S. 24

Festzustellen ist, dass Universal Design als Lösungsstrategie zur Bewältigung des demographischen Wandels gehandelt wird und in sieben teils vagen Kriterien gefasst wird: 1) breite Nutzbarkeit, 2) Flexibilität in der Nutzung, 3) einfache und intuitive Handhabung, 4) sensorisch wahrnehmbare Informationen, 5) Fehlertoleranz, 6) geringer körperlicher Aufwand, 7) Größe und Platz für Zugang und Benutzung.[327]
Park kritisiert die genannten Kriterien als unpräzise und verallgemeinernd und reduziert diese, unter Berücksichtigung der ursprünglichen Definition Mace´s, sowie dem in der Behindertenrechtskonvention hinzugefügten Hilfsmittelaspekt (der in Mace Definition nicht vorkommt), auf vier Aspekte: 1) Zugänglichkeit, 2) Entstigmatisierung, 3) Berücksichtigung der Hilfsmittel und Hilfspersonen, 4) Kompatibilität mit Assistenztechnologien. Park kritisiert ferner den normierenden, objekt- statt menschenfokussierten Aspekt universellen Designs und befürwortet eine Fokussierung auf (Design-Prozess) statt Endprodukt (Design). Darüber hinaus erfordern individuelle Einschränkungen nach Park, ein vielmehr individuelles statt universelles Design, das einer Standardisierung grundsätzlich im Wege steht.[328] Im Rahmen eines Forschungsprojekts der TU München, wurden Interviews, insbesondere mit japanischen Führungskräften der Industrie, sowie politisch Verantwortlichen geführt. Japan als bereits jetzt überalterte Gesellschaft, treibt die Entwicklung des Universal Designs konsequent voran und bietet daher eine Art „Vorschau" auf denkbare, kommende Entwicklungen in Europa[329]. Parks Hypothese zur Notwendigkeit des Prozessfokus, findet Bestätigung innerhalb besagter Interviews, bspw. mit Dr. Masayoshi Watanabe, einem Beamten des Ministry of Economy, Trade and Industry, Tokio, vom Januar 2008:
„Die Schwierigkeiten bei der Umsetzung waren vor allem die Definition des eigentlichen Problems, der Mangel einer Strategie und die Schwierigkeit, den richtigen Weg für Verbesserungen auszumachen. Meiner Meinung nach ist es notwendig, eine Prozessbewertung organisatorischer Abläufe bezüglich UD einzuführen [...]. Wir benötigen eine Definition der organisatorischen Struktur, die für die Umsetzung des UD nötig ist." [330]

Fazit: Universal Design stellt einen bis dato vage formulierten Kriterien-Katalog dar.[331] Einer konkreten Umsetzung mangelt es an Prozesshaftigkeit, Standardisierung als auch Normie-

[327] vgl. Bade 2008: Universal Design im globalen demographischen Wandel, S. 15–16
[328] vgl. Park 2012: Inklusion und Design
[329] vgl. Bade 2008: Universal Design im globalen demographischen Wandel, S. 10
[330] Bade 2008: Universal Design im globalen demographischen Wandel, S. 44
[331] vgl. Park 2012: Inklusion und Design, S. 23

rung stellen sich als schwierig bis kontraproduktiv dar.[332] Zudem erfordert insbesondere Einschränkung, aufgrund ihrer mannigfaltigen Erscheinungsformen, eine tendenziell individuelle statt universelle Gestaltung (siehe 2.2 Kontext und Forschungsbedarf).[333]

Cross-funktionales Design

Während Einschränkung im Rahmen 1) ignoranter Gestaltung „ignoriert“, 2) im Rahmen expliziter Gestaltung „adressiert“ und im Rahmen 3) universeller Gestaltung „mitgedacht“ wird, verwendet der 4) cross-funktionale Gestaltungsansatz Einschränkung als Ausgangspunkt der Gestaltung (siehe: 2.2 Kontext und Forschungsbedarf).[334] Dieser Prozess verläuft in der Regel nicht linear, wie zahlreiche, dem cross-funktionalen Ansatz entsprungene Artefakte belegen. Diese (Artefakte) werden explizit für bestimmte Zielgruppen entwickelt, dann jedoch von anderen antizipiert bzw. neukontextualisiert.[335] Die vorliegende Arbeit unternimmt den Versuch, die gewisse Zufälligkeit besagten Prozess´ zu unterbrechen und cross-funktionale Gestaltungsansätze als zielgerichtetes Werkzeug, statt Beifang des Entwurfsprozess´ einzusetzen (siehe: 2.2 Kontext und Forschungsbedarf). Wie bereits in früheren Kapiteln erwähnt, waren Schreibmaschinen ursprünglich als Kommunikationshilfe für Blinde vorgesehen.[336] Die Braille-Schrift wurde zur „blinden“ Nachrichtenübermittlung im Dunkeln, Hörbücher für Blinde statt Sehende entwickelt und die Furniersperrholzkonstruktion des Eames Chair, hat ihren Ursprung in der Prothesenherstellung der Nachkriegszeit (siehe: 2.2 Kontext und Forschungsbedarf).[337] Der durch Pullin beschriebene „triggle down Effekt“, innerhalb dessen Mainstreamdesign mit hohen Stückzahlen die Nischenmärkte der „special needs“ erreicht, tritt folglich nicht zwangsläufig ein und kehrt sich oftmals um.[338]

Relativität des Funktionsbegriffs

Statt Einschränkung wie im Falle des Universal Designs „mitzudenken“, plädiert Hendren für die generelle Aufhebung der Unterscheidung Design für (mitgedachte) Einschränkung und Design im Allgemeinen. Es entsteht eine „produktive Verunsicherung“, in dem zunächst nicht eine Funktion, sondern eine technische Neuerung konzipiert wird, deren Verwen-

[332] vgl. Bade 2008: Universal Design im globalen demographischen Wandel

[333] vgl. Bieling 2019: Inklusion als Entwurf, S. 39–43

[334] vgl. Bieling 2019: Inklusion als Entwurf, S. 60

[335] vgl. Bieling/Joost 2018: Technikgestaltung und Inklusion, S. 18–19

[336] vgl. Bergermann 2013: Abilty Trouble, S. 19

[337] vgl. Bieling 2019: Inklusion als Entwurf, S. 53–54

[338] vgl. Pullin 2009: Design meets disability

dungszweck sich zunächst ausschließlich an der Körperhaftigkeit des Menschen orientiert.[339] Die genannte Relativierung des Funktionsbegriffs geht einher mit der bereits beschriebenen Relativierung des Hilfsmittelbegriffs als auch der Relativierung der Körperlichkeit, die darin mündet, Merkmale einer bestimmten Behinderung als „Normalzustand" zu betrachten.[340]
"Instead of labeling some technologies and not others as assistive, let us start like this: we are all getting help from the things we make—all kinds of help, all the time, for our many material, social, educational, and political needs. Private needs and public ones. No one is exempt. Then the questions get really interesting: What can a body do (Deleuze 1992)? What needs are you interested in? Who might use which thing for what? Where might the surprises be? How might a familiar thing morph into something else altogether?" [341]
Anderberg als auch Krippendorff verweisen auf Gibbson und dessen kontextgebundene Relativität des Funktionsbegriffs, im Sinne der „Affordances" (Handlungsmöglichkeiten): Gibson beschreibt mit diesem Begriff Wahrnehmung als Zusammenspiel von Physiologie, Handlungswille und umweltbedingten Handlungsmöglichkeiten: Nicht Objekte, sondern sondern deren Benutzbarkeit in enger Relation zur Physis werden wahrgenommen.[342]
„Die Be-setzbarkeit eines Stuhls, die Trag-barkeit einer Kiste, die Be-steigbarkeit einer Treppe […]".[343]
Ein Baseballschläger ist so geformt, dass selbst jemand, der noch nie von Baseball gehört hat, ihn auf der richtigen Seite anfassen wird und ihn schwingen oder mit Ihm schlagen kann." [344]
Alltagsgegenstände werden, dem Gedanken folgend, unter dem Gesichtspunkt von Handlungsmöglichkeiten und nicht zwingend einer offensichtlichen Funktion entworfen.[345] Der Mehrwert des Affordance-Gedankens hinsichtlich cross-funktionaler Gestaltung und der Vermeidung bloßer „triggle-down"-Effekte liegt auf der Hand. Dennoch müssen Funktionen verstanden werden. Krippendorf argumentiert diesbezüglich mit dem Begriff der Bedeutung im Handeln, sowie dem übergeordneten, auf Heidegger bezogenen Dreiklang aus Erkennen-Erkunden-Vertrauen:[346] Der Wahrnehmung einer Schere folgt die kultu-

---

[339] vgl. Hendren 2014: All Technology Is Assistive: Six Design Rules on'Disability'

[340] vgl. Bieling 2019: Inklusion als Entwurf, S. 53

[341] vgl. Hendren 2014: All Technology Is Assistive: Six Design Rules on'Disability', S. 141

[342] vgl. Anderberg 2005: Making both ends meet, S. 7; Krippendorff 2013: Die semantische Wende, S. 148–152; Gibson 2014: The ecological approach to visual perception, S. 127–135

[343] Krippendorff 2013: Die semantische Wende, S. 149

[344] Krippendorff 2013: Die semantische Wende, S. 149

[345] vgl. Gibson 2014: The ecological approach to visual perception, S. 127–135

[346] vgl. Krippendorff 2013: Die semantische Wende, S. 109–186

rell bedingte Konstruktion der Zuweisung einer Handlungsoption Schneiden. Diese muss einerseits als solche erkannt werden, was zunächst durch Kategorisierung der Schere als Schere geschieht. Es folgt das Erkunden, bspw. durch die Hand, sowie das Vertrauen, das sich durch intuitive Nutzung übersetzen lässt. Insbesondere auch hinsichtlich cross-funktionalen Designs, gilt es somit, besagten Dreiklang derart zu gestalten, dass Artefakte erkennbar und intuitiv nutzbar sind. Unterschiedliche Kompetenzen der Nutzenden lassen sich dabei nach Krippendorff durch unterschiedliche, sogenannte „semantische Schichten" des Artefakts berücksichtigen. Er verdeutlicht dies am Beispiel eines Druckers, mit unterschiedlichen Zugängen für unterschiedliche Personengruppen, mit unterschiedlichen Absichten wie Drucken, Wartung und Reparatur.[347]

4.4 FAZIT

Behinderung wurde zunächst als Mensch-Umwelt-Interaktion bzw. Mensch-Hilfsmittel-Umwelt-Interaktion charakterisiert, die sich aufgrund des demografischen Wandels als zunehmend „universelle Erfahrung" darstellt. Behinderung entsteht in Abhängigkeit von umwelt- und einstellungsbedingten Barrieren im Rahmen besagter Interaktionen. Der Grad der Barrierefreiheit und damit deren Messbarkeit richtet sich danach, inwiefern Handlungen ermöglicht, erschwert oder verunmöglicht werden und in welchem Maße eine Abweichung von der kulturell bedingten „allgemein üblichen Weise" der Handlungsausführung und einer damit einhergehenden Problematisierung körperlicher Differenz stattfindet. Es geht somit nicht lediglich darum, „ob", sondern „wie" Handlungen ausgeführt werden (können), ob dabei ein Hilfsmittel benötigt wird, welche Artefakte als solche gelesen werden und inwiefern dabei Deutungsmuster des Eigenen und des Fremden bedient werden. Mensch-Umwelt-Interaktion meint somit immer auch MenschEN-Umwelt-Interaktion: Nicht bloße Handlungsoptionen (Funktionalitäten), sondern die Frage, wie Menschen innerhalb deren Ausführung, Ihrer Art und Weise, von anderen Menschen wahrgenommen werden und wahrgenommen werden möchten, bzw. sich selbst wahrnehmen, stellen die entscheidenden Faktoren dar. Nicht erst Behinderung, sondern schlichtweg Alter, kann als massive Exklusionserfahrung empfunden werden. Diese These wurde im Verlauf der Arbeit wiederholt, im Rahmen der Expertinnen-Interviews, der Exkursionen und der Gruppendiskussionen belegt. Ergänzend hinzu kommen empirische Erfahrungen des Autors im Umgang mit Eltern und Großeltern. Sich (noch) zugehörig fühlen wollen (zu den Jungen, den „Normalen", der Dominanzkultur), bzw. nicht dazugehören wollen (zu den Alten, Behinderten, „dem alten Eisen"); der

[347] vgl. Krippendorff 2013: Die semantische Wende, S. 168–172

dringende Wunsch, nicht durch Hilfebedürftigkeit ausgeschlossen zu werden im Sinne eines „Ich kann das (noch) selbst!" oder ein „Ich brauche das (Hilfsmittel) nicht" sind DIE entscheidenden Faktoren hinsichtlich Akzeptanz und Nichtakzeptanz und damit Erfolg von entsprechenden Produkten und Architekturen für die beschriebenen Zielgruppen. Architektur und Design (de)forcieren somit in Ihrer Rolle als umweltgestaltende Disziplinen besagte Prozesse sozialer Gruppenbildung, insbesondere durch (Mit)Konstruktion eines Normalitätsbegriffs auf Artefakt- und zwangsläufig Umweltebene. Inklusion und Exklusion, eine Bedrohungsszenarien zeichnende Gesetzgebung sowie die beschriebene, einhellige Ablehnung von „Seniorenprodukten" stellen die entscheidenden Leitplanken der vorliegenden Arbeit dar.

Eine abschließende Definition des Behinderungsbegriffs lautet wie folgt:
Behinderung wird als kulturelle Konstruktion, als spezifische Form der Problematisierung körperlicher Differenz, in Abhängigkeit von einstellungs- und umweltbedingten Barrieren innerhalb einer Mensch-Umwelt-Interaktion definiert.
Einschränkend muss hinzugefügt werden, dass die besagte Definition immer nur Teilbereiche von Behinderung abdecken kann. Behinderung durch schwerste Beeinträchtigung (bspw. Hirnschädigungen) kann selbstredend nicht an den (bloßen) Barriere-Begriff gekoppelt definiert werden.
Transfer, Raum-in-Raum-System: Die genannten Aspekte wurden, wie nachstehend beschrieben, in die Entwicklung des Raum-in-Raum-Systems integriert. Generell galt es der Entstehung sowohl einstellungs- als auch umweltbedingter Barrieren von Beginn an entgegenzuwirken. Die Integration besagter sinnhafter Forderungen der DIN 18040-2 (siehe: 2.3 Forschungsfeld und -thema) fand vorwiegend in der Realisierung von Bewegungsflächen vor Sanitärgegenständen als Richtschnur des Gesamtkonzepts statt. Diesbezüglich kam der beschriebene cross-funktionale Entwurfsansatz zum Tragen, innerhalb dessen zunächst die Schaffung eines „befahrbaren Umfelds" als Ausgangspunkt denkbarer, erweiterter Anwendungen, im Sinne „spekulativen Entwerfens", zum Tragen kam. Aus der beschriebenen und so auch entstandenen „produktiven Verunsicherung" resultierte die Integration zunächst nicht vorgesehener Funktionalitäten. Seitens DIN vorgesehene Haltegriffe (Stigmatisierung) wurden kritisch hinterfragt, neu interpretiert und in ein Konzept horizontal verfahrbarer „Boden-Deckenstangen" transferiert, die durch erweiterte Funktionalitäten ein „Kaschieren" des Hilfsmittelaspekts ermöglichen. Funktionen müssen verstanden werden; diesbezüglich erfolgte die Entwicklung des Konzepts, orientiert am Affordance-Gedanken Gibsons. Krippendorffs (darauf aufbauende) „Bedeutung im Handeln", bestehend aus Erkennen-Erkunden-Vertrauen (intuitives Verständnis) wurde im Rahmen von Workshops und Beobachtungsstudien auf die Probe gestellt (siehe: 2.4 Aufbau und Methodik). Als stigmatisierend empfundene

Produkte folgen oftmals der beschriebenen „Stützstrumpfästhetik", setzen Funktionalität vor Erscheinungsbild, wirken exkludierend und letztlich diskriminierend. Diesbezüglich wurde der Versuch unternommen, die für Krippendorff so entscheidenden, adjektivistischen Konstruktionen einer „Bedeutung in der Sprache" in Workshopformate zu integrieren (siehe: 2.4 Aufbau und Methodik). Krippendorffs (Um)Gestaltung der Charaktere von Artefakten fand insofern statt, als der Versuch unternommen wurde, stigmatisierende Designaspekte (Problematisierung körperlicher Differenz) im Rahmen der Worst-Case-Szenarien zu erfassen, um wiederum im Rahmen der Best-Case-Szenarien adäquate Gegenvorschläge zu entwickeln, die wiederum in die Konzeptentwicklung einflossen. Diesbezüglich ist der nicht unerhebliche Aspekt zu beachten, dass „Seniorenprodukte" mit völlig unterschiedlichen Startbedingungen im Vergleich zum Mainstreamdesign konfrontiert sind. Von Beginn an gilt es zu kaschieren, aufzupolieren, neu zu interpretieren, einen spezifischen Stigmatisierungsaspekt zu vermeiden, während konventionelle Produkte „neutral" starten (z. B. Autos), um dann mit Attributen wie cool, edel etc. „on top" versehen zu werden. Die Kooperation mit jungen, eben nicht alten Menschen ermöglichte im Rahmen des Projekts die Entwicklung eines Designs, das zumindest in seiner Antizipation dem Stigmatisierungsaspekt im Vorfeld entgegenwirkt: Was Jung gefällt, kann nicht alt wirken, so die zugrunde liegende Hypothese.
Eine quantitative Beurteilung des Faktors Altenprodukt fand mittels Fragebogenerhebung statt. Typische Aussagen des Erhebungsbogens, denen es mittels Ordinalskala zu-/nicht zuzustimmen galt, lauteten beispielweise: „Es handelt sich auf den ersten Blick um ein Produkt für ältere Menschen, ein „Seniorenprodukt", oder „Es handelt sich um ein Produkt, das für alle Altersgruppen attraktiv sein kann". Ein reiner Funktionalitätscheck (auch) im Sinne der DIN18040 erfolgte im Rahmen der qualitativen Testreihen im Alterssimulationsanzug mittels Think-aloud-Protokollanalyse (teilnehmende Beobachtung), inklusive fortlaufender Optimierungen und erneuter Tests des Prototypen (zirkulär vernetztes Prozessmodell). Selbstredend spielten alle genannten Aspekte stets auch in den Forschungsfokus der qualitativ gehaltenen Gruppendiskussion als auch Expertinnen-Interviews hinein. Bezüglich einer Messbarkeit von Barrierefreiheit jedoch erwiesen sich quantitative Erhebungen und Grundrissanalysen selbstredend als aussagekräftiger. Obgleich ein cross-funktionaler Designansatz realisiert wurde, konnten auch die durch Park reduzierten Kriterien des Universal Designs (Zugänglichkeit, Entstigmatisierung, Berücksichtigung der Hilfsmittel und Hilfspersonen, Kompatibilität mit Assistenztechnologien) innerhalb des Raum-in-Raum-Systems realisiert werden (siehe: 5. Raum-in-Raum-System).

5 RAUM-IN-RAUM-SYSTEM

5.1 INHALT

In den bisherigen Ausführungen zu Forschungsgegenstand, Forschungsfeld und Barrierefreiheit, wurde die theoretische Grundlage, der sich nun anschließenden, praktisch gehaltenen Ausführungen geschaffen: der konkreten Entwicklung und Evaluation (Folgekapitel) eines Raum-in-Raum-Systems für den Badraum, orientiert an der standardisierten Vorgehensweise der DIN EN ISO 9241-220,[348] bestehend aus Recherche, Entwurfs- und Evaluationsphase (siehe: 2.4 Aufbau und Methodik, 2.5 Evaluation).
Recherche: Zunächst wurden gemäß Forschungsantrag sogenannte „Lehrbuchgrundrisse" des Neufert (Ausgaben 1970-1992) analysiert und ausgewertet.[349] Es folgte eine Bestandsaufnahme des aktuellen Marktangebots, zur Ertüchtigung „ungeeigneter" Bäder gemäß DIN 18040-2[350] (Wanne raus, Dusche rein) sowie artverwandter Forschungsprojekte im Sinne aufbauender Forschung. Aufgrund ihrer hohen Relevanz fanden diesbezüglich die Projekte „LISA" (2010-2012) und „LISA-HABITEC" (2014- 2016) der TU München besondere Beachtung.[351]
Entwurfsphase: Wie beschrieben (siehe: 2.4 Aufbau und Methodik) gliederte sich diese in Konzeptfindung, Gruppendiskussionen, Expertinnen-Interviews sowie kreative Workshops und führte zur Entwicklung eines, in Kooperation mit Fachleuten, mehrstufig optimierten Prototypen.
Evaluationsphase (Folgekapitel): Diese fand zunächst auf zweidimensionaler Ebene durch Grundrissanalysen und Gruppendiskussionen und im Anschluss auf dreidimensionaler

---

348 vgl. Deutsches Institut für Normung 2019: DIN EN ISO 9241-210, Ergonomie der Mensch-System-Interaktion. Teil 210, Prozess zur Gestaltung gebrauchstauglicher interaktiver Systeme (ISO/FDIS 9241-210:2019)

349 vgl. Neufert 1970: Bauentwurfslehre; Neufert 1982: Bauentwurfslehre; Neufert/Neufert 1992: Bauentwurfslehre

350 vgl. Deutsches Institut für Normung 2023: DIN 18040-2, Barrierefreies Bauen - Planungsgrundlagen. Teil 2, Wohnungen

351 vgl. Güttler 2019: Development of an Ambient Health Monitoring System for a Self-Sufficient and Independent Life in Old Age; Güttler et al. o. J.: Development and Evaluation of Assistive Terminals for the Improvement of Functional Performance of the Elderly in a Variety of Life Centers

Ebene, mittels fortlaufender Beobachtungsstudien im Alterssimulationsanzug, am konkreten Prototypen, statt. Parallel erfolgten umfangreiche Fragebogenerhebungen, bezüglich Feedback-Generierung relevanter Stakeholder. Der Aspekt des intuitiven Verständnisses einer „Bedeutung im Gebrauch"[352] wurde zusätzlich im Rahmen von Workshopformaten untersucht und evaluiert. Generell orientieren sich Entwurfs- wie auch Evaluationsphase am beschriebenen explorativen mixed-methods Forschungsdesign im Sinne spekulativen Entwerfens (siehe: 2.2 Kontext und Forschungsbedarf).

5.2 RECHERCHE

5.2.1 Inhalt

Die nachstehenden Ausführungen beschreiben in komprimierter Form die Recherchephase gemäß „Verstehen der Bedürfnisse und des Nutzungskontextes" in Anlehnung an DIN EN ISO 9241-220,[353] (siehe: 2.4 Aufbau und Methodik).

5.2.2 Lehrbuchgrundrisse

„Der Miet- und Eigentumsbestand in Bayern basiert größtenteils auf Lehrbuchgrundrissen der 70er-90er Jahre, welche dem demografischen Wandel, der zunehmenden Anzahl von Pflegebedürftigen und den daraus resultierenden veränderten Raum- und Wohnbedürfnissen nicht mehr gerecht werden" (Auszug aus dem Forschungsantrag, DeinHaus4.0)

Lehrbuchplanung ist Neufert-Planung! Dessen „Lehrbuchgrundrisse" sollten daher mit Fokus auf das Kapitel Bad, anhand der Ausgaben von 1970, 1982 und 1992 einer genaueren Betrachtung unterzogen werden. Bezüglich der Entwicklung von Raumgrößen erfolgte schließlich der Abgleich mit der Ausgabe von 2019.[354] Die nachstehenden Ausführungen beschreiben die Entwicklung der Badeinrichtung, der Grundrisstypologien besagter Raumgrößen, sowie deren Relation zu den heutigen Anforderungen barrierefreien Bauens. Die Kapitel wurden gesichtet, interpretiert und beschrieben. Die Entwicklung der Raumgrößen wurde anhand der vermaßten Mustergrundrisse und deren gemittelter Durchschnittsquadratmeterzahl tabellarisch abgebildet. Aufgrund des in der Forschungsfrage enthaltenen Aspekts

[352] vgl. Krippendorff 2013: Die semantische Wende, S. 109–186

[353] vgl. Deutsches Institut für Normung 2019: DIN EN ISO 9241-210, Ergonomie der Mensch-System-Interaktion. Teil 210, Prozess zur Gestaltung gebrauchstauglicher interaktiver Systeme (ISO/FDIS 9241-210:2019)

[354] vgl. Neufert 1970: Bauentwurfslehre; Neufert 1982: Bauentwurfslehre; Neufert/Neufert 1992: Bauentwurfslehre; Neufert/Kister 2018: Neufert Bauentwurfslehre

der Funktionsintegration (siehe: 2.3.3 Forschungsfrage) sowie des übergeordneten Themas Mobiliar erschien es zunächst naheliegend, den Aspekt der Badeinrichtung zu untersuchen. 1970 wird das Bad mit den auch heute üblichen Sanitärgegenständen wie WC, Waschbecken, Dusche und Wanne ausgestattet. Ausführungsarten, Abmessungen und Anordnung jedoch variieren in den verschiedenen Ausgaben erheblich, bis das Kapitel Badeinrichtung ab 2019 schließlich nicht mehr vorkommt.
Badewanne: In der frühen Ausgabe (1970) findet sich eine große Anzahl verschiedenster freistehender, teils exotisch anmutender Wannentypen. Interessant bezüglich der Thematik Barrierefreiheit: Insbesondere für ältere Menschen wird noch 1982 die Spar- bzw. Winkelwanne angepriesen, eine dreieckige Eckbadewanne mit 40 cm Bau- und somit auch Einstiegshöhe! In der Ausgabe von 1992 findet sich schließlich nur noch der Typus der Einbaubadewanne. Tatsächlich dürfte sich diese bereits im Laufe der 1970er Jahre zum Standard entwickelt haben, wie zeitgenössische Fotos belegen. Heute gilt die Entfernung dieses Wannentyps bzw. dessen Ersatz durch bodengleiche Duschen als gängige Sanierungsmaßnahme des altersgerechten Umbaus, der hinzukommend durch die Pflegekassen bezuschusst wird.[355] Das heute marktübliche und später beschriebene „Wanne raus, Dusche rein"-Prinzip, stellte den entscheidenden Ausgangspunkt des entstandenen Raum-in-Raum-Systems dar.
Waschbecken: Analog zur Wanne findet sich auch hier in der Ausgabe von 1970 eine große, variantenreiche Anzahl verschiedener, frei an der Wand montierter Typen. In der Ausgabe von 1982 bereits, halten in Schrankkombinationen integrierte bzw. durch Ablagen miteinander verbundene Waschtische Einzug. Kompakte, funktionsintegrale Ansätze wie Kombinationen aus Ober-/Unterschränken, Waschtisch und Ablage halten Einzug.
Dusche: In den Ausgaben 1970 und 1982 sind die heute wegen ihrer Einstiegshöhe negativ assoziierten Duschwannen vorherrschend. 1982 wird bereits eine sogenannte „flache Einbaubrausewanne" thematisiert, ein Vorläufer der heute gängigen, bodengleichen Dusche. 1992 wird die Dusche unter der Rubrik „Bäder-Einrichtungen" (merkwürdigerweise) nicht mehr erwähnt. 2019 wiederum stellt diese erneut einen klaren Bestandteil der Badeinrichtung dar.
Toiletten und Bidets: Abgesehen von der sukzessiven Entwicklung des WCs vom Stand- zum Hänge-WC, vom Flach- zum Tiefspüler sowie der Entwicklung von Spülkasten-Unterputzsystemen sind zum WC keine weiteren Ausführungen erforderlich. Das Bidet bleibt zwischen den Ausgaben 1970 und 1992 fester Bestandteil der Badeinrichtung und ist in der Ausgabe von 2019 kaum noch existent.
Grundrisstypen: Badgrundrisse der verschiedenen Ausgaben orientieren sich zwangsläufig am vorgesehenen bzw. verbauten Mobiliar. Während sich in den Ausgaben von 1970 und

[355] vgl. Verbund Pflegehilfe o. J.: Badewanne zur ebenerdigen Dusche umbauen

1982 noch drei verschiedene Einbau-Wannentypen verschiedener Abmessungen finden, reduziert sich deren Anzahl 1992 und 2019 auf einen einzelnen standardisierten Typus. Die heute gängige „Neufert-Wanne" misst 1,70 x 0,75 m, oftmals einhergehend mit einer entsprechenden Kantenlänge des Raumes. In den Grundrissen der 1992er Ausgabe hält das Urinal im privaten Wohnraum Einzug, verbunden mit zwangsläufiger Zunahme der Raumgrößen. In den Ausgaben vor 1992 gelten zudem Bäder mit schlauchartiger Geometrie als legitimes Mittel der Grundrissgestaltung. Unter dem Aspekt der DIN 18040-2 betrachtet, verheerend.[356] Es finden sich in diesen frühen Ausgaben allerdings auch interessante raumsparende Ansätze. So scheute man sich bspw. nicht, Dusche und Waschbecken auf einer gemeinsamen Grundfläche zu organisieren, siehe Abbildung. Eine maßgebliche Inspiration für das später entstandene Konzept, siehe Folgeausführungen! Ebenso gelten bodengleiche Duschen als selbstverständlich zu nutzende Bewegungsfläche. Dies jedoch in weit radikalerer Form als heute üblich: So erfolgt der Raumzugang in einigen Grundrissbeispielen tatsächlich über die Dusche! Ebenso werden Duschen wie selbstverständlich als „Durchgangsraum" zwischen Schlafräumen genutzt (siehe Abbildung). Auf diese Weise lassen sich Grundrisse mit WC, Dusche und Waschbecken (sog. Brausebäder) auf 1,80 qm organisieren. Raumeinsparung durch bodengleiche Dusche war somit bereits in den siebziger Jahren ein bewährtes Prinzip, allerdings nicht vor dem Hintergrund der Barrierefreiheit (Schwellenvermeidung), sondern der Platzersparnis. Ebenfalls interessant erscheint das Prinzip des Waschbeckens als simple Klappvorrichtung über der Badewanne (bei Nutzung einer einzelnen, gemeinsamen Armatur), siehe Abbildung. Auch dies eine maßgebliche Inspiration des später entstandenen Konzepts, neu interpretiert auch in heutigen Kinderwaschbecken.

Raumgrößen: Neufert unterscheidet bezüglich der Raumtypen zwischen WC (WC und Waschbecken), Brausebad (WC, Waschbecken, Dusche) und Bad (WC, Waschbecken, Dusche, Wanne usw.). Die generelle Zunahme der Raumgrößen ist nicht nur auf gestiegene Anforderungen der NutzerInnen (Komfort) bzw. ein anderes Planungsverständnis zurückzuführen. Auch das Hinzukommen stetig neuer Ausstattungsgegenstände spielt eine entscheidende Rolle. In den Ausgaben 1970/82 sind bspw. Urinale nicht vorgesehen, ab 1992 ist dies sehr wohl der Fall. Während in den Ausgaben 1970/82 noch wahlweise Dusche oder Wanne vorgesehen sind, werden Grundrisse in der Folge häufig mit beidem, d. h. sowohl mit Dusche als auch mit Wanne, bestückt. In der aktuellen Version von 2019 ist zusätzlicher Platz für Waschmaschine und Trockner vorzusehen. Für die vorliegende Recher-

[356] vgl. Deutsches Institut für Normung 2023: DIN 18040-2, Barrierefreies Bauen - Planungsgrundlagen. Teil 2, Wohnungen

che wurden die Durchschnittsgrößen der beschriebenen drei Typen WC, Brausebad und Bad ermittelt und in Relation zum Mindestplatzbedarf eines barrierefreien Umbaus gesetzt.

Tabelle 5-1 Entwicklung der Raumgrößen für Bad und WC (1970-2019)

Baujahr	WC	Brausebad	Bad
1970/82	1,40 qm	2,51 qm	3,58 qm
1992	1,72 qm	3,32 qm	4,32 qm
2019	1,89 qm	4,08 qm	5,93 qm
Steigerung qm	35 %	62 %	65 %

Der erwähnte durchschnittliche Mindestplatzbedarf zur Schaffung eines „pflegegerechten" Bades, wurde 2020 in einer Bachelorarbeit herausgearbeitet: Demnach sind im Fall Brausebad 5,91 m², im Fall des Bades 7,87 m² erforderlich.[357] Aus naheliegenden Gründen ist für das Projekt vor allem das Brausebad relevant. Der nachstehende Größenvergleich verdeutlicht den Status der baulichen Situation. Anzumerken an dieser Stelle: Die Durchschnittsgrößen der Ausgabe von 2019 gelten explizit als Mindestmaß; Neufert empfiehlt grundsätzlich die Anwendung der DIN 18040-2.[358]

Vergleich der Durchschnittsgröße Brausebäder mit den Mindestanforderungen eines barrierefreien Umbaus (5,91 qm):

Ausgabe 1970/82: 2,51 m²: In Relation zu den Mindestanforderungen: 136 % zu klein.
Ausgabe 1992: 3,32 m²: In Relation zu den Mindestanforderungen: 77 % zu klein.
Ausgabe 2019: 4,08 m²: In Relation zu den Mindestanforderungen: 44 % zu klein.

Bewertung auf Grundlage der Forschungsfrage
Insbesondere in den Ausgaben vor 1992 stellt sich das Thema Barrierefreiheit bzw. „Bauen für ältere Menschen" völlig anders als heute dar. Die Empfehlung von Spar- und Winkel-

[357] vgl. Schipp 2020: Umbau häuslicher Bäder zu bedarfsgerechten Pflegebädern in Abhängigkeit des Pflegegrades, S. 63

[358] vgl. Deutsches Institut für Normung 2023: DIN 18040-2, Barrierefreies Bauen - Planungsgrundlagen. Teil 2, Wohnungen

wannen für SeniorInnen, inklusive hoher Einstiegshöhen, zeugt von einer konträren Auffassung bezüglich umweltbedingter Barrieren (siehe: 4. Barrierefreiheit) und verdeutlichen zugleich die Relativität des Begriffs Barrierefreiheit. Deren historische Entwicklung stellt keinen Bestandteil der Forschungsfrage dar und wird daher nicht weiter untersucht. Ein entscheidender Aspekt bezüglich der Grundrissentwicklung dürfte jedoch sein, dass sich Barrierefreiheit nach heutigem DIN-Verständnis, unter anderem am „befahrbaren" Umfeld" mittels Rollstuhl oder Rollator orientiert (siehe: 4.3 Design und Architektur). Zumindest der Rollator wurde jedoch erst 1978 erfunden[359] und es liegt auf der Hand, dass die Architektur erst mit einiger Verzögerung auf diese Innovation reagierte. Ungünstige Einstiegshöhen und Befahrbarkeit erfordern Schwellenlosigkeit, bspw. durch bodengleiche Duschen, die zudem als (erweiterte) Bewegungsflächen dienen können. Festzustellen ist, dass in den frühen Ausgaben des Neufert Bodengleichheit mit Fokus auf Platzersparnis (!), statt Schwellenlosigkeit und Bewegungsfläche thematisiert wird. Zweifelsohne schaffen bodengleiche Duschen auch heute Platz, kritisch zu hinterfragen wäre jedoch, ob dies den Hauptgrund des Einbaus darstellt. Die heute radikal anmutende Nutzung der Dusche als „Flur" in den 1970er Jahren, die Organisation von Waschbecken und Dusche auf einer (gemeinsamen) Grundfläche, die Nutzung einer Armatur und eines (gemeinsamen) Ablaufs für zwei Funktionen, wie beim Klappwaschbecken über der Badewanne, stellten maßgebliche Inspirationen des entstandenen Entwurfs dar (siehe Abbildung). Der Blick in die (bauliche) Vergangenheit erwies sich als äußerst inspirierend! [360]

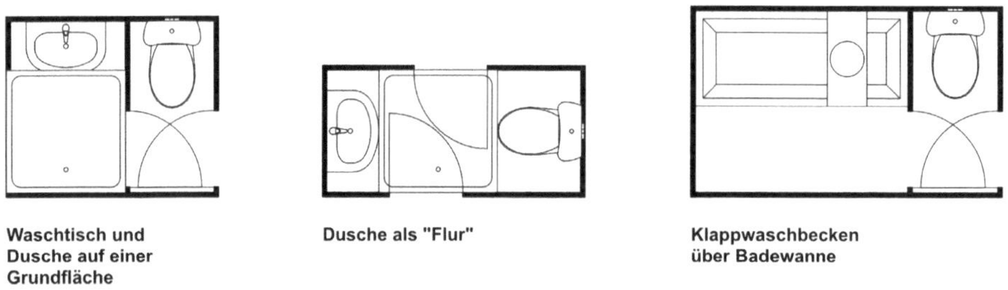

Abbildung 5-1 Inspirationen des späteren Konzepts, Beispielgrundrisse, Neufert [360]

Die Entwicklung der Raumgrößen stellt sich ambivalent dar: Die Badräume der 1970er Jahre nach Neufert sind extrem klein und mit großen Herausforderungen hinsichtlich einer

[359] vgl. seniorentechnik.net o. J.: Der Rollator – eine tolle Erfindung

[360] In Anlehnung an Neufert 1970: Bauentwurfslehre

zeitgemäßen Ertüchtigung gemäß Barrierefreiheit nach DIN verbunden. Die generelle Entwicklung bis 2019 jedoch zeugt von immer größeren Badräumen, dem Anspruch der Barrierefreiheit entgegenkommend. Eine Zunahme der Raumgrößen lässt sich nicht lediglich auf geänderte NutzerInnenbedürfnisse zurückführen, sondern steht nach Interpretation des Neufert auch in Verbindung mit sich wandelndem Mobiliar. Einerseits lässt sich in den Ausgaben ab 1992 eine klare Tendenz zum Funktionsintegrativen, Kompakten ablesen. Frei montierte Waschbecken weichen zunehmend Kombinationen aus Waschtisch, Ablage und Schrankvariationen; Badewannen werden auf wiederkehrende, standardisierte Maße und vorwiegend in der Einbauvariante verbaut. Die vormalige Vielfalt der Möblierung weicht einer zunehmenden Standardisierung. Der beschriebene Trend zum Kompakten führt jedoch wider Erwarten nicht unmittelbar zu einer Erhöhung des Platzangebots, da parallel, wie beschrieben, die Anzahl der Sanitärgegenstände zunimmt: Verbau von Dusche und zusätzlicher Wanne in der Ausgabe von 1992, Vorsehen von Stellfläche für Waschmaschine und Trockner in der Ausgabe von 2019. Festzustellen ist aber auch, dass der Neufert für sich stehend lediglich Anhaltspunkte, jedoch keine belastbaren Informationen liefern kann, da nicht bekannt ist, in welchem Umfang tatsächlich „nach Neufert" gebaut wurde und wird.

5.2.3 Referenzprodukte

Zunächst erfolgt eine Beschreibung ausschließlich (!) des konzeptrelevanten Marktangebots sowie ein kurzer Abriss der Finanzierungs- und Förderungsoptionen. Es folgt die Bewertung besagten Angebots auf Grundlage der Forschungsfrage. Das generelle Marktangebot (unter anderem zur Ertüchtigung von Bestandsbädern) wird bspw. auf der Website www.nullbarriere.de, umfassend abgebildet.[361] Auf eine vollständige Wiedergabe wird, aus naheliegenden Gründen, an dieser Stelle verzichtet.

Referenzprodukt-01, „Wanne raus - Dusche rein"

Standard in der vorwiegend räumlichen Ertüchtigung von Bestandsbädern stellt der Ersatz der Einbauwanne durch eine bodengleiche Dusche dar, sofern diese aufgrund der Fußbodenaufbauhöhe zu realisieren ist. Fällt diese (Bodenaufbauhöhe) zu gering aus, wird zwangsläufig die Entstehung einer sogenannten „Restschwelle" in Kauf genommen.[362] Hauptgrund des Verbaus stellt die Tatsache dar, dass Wannen für ältere Menschen sukzessive schwerer zu betreten (hoher Rand), damit schwerer zu nutzen und tendenziell gefährlich sind (Sturzge-

---

[361] vgl. Nullbarriere.de, Barrierefrei Planen, Bauen, Wohnen o. J.: Hersteller/ Produkte barrierefreies Bauen

[362] vgl. Stefanie Hutschenreuter o. J.: Barrierefrei duschen im eigenen Zuhause

fahr). Die Vorteile bezüglich einer Befahrbarkeit mittels Rollator oder Rollstuhl liegen auf der Hand. Hinzukommend geht es abhängig von der Ausführungsvariante darum, durch Entfall der Wanne das Platzangebot zu erhöhen und zeitgleich Bewegungsflächen zu realisieren.[363] Bodengleiche Duschen werden in der Regel als offene wie auch geschlossene Systeme angeboten: Offene Systeme in Form von überfließbaren, planebenen Duschboards bzw. extraflachen Duschtassen, teils mit einseitiger Glastrennwand; geschlossene Systeme in identischer Bauweise, jedoch als allseitig geschlossene Duschkabinen, in der Regel mit Schiebe- oder Schwenktüren versehen. Während bei geschlossenen Systemen ein offensichtliches Raum-in-Raum-System entsteht, verfolgen offene Systeme die Strategie des „Unsichtbar-Machens" der Dusche.

Referenzprodukt-02, Boden-Deckenstangen
Bezüglich der funktionalen, nicht räumlichen Ertüchtigung von Bestandsbädern im Sinne physischer Assistenzen (Griffe, Haltestangen) existieren auf dem Markt sogenannte Boden-Deckenstangen verschiedener Varianten und Ausführungsqualitäten. Diese lassen sich werkzeugfrei und flexibel, ähnlich Baustützen (Sprieße), im Raum positionieren und mit diversen Haltegriffen, Stehhilfen etc. bespielen (siehe Folgeseite). Deren Sinnhaftigkeit auch hinsichtlich einer individuellen Ertüchtigung des Baderaums wurde unter anderem in den ExpertInnen-Interviews bestätigt. Boden-Deckenstangen kommen zum einen aufgrund ihrer freien Positionierbarkeit zum Einsatz, die ein kraftschlüssiges Vorsehen bspw. von Haltegriffen vor dem WC ermöglichen (frontales Ziehen zum Aufstehen). Zum anderen ermöglichen sie physische Assistenzen in Bereichen nicht tragfähiger Bausubstanz, die der sonst gängigen Dübel-Montage entgegenstehen (Trockenbau).

Referenzprodukt-03, barrierefreie Waschtische
Wie mehrfach erwähnt, ist gemäß DIN 18040-2 zwischen barrierefrei und barrierefrei R-Standard (Rollstuhl) zu differenzieren.[364] Bereits im einfachen Barrierefrei-Standard, ist eine Nutzung des Waschtischs in sitzender Position, mit entsprechender Beinfreiheit bzw. Unterfahrbarkeit zu bedenken. Hintergrund: Alltägliche Verrichtungen (Zahnpflege, Rasur etc.) erfolgen häufig auf dem Rollator sitzend (siehe: 5.5 ExpertInnen-Interviews) und stellten daher einen festen Bestandteil der Evaluation des Prototypen dar (siehe: 6 Evaluation). Selbstredend ist besagte Unterfahrbarkeit im Falle der Rollstuhlnutzung (R-Standard) erst

[363] vgl. Nullbarriere.de, Barrierefrei Planen, Bauen, Wohnen o. J.: DIN 18025-1/2 Bad

[364] vgl. Deutsches Institut für Normung 2023: DIN 18040-2, Barrierefreies Bauen - Planungsgrundlagen. Teil 2, Wohnungen

recht erforderlich und gemäß DIN auch zwingend vorgesehen.[365] Handelsübliche Waschtische ermöglichen diese vorwiegend durch flachgehaltene Bauweisen (geringe Tiefe) in Kombination mit sogenannten Raumsparsyphons, die eine entsprechende Beinfreiheit gewährleisten. Aufgrund abweichender Höhenverhältnisse zwischen R- und Nicht-R-Standard (OK-Waschtisch, OK-FFB) sowie unterschiedlicher Körpergrößen der NutzerInnen empfiehlt sich eine generelle Höhenverstellbarkeit des Waschtischs, die seitens Markt wahlweise manuell (fix, mechanisch) oder elektrisch (stufenlos verfahrbar) angeboten wird. Analog zu anderen Sanitärgegenständen sind auch vor dem Waschtisch gemäß DIN die entsprechenden Bewegungsflächen vorzusehen bzw. durch rauminteragierende Maßnahmen zu ermöglichen (siehe: Entwurfsphase).Hinzukommend sollte dieser zum Heranziehen aus sitzender Position im Rollstuhl/ am Rollator bzw. zum Sich-Einhalten in stehender Position mit entsprechenden physischen Assistenzen versehen sein (keine DIN-Forderung). Diesbezüglich existieren auf dem Markt funktionsintegrale Lösungen, die bspw. horizontale Aussparungen sowohl zum Heranziehen und Einhalten als auch zur Aufnahme von Handtüchern vorsehen. Unmittelbar am Waschtisch sind gemäß der ExpertInnen-Interviews Ablageflächen zur umstandslosen Nutzung in sitzender Position zu berücksichtigen (Erreichbarkeit, sitzende Position). Auch dies keine explizite DIN-Forderung, jedoch das Marktangebot widerspiegelnd.

Referenzprodukte-04, Duschsitze, -Hocker und -Stühle
Ein im Bedarfsfall nachrüstbarer Duschsitz in Verbindung mit Stützklappgriffen, stellt ein Kernanliegen der DIN im sogenannten R-Standard dar. Hintergrund ist die zwingende Notwendigkeit des Duschens in sitzender Position, für Rollstuhlfahrende. Obgleich in vielerlei Hinsicht nicht unproblematisch (siehe Bewertung), erfreuen sich Duschklappsitze auch bei nicht einschränkten Menschen großer Beliebtheit, wie Bieling, bezugnehmend auf ein historisches Beispiel von Ami Hamraie aus den 1950er Jahren, schreibt:[366] Demnach wurden die an einer amerikanischen Universität für Rollstuhlfahrende, verbauten Sitze, zu einem Großteil von nicht eingeschränkten Menschen genutzt, was sich durch deren unerwartet hohen Wartungsbedarf bemerkbar machte.[367] Besagte Beliebtheit der Duschklappsitze über verschiedene Zielgruppen hinweg, bestätigte sich auch innerhalb des Projekts (siehe: ExpertInnen-Interviews). Marktseitig finden sich diverse Varianten von Duschsitzen, sowohl in nachrüstbaren (Wandmontage) als auch in einhängbaren Varianten (horizontaler Griff-

---

[365] vgl. Deutsches Institut für Normung 2023: DIN 18040-2, Barrierefreies Bauen - Planungsgrundlagen. Teil 2, Wohnungen

[366] vgl. Bieling 2019: Inklusion als Entwurf, S. 46

[367] vgl. Hamraie 2015: Universal Design: Myth or Reality?

stange). Darüber hinaus existiert ein breites Angebot von Duschhockern und -Stühlen als Alternative im Sinne mobilen Mobiliars.

Finanzierung Referenzprodukte des Marktes

Dreh- und Angelpunkt barrierefreier Bad-Ertüchtigung, stellt deren Finanzierung dar. Nachstehende Inhalte beziehen sich unter anderem auf komprimierte Informationen des Verbunds Pflegehilfe, einer führenden Beratungsstelle im deutschsprachigen Raum:[368] Generell ist demnach zwischen einer Komplettsanierung des Badraums (Kosten zwischen 15.000 und 30.000 Euro) sowie einer Teilsanierung mit kombinierten Einzelmaßnahmen (Kosten ab 8000 Euro) zu differenzieren. Verschiedene Institutionen bieten diesbezüglich Zuschüsse als auch zinsgünstige Finanzierungsmöglichkeiten an: Die Pflegekassen unterstützen Sanierungsmaßnahmen im Rahmen der „wohnumfeldverbessernden Maßnahmen" nach § 40 SGB XI mit bis zu 4000 Euro, ab Pflegegrad 01.[369] Die KfW (Kreditanstalt für Wiederaufbau) fördert über den „Investitionszuschuss 455-B: Barrierereduzierung" eine Sanierung mit bis zu 6250 Euro, unabhängig von Alter, Wohnort und Pflegebedürftigkeit. Der Antrag setzt keinen Pflegegrad voraus, die KfW-Förderung muss nicht rückerstattet werden. [370] Darüber hinaus bietet die KfW den Förderkredit „Altersgerecht Umbauen – 159" an, mittels dessen auch der Kauf von altersgerechtem Wohnraum möglich ist. Unabhängig vom Alter erhalten Interessierte im Rahmen besagten Förderprogramms einen Kredit von bis zu 50.000 Euro ab 0,78 Prozent effektivem Jahreszins.[371] Hilfsmittel und Zubehör wie bspw. Boden-Deckenstangen, sind in der Regel im sogenannten „Hilfsmittelverzeichnis" der Kranken- und Pflegekassen gelistet und somit erstattungs- bzw. verschreibungsfähig.[372] Darüber hinaus existieren sowohl auf Bundes- als auf Kommunalebene diverse Förderprogramme. Insbesondere der Ersatz von Einbauwannen durch bodengleiche Duschen, wird im Rahmen der beschriebenen „wohnumfeldverbessernden Maßnahmen" sowohl seitens Pflegekassen als auch über den „Investitionszuschuss 455-B: Barrierereduzierung" der KfW gefördert.

Bewertung Referenzprodukte des Marktes auf Grundlage der Forschungsfrage

Das beschriebene Marktangebot fokussiert sich zunächst auf den additiven Aspekt (Boden-Deckenstangen) bzw. den Ersatz von Sanitärgegenständen, durch platzsparende, schwelle-

---

[368] vgl. Verbund Pflegehilfe o. J.: Altersgerechte Badsanierung

[369] vgl. Bundesministerium für Gesundheit 2023: Wohnumfeldverbessernde Maßnahmen

[370] vgl. KFW 2023: Barrierereduzierung - Investitionszuschuss

[371] vgl. KFW 2023: Altersgerecht Umbauen – Kredit

[372] vgl. GKV Spitzenverband 2023: GKV Hilfsmittelverzeichnis

nlose und höhenverstellbare Varianten (bodengleiche Duschen, barrierefreie Waschtische). Bezüglich der Forschungsfrage ist festzustellen, dass eine Erhöhung der Barrierefreiheit durch „bewegliches Mobiliar" bis dato vorwiegend durch die beschriebene Höhenverstellbarkeit von Sanitärgegenständen (Waschtisch, WC) abgebildet wird. Auf das Raumgeschehen (Bewegungsflächen, Platzverhältnisse) aktiv Einfluss nehmendes Mobiliar, findet sich nur in wenigen Ausnahmefällen, bspw. im Fall eines schwenkbaren Waschtischs, der Funktionsweise eines Zahnarztmundspülbeckens entsprechend (Anbieter: Lunavis).[373] Ähnlich verhält es sich mit dem funktionsintegralen Aspekt: Additive Funktionen werden zaghaft in offenkundig „bewährte" Sanitärgegenstände integriert, deren vorwiegend singuläre Funktion jedoch erhalten bleibt. Zweifelsohne kann die Barrierefreiheit im Bestand, durch besagte Produkte punktuell erhöht werden. Umfassende Lösungen im Sinne eines Raum-in-Raum-Systems sind auf dem Markt bis dato nicht existent, werden aber beispielsweise an der TU München erforscht.[374] Im Konzept der vorliegenden Arbeit, wurden die beschriebenen, sowohl seitens ExpertInnen als auch im Selbstversuch (Alterssimulationsanzug) als sinnvoll erachteten, Produkte des Markts neu interpretiert, vor dem Hintergrund der Forschungsfrage miteinander in Beziehung gesetzt und durch entsprechende Testreihen evaluiert. Im Folgenden werden daher die Vor- und Nachteile der beschriebenen Produkte auf Grundlage der Forschungsfrage sowie technischer Aspekte (Einbau) bewertet und in Entwurfskriterien transferiert.

Referenzprodukt-01, „Wanne raus-Dusche rein", Bewertung
Wie erläutert, lässt sich zwischen Variante 1) den offenen bodengleichen sowie Variante 2) den geschlossenen Systemen (Duschkabinen) unterscheiden. Welche Vor- und Nachteile und welche daraus resultierenden Entwurfskriterien lassen sich abbilden?
1) Raumbildung: Variante-1 (offenes System) bietet den Vorteil des „Verschwindens" der Wanne (Raumzugewinn) sowie der im Idealfall schwellenlosen Zugänglichkeit. Bewegungsflächen können auf der Grundfläche der vormaligen Wanne realisiert werden, die Zugänglichkeit des Duschbereichs ist durch Entfall eines Wannenrandes wesentlich verbessert. Dennoch ist der Platzgewinn durch den Entfall der Wanne in Variante-1 relativ zu betrachten. Zweifelsohne entsteht mehr Platz und damit Bewegungsfläche. Dies jedoch nur unter der zwingenden Vorraussetzung, dass eine Schwellenlosigkeit realisierbar und der Duschbereich umstandslos mittels Rollstuhl oder Rollator überfahrbar ist, was aufgrund zu geringer Bodenaufbauten oftmals nicht möglich ist (Restschwelle). Nachteilig: Duschen findet aufgrund der

[373] vgl. Lunavis o. J.: Swing Waschbecken

[374] vgl. Güttler et al. o. J.: Development and Evaluation of Assistive Terminals for the Improvement of Functional Performance of the Elderly in a Variety of Life Centers

stehenden Position generell auf einer quadratischen Grundfläche statt. Die für liegende Nutzung konzipierte Grundfläche der Badewanne, in Form eines langgezogenen Rechtecks, führt zu einem „Restraum“, der für den Duschvorgang keinen und für die Realisierung von Bewegungsflächen nur im Falle der beschriebenen, tatsächlich herstellbaren Schwellenlosigkeit (Nullschwelle) einen Mehrwert mit sich bringt. Ausgehend von einer „Neufert-Badewanne“ mit den Abmessungen 175 × 75 cm, die durch eine bodengleiche Dusche ersetzt wird, ergibt sich folgendes Flächenverhältnis: Bei einer Realisierung der Dusche im Standardmaß 75 x 90 cm, entsteht ein „Flächenverlust“ von 0,60 qm. Sehr viel in Anbetracht der teilweise unter 3,00 qm großen Bäder der 1970er Jahre. Der Vorteil von Variante-2 (geschlossenes System) beschränkt sich auf die besagte Verbesserung der Zugänglichkeit des Duschbereichs (kein Wannenrand), deren Nachteile entsprechen jenen von Variante-1. Hinzukommend wird das Platzangebot des Bades durch die raumhohe Kastenform sowie die Verwendung von statischen, teilweise auch schwenkbaren Glastrennwänden eingeschränkt, statt erweitert (Schwenkradien).

2) Rauminteraktion: Bodengleiche Duschen haben naturgemäß keinen Einfluss auf die Anordnung von WC und Waschbecken. Insbesondere die Positionierung des Waschbeckens jedoch steht einer Realisierung von Bewegungsflächen häufig im Wege. Befindet sich das Waschbecken gegenüber dem WC, bietet der Verbau der bodengleichen Dusche keinen Vorteil zur Realisierung der Bewegungsflächen vor Waschbecken bzw. WC. Befinden sich Waschbecken und WC nebeneinander, bleibt auch diese räumliche Situation durch den Verbau einer bodengleichen Dusche unberührt. Besagte Zusammenhänge wurden im Rahmen der Grundrissanalysen umfangreich und vertiefend analysiert (siehe: 6.2/6.3 Grundrissanalysen Bestand/Neubau).

3) Wassereintrag Bad: Nach Nutzung der bodengleichen Dusche steht (insbesondere in kleinen Bädern) ein beträchtlicher Teil des Bades „unter Wasser“. Dies führt unmittelbar nach dem Duschvorgang zu einer eingeschränkten Benutzbarkeit des Bades, vornehmlich in Mehrpersonenhaushalten (morgendliche „Rush-Hour“). Das vorgesehene Abtrocknen in bisher üblichen Systemen ist zeit- und energieaufwändig (häufig über integrierte Fußbodenheizung gelöst) und bauphysikalisch bedenklich (Feuchteeintrag, Schimmel).

4) Installation: Um ein Versetzen des Wasseranschlusses (Zulauf) zu vermeiden (Aufwand, Schmutz, Lärm), wird die (neue) Duscharmatur häufig an der Stelle der ehemaligen Badewannenarmatur verbaut, inklusive negativer Konsequenzen für die Nutzbarkeit bzw. Erreichbarkeit (zu tief und in der Regel mittig positioniert). Standardisierte Positionen des Siphons (Ablauf) stehen einem effizienten Anschluss an die vormalige Wannenentwässerung häufig im Wege (Gefälleherstellung, Bodenaufbauhöhen).

5) Hilfsmittel: Duschsitze, Haltegriffe, Duschstühle etc. sind additiv und im Nachgang zu installieren bzw. zusätzlich aufzustellen, häufig inkl. abdichtungsdurchdringender Bohrarbeiten. Hinzukommend werden diese in der Regel von Drittanbietern bezogen. Aufeinander abgestimmte Systeme bzw. in Raum-in-Raum-Systeme integrierte Komponenten sind bis dato nicht bekannt.

Referenzprodukt-01, „Wanne raus-Dusche rein", Transfer Entwurfskriterien

1. Funktionszuweisung bzw. Vermeidung des beschriebenen „Restraumes" (Duschen auf Quadrat vs. rechteckige Grundfläche der vormaligen Wanne).
2. Aktiver Einbezug von Waschbecken und WC in die Raumbildung (Realisierung von Bewegungsflächen); Überprüfung im Rahmen der Grundrissanalysen.
3. Lösungsfindung zur raschen mechanischen Trocknung des Bodens, nach Duschvorgang.
4. Definition eines flexiblen und effizienten Entwässerungssystems (Zu- und Ablauf).
5. Berücksichtigung der Integration von Hilfsmitteln innerhalb des Gesamtkonzepts.

Referenzprodukt-02, Boden-Decken-Stangen, Bewertung
Welche Vor- und Nachteile und welche daraus resultierenden Entwurfskriterien lassen sich bezüglich der beschriebenen Boden-Decken-Stangen abbilden? In den vorherigen Ausführungen wurden bereits die Vorteile einer werkzeugfreien Montage, flexibler Anordnung im Raum, optimierter physischer Assistenz (sinnhafte Positionierbarkeit bspw. von Haltegriffen), individueller Bespielbarkeit sowie Unabhängigkeit von Bausubstanz und Wandfläche beschrieben. Bezüglich der Forschungsfrage ist festzustellen, dass eine räumliche Interaktion im strengen Sinne, aufgrund der „Bewegbarkeit" der Stange im Raum, zwar stattfindet, diese jedoch in keinem Zusammenhang zur Realisierung von Bewegungsflächen steht. Eine Funktionsintegration findet statt, da sich diverse Funktionen individuell in das Stangensystem integrieren lassen (Sitz, Griff, Tisch), die eigentliche Stange lediglich „Trägerin" der Funktionalitäten darstellt und sich Funktionen individuell kombinieren lassen. Einziger Wermutstropfen: Je nach Positionierung der Stange kann diese innerhalb des Raumgefüges zum „Hindernis" werden und insbesondere eine Realisierung von Bewegungsflächen erschweren bzw. verunmöglichen.

Referenzprodukt-02, Boden-Decken-Stangen, Transfer-Entwurfskriterien

1. Vorsehen von Boden-Deckenstangen innerhalb des Gesamtkonzepts aufgrund der beschriebenen Vorzüge, inklusive Aufhebung des statischen Standorts (Hindernisproblematik) durch Integration in ein rauminteragierendes Gesamtkonzept.

Referenzprodukt-03, barrierefreie Waschtische, Bewertung
Welche Vor- und Nachteile und welche daraus resultierenden Entwurfskriterien lassen sich bezüglich der beschriebenen barrierefreien Waschtische abbilden? In den vorherigen Ausführungen wurden bereits die Vorteile der Unterfahrbarkeit und Höhenverstellbarkeit sowie physischer Assistenzen durch integrierte Haltegriffe beschrieben. Höhenverstellbarkeit als auch integrierte Haltegriffe, die zeitgleich Handtuchhalter darstellen (Funktionsintegration), bieten zudem hohes Potenzial bezüglich der Erweiterung von Zielgruppen (siehe: 2.2 Kontext und Forschungsbedarf) als auch einer Dekonstruktion von Behinderung (siehe: 4.3 Design und Architektur). Funktionale „Nachteile" lassen sich zunächst nicht erkennen, die Integration in ein rauminteragierendes Konzept zur Herstellung der Bewegungsfläche (sofern vor Waschtisch nicht vorhanden) erscheint naheliegend.

Referenzprodukt-03, barrierefreie Waschtische, Transfer Entwurfskriterien

1. Siehe Entwurfskriterien Boden-Deckenstangen, jedoch Aufhebung des statischen Standorts zur Realisierung von Bewegungsflächen (statt Hindernisvermeidung).

Referenzprodukte-04, Duschsitze, -Hocker und -Stühle, Bewertung
Welche Vor- und Nachteile und welche daraus resultierenden Entwurfskriterien lassen sich bezüglich der beschriebenen Duschsitze, -Hocker und -Stühle abbilden? Die Vorteile für Rollstuhlfahrende liegen auf der Hand, ebenso jene für Menschen, denen längeres Stehen bzw. Duschen im Stehen altersbedingt schwerfällt. Aus der beschriebenen Nutzung über viele Altersgruppen hinweg ergeben sich ähnliche Potenziale bezüglich einer Zielgruppenerweiterung als auch der Dekonstruktion von Behinderung, analog zu barrierefreien Waschtischen. Insbesondere Duschklappsitze jedoch erweisen sich in vielerlei Hinsicht als nachteilig (siehe ExpertInnen-Interviews): Der Klappvorgang geht bei physisch eingeschränkten Menschen mit einer erhöhten Sturzgefahr einher, die Sitzfläche ist oftmals klein und wenig rutschhemmend ausführt, der Intimbereich bei vielen Modellen mangels Aussparung praktisch nicht erreichbar.

Aufgrund der vorgesehenen Wandmontage ist zudem der Rücken (im Pflegefall) schwer erreichbar. Zeitgleich bieten Duschklappsitze keinerlei Seitenstabilisierung, was in Kombination mit der kleinen, rutschigen Sitzfläche ein enormes Sturzrisiko in sich birgt. Duschhocker als additive Elemente bieten ähnliche Vor- und Nachteile, obgleich das funktionsintegrale Potenzial der Duschklappsitze (kein zusätzliches Mobiliar im Badraum) nicht unterschätzt werden darf. In den ExpertInnen-Interviews wurde deutlich, dass insbesondere Pflegende die sogenannten Duschstühle aus nachstehenden Gründen präferieren: sicheres Sitzen der zu pflegenden Person, Drehbarkeit der Person innerhalb der Dusche (Rücken waschen), Erreichbarkeit des Intimbereichs (Aussparung), Transfermöglichkeit zwischen verschiedenen Räumlichkeiten (bspw. Bad und Pflegezimmer).

Referenzprodukte-04, Duschsitze, -Hocker und -Stühle, Transfer Entwurfskriterien

1. Aufgrund des funktionsintegrativen Aspekts, sowie der zielgruppenübergreifenden Nachfrage, Vorsehen von Duschklappsitzen als optionales „add-on" des Gesamtkonzepts.
2. Entwickeln von Lösungsstrategien zur Behebung vorbeschriebener Nachteile von Duschklappsitzen, vornehmlich der Thematik Seitenstabilisierung respektive „sicheres Sitzen".
3. Berücksichtigung eines Pflegeszenarios mittels zweiter Person und Duschstuhl (Bewegungsfläche, Erreichbarkeit), als gängige Praxis (siehe ExpertInnen-Interviews).

5.2.4 Forschungsprojekte

Wie eingangs erwähnt (siehe: 5.1 Inhalt), fanden innerhalb der Recherchephase die Forschungsprojekte „LISA" (2010-2012) und „LISA-HABITEC" (2014- 2016) der TU München, durchgeführt am Lehrstuhl für Baurealisierung und Baurobotik, besondere Beachtung.[375] Im Rahmen besagter Projekte entstanden verschiedene Möblierungskonzepte (Raum-in-Raum Systeme), mit integrierten, vorwiegend physischen Assistenzfunktionen für Bestand und Neubau. Forschungsgegenstand und Methodik, sowie damit einhergehende Potenziale aufbauender Forschung, begründen die hohe Relevanz der LISA-Projekte für die vorliegende Arbeit, die sich in zwei Phasen gliederten: [1] Projekt LISA (2010-2012) mit Entwicklung eines Garderoben-Prototypen (Life Center) [2] Folgeprojekt LISA-habitec (2014-2016) mit der Entwicklung weiterer Prototypen für Bad, Wohn- und Schlafzimmer, sowie Einrichtung und externer Evaluation einer Modellwohnung.

375 vgl. Linner et al. 2015: Assistive robotic micro-rooms for independent living; Engler/Schulze Eva 2016: Nutzerstudie im Projekt LISA Habitec

Forschungsbedarf, -Ziel und Methodik: Parallelen zur vorliegenden Arbeit
Der architektonische Forschungsbedarf begründet sich gemäß einer Publikation von 2015 wie folgt: Die bisherige Forschung bezüglich barrierefreier Bestandsertüchtigung fokussiert sich zu stark auf rein informative- statt de facto unterstützende Technologie (Smarthome-Technologie vs. Physische Assistenz). Sie ignoriert zudem die Zwänge der Realität, wie bspw. die Einbaufähigkeit und priorisiert den Forschungsaspekt im Rahmen abgehobener Versuchsaufbauten, nicht jedoch die konkreten Bedürfnisse der NutzerInnen. Die dringend notwendige Entwicklung marktfähiger, ökonomisch sinnvoller Produkte werde bis dato vernachlässigt.[376] Eine im Rahmen des Projekts durchgeführte Evaluation des Berliner Instituts für Sozialforschung, BIS, schließt sich der vorangestellten These an:
„Die Nutzereinbindung erfolgt oftmals erst spät im Entwicklungsprozess in Form von Nutzertests, die meist sowohl zeitlich beschränkt als auch mit einer geringen Anzahl an Probanden aus der Zielgruppe durchgeführt werden. So erscheint es nicht verwunderlich, dass es nur wenige Technologien zur kommerziellen Markteinführung in Deutschland geschafft haben.“[377]
Somit stehen mangelnde Anbindung und Transfer wissenschaftlicher Erkenntnis in reale Anwendungsbedingungen im Zentrum der Kritik und definieren Forschungsbedarf und -ziel zugleich. Dies mit offenkundigen Parallelen zur vorliegenden Arbeit, einem identischen methodischen Dreiklang aus Bedarfsermittlung, Konzeptentwicklung und Evaluation folgend. Analog zu den Referenzobjekten des Marktes erfolgt zunächst eine Beschreibung ausgewählter LISA-Prototypen als Referenzobjekte angewandter Forschung inklusive Evaluation, mit sich anschließender Ableitung von Entwurfskriterien. In nachstehenden Ausführungen wird teilweise zwischen Prototyp (voll funktionsfähig) und Mock-up (eingeschränkt funktionsfähig) differenziert.

LISA (2010-2012), Referenzobjekt-01: Garderobenmodul, Beschreibung des Konzepts
Generell handelt es sich um ein mit physischen und digitalen Assistenzsystemen versehenes Garderobenmodul, nachstehend beschrieben auf Grundlage einer Online-Publikation der TU München:[378] Dessen Entwicklung erfolgte in 3 Stufen, basierend auf dem Kerngedanken eines funktionsintegralen Vorsatzschalensystems: Zunächst als „Wall Terminal“, einer einfachen, vertikalen Vorsatzschale. Deren Fortentwicklung zum „Cockpit“ als eine, um horizontale Elemente ergänzte, Vorsatzschale. Die Fortentwicklung der Cockpits zu „Life Terminals“, als freistehende funktionsintegrale Raum-in-Raum-Systeme. Dem methodischen Dreiklang

[376] vgl. Linner et al. 2015: Assistive Robotic Micro-Rooms for Independent Living, S. 3
[377] Engler/Schulze Eva 2016: Nutzerstudie im Projekt LISA Habitec, S. 455
[378] vgl. Linner et al. 2015: Assistive Robotic Micro-Rooms for Independent Living

aus Bedarfsermittlung, Konzeptentwicklung (Prototyp) und Evaluation schloss sich ein Test von Transport und Aufbau in einer realen Wohnung an. Das Garderobenmodul (siehe Abbildung) bildet als funktionsintegrales Raum-in-Raum-System der Cockpit-Variante, die nachstehend beschriebenen Funktionen ab:
1) Beleuchtung, 2) Luftreinigung, 3) integriertes Tablet, 4) RFID-Chip-System, 5) Vitaldatenerfassung, 6) Schuhanziehhilfe. Beschreibung der funktionsintegralen Bestandteile: 1) Beleuchtung und 4) RFID-Chipsystem: Informiert über kritische Vitaldaten (rotes Licht bei erkanntem hohem Blutdruck; Erinnerung an Portemonnaie und Schlüssel beim Verlassen der Wohnung durch RFID-Rückkoppelung (Chip an Portemonnaie/Schlüssel). 2) Luftreinigung: Automatisches bzw. manuell steuerbares System zur Luftreinigung reagiert auf steigende Temperaturen und Luftfeuchtigkeit, sowohl automatisch als auch manuell. 3) Integriertes Tablet: Ergänzende mobile Lösung zur eigentlichen Steuerung des Raum-in-Raum-Systems über einen intelligenten Spiegel. Generelle Funktionen des Spiegels werden lediglich angedeutet (Informationen zur Wetterentwicklung; Wahl der richtigen Kleidung). 5) Vitaldatenerfassung: Vitaldaten wie Körperfett, Wassereinlagerung, Muskelmasse, Puls und Körpertemperatur lassen sich erfassen und online an den behandelnden Arzt weiterleiten. Sowohl bei 1) als auch bei 5) bleibt unklar, wie die Messungen erfolgen sollen. 6) Schuh -An- und -Ausziehhilfe und 7) Aufstehhilfe: Deren technische Umsetzung wird in Publikationen zur ersten Projektphase (2010-2012) nicht thematisiert. Tatsächlich wurden die genannten Assistenzsysteme de facto nicht entwickelt, sondern in der zweiten Projektphase 2014-2016, durch marktübliche Standardprodukte ersetzt.

Folgeprojekt LISA-HABITEC (2014-2016): Referenzobjekt-01: Garderobe, Evaluation
Wie erwähnt entstanden im Rahmen des Folgeprojekts (2014-2016) weitere Prototypen für Küche, Bad, Wohn- und Schlafzimmer, die mitsamt des Referenzobjekts-01 zu einer Modellwohnung gruppiert wurden.[379] Wie bereits im Falle der Marktrecherche, werden ausschließlich konkret auf Forschungsfrage und Konzeptentwicklung angewandte Prototypenstudien dargestellt. Im Folgenden wird die Evaluation des Garderobenmoduls, anhand einer Studie mit 9 ProbandInnen durch das Berliner Institut für Sozialforschung BIS, erläutert, durchgeführt 2016 in der Modellwohnung der TU München:[380]
Stichprobe: Die insgesamt 9 Teilnehmer (n=9) setzten sich aus 5 Frauen und 4 Männern zusammen. Das Durchschnittsalter betrug 74,1 Jahre. 5 Teilnehmer lebten im privaten

[379] vgl. Güttler 2019: Development of an Ambient Health Monitoring System for a Self-Sufficient and Independent Life in Old Age

[380] vgl. Engler/Schulze Eva 2016: Nutzerstudie im Projekt LISA Habitec

Umfeld, 4 Teilnehmer in einer Pflegeeinrichtung. 7 befanden sich im Ruhestand, 2 gingen einer geringfügigen Beschäftigung nach.
Methodik: Die Methodik gliederte sich in ein quantitatives und ein qualitatives Vorgehen (mixed methods). Das quantitative Vorgehen sah einen Fragebogen zur Bewertung der Einzelfunktionen anhand einer Ordinalskala (wichtig/unwichtig), mit zusätzlich ankreuzbaren Smileys vor. Ergänzend wurden quantitativ gehaltene Fragen zu Wohnumgebungen formuliert, innerhalb derer die Prototypen vorstellbar wären. Das qualitative Vorgehen sah ein Leitfadeninterview sowie die Protokollierung der Aussagen während des Testens vor (Think-Aloud-Methode).

Folgeprojekt LISA-HABITEC (2014-2016): Referenzobjekt-01: Garderobenmodul, Evaluationsergebnisse
Generell wurden nahezu alle Funktionen der Garderobe als „wichtig" oder „eher wichtig" bewertet. Insgesamt sehr positiv bewertet wurden die Schuhanzieh- (n=8) und Aufstehhilfe (n=7). Alle Teilnehmenden (n=9) hielten Griffe und Stangen (physische Assistenz) im Garderobenbereich für „besonders wichtig" und brachten diesen Aspekt als konkreten Verbesserungsvorschlag ein. Beleuchtung, Tablet, Luftreinigung und RFID-Technologie wurden nicht evaluiert. Test von Transport und Aufbau in realen Wohnungen: Versuche zu Transport, Aufbau und Installation erfolgten im Rahmen eines Transfers des Garderoben-Prototypen mittels LKW (7,5 t) von München nach Bozen. Auf Grundlage des Feedbacks der 2-Mann-Montage-Crew gehen die Verantwortlichen des Lehrstuhls für Baurealisierung und Baurobotik vom optimistischen Szenario aus, ein Apartment in Zukunft mit 6 Life-Centern für verschiedene Wohnbereiche innerhalb von 4 Stunden voll funktionsfähig ausstatten zu können. Diese Annahme soll an dieser Stelle zumindest infrage gestellt werden.

LISA-HABITEC (2014-2016) Referenzobjekt-02: Waschtischmodul, Konzeptbeschreibung
Realisiert wurde ein Waschtischmodul mit höhenverstellbarem Waschbecken und integriertem Liftregal. Dessen Funktionsweise ähnelt auf Abbildungen der Publikationen den bekannten Pater-Noster-Schränken, Details zu Konstruktion und Funktionalität werden nicht eingehender beschrieben. Integriert in den Waschtisch finden sich eine Möglichkeit zur Fiebermessung sowie ein Sturzdetektor für den gesamten Badbereich, gekoppelt mit einer Notruffunktion, die automatisch den Pflegedienst oder Angehörige informiert.

LISA-HABITEC (2014-2016) Referenzobjekt-02: Waschtischmodul, Evaluation
Stichprobe und Methodik entsprechen dem Evaluationsbeschrieb des Referenzobjekts-01. Im Folgenden werden daher lediglich die Ergebnisse der Evaluation wiedergegeben.

LISA-HABITEC (2014-2016) Referenzobjekt-02: Waschtischmodul, Evaluationsergebnisse
Die Fiebermessung wurde als überflüssig bewertet und erschien den ProbandInnen lediglich im Pflegekontext (Entlastung des Personals) als unter Umständen sinnvoll. Eine Benachrichtigung bei Abweichung von der Normtemperatur sollte übereinstimmend an einen Pflegedienst erfolgen (n=9). Sehr positiv wurde die Sturzmeldung bewertet (n=7), benachrichtigt werden sollte hierbei ebenfalls der Pflegedienst. Das höhenverstellbare Waschbecken sowie das integrierte Liftregal wurden ausschließlich positiv bewertet (n=9). Dies interessanterweise nicht vor dem Hintergrund des Alters, sondern vor dem Hintergrund wechselnder Zimmerbelegungen in Altenheimen (verschiedene Körpergrößen). Anwendung und Verbau des Systems wurden übereinstimmend im Pflegekontext verortet.

LISA-habitec (2014-2016), Referenzobjekt-03: Bettmodul, Beschreibung des Konzepts
Der Fokus zweier entstandener Prototypen/Mock-ups lag auf der Thematik des sich Aufrichten im bzw. dem Verlassen des Bettes. Zum Aufrichten ist eine an der Decke verfahrbare, horizontal abgehängte Griffstange an zwei Stahlseilen (Prototyp) vorgesehen. Diese lässt sich mittels Funkfernsteuerung über einen integrierten Motor heranfahren; die im Bett liegende Person kann sich an der verfahrbaren Stange einhalten und sich „nach oben ziehen“ lassen. Das beschriebene System soll insbesondere eine Alternative zum aus Krankenhäusern und Pflegeeinrichtungen bekannten „Galgen“, durch aktive physische Assistenz bieten. Zum Verlassen des Betts bzw. um neben dem Bett zum Stehen zu kommen, wurden links und rechts am Bettkasten zwei verfahrbare, mit einem starken Motor versehene Griffe (Mockup) vorgesehen. Diese erleichtern zum einen das Aufrichten und stabilisieren die betreffende Person zugleich. Ein über dem Bett horizontal verfahrbarer Tisch (Mockup) dient dem bequemen Lesen und Essen im Bett bzw. der Nutzung digitaler Medien.

LISA-habitec (2014-2016), Referenzobjekt-03: Bettmodul, Evaluation
Stichprobe und Methodik entsprechen dem Evaluationsbeschrieb des Referenzobjekt-01. Im Folgenden werden daher lediglich die Ergebnisse der Evaluation wiedergegeben.

LISA-Habitec (2014-2016), Referenzobjekt-03: Bettmodul, Evaluationsergebnisse
Die beschriebenen Aufricht- und Aufstehhilfen (aktive physische Assistenzen), wurden übereinstimmend positiv bewertet (n=9); ihre Anwendung wurde eher im Pflege- als im privaten Bereich verortet. Der verfahrbare Tisch über dem Bett wurde als attraktiv für alle Altersgruppen bewertet. Als Verbesserungsvorschläge wurden eine Höhenverstellbarkeit des Betts sowie elektrisch einstellbare Kopf- und Fußteile genannt. Aufricht- und Aufstehhilfe wurden, auf den Sturzprotektor des Waschtischmoduls folgend, als klare funktionale Favoriten der ProbandInnen bezüglich aller in der Musterwohnung getesteten Prototypen ermittelt (siehe Abbildung). Die in der Grafik ebenfalls dargestellten Prototypen eines EKG-Stuhls, eines Tischs mit integrierter Induktionswarmhalteplatte sowie eines selbstfahrenden Rollcontainers für den Küchenbereich (mobile Plattform) blieben als nicht zielführende Referenzobjekte außen vor (Forschungsfrage) und werden daher auch nicht weiter thematisiert.[381]

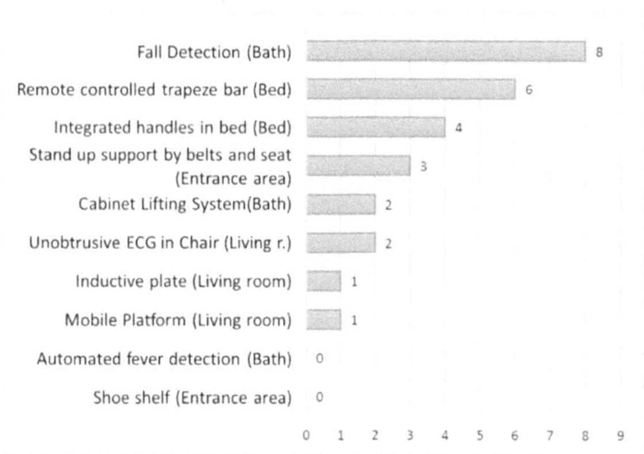

Abbildung 5-2 Evaluationsergebnisse LISA-Habitec (2014-2016)[381]

Bewertung der LISA-Projekte auf Grundlage der Forschungsfrage
Die beschriebenen Konzepte bieten eine ideale Grundlage aufbauender Forschung, insbesondere bezüglich der Themen Funktionsintegration und einer an gängigen Trockenbauprinzipien orientierten Bauweise (Vorsatzschalen-System). Obgleich eine Interaktion zwischen Raum und Mobiliar nur im entfernteren Sinne thematisiert wurde (verfahrender Tisch und Deckenstange des Bettmoduls), liegt aufbauende Forschung spätestens bei den Life-Termin-

[381] Güttler et al. o. J.: Development and Evaluation of Assistive Terminals for the Improvement of Functional Performance of the Elderly in a Variety of Life Centers, S. 6

als, aufgrund ihres stark raumbildenden Charakters (Raum-in-Raum-Systeme) sowie des generellen Anspruchs einer Mobilisierung von Mobiliar (Lehrstuhl Robotik) auf der Hand. Eine Bezugnahme auf Bestandsgrundrisse wird innerhalb beider Projekte unverständlicherweise nicht hergestellt. Unverständlich deshalb, da beide Projekte die bis dato „weltfremde" Forschungsarbeit in Versuchsaufbauten und Musterwohnungen, sowie mangelnde Auseinandersetzung mit realen Wohnraumsituationen, deutlich kritisieren.[382] Zunächst jedoch zur Bewertung der Referenzobjekte, sowie des Transfers in Entwurfskriterien, analog zum vorherigen Kapitel (Referenzprodukte des Marktes).

LISA (2010-2012), Referenzobjekt-01: Garderobenmodul, Bewertung
Wie erwähnt erreichte das Garderobenmodul den höchsten Entwicklungsstand und ist zugleich jenes, welches den Gedanken einer Funktionsintegration, im Sinne physischer Assistenz, auf anschaulichste Weise repräsentiert. Die Schuh-An- und Ausziehhilfe, sowie die integrierte Aufstehhilfe, erscheinen im Eingangsbereich höchst sinnvoll, wurden jedoch, wie beschrieben, lediglich durch Standardprodukte, jedoch nicht im Rahmen der Prototypenentwicklung realisiert. Vergleichbare Problemstellungen finden sich auch im Bad, insbesondere bei der Nutzung des WCs (Setzen und Aufrichten). Auch das Nutzerfeedback bzgl. der genannten Funktionen fiel, wie erwähnt, durchweg positiv aus.[383] Dieses (Nutzerfeedback) ist stets auch insofern hilfreich, als die geäußerte positive als auch negative Kritik zwangsläufig Forschungslücken offenbart. So auch im Falle der Garderobe, bei dem alle Testpersonen (n=9) den Wunsch nach bis dato fehlenden Griffen und Haltstangen, zum unterstützenden Setzen als auch Aufrichten, äußerten.

LISA (2010-2012), Referenzobjekt-01: Garderobenmodul, Transfer Entwurfskriterien

1. Aufgrund des funktionsintegrativen Aspekts, positiver Evaluationsergebnisse und vergleichbarer Problemstellungen im Bad, Berücksichtigung der Thematik Setzen und Aufrichten, innerhalb des Gesamtkonzepts.
2. Kombination mit Griffen und Haltestangen, respektive Boden-Deckenstangen (siehe: Referenzprodukt-02, Boden-Deckenstangen)
3. Entwicklung tatsächlich entwurfs- und prototypbasierter physischer Assistenzen, statt bloßem Zukauf von Standardprodukten des Sanitärbedarfs.

---

[382] vgl. Linner et al. 2015: Assistive Robotic Micro-Rooms for Independent Living, S. 3
[383] vgl. Engler/Schulze Eva 2016: Nutzerstudie im Projekt LISA Habitec, S. 460–461

LISA-HABITEC (2014-2016) Referenzobjekt-02: Waschtischmodul, Bewertung
Die Integration eines höhenverstellbaren Waschtischs erscheint naheliegend und sinnvoll (siehe Bewertung Referenzprodukt-03, Barrierefreie Waschtische), obgleich marktübliche, physische Assistenzen (integrierte Haltegriffe) wie auch Unterfahrbarkeit keine Erwähnung finden. Die Evaluationsergebnisse bestätigen die Sinnhaftigkeit des höhenverstellbaren Waschtischs, als auch des Liftregals (n=9). Eine etwaige Kombination aus höhenverstellbarem Waschtisch, individueller Körpergrößen berücksichtigenden Storage-Elementen (analog Liftregal) und unmittelbar am Waschtisch angeordneten Ablageflächen (Erreichbarkeit, sitzende Position), erscheint zielführend. Zwingend zu vermeiden und die Evaluationsergebnisse widerspiegelnd, ist die Integration von medizinischen Applikationen, wie der beschriebenen Fiebermessung. Ein Paradebeispiel stigmatisierenden Designs, wie unter 4. Barrierefreiheit eingehend beschrieben! Obgleich die integrierte Sturzmeldung des Waschtischmoduls in dieselbe Bresche schlägt, erscheinen Ihre im Zweifel lebensrettende Funktionalität als auch diskrete Integrierbarkeit („kaschieren", siehe: 4.3 Design und Architektur) als hoch attraktiv, bestätigt durch die Evaluationsergebnisse (n=9).

LISA (2010-2012), Referenzobjekt-02: Waschtischmodul, Transfer Entwurfskriterien

1. Siehe Entwurfskriterien Referenzprodukt-03, Barrierefreie Waschtische jedoch auch hier: Aufhebung des statischen Standorts zur Realisierung von Bewegungsflächen (Integration rauminteragierendes Konzept).
2. Definition eines sinnhaften Storage-Konzepts: horizontal am Waschtisch (Erreichbarkeit sitzende Nutzung, siehe ExpertInnen-Interviews) und vertikal höhenverstellbar (unterschiedliche Körpergrößen; siehe Liftregal).

LISA-HABITEC (2014-2016), Referenzobjekt-03: Bettmodul, Bewertung
Die Integration von motorisierten, physischen Assistenzen in das Gesamtkonzept erscheint hoch relevant zur Entwicklung aufbauender Konzepte der vorliegenden Arbeit. Zum einen aufgrund der Sinnhaftigkeit aktiver statt passiver Assistenz (Motorisierung), zum anderen aufgrund der adressierten Problemstellungen, die einen Transfer (auch) auf das Bad als naheliegend erscheinen lassen (Aufrichten von WC). Eine räumliche Interaktion bezüglich der Realisierung von Bewegungsflächen findet auch im Falle des Bettmoduls nicht statt, dennoch lieferten die Idee der horizontal verfahrbaren Deckenstange, als auch der Verfahrbarkeit des Tischs entscheidende Impulse zum später entstandenen Konzept (siehe Folgeausführungen). Wie erwähnt wurden Aufricht- und Aufstehhilfe (auf den Sturzprotektor des Waschtischmoduls folgend) als klare funktionale Favoriten der ProbandInnen bezüglich aller in der

Musterwohnung getesteten Prototypen ermittelt. Somit erscheint aufbauende Forschung bezüglich motorisierter Assistenzen in Verbindung mit altersspezifischen Problemstellungen nicht zuletzt aufgrund der herausstechenden Evaluationsergebnisse als angebracht und im Idealfall zielführend.

LISA-HABITEC (2014-2016), Referenzobjekt-03: Bettmodul, Transfer Entwurfskriterien

1. Entwicklung von aktiven physischen Assistenzen (bspw. Boden-Deckenstangen, siehe Beschrieb) durch eventuelle Motorisierung des Gesamtkonzepts bzw. Teilmotorisierungen.

"As it was observed that the classic conceptions of living have fundamentally changed, the consortium proceeded to no longer referring to rooms (kitchen, bedroom, etc.) but to a sub-division of these, Life Centers. Life Centers are strategic locations within an apartment, which do not have to be separated by walls (barrier-free) and are constantly changing over time, in contrast to the classical understanding of space need continuum."[384]
Mangelnder Grundrissbezug: Es sei dahingestellt, ob klassische Wohnkonzepte wie die Ein- bis Mehrzimmerwohnung, das Einfamilienhaus etc. tatsächlich als obsolet gelten dürfen. Wichtiger erscheint folgender, dem Zitat zugrunde liegender Gedanke: Die Annahme, dass der traditionelle, orthogonale Grundriss, bestehend aus Einzelräumen (Küche, Bad), einer Anordnung freistehender Life-Center weichen könnte, wirft die Frage nach deren Einbindung in ein Gesamtkonstrukt, eine Matrix, sprich eine Architektur, auf. Generell gilt es, eine effiziente Hülle, bspw. eine Einbettung der Life-Center in zumindest sinnhafte Verkehrsflächen, zu generieren. Es erscheint fragwürdig, ob die *„strategic locations within an apartment"*[385] im Bestand zum einen überhaupt vorhanden und zum anderen sinnvoll nutzbar wären. Schlimmstenfalls würden konventionelle Räumlichkeiten mit unpassenden (zu großen) LifeCentern bestückt, die das Konzept ad absurdum führen. Der im Zitat ebenfalls enthaltene Ansatz, auf trennende Wände vollständig zu verzichten, wirft einmal mehr die Frage auf, von welchem räumlichen Gesamtkonstrukt, welchen räumlichen Funktionszusammenhängen ausgegangen wird. Die wenigsten Menschen leben in offenen Grundrissen mit Spannbetondecken oder freien Stützenkonstruktionen. Schottenbau und tragende Massivbauweise sind im Bestand nach wie vor vorherrschend. Generell fällt es schwer, einen Zusammenhang zwischen Grundriss und den stark komprimierten Wohnfunktionen inner-

[384] Linner et al. 2015: Assistive Robotic Micro-Rooms for Independent Living, S. 17
[385] Linner et al. 2015: Assistive Robotic Micro-Rooms for Independent Living, S. 18

halb der LifeCenter zu erkennen. Es stellt sich die Frage, ob der abgebildete Grundriss einen konkret auf den LifeCenter-Ansatz abgestellten Grundriss oder lediglich einen frei erstellten Fantasiegrundriss darstellt. Eine derart gravierende räumliche Maßnahme wie die der LifeTerminals, die zumindest im Prototyp beachtliche Größen aufweisen, muss das Thema Raum zwingend auch zu Ende denken. Zusammenfassend kann festgehalten werden, dass innerhalb der LISA-Projekte zwar an zahlreichen Stellen der textliche Bezug zum Bestand hergestellt wird, das tatsächliche Zusammenspiel aus Grundriss und Mobiliar jedoch weitgehend unbehandelt bleibt. Der Einbau in die im ersten Zitat erwähnten Apartments bleibt ein gedankliches Konstrukt. In der vorliegenden Arbeit erfolgte aufgrund dessen eine intensive Analyse der Raumfunktionszusammenhänge im Rahmen der Grundrissanalysen, inklusive Transfer auf den Neubau.

5.2.5 Zusammenführung

Die nachstehenden Ausführungen dienen der komprimierten Zusammenführung der gewonnenen Entwurfskriterien in Nutzungsanforderungen gemäß Phase 2, ISO 9241-110. Generellen Entwurfsansatz stellt die Optimierung des marktüblichen „Wanne raus-Dusche rein“ Konzepts auf Grundlage der nachstehenden Kriterien dar.

1. Funktionszuweisung bzw. Vermeidung des beschriebenen „Restraumes“ (Duschen auf Quadrat vs. rechteckige Grundfläche der vormaligen Wanne).
2. Aktiver Einbezug von barrierefreiem Waschtisch und WC in die Raumbildung (Realisierung von Bewegungsflächen); Überprüfung der Raumbildung im Rahmen von Grundrissanalysen!
3. Lösungsfindung zur raschen mechanischen Trocknung des Bodens, nach Duschvorgang.
4. Definition eines flexiblen und effizienten Entwässerungssystems (Zu- und Ablauf).
5. Berücksichtigung der Integration von Hilfsmitteln innerhalb des Gesamtkonzepts.
6. Vorsehen von Boden-Deckenstangen, inklusive Aufhebung des statischen Standorts (Hindernisproblematik) durch Integration in ein rauminteragierendes Konzept.
7. Einplanen von Duschklappsitzen als optionales „add-on“ aufgrund des funktionsintegrativen Aspekts, sowie der zielgruppenübergreifenden Nachfrage.
8. Entwickeln von Lösungsstrategien zur Behebung der nachteiligen Aspekte von Duschklappsitzen, insbesondere der Thematik mangelnder Seitenstabilisierung.
9. Berücksichtigung eines Pflegeszenarios im Bereich der Dusche, (zweite Person und Duschstuhl, Bewegungsfläche, Erreichbarkeit), siehe ExpertInnen-Interviews.
10. Berücksichtigung der Thematik Setzen und Aufrichten mittels aktiver physischer Assistenzen, durch Motorisierung des Gesamtkonzepts bzw. Teilmotorisierungen.

11. Vermeidung bloßen Zukaufs von Standardprodukten des Sanitärbedarfs.
12. Entwicklung sinnhafter Storage-Konzepte, eine Erreichbarkeit aus sitzender Nutzung (horizontal), sowie unterschiedliche Körpergrößen berücksichtigend (vertikal).
13. Orientierung an gängigen Trockenbau- und Modulbauweisen, siehe Folgeausführungen zum Projekt Sanisanierung bzw. Serialität und Modularität.

5.2.6 Inspiration

Die nachstehende Beschreibung orientiert sich am Forschungsbericht der TH Rosenheim aus dem Jahr 2019. Im Rahmen forschender Entwicklung entstand ein Sanitär-Vorsatzschalensystem aus vorgefertigten Modulen mit drei fixen Maßen und drei verfügbaren Dekoren.[386] Die Module sind reversibel, zeit- und kostensparend zu montieren und in Serie herstellbar. Das Projekt erfolgte in Zusammenarbeit mit Vonovia.[387]

Rückgriff auf bewährte Standards
Besagtes Sanitär-Vorsatzschalensystem wurde konsequent auf Grundlage des bekannten und bewährten GIS-Systems, des Sanitärherstellers „Geberit" entwickelt. Dieses vereint Tragsystem (werkzeuglose Ständerbauweise), Montageelemente (Tragständer, Fertigsysteme für WC, Dusche, Waschbecken etc.) und Beplankung (Faserzementplatte) innerhalb eines Systems.[388] Der Fokus des GIS-Systems liegt auf maximaler Vorfertigung, durch ein geschlossenes System von Einzelkomponenten, die zudem räumlich individuell anpassbar sind und lediglich miteinander kombiniert werden. Es erscheint naheliegend, zur Entwicklung innovativer, aufbauender Konzepte, auf hochentwickelte und erprobte Systeme wie GIS zurückzugreifen. Im Projekt Sanisierung wurde das GIS-Baukastensystem um ein innovatives Beplankungskonzept in verschiedenen Dekoren erweitert, die vorgerichtet, d. h. mit allen erforderlichen Bohrungen versehen, sowie auf das jeweilige Modul abgestimmt auf die Baustelle geliefert werden. Die Herstellung der Beplankung der Ständerkonstruktionen erfolgt demnach nicht wie bis dato üblich individuell vor Ort mit Zuschnitt- und Spachtelarbeiten, sondern bereits ab Werk in Form von vorfabrizierten Schalen. Insbesondere die in das Gesamtkonzept integrierten Abschlüsse der Beplankung, wahlweise nach links, rechts oder beidseitig, steigern den Vorfertigungsgrad erneut und rationalisieren den Montageprozess auf der Baustelle durch Entfall der sonst gängigen Stirnseitenbeplankung mit Eckschutzprofil. Das entstandene Vorsatzschalen-Konzept berücksichtigt darüber hinaus den Faktor der Reversibilität im Revisi-

---

[386] vgl. Betz/Schweiger 2020: Modulare Badsanierung
[387] vgl. Vonovia 2024: Wir geben Menschen ein Zuhause
[388] vgl. GEBERIT 2023: Geberit GIS, Einfaches Stecksystem

ons- wie auch Sanierungsfall. So wurde das aus dem GIS-System übernommene Bodenprofil dergestalt modifiziert, dass es einen beschädigungsfreien Rückbau des Systems ermöglicht. Dies geschah vorwiegend durch Veränderung des Montagsprinzips, aber auch durch die Integration der Abdichtungsebene in ein Bodensystemprofil. In der sonst gängigen Bauweise werden Abdichtung (meist Flüssigkunststoffsysteme) und Bodenprofil nicht- demontierbar miteinander verklebt, was beim Rückbau die Zerstörung des Bodenprofils und in der Regel auch der Vorsatzschale nach sich zieht. Mit dem neu entwickelten, unverklebten Profil lassen sich Baustoffe sauber trennen und der Rückbau zerstörungsfrei durchführen. Vorsatzschalen lassen sich somit demontieren und an anderer Stelle remontieren. Hinzukommend wurden Gewicht und Größe der einzelnen Module und Beplankungen auf Grundlage des Möbelherstellers IKEA hinsichtlich Anlieferung optimiert. Die räumliche und funktionale Flexibilität beschränkt sich auf die beschriebenen Module mit drei festgelegten und nicht veränderbaren Maßen. Hierbei orientierte man sich am „kleinsten gemeinsamen Nenner" der Vonovia-Bestandsgrundrisse, unter Inkaufnahme der Entstehung von nicht immer optimalen Zuschnitten (entstehende Resträume, Nischen), wie auch der evtl. geringeren Kompatibilität der Module für andere, d. h. nicht Vonovia-Grundrisse.

Serialität und Modularität

Einen wesentlichen Aspekt der vorliegenden Arbeit stellen Modularität und Einbau in Bestandsgrundrisse, mit allen daraus resultierenden Chancen und Problemstellungen dar. Die „LISA-Projekte" der TU München und insbesondere auch das Forschungsprojekt „Sanisanierung" der TH Rosenheim, verfolgen hinsichtlich Herstellung, Anlieferung und Montage den theoretischen Ansatz, die gängige Arbeitsweise der Automobilindustrie auf den Bereich der Architektur zu übertragen, sowohl im Bestand als auch im Neubau.[389] Diese ist charakterisiert durch maximale Vorfertigung einzelner Baugruppen und deren Kombination zum fertigen Produkt (Auto) innerhalb einer Produktionsstraße. Die hohe Effizienz dieser Vorgehensweise, verdeutlicht ein Blick auf die Kostenentwicklung vergangener Jahrzehnte im Bereich Bauwesen und im Bereich Automobilbau: Während das Bauen in den vergangenen Jahrzehnten hinsichtlich der Quadratmeter-Einheitspreise (Material und Arbeitskraft) konstant teurer wurde, kostet ein Neuwagen bestimmter Qualität und Ausstattung heute in der Relation nicht bedeutend mehr als vor 20 Jahren.[390]

---

[389] vgl. Betz/Schweiger 2020: Modulare Badsanierung; Linner et al. 2010: Compacted and Industrially Customizable Ambient Intelligent Service Units: Typology, Examples and Performance

[390] vgl. Grundke 2017: Bezahlbarer Wohnraum durch modulares und serielles Bauen

Die Gründe dafür liegen im konstanten Bestreben der Automobilindustrie, den kostensenkenden „Lego-Faktor", sprich baugruppenorientierte Vorfertigung ab Werk, konstant zu erhöhen. Heute kann de facto, der Motor des Wagens in das Fahrgestell eingehoben werden und nach wenigen Handgriffen der Installation gestartet werden. Für die vorliegende Arbeit wurde aus naheliegenden Gründen eine Kooperation mit der Firma ESACAD-Engineering hergestellt, einer vorwiegend im Bereich Automobilbau tätigen Konstruktionsfirma, die insbesondere in der Konzeptphase durch technische Machbarkeitsstudien und intensive Beratung einen wertvollen Beitrag leisten konnte.[391] Bezüglich der beschriebenen fertigungstechnischen Orientierung am Automobilbau, wird in den Publikationen der LISA-Projekte ein enger Bezug zum asiatischen Raum, hier Japan und insbesondere einer Sparte des Automobilherstellers Toyota, „Toyota Home" hergestellt, der seine Erfahrungen hinsichtlich der Herstellung von Automobilen um den Faktor Gebäude erweitern konnte und mittlerweile (auch) im Bereich der automatisierten Gebäudeproduktion tätig ist.[392] Hierbei handelt es sich vorwiegend um Stahlrahmen-Modulbauweisen, die mit einem hohen Vorfertigungsgrad insbesondere bezüglich der Installation, produziert werden.

Dabei wird das Rad jedoch nicht neu erfunden: Bei besagten Fertigbauelementen, handelt es sich bei genauerer Betrachtung um konventionelle Metall-Ständerbauweisen, die in dieser oder ähnlicher Form auch von bekannten Trockenbaufirmen angeboten werden. Während die genannten Firmen jedoch individuell und vor Ort, ergo auf der Baustelle, zu montierende Systeme vertreiben (Profile und Platten), arbeiten die Fertigbauelemente von Toyota mit im Werk vorfabrizierten/vorinstallierten Elementen, die auf der Baustelle nur noch als fertige Wandscheiben oder Deckenelemente gekoppelt werden; eine im Trockenbau innovative Vorgehensweise.[393] Herstellung, Anlieferung und Montage, konkret der im Rahmen der LISA-Projekte entstandenen Mock-ups wie auch Prototypen, werden in den recherchierten Artikeln nicht erwähnt. Konzepte zur tatsächlichen Einbindung der Prototypen in eine der Automobilbranche angelehnte Produktionslogik wurden bis dato nicht erforscht. Aber ist dies überhaupt erforderlich? Der Grundgedanke des industriellen Bauens, d.h. schnelles, kosteneffizientes und wetterunabhängiges Bauen durch hohen Vorfertigungsgrad, ist hinlänglich bekannt. Fertigbauweisen und insbesondere die Raummodulbauweise gehören zum Standardrepertoire von ArchitektInnen. Somit stellt sich vielmehr die Frage nach einer, vor allem individualisierbaren, Integration der Raum-in-Raum-Systeme in heute gängige Fer-

[391] vgl. ESACAD o. J.: ESACAD GmbH, Ingenieurdienstleistungen

[392] vgl. Linner et al. 2010: Compacted and Industrially Customizable Ambient Intelligent Service Units: Typology, Examples and Performance

[393] vgl. Toyota 2020: Toyota Home

tigbauweisen, bspw. der Holz-Raummodule, des Fertignasszellen-Anbieters Tjiko, der für das vorliegende Projekt beratend zur Seite stand.[394] Eine Anlehnung an die Autoindustrie erscheint vorwiegend vor dem Hintergrund eines Übertrags des hocheffizienten Baugruppendenkens auf zu entwickelnde Raum-in-Raum-Systeme im Sinne eines Goldstandards sinnvoll. Dringend zu differenzieren ist dabei zwischen Bestand und Neubau. Raummodule, Fertigbauweisen und Fertignasszellen kommen vorwiegend im Neubau zum Einsatz. Für individuell anzupassende Raum-in-Raum-Systeme des Bestands eignen sich flexibel anpassbare Trockenbauweisen, wie das vorbeschriebene GIS-System, aufgrund teilweise enormer Toleranzschwankungen des Bestands (empirische Erfahrungen als Architekt) in der Regel deutlich besser.

5.2.7 Ergebnisse

Rückblickend resultierten aus der Analyse historischer Lehrbuchgrundrisse zwei wesentliche Kerngedanken des Raum-in-Raum-Systems: die Organisation von Dusche und Waschtisch auf einer gemeinsamen Grundfläche, später ergänzt durch WC, sowie eine Über- statt bloßer Verlagerung von Sanitärgegenständen. Mittels Aus- und Bewertung spezifischer Referenzprodukte des Marktes, sowie der „LISA"-Forschungsprojekte, konnten Entwurfskriterien abgeleitet und in eindeutig definierte Nutzungsanforderungen überführt werden. Ergänzt durch konstruktive Inspirationen des Projekts „Sanisanierung", Aspekte der Modularität sowie des Grundrisskontextes galt es in der darauf aufbauenden Konzeption, zu berücksichtigen. Die gewonnenen Erkenntnisse in ein tragfähiges Konzept zu transferieren, siehe nun folgendes Kapitel.

5.3 KONZEPTION

5.3.1 Inhalt

In den folgenden Ausführungen werden die verschiedenen Entwicklungsstadien des Konzepts, von der ersten Idee (Status-01) bis zum Prototypen (Status-04) dargestellt. Es handelte sich um einen zwei- als auch dreidimensionalen Entwurfsprozess, auf Grundlage von Skizzen, Modellen, ExpertInnen-Interviews, Workshops (zweidimensional) sowie dem aufbauend entwickelten Prototypen (dreidimensional). Insbesondere physische Assistenzen wurden im Rahmen von Mock-up- und Beobachtungsstudien (Alterssimulationsanzug) sowie unter Einbezug von Fachleuten (Physiotherapie, Gesundheitswissenschaften) entwickelt. Aufgrund des beschriebenen zirkulären Forschungsmodells erfolgte kein stringentes Abarbeiten der

---

[394] vgl. Tjiko 2024: Tjiko Modulbau

vorab dargestellten Entwurfskriterien (Rezepthaftigkeit), die präziser als Entwurfscharakteristika im Sinne konkreter, jedoch selten streng linear entstandener, Resultate bezeichnet werden können. Die verschiedenen Status des Konzepts, sind somit abstrahiert zu betrachten. Generell wurde ein nach Jonas beschriebener, spiralförmiger Entwurfsansatz (Fort- und Rückschritte) mit Schwerpunktsetzung Kommunikation, realisiert (siehe: 3.5 Forschungsprozesse).[395] Der (auch) nach Krippendorff unabdingbare Kommunikationsaspekt, erfolgte durch Einbezug von Stakeholdern als *„Experten ihrer eigenen Welten"* [396] im Rahmen von Gruppendiskussionen, ExpertInnen-Interviews und Workshops. Rückblickend lassen sich vier Stufen der Konzeptentwicklung abbilden, die nachstehend beschrieben und den jeweiligen Feedbackschleifen (wie bspw. Gruppendiskussionen) zugeordnet werden. Begründungen der vorgenommenen Modifikationen (Status-01 bis Status-04) sind den Ergebnissen der jeweiligen Erhebungen zu entnehmen und werden nicht gesondert erläutert.
(Hinweis: In nachstehenden Ausführungen werden die Begriffe raumseitig und fensterseitig verwendet.) Dabei beschreibt raumseitig die „Süd-" und fensterseitig die „Nord"-Seite der Darstellungen, ein etwaiges Fenster des Bades berücksichtigend.

5.3.2 Konzept

Auf Grundfläche der vormaligen Einbaubadewanne wird ein raumhohes, individuell anpassbares und konfigurierbares Raum-in-Raum-System verbaut. Innerhalb des Systems lassen sich durch einen horizontal verschiebbaren Waschtisch alle im Bad erforderlichen Funktionalitäten (Dusche, Waschtisch, WC) auf einer Grundfläche von nur 2,20 qm barrierefrei abbilden. Dies wird ermöglicht durch Spiegeln von Bewegungsflächen sowie Überlagerung von Sanitärgegenständen (WC, Waschtisch). Hinzukommend können aktive physische Assistenzen im Bereich WC, Waschtisch und Dusche realisiert werden: Dabei assistiert der verfahrbare Waschtisch (Heranfahren und Ziehen) beim Setzen und Aufrichten an WC und Waschtisch (auf Rollator sitzend) und ermöglicht hinzukommend eine individuell einstellbare Breite der Duschkabine, einhergehend mit erhöhter Seitenstabilisierung beim Betreten sowie aktiven Assistenzen analog WC und Waschtisch.

Das Platzangebot des Bestandsbades lässt sich durch den Entfall des vormaligen Waschbeckens sowie Bündelung von Funktionen auf einer Grundfläche maßgeblich erhöhen; im Neubau ließe sich der Raumzuschnitt systemoptimiert und damit (noch) effizienter gestalten, Barrierefreiheit auf ein Minimum an Platzbedarf reduzierend (Wohnungsbau). Das Gesamtsystem ist mit individuell konfigurierbarer Zusatzausstattung wie Duschklappsitzen,

---

[395] vgl. Jonas 2004: Forschung durch Design

[396] Krippendorff 2013: Die semantische Wende, S. 95

Stauraumelementen und Haltegriffen/-stangen bespielbar, beinhaltet ein integriertes circadianes Beleuchtungskonzept (biologisch wirksames Licht) und lässt sich darüber hinaus mit vielfältigen Oberflächen und Dekoren realisieren.
Hinzukommend kann es auf Grundlage bewährter Trockenbausysteme seriell und modular hergestellt, konfiguriert, angeliefert und eingebaut werden (Vorfertigungsgrad). Grundsätzlich handelt es sich um einen individuell beplankbaren (Kunststoff), selbsttragenden Aluminiumrahmen mit deckenseitig integriertem Schienensystem (Verfahrbarkeit Waschtisch). Individuelle Problemstellungen vor Ort (Installation, Fenster) lassen sich durch frei gestaltbaren Leitungsverzug (Vorsatzschalenbauweise) sowie wahlweise brüstungs- und raumhohe Bauweisen berücksichtigen. Be- und Entwässerung erfolgen über eine zentrale Armaturbox sowie eine gemeinsame Entwässerungswanne mit darüber liegendem Perforationsboden. Diese (Entwässerungswanne) wird analog zu bestehenden Systemen (Duschboards) auf Grundfläche der vormaligen Wanne verbaut (Rohboden) und individuell (Position Bestandsablauf) angeschlossen. Sofern sinnvoll, wurden bewährte Produkte des Marktes in das Gesamtkonzept integriert: Boden-Decken-Stangen erweisen sich insbesondere im Bestand als vorteilhaft (individuelle physische Assistenz, werkzeugfreie Montage etc.). Ein etwaiger Nachteil des fixen Standorts, einer Realisierung von Bewegungsflächen potenziell „im Wege stehend", wurde durch Integration in die Verfahrbarkeit des Systems ausgeräumt. Hinzukommend wurde innerhalb der Dusche die Brausestange als belastbare physische Assistenz ausgeführt, eine ebenfalls marktgängige Maßnahme. Der seitens DIN 18040-2 geforderte (zielgruppenübergreifend beliebte) Duschklappsitz wurde in den Duschbereich integriert, der Waschtisch barrierefrei und an gängigen Produkten orientiert (Höhe, Unterfahrbarkeit, Ablage) ausgeführt. Die Armaturbox als Kombination aus Zulauf und physischer Assistenz, individuelle Haltegriffe bzw. als solche nutzbare Geometrien (Armatur-Öffnung) wurden individuell entwickelt, ausgeführt und getestet (siehe Folgeausführungen).

5.3.3 Entwicklungsstadien

Konzeptstatus-01 (Erste Idee)

Der Grundgedanke des entstandenen Konzepts orientierte sich wie beschrieben an den Wanne-raus-, Dusche-rein-Konzepten des Marktes; zeitgleich galt es, ein Raum-in-Raum-System im Sinne einer individuell einbaubaren, am Trockenbau orientierten Box zu entwickeln. Die ursprüngliche Inspiration entstammte dabei der Beobachtung verfahrbarer Regalschränke. Eine Bezugnahme zu den Entwurfskriterien wird im nachfolgenden Text mit „*EK*" hergestellt. Zunächst wurde auf der Grundfläche des sonst üblichen „Restraumes" der Dusche das Waschbecken integriert (EK: Funktionszuweisung, Funktionsintegration) und horizontal verfahrbar gestaltet (EK: Aktive Raumbildung, Bewegungsflächen). Inspiriert durch die Neufert-Grundrisse wurden Dusche und Waschtisch mit gemeinsam zu nutzender Armatur (EK: flexibles, effizientes Entwässerungssystem) und gemeinsamem Ablauf auf einer Grundfläche organisiert (Waschbecken entwässert in Duschablauf). Die räumliche Interaktion des Waschtisches ermöglicht darüber hinaus ein platzsparendes „Spiegeln" der Bewegungsfläche vor Waschtisch bzw. in der Dusche. Aufgrund von DIN-Forderungen sowie zielgruppenübergreifender Nachfrage wurde ein Duschklappsitz gegenüber der Armatur vorgesehen (EK: Duschklappsitze, Funktionsintegration). Mittels Verfahren wird der Duschraum freigegeben, der nach Nutzung nass und damit nicht betretbar wäre. Zu diesem Zweck wurde in der ersten Konzeption ein integrierter „Ziehharmonikaboden" vorgesehen (stauchbarer Bodenbelag unter Waschtisch), der nach erneutem Verfahren Trockenheit und Betretbarkeit gewährleistet (EK: Trocknung des Bodens). Das Raum-in-Raum-System stellt zu diesem Zeitpunkt eine einseitig offene Box aus Boden und Decke sowie drei raumhohen Vorsatzschalen dar (Raumbildung). [397]

Abbildung 5-3 Grundrissdarstellung Konzeptstatus-01 [397]

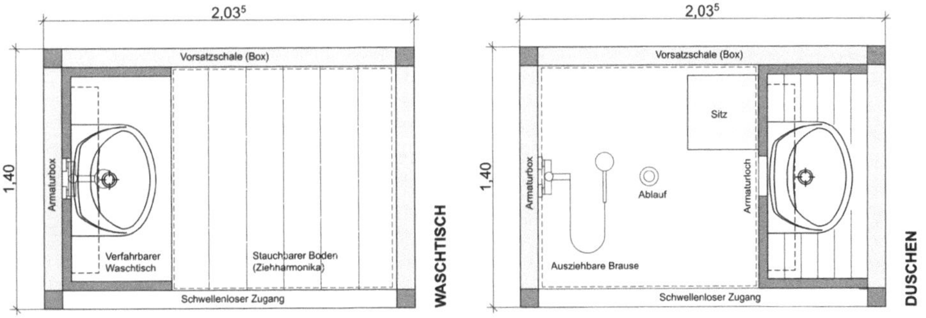

Konzeptstatus-02 (Grundlage Gruppendiskussionen)

In der zweiten Variante wurden zunächst links- und rechtsseitige VSG-Verglasungen als Spritzschutz vorgesehen, der vormals integrierte, „Ziehharmonika-Boden" durch eine zentrale Entwässerungswanne (Waschbecken entwässert in Duschablauf), mit darüber liegendem, perforiertem und reversiblem Bodenbelag (Reinigung) ersetzt (EK: flexibles, effizientes Entwässerungssystem). Beim Verfahren des Waschtischs sorgt eine unterseitige Gummilippe (ähnlich absenkbarer Türdichtung) für ein zusätzliches Abziehen des durch die Perforation ohnehin kaum nass werdenden Bodenbelags. Wie bereits in der ersten Variante stellt das

[397] Darstellung: Lukas Beyerle

Waschtischmodul eine seitlich geschlossene, horizontal verfahrbare Box mit rückwärtig montiertem Duschklappsitz dar (Organisation Dusche/Waschtisch auf einer Grundfläche, Spiegeln von Bewegungsfläche). Im Deckenbereich finden sich nun die bereits erwähnten LED-Paneele, inklusive circadianer Farbtemperatursteuerung. Das Konzept wurde zu diesem Zeitpunkt in konkrete CAD-Zeichnungen als Diskussionsgrundlage der ersten Feedbackrunden übertragen. Angedacht (obgleich im Plan nicht sichtbar) und diskutiert wurde eine „Verengung" des Duschraums durch verschiedene Einstellungsbreiten (EK: Lösungsstrategie nachteilige Aspekte Duschklappsitze). Das Raum-in-Raum-System stellt zu diesem Zeitpunkt eine zweiseitig offene Box aus Boden und Decke sowie zweier mobiler Raumtrennungen (Verglasung) und zwei raumhohen Vorsatzschalen dar (Raumbildung). Der beschriebene Status-02 des Konzepts diente als Diskussionsgrundlage der Gruppendiskussionen mit dem Verein Stadtteilarbeit.[398]

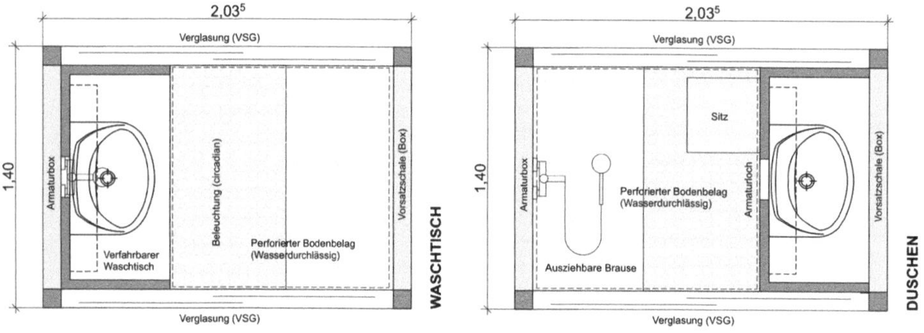

Abbildung 5-4 Grundrissdarstellung Konzeptstatus-02 [398]

Konzeptstatus-03 (Grundlage ExpertInnen-Interviews)

In der dritten Variante wurden die vormaligen VSG-Verglasungen raumseitig durch einen Duschvorhang und fensterseitig durch brüstungshohe Vorsatzschalen ersetzt, einen dreiseitig umlaufenden Leitungsverzug ermöglichend (EK: flexibles, effizientes Entwässerungssystem). Der Duschklappsitz im Bereich der Dusche wurde lotrecht zur- statt gegenüber der Armatur vorgesehen und entscheidend: Ein zusätzlicher Duschklappsitz gegenüber dem Waschtisch wurde in das Konzept integriert. Hintergrund war der Gedanke an etwaige Nutzungsszenarien, innerhalb derer Personen auf dem Sitz Platz nehmen und durch ein heranfahrbares Waschbecken (Elektrifizierung) tägliche Hygienemaßnahmen (Zahnreinigung, Rasur) im Sitzen verrichten können (siehe ExpertInnen-Interviews).

[398] Darstellung: Lukas Beyerle

Eine zunächst ungeklärte Wasserversorgung des Waschtischs wurde dabei in Kauf genommen. Die bisherigen Modifikationen des Konzepts (Wanne, Gummilippe, LED-Paneele) wurden beibehalten. Das Raum-in-Raum-System stellt zu diesem Zeitpunkt eine einseitig offene Box aus Boden und Decke mit einer raumhohen und zwei brüstungshohen Vorsatzschalen dar (Raumbildung). Der beschriebene Status-03 des Konzepts diente als Diskussionsgrundlage der ExpertInnen-Interviews sowie als Planungsgrundlage des ersten Prototypen (siehe Ausschnitte Werkplanung).[399]

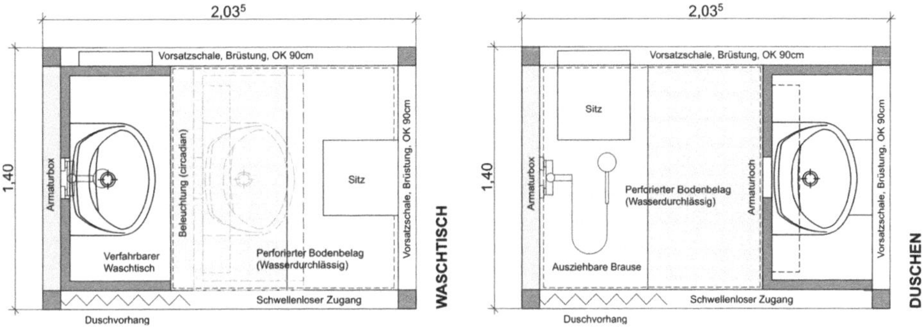

Abbildung 5-5 Grundrissdarstellung Konzeptstatus-03 [399]

Konzeptstatus-04 (Grundlage Prototyp)

Die vierte Variante stellt jene dar, welche im Rahmen der finalen Version des Prototypenbaus Realität wurde. Konzeption und Integration physischer Assistenzen erfolgten wie erwähnt durch Mock-up-Studien und aktiven Stakeholder-Einbezug (PhysiotherapeutInnen). Die entscheidenden Modifikationen gestalteten sich wie folgt: Im gesamten System wurden sowohl vertikale als auch horizontale physische Assistenzen in Form von Haltestangen, Aussparungen und Griffen integriert (EK: Integration Hilfsmittel, EK: Integration verfahrbare Boden-Deckenstangen). Anstelle des vormaligen zweiten Sitzes gegenüber dem Waschtisch wurde im Rahmen der Prototypenmodifikationen ein WC platziert. Durch Verschieben des Waschtischs lassen sich nun einerseits Sanitärgegenstände überlagern (EK: Aktiver Einbezug Sanitärgegenstände in die Raumbildung), zeitgleich assistiert der Waschtisch durch Heranfahren (Elektrifizierung) und physische Assistenzen beim Setzen und Wiederaufrichten vom WC (EK: Integration Hilfsmittel, EK: Physische Assistenz beim Setzen/Aufrichten). Im Bereich der Dusche dient die Verfahrbarkeit der seitlichen Stabilisierung auf dem Duschklappsitz (EK: Lösungsstrategie nachteilige Aspekte, Duschklappsitze). Analog zum

399 Darstellung: Lukas Beyerle

WC unterstützen physische Assistenzen das Setzen wie auch das Aufrichten im Bereich des Duschklappsitzes und analog bei der Nutzung des Waschtischs, die häufig auf dem Rollator sitzend erfolgt (EK: Physische Assistenz beim Setzen/ Aufrichten). Das Raum-in-Raum-System stellt in der finalisierten Version eine einseitig offene Box aus Boden und Decke mit einer raumhohen und zwei brüstungshohen Vorsatzschalen dar (Raumbildung). Der beschriebene Status-04 des Konzepts diente als Arbeitsgrundlage der Kreativitätsworkshops und wurde in eine Werkplanung zum Prototypenbau transferiert. Mit Verbau des WCs erfolgte der konzeptionelle Schritt in Richtung Neubau, da von dessen Versetzbarkeit im Bestand nur bedingt ausgegangen werden kann (Fallrohrsituation, Gefälle). [400]

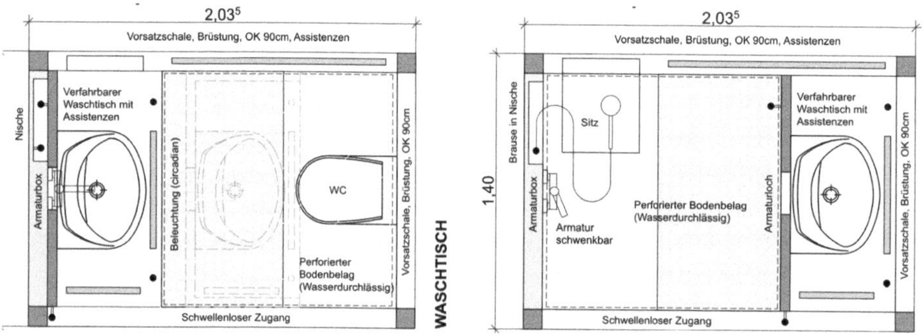

Abbildung 5-6 Grundrissdarstellung Konzeptstatus-04 [400]

5.3.4 Mock-Up-Studien

Insbesondere Waschtisch und Dusche wurden unter dem funktionsintegrativen Aspekt physischer Assistenz zunächst mittels einfacher Brettsperrholzkonstruktionen und unter Einbezug von PhysiotherapeutInnen und GesundheitswissenschaftlerInnen untersucht. Dabei lag der Untersuchungsschwerpunkt auf den Aspekten Setzen und Aufrichten an WC und Duschklappsitz als entscheidende physische Assistenzen. Aus methodischer Sicht stellten die Untersuchungen eine einfache, explorative Testphase unter aktivem Einbezug des Forschenden dar, die mittels Audiomitschnitt aufgezeichnet wurde. Auf eine qualitative Auswertung der gewonnenen Daten (Transkription, Auswertung) wurde in diesem Fall aufgrund der Eindeutigkeit der getroffenen Aussagen (kein Interpretationsspielraum) verzichtet; die Ergebnisse im Nachgang zur rückblickenden Nachvollziehbarkeit stichpunktartig protokolliert.

---

[400] Darstellung: Lukas Beyerle

5.3.5 Ergebnis (Prototyp)

Im Ergebnis entstand innerhalb des Forschungscontainers der nachstehend durch Bild und Planmaterial dargestellte Prototyp, zu dessen Bau folgende Materialien und Produkte verwand wurden: BSH-Holzrahmenkonstruktion, Fichte, Querschnitte 80/80 mm – 220/120 mm, innenseitige Beplankung mit 8,00 mm HPL-Vollkernplatte, Fabrikat: Fundermax, Farbe: weiß, anthrazit. Außenseitige Beplankung (Si-Anforderung, Aussteifung): 3-Schichtplatte, Fichte, 22 mm, Duschboard: Saxoboard, „Ultraslimline" mit Punktablauf (individuell konfigurierbar), Aufbauhöhe 60 mm (im Prototyp aus konstruktiven Gründen mit unterseitigem XPS, 50 mm Aufbau), Beleuchtung: LED-Deckenpaneele, 15 mm mit individuell steuerbarer Farbtemperatur (Fernbedienung), Waschbecken: Einbauwaschbecken, Geberit One", 600 x 140 x 480 mm, Duschklappsitze: Villeroy & Boch „Vicare" 355 x 370 mm, Vertikale physische Assistenzen und Verschiebestange: Rundstahl, 30 mm/ 22 mm, Armatur: Welfenstein, Unterputz-Set 6W-BK50HC, mit schwenkbarem Wanneneinlauf (verbaut in Armaturbox); in Status-04 verbautes WC: Geberit „Icon", Tiefspül-WC für Wandmontage, weiß. Nachstehende Abbildung zeigt den finalen Grundriss des Prototypen (Konzeptstatus-04), im vorbeschriebenen Aufbau, inklusive Darstellung der physischen Assistenzen, ergänzt durch die nachfolgende Fotodokumentation[401] [402]

Abbildung 5-7
Übersichtsdarstellung, Prototyp und Assistenzen [402]

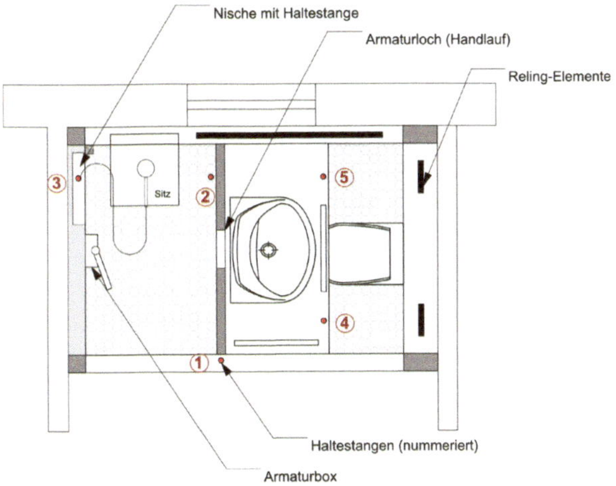

[401] Alle Fotos: Lukas Beyerle

[402] Darstellung: Lukas Beyerle

Abbildung 5-8
Prototyp in Position barrierefreier Waschtisch (Perspektive)

Abbildung 5-9
Prototyp in Position barrierefreie Dusche (Perspektive)

Abbildung 5-10
Prototyp in Position
(barrierefreie)
Dusche Größe-01

Abbildung 5-11
Prototyp in Position
Dusche Größe-02

Abbildung 5-12
Prototyp in Position
(barrierefreier) Waschtisch

Abbildung 5-13
Prototyp in Position
Assistenz an WC

Abbildung 5-14 Grundriss und Schnitt, Position Waschtisch/ Dusche-01 (ohne Maßstab) [403]

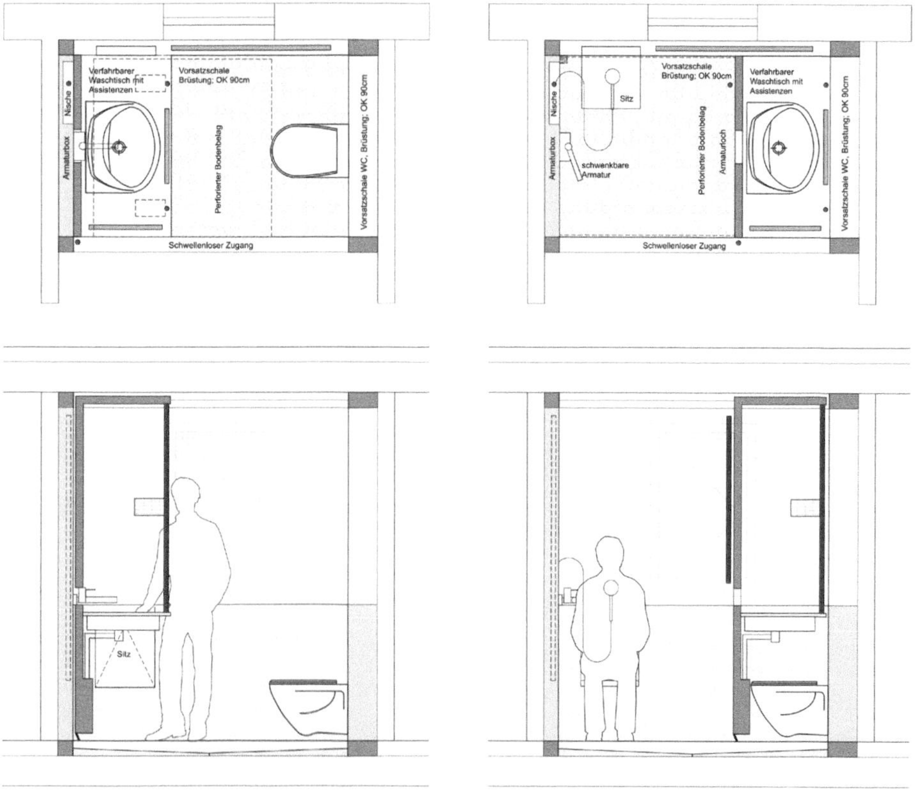

[403] Darstellungen: Lukas Beyerle

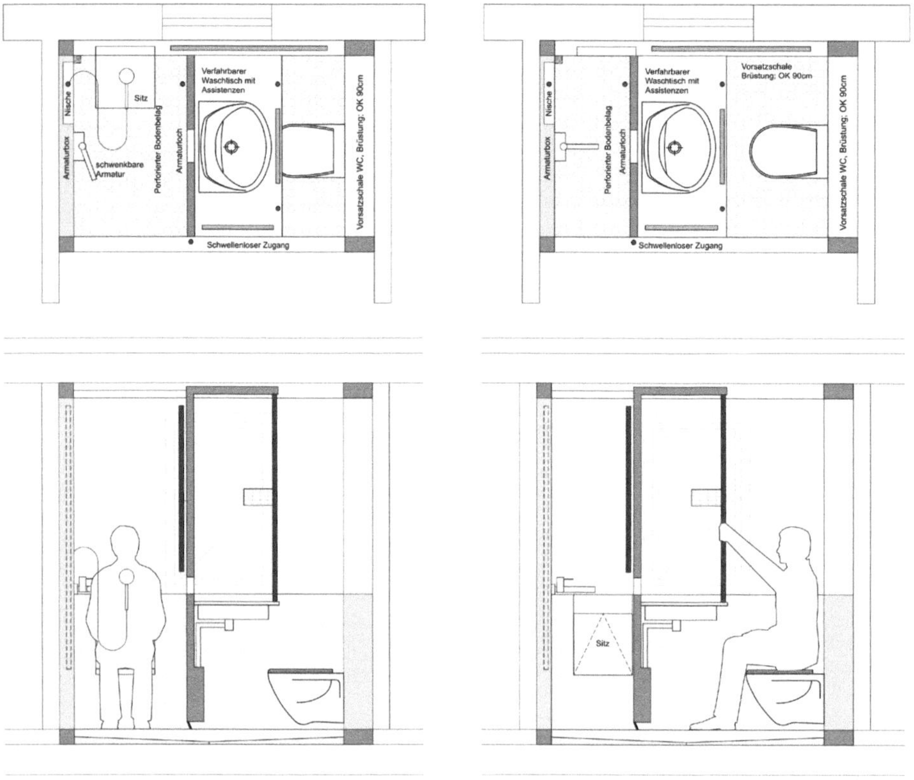

Abbildung 5-15
Grundriss und Schnitt, Position Dusche-02/ Assistenz WC (ohne Maßstab) [404]

5.4 GRUPPENDISKUSSION

5.4.1 Inhalt

Im Rahmen der Konzeptentwicklung erfolgte die Präsentation des Konzeptstatus-02 mit aufbauender Gruppendiskussion im Rahmen eines Workshops mit dem Verein Stadtteilarbeit. Dessen Leitbild wird auf der entsprechenden Website wie folgt wiedergegeben:
„Stadtteilarbeit e. V. ist eine gemeinnützige Organisation. Sein Satzungszweck weist die Förderung der sozialen Arbeit allgemein sowie im Speziellen die Förderung und Durchführung sozial-

[404] Darstellungen: Lukas Beyerle

pädagogischer und erwachsenenbildnerischer Arbeit mit dem Ziel des guten Zusammenlebens aller Bürgerinnen und Bürger aus. Weitere Zielsetzungen sind die Bereitstellung und Vermittlung von Maßnahmen und Angeboten zur Hilfeleistung für Personen, die in ihrer selbstständigen Lebensführung durch körperliche, psychische oder soziale Benachteiligungen eingeschränkt sind."[405]
Entscheidend hier der zweite Absatz „Weitere Zielsetzungen": Der Verein befasst sich intensiv mit der forschungsrelevanten Thematik Wohnraumanpassung zur Erhöhung der Barrierefreiheit des Bestands: Das inkludierte „Kompetenzzentrum barrierefreies Wohnen" beinhaltet eine umfangreiche Ausstellung aktueller gerontologischer Produkte des Marktes. Darüber hinaus findet aktive Beratungstätigkeit innerhalb der „Fachstelle Wohnberatung Bayern" statt, die zudem als Aus- und Fortbildungsstützpunkte forschungsrelevanter Professionen (WohnberaterInnen) dient. Insbesondere die Beratungstätigkeit erfolgt dabei vorwiegend durch ArchitektInnen.

5.4.2 Bezugnahme Forschungsfrage

Der Bezug zur Forschungsfrage stellt sich wie folgt dar: Auf Grundlage der Referenzprodukte, bzw. -objekte (Prototypen) aus Markt und Forschung (siehe: 5.2 Recherche) wurden Entwurfskriterien definiert, die in ein erstes Konzept transferiert wurden. Besagte Gruppendiskussion diente einerseits einem vertiefenden Verständnis von Bedürfnissen und Nutzungskontext und andererseits der Einbindung von Stakeholdern in den Entwurf von Gestaltungslösungen (siehe u. a. Krippendorff[406]), im Sinne eines ersten Tests.
Die Übergänge zwischen den verschiedenen Phasen der DIN EN ISO 9241-220[407] im Rahmen zirkulär vernetzter Modelle mit Kommunikationsschwerpunkt[408] (siehe: 3.5 Forschungsprozesse) stellten sich somit fließend dar.

5.4.3 Forschungsdesign und Methodik

Forschungsdesign
Das Forschungsdesign (vertiefende Darstellung, siehe Folgeausführungen Methodik) sah zunächst die Erstellung eines Diskussionsleitfadens vor. Im Anschluss erfolgte eine 20-minütige Präsentation des Konzepts anhand eines Power-Point-Vortrags mit Planmaterial, die

---

[405] Verein Stadtteilarbeit o. J.: Leitbild des Vereins „Stadtteilarbeit e.V."

[406] vgl. Krippendorff 2013: Die semantische Wende

[407] vgl. Deutsches Institut für Normung 2019: DIN EN ISO 9241-210, Ergonomie der Mensch-System-Interaktion. Teil 210, Prozess zur Gestaltung gebrauchstauglicher interaktiver Systeme (ISO/FDIS 9241-210:2019)

[408] vgl. Jonas 2004: Forschung durch Design

wesentlichen Kerngedanken umreißend (Raum-in-Raum-System, räumliche Interaktion, Barrierefreiheit). Aufbauend wurde das Konzept leitfadenorientiert zur Diskussion gestellt. Die wesentlichen Kritikpunkte (positiv wie auch negativ) wurden dabei von 2 assistierenden Forscherinnen stichpunktartig protokolliert. Die gewonnenen Erkenntnisse flossen in die bis dato erstellten Entwurfskriterien ein und erweiterten bzw. modifizierten diese.

Methodik

Die Methodik sah eine zwangsläufig qualitativ gehaltene Gruppendiskussion vor, die sich von den gängigen Fokusgruppendiskussionen unter anderem in den nachstehenden Aspekten unterscheidet.[409] Während Fokusgruppendiskussionen im Idealfall stark strukturiert stattfinden, vorwiegend mit dem Ziel der Vergleichbarkeitsschaffung zwischen unterschiedlichen Gruppen, stellen sich Gruppendiskussionen als explorativ-narrativ und möglichst selbstläufig dar. So auch im Falle der durchgeführten Erhebung. Als Stimulus diente die vorangestellte Präsentation, der zuvor erstellte Leitfaden erfüllte lediglich die Funktion einer Erinnerungsstütze, mit dem Ziel, alle forschungsrelevanten Themenstellungen auch tatsächlich zu adressieren. Während Fokusgruppen Einzel- wie auch Gruppenaussagen erfassen, lag der Schwerpunkt im vorliegenden Fall auf der Erhebung kollektiven Erfahrungswissens[410], sprich einhelliger Gruppenaussagen, statt Einzelmeinungen. Hinzukommend handelte es sich bei der Stichprobe um Realgruppen, sprich Menschen, die miteinander vertraut sind, was im Falle der Fokusgruppen in der Regel vermieden wird.[411] Somit stand die Erhebung kollektiver Erfahrungen und Perspektiven, die sich in der gemeinsamen „strukturidentischen" Beschäftigung[412] mit forschungsrelevanten Themen (z. b. Wohnberatung) unter den Gruppenmitgliedern herausgebildet haben im Vordergrund. Die Parallelen zum impliziten Erfahrungswissen, bzw. dessen „Herauskitzeln" im Sinne forschenden Handelns nach Polanyi und Schön (siehe: 3. Forschungsfeld) sind offensichtlich.[413] Es entstand eine rege, ca. einstündige Diskussion zum vorgestellten Konzept, die wie erwähnt (siehe: Forschungsdesign) protokolliert und im Anschluss ausgewertet wurde. Eine aktive Beteiligung des Forschenden fand insofern statt, als Rückfra-

409 vgl. Steinhardt 2018: Unterschiede zwischen Fokusgruppe und Gruppendiskussion

410 vgl. Bohnsack 2014: Rekonstruktive Sozialforschung

411 vgl. Nentwig-Gesemann 2010: Das Gruppendiskussionsverfahren

412 vgl. Przyborski/Riegler 2010: Gruppendiskussion und Fokusgruppe

413 vgl. Polanyi 1966: The tacit dimension; Polanyi 1985: Implizites Wissen; Schön 1983: The reflective practitioner

gen beantwortet und Impulse zu weiterführenden Diskussionen im Sinne des Leitfadens gegeben wurden.

5.4.4 Leitfadenerstellung

Analog zu den ExpertInnen-Interviews wurde der Leitfaden im Vorfeld auf Grundlage der Entwurfsplanung und orientiert am von Helfferich beschriebenen SSPSS-Verfahren (Sammeln- Prüfen-Sortieren-Subsummieren) entwickelt.[414] Pläne im Maßstab 1:50, sowie die beschriebene Präsentation des Konzepts, stellten die Gesprächsbasis dar, anhand derer konkrete Fragestellungen diskutiert wurden. Die Fragestellungen des Leitfadens beinhalteten fünf Aspekte: (1) wiederkehrende räumliche Problemstellungen (im Badraum)? (2) Beurteilung des Nutzungsablaufs von Verschieben-Eintreten-Schließen- Duschen-Heraustreten? (3) Wiederkehrende Problemstellungen bzgl. Dusche und Waschtisch? (4) Bewertung der stufenlos einstellbaren Breite der Dusche? (5) Ideen und Anregungen zur Griffsituation (physische Assistenz).

5.4.5 Feldzugang und Stichprobe

Über einen Kontakt der TH Rosenheim zur Leitung des Vereins Stadtteilarbeit e. V. ergab sich die Chance, das „Kompetenzzentrum barrierefreies Wohnen“ zu besichtigen und im Anschluss qualitatives Feedback zum aktuellen Status des Konzepts im Rahmen der Gruppendiskussion einzuholen. Die Stichprobe setzte sich aus insgesamt 5 MitarbeiterInnen des Vereins Stadtteilarbeit zusammen (n=5). Generell nahmen, den Forschenden eingerechnet, insgesamt 13 TeilnehmerInnen (n=13) an besagter Gruppendiskussion teil. Die 5 MitarbeiterInnen des Vereins Stadtteilarbeit setzten sich wie folgt zusammen: Der Geschäftsführerin (Sozialpädagogin), zwei Architektinnen (Zusatzqualifikation Wohnberatung), einem Soziologen und Schreiner (Zusatzqualifikation Wohnberatung) sowie dem Leiter des „Kompetenzzentrums barrierefreies Wohnen“ (Soziologe, Erziehungswissenschaftler). Alle 5 Teilnehmenden sind in ihrer täglichen Arbeit mit dem forschungsrelevanten Thema der Wohnraumanpassung befasst (Expertise). Die weiteren 7 Teilnehmenden der Gruppendiskussion (n=7) setzten sich aus 2 Professoren der TH Rosenheim (Innenausbau, Lichtplanung), 4 projektbeteiligten Forscherinnen (Pflegewissenschaftlerinnen) sowie dem Forschenden (Architekt, Produktdesigner) zusammen.

[414] vgl. Helfferich 2009: Die Qualität qualitativer Daten

5.4.6 Ergebnisse

Die Ergebnisse der sich anschließenden Protokollanalyse stellen sich wie folgt dar:

- Notwendigkeit des Verschiebens wird infrage gestellt (auch statisch denkbar).
- Verschiebbarkeit wirft die Frage auf: Wer verschiebt (elektrisch, manuell?)
- Generelle Hinweise Problemstellungen im Bad: Raumgröße, DIN-Öffnungsrichtung.
- Bodengleiche Dusche und Überlagerung von Bewegungsflächen „State of the Art".
- Waschbecken und WC gegenüber: größtes „Bauverbrechen" (Bezug GR-Analyse).
- Bewegungsfläche immer für 2 Personen und Gehhilfe denken.
- Armatur 90 Grad zur sitzenden Person! Erreichbarkeit Einzelperson/Blickkontakt Pflege.
- Stufenlos einstellbare Dusche mit Griffen denkbar, individuell definieren, ob sinnvoll.
- Generell Richtungswechsel (Wenden) in GR berücksichtigen (Bewegungsflächen).
- Anregung Boden: bodengleiche Fliesen + Fußbodenheizung (Reinigung bedenken).
- Brausestange als Haltestange empfohlen („Alles wird gegriffen").
- Es werden modular platzierbare Griffe empfohlen (Nachrüstbarkeit).
- Waschtisch/-becken sehr wichtig zum Einhalten (physische Assistenz).
- Stauraum, Handtuchheizkörper und Waschmaschine bedenken.
- Verschiebbarkeit zu schwer; eher elektrische Ausführung vorsehen.
- Greifbarkeit von Haltegriffen aus verschiedenen Richtungen bedenken.
- Duschvorhang statt Glastrennwand.

5.5 EXPERTINNEN-INTERVIEWS

5.5.1 Inhalt

In den folgenden Ausführungen werden Hintergrund, Vorgehensweise (Methodik) und Ergebnisse der im Frühjahr 2022 durchgeführten ExpertInnen-Interviews sowie daraus resultierende Konsequenzen für den Entwurfsprozess dargestellt. Bezüglich der Interview-Auswertung kamen qualitative Textanalyseverfahren zum Einsatz, die in ähnlicher Form auch bei der Auswertung der Workshops bzw. im Rahmen der Prototypen-Evaluation verwandt wurden. Aufgrund der dadurch begründeten hohen methodischen Relevanz für die Gesamtarbeit werden diese im Folgenden vertiefend beschrieben.

5.5.2 Bezugnahme Forschungsfrage

Die Forschungsfrage der vorliegenden Arbeit beinhaltet die Frage nach den Potenzialen einer Erhöhung der Barrierefreiheit durch das beschriebene Möblierungskonzept; Erhöhung bedingt dabei sowohl Definition als auch Messbarkeit. Aufbauend auf Kapitel „4.

Barrierefreiheit", sollte im Rahmen der ExpertInnen-Interviews einerseits ermittelt werden, was unter Barrierefreiheit im Badraum jenseits von DIN-Vorgaben zu verstehen ist (Definition) und andererseits, wie deren Verbesserung (Erhöhung, Messbarkeit) erzielt werden könnte. Übertragen auf das Konzept galt es die konkreten Problemstellungen potenzieller NutzerInnen hinsichtlich räumlicher (Bewegungsflächen) als auch funktionaler Aspekte (Sanitärgegenstände, Hilfsmittel), bezogen auf Alltagsverrichtungen im (Bestands-)Badraum, zu ermitteln. Diese (Aspekte) wurden innerhalb der ExpertInnen-Interviews, sowie deren Auswertung im Rahmen einer inhaltlich strukturierenden, qualitativen Inhaltsanalyse nach Kuckartz untersucht.[415] Zusätzlich wurden im Sinne eines proaktiven Einbezugs von Stakeholdern, als *„gut unterrichtete, handlungsfähige Akteure"*[416], Anregungen zur fortlaufenden Optimierung des Gesamtkonzepts (zirkuläres Forschungsmodell) eingeholt.

5.5.3 Forschungsdesign und Methodik

Aufgrund des explorativen Charakters der Interviews, sowie der vergleichsweise geringen Anzahl an Teilnehmerinnen (n=4), fiel die Wahl auf ein qualitatives Forschungsdesign. Quantitativ-statistische Methoden erschienen unter anderem deshalb als ungeeignet, als es galt, mit den befragten Personen in einen gleichberechtigten Dialog einzutreten (handlungsfähige Akteure), innerhalb dessen die Vor- und Nachteile des Konzepts ergebnisoffen diskutiert wurden. Auf diese Weise entstanden lebhafte, teils durch Skizzen unterstützte Dialoge, innerhalb derer verschiedene Aspekte des Konzepts, erörtert wurden, teils mit der Entstehung konkreter Verbesserungsvorschläge und kreativer Impulse der Befragten. Die qualitative Vorgehensweise ermöglichte zudem ein exploratives „Aufspüren" im Vorfeld unbekannter Subthematiken, die als induktive Subkategorien, aufbauend auf deduktiven Hauptkategorien des Leitfadens[417], sehr maßgeblich die darauffolgende Inhaltsanalyse beeinflussten, was so im Rahmen eines quantitativen Forschungsdesigns nicht möglich gewesen wäre. Hinweis zu den Begrifflichkeiten: In der Literatur werden Kategorie und Code uneindeutig und wenig trennscharf verwendet. Im Folgenden wird zwischen deduktiven Haupt- und induktiven Subkategorien (Substantiv) unterschieden, nach deren Definition (Memos), entsprechende Textstellen codiert (Verb) werden. Somit setzt sich eine Hauptkategorie aus verschiedenen

---

[415] vgl. Kuckartz 2018: Qualitative Inhaltsanalyse, S. 97–117

[416] Krippendorff 2013: Die semantische Wende, S. 100

[417] vgl. Kuckartz 2018: Qualitative Inhaltsanalyse; Schreier 2014: Varianten qualitativer Inhaltsanalyse. Ein Wegweiser im Dickicht der Begrifflichkeiten

Subkategorien und den darin vergebenen Codes zusammen. Die beschriebene Vorgehensweise entspricht dem Codebuch sowie der synonymen Verwendung Kuckartz'.[418]

Erhebungsmethode ExpertInnen-Interviews

Generell stellen ExpertInnen-Interviews eine qualitative Erhebungsmethode der empirischen Sozialforschung dar, angewandt i. d. R. im Rahmen von Leitfadeninterviews, im konkreten Fall mittels offener, teilstrukturierter Befragungen. Diese orientieren sich an zuvor festgelegten, zu behandelnden Themenkomplexen (deduktiven Hauptkategorien), die der groben (Vor)Strukturierung der Gesprächsführung dienen [419]. Ziel ist kein starres Abarbeiten eines Fragenkatalogs, sondern die Entstehung eines Dialogs, innerhalb dessen der Leitfaden als gedankliche Stütze der zu interviewenden Person, hinsichtlich der zu besprechenden Themenkomplexe dient.[420] Bezüglich der naheliegenden Frage, wie offen gehalten derartige Interviews tatsächlich geführt werden sollen, differieren die Meinungen, wie Margrit Schreier in einem Artikel anführt:[421] Mayring wie auch Kuckartz betonen, Schreier folgend, den Schwerpunkt der Hermeneutik, methodischer Strenge und Systematik. Während Mayring jedoch von einem stark theoriegeleiteten Verfahren ausgeht, betonen Kuckartz und auch Schreier selbst, die Entwicklung der Kategorien am Material und eine insgesamt freiere Vorgehensweise. Schreier definiert aufbauend qualitative Inhaltsanalyse im Allgemeinen, als interpretatives, kategorienorientiertes Verfahren zur Beschreibung ausgewählter Textstellen. Ein systematisches, regelgeleitetes Vorgehen, orientiert an Validität: Kategorien eignen sich zur Erfassung des Wesentlichen, dies erfordert induktive Kategorienentwicklung am Material, sowie Orientierung an Reliabilität. Krippendorff versteht qualitative Inhaltsanalyse interessanterweise als ein vorwiegend explikatives, nicht reduktives Verfahren, Diskurs- und Konversationsanalyse beinhaltend.[422]

Im Rahmen der Erhebungen wurde den befragten Personen das Konzept zunächst anhand von Planmaterial präsentiert, Zeichnungen und dazugehörige Erläuterungen wurden im Anschluss diskutiert. Unter ExpertInnen sind im vorliegenden Fall Personen zu verstehen, die über ein bestimmtes, für die Forschungsfrage relevantes Fachwissen (Expertise) verfügen,

---

[418] vgl. Kuckartz 2018: Qualitative Inhaltsanalyse, S. 36

[419] vgl. Mey/Mruck 2011: Qualitative Interviews, S. 257–288

[420] vgl. Mey/Mruck 2011: Qualitative Interviews, S. 257–288

[421] vgl. Schreier 2014: Varianten qualitativer Inhaltsanalyse. Ein Wegweiser im Dickicht der Begrifflichkeiten

[422] vgl. Krippendorff 2019: Content analysis, S. 22

hier vorwiegend aufgrund ihrer beruflichen Tätigkeit.[423] Alle befragten Personen entstammten der übergeordneten Profession „Wohnberatung", sprich Beratungstätigkeit zu Anpassung und Umbau bestehenden Wohnraums, im Sinne der Barrierefreiheit. Meuser und Nagel sowie Bogner und Menz sprechen in diesem Kontext, ergänzend zu Krippendorff, von einem „Wissensvorsprung", der es Ihnen erlaubt, den Handlungsrahmen anderer Akteure (hier: den des Autors) mitzubestimmen.[424] Auch wenn der Begriff des „Vorsprungs" problematisch erscheint, da er ein singuläres Ziel (Wahrheit) impliziert, erwies sich dieser im Verlauf der Interviews/ Gespräche als subjektiv zutreffend. Somit galt es, ExpertInnen-Wissen zu erheben, Vorsprung wettzumachen und vor dem Hintergrund der Forschungsfrage in Wert zu setzen.[425] Besagtes „in Wert setzen" bedingt das beschriebene, qualitative Verfahren. Im Kern geht es darum, ExpertInnen als maßgebliche Stakeholder gemäß Krippendorff in den Designprozess einzubeziehen, bis hin zum faktischen Delegieren von Designentscheidungen, siehe nachstehendes Zitat. Der Begriff des „Interviews", ein nachträglich geglättetes Frage-Antwort-Spiel implizierend, greift deutlich zu kurz. Krippendorff folgend stehen zum einen das Verstehen zweiter Ordnung im Dialogischen, als auch die Auffassung von Stakeholdern als gleichberechtigte, aktive Mitgestalter des Entwurfs im Vordergrund:
„Das Verstehen zweiter Ordnung schließt zwei weitere Möglichkeiten mit ein [...]: erstens das Design wesentlicher Aspekte eines Artefakts an seine Stakeholder zu delegieren und zweitens Stakeholder in den Designprozess mit einzubeziehen. Beide Fälle bedürfen des gegenseitigen Respekts für die unterschiedlichen Denk- und Handlungsweisen der anderen."[426]

5.5.4 Leitfadenerstellung

Der entsprechende Interview-Leitfaden wurde im Vorfeld auf Grundlage der Entwurfsplanung, sowie orientiert am von Helfferich beschriebenen SSPSS-Verfahren (Sammeln-Prüfen-Sortieren-Subsummieren) entwickelt.[427] Konkret beinhalteten dessen Fragestellungen in der Regel zwei Aspekte: 1. Generelle Bewertung der Sinnhaftigkeit einzelner Funktionalitäten (bspw. Verwendung von Duschklappsitzen), 2. Vorschläge zur Weiterentwicklung/Optimierung des Konzepts (bspw. Positionierung von Haltegriffen). Nachstehend finden sich die im Vorfeld erarbeiteten Kategorien/ Fragestellungen des Leitfadens, den deduktiven Hauptkate-

[423] vgl. Krippendorff 2013: Die semantische Wende, S. 231
[424] vgl. Bogner/Littig/Menz 2009: Experteninterviews, S. 38–72
[425] vgl. Gläser/Laudel 2010: Experteninterviews und qualitative Inhaltsanalyse als Instrumente rekonstruierender Untersuchungen, S. 11
[426] Krippendorff 2013: Die semantische Wende, S. 102
[427] vgl. Helfferich 2009: Die Qualität qualitativer Daten

gorien entsprechend, die nicht zwingend in vorgegebener Reihenfolge bearbeitet wurden. In der Literatur häufig beschriebene Selbstverständlichkeiten wie Begrüßung, Vorstellung und Verabschiedung, wurden dabei ausgeklammert.

Deduktive Hauptkategorien der Leitfadeninterviews; Ausgangsbasis:
Präsentation des Konzepts (Planmaterial, Erläuterungen):

1. Themenfeld Verschiebbarkeit:
   Präferierte Öffnungsart, Zusammenspiel Rollatornutzung?
2. Themenfeld Duschklappsitze:
   Beurteilung Anfahren des Waschtischs an sitzender Person?
3. Themenfeld Ablage/Stauraum:
   Was ist wo und wofür, in welchem Umfang, vorzusehen?
4. Themenfeld Haltegriffe:
   Welche Haltegriffe sind wo und wofür vorzusehen?
5. Themenfeld Duschkabinengröße:
   Sinnhaftigkeit einer größenvariablen Duschkabine?

5.5.5 Feldzugang und Stichprobe

Feldzugang
Der entsprechende Personenkreis wurde über das Forschungsprojekt und damit einhergehende Aktivitäten (Vorträge, Exkursionen), sowie Vernetzung mit anderen Teilprojekten rekrutiert. Aufgrund des regionalen Bezugs, sowie der Möglichkeit zur Durchführung von Präsenz-Interviews, ohne erhöhten Reiseaufwand, fand die Mehrzahl der Interviews im erweiterten Umfeld Rosenheims statt. Als Studienteilnehmende wurden insgesamt 4 Personen (n=4) der übergeordneten Profession Wohnberatung (Beratung Umbau von Bestandswohnungen im Sinne der Barrierefreiheit) rekrutiert. Die Gruppe der vier Befragten setzte sich wie folgt zusammen: zwei Wohnberaterinnen kommunaler Beratungsstellen im südbayerischen und mittelfränkischen Raum, eine Wohnberaterin der Beratungsstelle Barrierefreiheit der Bayerischen Architektenkammer, sowie eine Vertreterin des Forschungszentrums „WohnXperium.eV“ Chemnitz.[428]

[428] vgl. wohnxperium 2024: Räume erleben, gestalten und erforschen

Stichprobe

Als Stichprobe dienten die vier aufgezeichneten Interviews (Audio), im wissenschaftlichen Sinne einer Auswahleinheit. Eine häufig vorgenommene Differenzierung zwischen Auswahleinheit (Stichprobe/Sampling) und Analyseeinheit erschien im Fall der transkribierten Audiomitschnitte Kuckartz folgend als nicht zielführend:

„Analyseeinheiten sind immer Teil einer Auswahleinheit, sie gehen nie über eine Auswahleinheit hinaus, häufig fallen sie mit ihr in eins, das ist beispielsweise beim Transkript eines qualitativen Interviews der Fall, wo normalerweise keine weiteren Untereinheiten gebildet werden.“ [429]

Wie bereits unter „5.5.2 Bezugnahme zur Forschungsfrage“ angedeutet, fokussierten sich die Interviews vorwiegend auf den räumlich-funktionalen Aspekt des Konzepts hinsichtlich potenzieller NutzerInnen und deren Alltagsverrichtungen im Badraum; ausgehend von einem hypothetisch angenommenen Einbau im Bestand. Diesbezüglich kamen Krippendorffs *„Polyphonie aller beteiligten Stimmen“* [430], allerdings auch unvermeidbare Schwierigkeiten, bei der Umsetzung seines Stakeholder-Ansatzes zum Tragen: Der Kerngedanke des Einbezugs faktisch aller vom Design Betroffenen in den Entwicklungsprozess, gestaltete sich aufgrund der begrenzten zeitlichen/ personellen Kapazitäten als schwierig bis unmöglich. Die zahlreichen Stakeholder des Konzepts sind bspw. durch technische Umsetzung, Gestaltung, Marketing, Einbau, Nutzung, Rückbau, Wiederverwendung und weitere Faktoren definiert. Ihre Anzahl ist schier unüberschaubar, zumal abhängig von der nicht immer eindeutigen Stoßrichtung des Konzepts (spekulatives Entwerfen), stets neue Stakeholder zu Tage treten, die nicht immer ohne Weiteres zu akquirieren sind (mangelnder Anreiz).

Somit galt es im Vorfeld bei der Wahl der Stichprobe, auf einen bestimmten Personenkreis zu fokussieren. Hier fiel die Wahl auf Wohnberaterinnen aus den folgenden Gründen: Im Rahmen ihrer Profession befassen sich diese schwerpunktmäßig mit den für die Forschungsfrage relevanten Problemstellungen (siehe auch: 5.4 Gruppendiskussion). Hinzukommend basiert ihr ExpertInnen-Wissen auf der teilweise jahrzehntelangen Kooperation mit Betroffenen. Somit bündeln Wohnberaterinnen, ähnlich einem Trichter, entwurfsrelevantes Wissen über spezifische Bedürfnisse und Alltagsprobleme der Betroffenen, was die entsprechenden Erhebungen sehr effizient gestaltet. Die begrenzte Stichprobe, orientiert an der Profession, gewährleistete zudem eine hohe Vergleichbarkeit im Rahmen der anschließenden qualitativen Inhaltsanalyse der erhobenen Daten.

---

429 Kuckartz 2018: Qualitative Inhaltsanalyse, S. 30

430 Krippendorff 2013: Die semantische Wende, S. 93–96

Datenerhebung
Die vier beschriebenen Leitfadeninterviews fanden sowohl online als auch in Präsenz statt, die Gesprächsdauer betrug durchschnittlich 01:20 h, die Aufzeichnung (Datengenerierung) erfolgte mittels Audiomitschnitt. Im Vorfeld wurden die entsprechenden Informationsschreiben an die Teilnehmenden versandt sowie die erforderlichen Einverständniserklärungen zur anonymisierten Verwendung der erhobenen Daten eingeholt. Vor Präsentation des Konzepts und dem darauf aufbauenden Leitfadeninterview, wurde nochmals explizit auf den gewünschten „locker gehaltenen" Gesprächsstil des Interviews verwiesen, um einer Erwartung drögen Fragenabarbeitens entgegenzuwirken sowie dem narrativ-explorativen Erhebungscharakter Vorschub zu leisten. Die implizite Hoffnung auf angeregten, inspirierenden Austausch ging in Erfüllung: Es entstanden zielführende, lebhafte Diskussionen mit hohem Output für das Forschungsvorhaben.

5.5.6 Qualitative Inhaltsanalyse

Transkription und Auswertung der Audiodaten orientierten sich, wie erwähnt, an Kuckartz, der zudem die ebenfalls in der Arbeit verwendete Datenanalyse-Software „MaxQDA" entwickelte. Diese (Audiodaten) wurden zunächst mit Unterstützung der Transkriptionssoftware F4 verschriftlicht, geglättet (glätten: fehlerhafte Verschriftlichungen mittels „Nachhören" der Tonspur korrigieren) und aufbereitet. Nach Abschluss des Verfahrens standen vier Word-Dokumente (Schriftgröße 12 pt) mit durchschnittlich 25 Seiten zur Auswertung zur Verfügung. Zunächst zum generellen Ablauf der vorgenommenen qualitativen Inhaltsanalyse:
Auf die vorbeschriebene Textarbeit (Transkription der Audiodaten) folgt die Kategorienbildung (bspw. Kategorie Duschklappsitz), die teilweise bereits im Rahmen der Erstellung des Leitfadens definiert wurde. Im darauffolgenden Schritt erfolgt die Codierung, d. h. die Zuordnung einzelner Textstellen zu den vordefinierten Kategorien. Somit werden innerhalb der transkribierten Texte bspw. alle Textpassagen markiert/extrahiert, innerhalb derer sich die Befragten zur Kategorie Duschklappsitz äußerten. Auf diese Weise lassen sich verschriftlichte Audiodaten sukzessive auf konkrete Aussagen (Codes) zu den vordefinierten Kategorien reduzieren. Diese können anschließend analysiert und ausgewertet werden, vorwiegend durch Paraphrasierung und schrittweise Reduktion auf gebündelte Kernaussagen der Befragten (siehe Folgeausführungen)
„Kern der inhaltlich-strukturierenden Vorgehensweise ist es, am Material ausgewählte inhaltliche Aspekte zu identifizieren, zu konzeptualisieren und das Material in Hinblick auf solche Aspekte systematisch zu beschreiben, beispielsweise im Hinblick darauf, was zu bestimmten Themen im Rahmen einer Interviewstudie ausgesagt wird. Diese Aspekte bilden zugleich die Struktur des

Kategoriensystems; die verschiedenen Themen werden als Kategorien des Kategoriensystems expliziert.“[431]

Dies zum groben Ablauf, obgleich „die“ qualitative Inhaltsanalyse im Sinne eines streng verbindlichen Ablaufschemas nicht existiert.[432] Kuckartz beschreibt zusätzlich zur „inhaltlich strukturierenden qualitativen Inhaltsanalyse“ eine „evaluative“, wie auch eine „typenbildende“ Variante,[433] auf die an dieser Stelle nicht näher eingegangen wird, und verweist zudem auf die schier unüberschaubare Vielzahl an Methoden zur Auswertung, von denen allein Mayring acht beschreibt.[434]

Schreier verfasste diesbezüglich 2014 einen hilfreichen Artikel, mit dem treffenden Titel „Ein Wegweiser im Dickicht der Begrifflichkeiten“.[435] Die eingangs getroffene Feststellung einer Nicht-Existenz „der einen“ qualitativen Inhaltsanalyse geht auf Schreier zurück:

„Die qualitative Inhaltsanalyse gibt es nicht, und es besteht kein Konsens darüber, was Qualitative Inhaltsanalyse ausmacht.“[436]

Auch Schreier thematisiert das in der Literatur existente Überangebot an verschiedenen Varianten und betont das zentrale Merkmal der Kategorie. Da es sich bei der vorliegenden Arbeit um eine Dissertation im Fachbereich Architektur und keine sozialwissenschaftliche Abhandlung handelt, konzentrieren sich die nachstehenden Äußerungen auf die zur Anwendung gekommene, inhaltlich strukturierende qualitative Inhaltsanalyse, deren Durchführung, Ergebnisse, sowie Konsequenzen für die weitere Entwicklung des Raum-in-Raum-Systems. Das generelle Ablaufschema wurde bereits eingehend erläutert. Die verwendete „inhaltlich strukturierende“ Variante, unterscheidet sich von diesem vorwiegend im Punkt Kategorienbildung bzw. Codierung, in dem sowohl deduktive als auch induktive Kategorien und damit Codes generiert werden: Während Autoren wie Mayring von einem stark theoriegeleiteten Verfahren ausgehen, innerhalb dessen das Material vergleichsweise streng anhand von deduk-

---

[431] Schreier 2014: Varianten qualitativer Inhaltsanalyse. Ein Wegweiser im Dickicht der Begrifflichkeiten

[432] vgl. Schreier 2014: Varianten qualitativer Inhaltsanalyse. Ein Wegweiser im Dickicht der Begrifflichkeiten, S. 2

[433] vgl. Kuckartz 2018: Qualitative Inhaltsanalyse, S. 48

[434] vgl. Kuckartz 2018: Qualitative Inhaltsanalyse, S. 48

[435] Schreier 2014: Varianten qualitativer Inhaltsanalyse. Ein Wegweiser im Dickicht der Begrifflichkeiten

[436] Schreier 2014: Varianten qualitativer Inhaltsanalyse. Ein Wegweiser im Dickicht der Begrifflichkeiten, S. 2

tiven Kategorien analysiert wird[437], betonen Kuckartz als auch Schreier die Entwicklung der Kategorien (Codes) im Vorfeld (deduktiv) als auch am Material (induktiv) und plädieren für eine insgesamt freiere Vorgehensweise.[438] Im konkreten Fall wurden deduktive Kategorien bei der Erstellung des Leitfadens definiert, induktive Kategorien hingegen entstanden, wenn die interviewten Personen von sich aus Themen aufwarfen, oder sich bspw. aus der vertiefenden Besprechung der deduktiven Kategorien heraus, neue Aspekte ergaben. So entwickelte sich bspw. aus der deduktiven Kategorie „Verschiebbarkeit“ die induktive Kategorie „Zusammenspiel Rollstuhl/ Rollator“. Schreier beschreibt nachstehend beschriebene Schritte als zentral für die inhaltlich- strukturierende qualitative Inhaltsanalyse[439], die in der vorliegenden Arbeit konkrete Anwendung fand und sich weitgehend mit der von Kuckartz beschriebenen Vorgehensweise deckt:

1. Sich vertraut machen mit dem Material
2. Ableitung von Oberkategorien aus der Fragestellung/ dem Interviewleitfaden
3. Bestimmen von Fundstellen/Kodiereinheiten (deduktive Codes)
4. Entwicklung von Unterkategorien und Kategoriedefinitionen (induktive Codes)
5. Erprobung des Kategoriensystems
6. Modifikation des Kategoriensystems
7. Kodieren des gesamten Materials mit dem überarbeiteten Kategoriensystem
8. Ergebnisdarstellung, Interpretation, Beantwortung der Forschungsfrage

Computergestützte Datenaufbereitung (MaxQDA)

In Vorbereitung auf die computergestützte Codierung erfolgten das Sich-Vertraut-Machen mit den verschriftlichten Wortäußerungen sowie eine grobe manuelle Vorauswahl relevanter Textstellen. Dies ermöglicht einen ersten analytischen Zugang zum subjektiv als „neu“ empfundenen Material, jenseits bloßer Verschriftlichung des Gesagten: Das Gedächtnisprotokoll unterscheidet sich dabei maßgeblich von der dazugehörigen Audioaufnahme, die sich wiederum maßgeblich von der Verschriftlichung unterscheidet. Nach Abschluss des vorbeschriebenen Transkriptionsverfahrens (siehe: Transkription der Interviewdaten) standen die erwähnten vier Word-Dokumente mit durchschnittlich 25 Seiten zur Auswertung zur Verfü-

[437] vgl. Mayring 2022: Qualitative Inhaltsanalyse

[438] vgl. Kuckartz 2018: Qualitative Inhaltsanalyse; Schreier 2014: Varianten qualitativer Inhaltsanalyse. Ein Wegweiser im Dickicht der Begrifflichkeiten

[439] Schreier 2014: Varianten qualitativer Inhaltsanalyse. Ein Wegweiser im Dickicht der Begrifflichkeiten, S. 5–6

gung. Diese wurden inklusive der dazugehörigen Audiomitschnitte in MaxQDA importiert, es folgte die Kodierung des Transkriptionsmaterials, zunächst anhand der vordefinierten, deduktiven Hauptkategorien des Leitfadens, sowie der aus dem Datenmaterial gewonnenen, induktiven Subkategorien. Den übergeordneten Haupt- und Subkategorien wurden, wie beschrieben, bestimmte aussagekräftige Textstellen als sogenannte Codes zugewiesen (siehe: Auswertungsmethodik), die Inhalte der Kategorien und Codes wiederum als sogenannte „Memos" (Codedefinitionen) vordefiniert. Innerhalb eines Codebuchs sowie einer Codeliste können die Einzeldefinitionen der Codes (Memos) sowie damit markierte Textstellen eingesehen und die darauffolgende Auswertung transparent gemacht werden. Bspw. waren zu codierende Textpassagen der induktiven Subkategorie „6.2 Grifftypen und Anordnung, Dusche" innerhalb des Codebuches durch folgendes Memo definiert:
„Aussagen zu in Betracht kommenden Grifftypen und deren Anordnung innerhalb des Duschbereichs. Hier insbesondere unter Berücksichtigung des Prozesses des Setzens und Wiederaufstehens bezogen auf das Szenario Duschklappsitz im Duschbereich, sowie den Anforderungen/ Vorschlägen der DIN 18040-2"
Eine entsprechende Textstelle (Code) der vordefinierten Subkategorie (Memo) findet sich dann erfasst in der Codeliste bspw. wie folgt wieder:
„Und im Prinzip hat fast jede dieser Personen gesagt, dass sie dringend noch eine stabile Stützstange brauchen, also so eine L-Stange, einmal, während ich sitze, dass ich mich halten kann, und wenn ich aufstehe, dass du mich auch hochziehen kann"[440]
Somit wurden durch Kategorienbildung und Codierung die transkribierten Interviews in einem ersten Durchgang sukzessive auf forschungsrelevante Zitate der Befragten reduziert.

Fallbezogene thematische Zusammenfassungen und kategorienbasierte Auswertung
Kuckartz empfiehlt zur nun folgenden Auswertung der gewonnenen Daten die Erstellung sogenannter Summarys, für die MaxQDA die entsprechenden Funktionen bereitstellt.[441] Die Vorgehensweise ist ebenso einfach wie effizient: Wie beschrieben wurde das transkribierte Textmaterial zunächst durch Kategorienbildung und Codierung auf forschungsrelevante Zitate reduziert. Im ersten Schritt der Summary-Erstellung werden diese durch den Forschenden interpretiert und durch Ableitung von Kernaussagen, der sogenannten Paraphrasierung, reduziert. Die gesammelten Paraphasen werden anschließend in eine Tabelle übertragen, in MaxQDA als Summary-Grid bezeichnet.

[440] Zitat aus Transkription der Interviewdaten
[441] vgl. Kuckartz 2018: Qualitative Inhaltsanalyse, S. 111

Diese bestehen aus Spalten auf der X-Achse und Zeilen auf der Y-Achse, wobei innerhalb der Spalten die Interviewpartnerinnen und innerhalb der Zeilen die jeweiligen Haupt- und Subkategorien erfasst werden. Auf diese Weise entsteht eine eingängige Übersicht der komprimierten Kernaussagen (Paraphrasen) bspw. zur Fragestellung „Welche Aussagen trafen die Befragten bezüglich der Sinnhaftigkeit von Duschklappsitzen?“ Je nach Lesart der Tabelle (spalten- oder zeilenorientiert), lassen sich nun wahlweise Fallzusammenfassungen oder kategorienbasierte Auswertungen als sogenannte Summarys ableiten, indem gesammelte Paraphrasen, als zweiter Schritt der Komprimierung, auf gebündelte Einzelaussagen reduziert werden. Dabei bilden Fallzusammenfassungen die komprimierten Aussagen einer einzelnen Person zu den jeweiligen Themenkomplexen ab, kategorienbasierte Auswertungen hingegen jene aller Befragten. Es liegt auf der Hand, dass im Falle der vorliegenden Arbeit eine Fallzusammenfassung von Einzelpersonen nicht zielführend gewesen wäre, deren Summarys aufgrund dessen kategorienbasiert, im Sinne eines Meinungsbildes, gebildet wurden.

5.5.7 Ergebnisse

Nachstehend sind die verschriftlichten Ergebnisse der kategoriebasierten Auswertung der ExpertInnen-Interviews aufgeführt. Es erfolgt an dieser Stelle der Verweis auf beiliegende transkribierte Interviews, Codebuch, Codeliste sowie die zur Auswertung erstellte Summary (Grid) (Hinweis: Bedeutung bspw. von n=2/4 im laufenden Text: 2 von 4 Personen haben sich zur jeweiligen Fragestellung geäußert; entsprechende Gewichtung der Aussagekraft implizierend).

1. Themenfeld Feedback und Ideen Gesamtkonzept
Das Konzept eines Raum-in-Raum-Systems auf Grundlage einer Organisation von Dusche und Waschtisch auf einer Grundfläche wird grundsätzlich sehr positiv bewertet. Hier insbesondere die Aspekte: Flächenersparnis, spiegelbarer Einbau, Potenzial zur Umgestaltung alternativer Räumlichkeiten (Pflegezimmer mit integriertem Bad), Potenzial alternativer Zielgruppen (eingeschränkte Kinder) sowie Nutzung der Rückwand des verfahrbaren Waschtischs zur Integration einer Duschliege. Zu bedenken gegeben werden nachstehende Aspekte: Eventuelle Nutzungsunterweisung vor Eintritt kognitiver Einschränkung; intuitive Handhabung mit „vertrauter“ Technik; klarer Vorteil gegenüber gängigen „Wanne-raus-Dusche-rein“-Prinzipien (Wirtschaftlichkeit); System ggf. auch ohne Verschiebbarkeit praktikabel, obgleich hoher „Coolnessfaktor“ gegeben (n=3/4)

2. Themenfeld Intuitives Verständnis/Risiko
Hinsichtlich kognitiv Eingeschränkter (Demenz) wird auf den Aspekt einer etwaigen Nichtauffindbarkeit der Dusche/des WC hingewiesen. Ferner ist ein Klemmschutz sowie ein (möglichst) schwellenloser Zutritt sowie vertraute (Sanitär-)Technik vorzusehen (mangelnde Technikaffinität, gewohnheitsorientierte Verwendung). (n=3/4)

3. Themenfeld Duschklappsitze
Generelle Bewertung: Statisch montierte Duschklappsitze werden als nicht sinnvoll bewertet und sind höchstens als „Add-on" (zukaufbar) zu denken; alternativ sind mobile Hilfsmittel vorzusehen (n=4/4).

3.1 (Nicht-) Eignung Selbstständigkeit
Duschklappsitze werden als zu glatt und wenig stabilitätsbietend bewertet. Es wird auf den Aspekt einer fehlenden Hygieneaussparung sowie der falschen Erwartungshaltung „Noch Selbstständiger", an den Unterstützung suggerierenden Sitz hingewiesen, die diesen in früheren Lebensphasen vorwiegend aufgrund des Komfortaspekts nutzen. (n=2/4)

3.2 (Nicht-) Eignung Hilfsbedürftigkeit
Duschklappsitze werden aufgrund der stark eingeschränkten Erreichbarkeit von Rücken und Intimbereich, des vergleichsweise gefährlichen (Um-)setzens (Klappnotwendigkeit, glatte Oberfläche) in Verbindung mit wenig Seitenstabilität sowie des Nasswerdens der Pflegekraft beim Duschvorgang als generell in Pflegeszenarien ungeeignet bewertet; alternativ sind mobile Hilfsmittel vorzusehen (n=4/4).

3.3 Bewertung Duschklappsitz vor Waschtisch
Ein Duschklappsitz in Kombination mit einem heranfahrbaren Waschbecken wird in Pflegesituationen als ungeeignet bewertet, da optimales Positionieren der zu pflegenden Person am Waschtisch idealerweise über mobile Hilfsmittel stattfindet. Im Falle noch vorhandener Selbstständigkeit wird das Szenario als gut und sinnvoll bewertet, insbesondere unter dem Aspekt der Nutzung des verfahrbaren Waschtischs als Aufstehhilfe mit integrierten Haltegriffen (frontales Ziehen). Angeregt wird zudem das Nutzungsszenario „WC statt Duschklappsitz vor Waschbecken" (n=4/4).

3.4 Alternativen zum Duschklappsitz
Es werden die durch die Kranken- und Pflegekasse finanzierten Dusch- und Toilettenstühle bzw. Duschrollstühle präferiert. Gründe stellen die zahlreichen Vorteile in Pflegeszenarien dar, wie die allseitige Erreichbarkeit des Körpers (Rücken durch Drehbarkeit, Intimbereich durch Hygieneaussparung), sicheres Sitzen (Arm- und Rückenlehne) sowie Transfermöglichkeit zwischen verschiedenen Räumlichkeiten. Vorgeschlagen wurde darüber hinaus eine Modifikation des bekannten Duschklappsitzes als „Duschklappbank" mit größerer Sitzfläche und integrierter Sitzkuhle für mehr Stabilität (n=2/4).

4. Themenfeld Verschiebbarkeit Waschtisch
Aufgrund der vorhandenen, doppelt nutzbaren Bewegungsfläche für Waschtisch und Dusche ließe sich das System evtl. auch ohne Verschiebbarkeit des Waschtisches mit einer innovativen Armatur Lösung realisieren. Das Verschieben des Waschtischs wird grundsätzlich als nicht sinnvoll/notwendig bewertet, kann aber eventuell als „nice to have" in Betracht kommen (Coolnessfaktor). (n=1/4)

4.1 Manuelle/elektrische Verschiebbarkeit
Bevorzugt wird eine elektrische statt eine manuelle Öffnungsart (n=3/4). Gründe liegen im befürchteten Verkanten des Schiebesystems bei einseitigem Zug, einem zu erwartenden Sicherheitsrisiko bei zeitlicher Handhabung des Rollators (Sturzgefahr, bekannt von Schiebetüren) sowie der nicht gewährleisteten tatsächlichen Barrierefreiheit im Falle nicht-elektrischer Öffnungsarten.
Im Einzelfall wird eine manuelle Öffnungsart aufgrund der Befürchtung, störanfälliger Elektrik, bevorzugt (n=1/4). Der Türstoßgriff wird (dennoch) aufgrund der körpergrößenunabhängigen Erreichbarkeit positiv bewertet (n=4/4).

4.2 Bedienkräfte
Manuelle Verfahrbarkeit vorausgesetzt, wird auf die Notwendigkeit einer hoch leichtgängigen Führungstechnik, bedingt durch physische Kraftlosigkeit der Rollatornutzenden, sowie auf die seitens DIN18040-2 zu veranschlagenden Maximalbedienkräfte von 25 Newton für Dreh- und Schiebetüren hingewiesen. (n=2/4)

4.3 Vorschläge und Ideenentwicklung
Der Gedanke eines WCs, alternativ zum Duschklappsitz vor dem Waschtisch, wird als sinnvoll bewertet, zusätzlich wird dessen horizontale Verschiebbarkeit angeregt, um bspw. nach einem Schlaganfall (halbseitige Lähmung) eine ideale Rollator-Stellplatz/Transfer-auf-WC-

Situation zu gestalten (Orientierung an der nicht gelähmten Körperhälfte). Ein weiterer Vorschlag stellt eine 90-Grad-Herausschwenkbarkeit des Waschbeckens zusätzlich zur Verfahrbarkeit dar, um die räumliche Flexibilität nochmals zu erhöhen. Anhand von Skizzen wird die Idee entwickelt, das Gesamtsystem, statt über Verschiebbarkeit des Waschtischs, über ein Vorhangsystem zu organisieren. (n=4/4)

5. Themenfeld Ablagen/Stauraum

Es wird auf die Notwendigkeit und Wichtigkeit ausreichenden und gut erreichbaren Stauraums an Dusche und Waschtisch hingewiesen, insbesondere für nachstehende Hygieneartikel: Reinigungsmittel, Duschbad, Wechselkleidung, Haarbürste, Kamm, Föhn, Haarspülung, Haarwäsche, Haftcreme, Handcreme, Handspiegel, Handtücher, Hautcreme, Windelhose, Interdentalzahnbürste, Kamm, Bürste, Mundspüllösung, Mundwasser, Nagelbürste, Nagelpflegeset, Pflegecreme für Lippen, Reinigungsmittel, Zahnprothesen. Waschlappen, Waschlotion, Zahnbürste, Zahncreme, Zahnputzbecher, Zahnseide. Darüber hinaus wird auf die Notwendigkeit der Integration von Müllbehältern und Wäschekörben in das Gesamtsystem hingewiesen; von Spiegelschränken wird aufgrund schlechter Erreichbarkeit abgeraten (n=1/4).

5.1 Ablage und Stauraum der Dusche

Es wird auf geschlechtsbedingte Unterschiede im Bedarf an Hygieneartikeln (Menge) sowie deren starke Zunahme im Pflegefall hingewiesen, einhergehend mit vermehrter Durchführung der Körperhygiene im Sitzen mit zunehmendem Alter (Erreichbarkeit).Bei der Positionierung von Stauraum sind Nutzungsabläufe wie das Betreten des Duschraums, das Ablegen des Handtuchs etc. zu bedenken. Es werden modulare, erweiterbare, wandintegrierte Storagesysteme ohne zusätzliche Nischenausbildung präferiert (n=4/4).

5.2 Ablage und Stauraum Waschtisch

Es wird auf die Notwendigkeit der guten Erreichbarkeit von Hygieneartikeln aus sitzender Position heraus hingewiesen, die beim Verschieben gut und sicher verstaut sein müssen (Gefahr des Herunterfallens). Dies bspw. im Rahmen eines Gesamtkonzepts mit inkludiertem Zubehör wie Zahnputzbechern mit vorgerichteter Vertiefung im Waschtisch, großzügiger Ablagefläche um das Waschbecken herum und intelligenten, idealerweise rechts und auf mehreren Ebenen angeordneten, variablen Storagesystemen, statt Spiegelschränken. Zusätzlich sind Griffapplikationen zum Heranziehen an das Waschbecken (R-Standard) vorzusehen (n=3/4).

5.3 Vorschläge und Ideenentwicklung
Im Gespräch entsteht die Idee der Integration von 2 verfahrbaren Boden-Deckenstangen in das Gesamtsystem, in Verbindung mit „drehbarem“ Stauraum (Spindel-Prinzip) und der Möglichkeit des sich Hochziehens aus sitzender Position vor dem Waschtisch (auf Rollator, Duschklappsitz oder WC). Ferner wird für den Waschtisch eine Abwandlung bekannter Apothekerschränke mit darüber liegender Hublift-Stange für Handtücher vorgeschlagen; zu montieren rechts- oder linksseitig des Waschbeckens, sowie die Integration von Stauraumnischen in das Vorsatzschalensystem. Zusätzlich entsteht der Gedanke eines horizontalen Portalsystems zum Trockenen der Handtücher (ähnlich Wäscheleine) (n=3/4)

6. Themenfeld Haltegriffe
Notwendigkeit und Ergonomie qllgemein: Es wird insbesondere der Prozess des Sichsetzens und (wieder) Aufrichtens beleuchtet. Für den Prozess des Setzens ist es von Vorteil, sich entweder an oder neben der Sitzgelegenheit stützen zu können und den Körper herablassen zu können. Für den Prozess des Aufstehens ist es sehr hilfreich, sich frontal hochziehen zu können, um den Schwerpunkt über das Gesäß zu verlagern. Entscheidend ist zudem die Sitzhöhe. Vertikale Stangen bieten den Vorteil des Greifens aus frei wählbarer Höhe und berücksichtigen unterschiedliche Körpergrößen. Generell wird alles, was als Griff tauglich erscheint, als solcher verwendet, woraus Gefahrenpotenziale, aber auch Chancen resultieren (Verwendung belastbarer Duschbrausestange). Untersuchung der Greifräume mit Probanden liefert Erkenntnisse zu sicherem, komfortablem und maximalem Bewegungsraum. Fazit: Der Greifraum älterer Menschen ist aufgrund nachlassender Koordination (Gleichgewicht) eingeschränkt. Dies ist in der Planung von Haltegriffen zu berücksichtigen. Einschränkungen sind individuell zu betrachten (halbseitige Lähmung auf welcher Seite?). Idealerweise besteht in der Verkleidung des Systems die Möglichkeit, mehr oder weniger überall Griffe vorzusehen (n=3/4)

6.1 Grifftypen und Anordnung Dusche
Es wird zum Setzen und Aufrichten im Bereich des Duschklappsitzes ein sog. L-Stützgriff bzw. dessen Variationen aus horizontalen (Handlauf) und vertikalen Griffstangen (Ausführung als tragfähige Brausehalterstange denkbar) vorgeschlagen. Zusätzliche Haltegriffe auf der rückwärtigen Seite des Waschtischs werden als sinnvoll erachtet, erneut wird auf die Notwendigkeit der Berücksichtigung individueller Einschränkungen (halbseitige Lähmung) bei der Griffplatzierung hingewiesen (n=3/4).

6.2 Grifftypen und Anordnung Waschbecken
Vor dem Hintergrund der Bewertung der Waschbeckennutzung aus sitzender Position heraus, wird zum Setzen ein L-Stützgriff sowie nachrüstbare Stützklappgriffe empfohlen, zum Aufrichten hingegen in den Waschtisch integrierte Haltegriffe/Griffstangensysteme (frontales Ziehen). Zeichnerisch wird ein Waschbecken aus „einem Guss“ (Corean) entwickelt, inklusive seitlichen Ablagen und integriertem Haltegriff (zeitgleich Handtuchhalter) zum Aufrichten (frontales Ziehen), sowie dem aufbauenden Gedanken einer Kombination des Waschtischs mit integrierten Boden-Deckenstangen. Es wird nachdrücklich auf die Unterscheidung zwischen Selbstständigkeit und Pflege hingewiesen. Pflege: Stützklappgriffe erforderlich (Rumpfinstabilität); Selbstständigkeit: Frontalgriffe ausreichend (n=3/4).

6.3 Vorschläge und Ideenentwicklung
Die Idee, horizontal verschiebbare Boden-Decken-Stangen in das Gesamtsystem zu integrieren, insbesondere zum frontalen Hochziehen aus sitzender Position, wird erneut für gut befunden und weiterführend diskutiert. So entsteht zum einen die Idee, diese in den verfahrbaren Schlitten über ein sekundäres Schienensystem ausfahrbar/-ziehbar zu integrieren, zum anderen die Idee der Integration zweier Boden-Deckenstangen in den Waschtisch. Die Integration eines zusätzlichen Storage- Systems (Spindel) in die Stangen erscheint plausibel; ferner wird angeregt, auch Beleuchtung und Steckdosen in das Stangensystem zu integrieren (n=3/4).

7. Themenfeld Duschkabinengröße
Eine individuelle Einstellbarkeit der Duschkabinengröße wird aus nachstehenden Gründen als nicht sinnvoll bewertet. In der Dusche finden vielseitige Tätigkeiten abseits des Duschens statt, die Platz erfordern (Eincremen), der Rollator bietet mehr Stabilität und Sicherheit als eine „schachtähnliche“ Kabine und erfordert eine entsprechende Bewegungsfläche von 1,20 x 1,20 m zum Wenden, mit der die meisten Menschen zurechtkommen (nicht als übermäßig groß empfinden), die Armspannweite älterer Generationen ist begrenzt, was ein seitliches Einhalten erschwert (n=3/4).

8. Themenfeld Wasser Zu-/Abführung
Armaturen und Schwellenausbildung: Es wird auf die zwingend notwendige Schwellenlosigkeit des Systems hingewiesen; für die Duschbrause ist ein großer, auch mit dem Handballen bedienbarer Umstellknopf vorzusehen (mangelnde Kraft und Sensorik der Hand). Hinsichtlich der Montagehöhe der Armaturen wird auf gängige DIN/VDI-Maße verwiesen und das

Zusammenspiel zwischen der Höhe der Dusch- und der Waschtischarmatur wird zu bedenken gegeben (n=3/4).

9. Bewertung Lochblechrost
Es wird darauf hingewiesen, dass bei der Gestaltung des Lochbildes Sensibilitätsstörungen oder rheumatische Schmerzen der Füße zu berücksichtigen sind; der nicht einsehbare Hohlraum der Entwässerungswanne möglicherweise zu Akzeptanzproblemen hinsichtlich der Hygiene führen könnte (n=2/4).

10. Bewertung Reinigung Bodenelement
Eine gute Reinigungsfähigkeit der Entwässerungswanne ist elementar und wird aufgrund der in vielen Haushalten nicht vorhandenen Putzhilfe, nachlassender Sehkraft und der Nichtzumutbarkeit des „Herumkriechens“ älterer Menschen auf dem Boden zur Herausnahme der Gitterrostelemente infrage gestellt. Zusätzlich wird auf die geringe finanzielle Unterstützung der Pflegekassen (125 Euro/Monat) zur Anstellung einer Putzhilfe verwiesen (n=3/4).

11. Themenfeld Zusammenspiel Rollator/Rollstuhl
Bei Betrachtung der Nutzungsabläufe ist das Parken des Rollators bzw. der Rollator als zweiter „Akteur“ stets mitzudenken (Stellplatz, Haltegriffe, Bewegungsfläche). Rollatoren werden auch zum Sitzen verwendet, der Gedanke eines horizontal verschiebbaren WCs für Stellplatzschaffung und Transfer über die „richtige Seite» (Halbseitenlähmung) erscheint attraktiv. Das Bedienen des Verschiebemechanismus bei gleichzeitiger Handhabung des Rollators birgt mangels Kraft und Gleichgewichtsgefühl der Betroffenen Gefahren (Sturz) und sollte mit einem Physiotherapeuten eingeübt werden (n=4/4).

12. Themenfeld Waschmaschine
In die Grundrissanalysen sollte zwingend das Thema Waschmaschine mit einbezogen werden. Zum einen aufgrund der Nichterreichbarkeit von kellerseitigen Waschräumen im Alter (Nachrüsten im Bad). Zum anderen aufgrund der Tatsache, dass Waschmaschinen oftmals in ohnehin beengte Bäder „hineingezwängt“ werden, wodurch sich Platzprobleme verschärfen (Integration in das Gesamtkonzept bedenken). (n=4/4)

13. Themenfeld Räumliche Trennung
Ein Vorhang ist einer Glastrennwand aus nachstehenden Gründen vorzuzuziehen. Pflegepersonen können hindurchgreifen und assistieren, ohne selbst nass zu werden. Glastrennwände hingegen sind entweder offen (Nachteil: Spritzwasser) oder geschlossen (Nachteil:

Nicht-Erreichbarkeit). „Halbe" Duschvorhänge auf Brüstungshöhe verursachen im täglichen Gebrauch Rückenschmerzen (n=1/4).

14. Themenfeld Beleuchtung
Es wird darauf hingewiesen, dass die Beleuchtung des Waschtischs rechts und links des Spiegels angeordnet sein sollte und die vor dem Waschtisch sitzende Person in ein generell vorteilhaftes, warm-weißes „Licht rücken" sollte (Falten, Gesichtsfarbe). Eine vorteilhafte Beleuchtung (des Gesichts) ist von hoher Bedeutung für die Betroffenen (n=1/4).

15. Themenfeld Technische Umsetzung
Es wird dringend dazu geraten, technische Aspekte und Fragestellungen wie Estrichaufbauhöhen, Anschlüsse, Leitungsverzug und Unterkonstruktion für Griffmontage in Kooperation mit den Stakeholdern „Einbau" zu planen und zu besprechen (n=1/4)

5.6 WORKSHOPS

5.6.1 Inhalt

Innerhalb der Entwurfsphase wurden zunächst sowohl funktionale als auch raumsparende Aspekte untersucht. Eine rationale Fokussierung (lediglich) auf die beschriebenen Parameter, ignoriert den beschriebenen Aspekt einer Konnotation des Produkts, wahlweise als Hilfsmittel/ Seniorenprodukt (Stigma) oder neutrales Artefakt (siehe: 4.3 Design und Architektur). Diesbezüglich spielen Parameter jenseits bloßer Funktionalität, wie bspw. Oberflächen und Materialien, eine entscheidende Rolle. Die Workshops unternahmen den Versuch, zu forcierende als auch de-forcierende Merkmale der Gestaltung zu ermitteln und somit einem stigmatisierenden Hilfsmittelaspekt entgegenzuwirken. Krippendorffs Bedeutung der Artefakte in der Sprache[442], dessen Verständnis der Charaktere von Artefakten[443], sowie deren konkrete Gestaltung, spielten in beiden Workshops eine zentrale Rolle. Dabei wurde die durch Krippendorff beschriebene Methodik[444] durch Innovationsstrategien des Design Thinking ergänzt. Innerhalb des ersten Workshops galt es, mittels der sogenannten „Kopfstandmethode" auf Grundlage einer konkreten Fragestellung Moodboards und Begriffssammlungen zu Best- und Worstcase-Szenarien, bezüglich einer barrierefreien Badgestaltung zu ermit-

[442] vgl. Krippendorff 2013: Die semantische Wende, S. 189–221
[443] vgl. Krippendorff 2013: Die semantische Wende, S. 198–207
[444] vgl. Krippendorff 2013: Die semantische Wende, S. 261–317

teln.[445] Die entsprechenden Gruppenpräsentationen wurden zudem im Sinne Krippendorffs „Bedeutung der Artefakte in der Sprache" (Wie sprechen Stakeholder über Artefakte?)[446] qualitativ ausgewertet. Aufbauend galt es im zweiten Workshop, Grundrisse und Schnitte des Prototyps auf Grundlage eines Stimulus (Begriff als Reizwort), mittels Collagen konkret zu gestalten. Diesbezüglich kam insbesondere Krippendorffs Methodik zur (Um)Gestaltung der Charaktere von Artefakten zum Tragen.[447] Analog zum ersten Workshop, sowie den ExpertInnen-Interviews, wurden die entsprechenden Präsentationen erneut qualitativ ausgewertet. Im Resultat konnte stigmatisierender Gestaltung auf diese Weise „ein Gesicht gegeben" sowie entsprechende Dos & Don´ts zur Prototypengestaltung ermittelt werden.

5.6.2 Bezugnahme Forschungsfrage

Die Forschungsfrage thematisiert eine Erhöhung der Barrierefreiheit zunächst lediglich bezüglich der Aspekte räumlicher Interaktion und Funktionsintegration und damit umweltbezogener Barrieren (siehe: 4. Barrierefreiheit). Einstellungsbedingte Barrieren (Konnotation, siehe vorherige Ausführungen) als ebenso entscheidende „Akteure", wurden unter anderem im Rahmen der Workshops untersucht. Die ergänzende, nachgeordnete Untersuchung der Barrierefreiheit auf der zweiten Ebene (einstellungsbedingt) ist auf das Forschungsdesign der vorliegenden Arbeit (vorangestellte Begriffs- und Messbarkeitsklärung der Barrierefreiheit im Allgemeinen) zurückzuführen. Diesbezüglich galt es zunächst, wie erwähnt, die gestalterischen No-Gos (Stigma) im Vorfeld der Prototypengestaltung mit Bezug zur Dekonstruktion von Behinderung nach Bieling und Waldschmidt[448], im Sinne eines methodologisch-designwissenschaftlichen Beitrages zu ermitteln. Zeitgleich erfolgte die beschriebene Untersuchung der Praktikabilität der „semantischen Wende"[449] bezüglich des Aspekts der „Bedeutung" im Kontext stigmatisierenden Designs, sowie cross-funktionaler Designstrategien (Einbezug junger Menschen)[450] in Kombination mit Design Thinking[451] (siehe: 2.3 Forschungsfeld und -thema). Ein transferierbarer Erkenntnisgewinn für den Neubau wurde insofern untersucht, als das Thema Bestandsertüchtigung im Rahmen der Workshops bewusst nicht thematisiert

445 vgl. Plattner/Meinel/Weinberg 2009: Design Thinking, S. 36–43

446 vgl. Krippendorff 2013: Die semantische Wende, S. 189–221

447 vgl. Krippendorff 2013: Die semantische Wende, S. 289–298

448 vgl. Bieling 2019: Inklusion als Entwurf, S. 14; Waldschmidt 2005: Disability Studies: Individuelles, soziales und/oder kulturelles Modell von Behinderung?, S. 27

449 vgl. Krippendorff 2013: Die semantische Wende

450 vgl. Bieling 2019: Inklusion als Entwurf, S. 59–62

451 vgl. Plattner/Meinel/Weinberg 2009: Design Thinking

wurde. Somit konnten denkbare Gestaltungen und Implikationen frei von kontextuellen Zwängen und mit entsprechendem Transferpotential für den Neubau abgebildet werden. Die Hypothese eines sich wandelnden Berufsbildes Designschaffender konnte wie folgt untersucht werden: Zunächst galt es, den Einbezug von Stakeholdern nach Krippendorff zu organisieren und auf fachfremdem Terrain zu untersuchen (u. a. sozialwissenschaftliche Methodik).In der Folge entstand in Kombination mit aufbauenden Untersuchungen ein ständiger Wechsel zwischen der Organisation und Anleitung sozialer Prozesse im Entwurfskontext, sowie dem eigentlichen Entwerfen im Sinne der Entwicklung fortlaufender, testbarer „Lösungsvorschläge“, siehe Ergebnisse.

5.6.3 Forschungsdesign und Methodik

Die Durchführung der Workshops erfolgte an zwei Terminen mit aufeinander aufbauenden Bearbeitungsschritten, wie bereits unter Inhalt beschrieben. In einem ersten Schritt galt es, stigmatisierende Designaspekte jenseits des Funktionsparadigmas (Farben, Oberflächen, Materialien) zu identifizieren und entsprechende Gegenvorschläge zu formulieren, die in einem zweiten Schritt in konkrete Entwurfsvorschläge transferiert wurden. Die bewusst zuspitzende Fragestellung des ersten Workshops lautete: „Wie können wir ein Bad so gestalten, dass auf den ersten Blick mit Alter, Hilfebedürftigkeit und Behinderung assoziiert wird?“ und aufbauend: „Wie sähe ein entsprechender Gegenentwurf aus?“ Durch die beschriebene Vorarbeit entsprechend sensibilisiert, erfolgte im zweiten Workshop die konkrete Formulierung eines Entwurfs anhand von Collagen. Arbeitsergebnisse und Präsentationen wurden im Nachgang entsprechend ausgewertet (siehe Methodik)

Workshop-01

Zunächst erhielten die TeilnehmerInnen eine Einführung in Inhalt und Ablauf des Workshops, sowie Hintergrundinformationen zu Promotionsvorhaben, Forschungsfeld und Forschungsfragestellung. Im Anschluss erfolgte die Vorstellung der sogenannten Kreativitätstechniken des Design Thinking im Allgemeinen und der sogenannten Kopfstandmethode (auch Umkehr- oder Flip-Flop-Methode) im Speziellen. Deren Grundgedanke ist ebenso einfach wie zielführend: In der Regel fällt es leichter, Defizite (in Gestaltungsfragen), zu identifizieren, als „aus dem Stand“ (gute) Lösungsvorschläge zu formulieren. Somit werden besagte Defizite zunächst ermittelt (Kopfstand, Worst-Case-Szenarien), um mit geschärftem Problembewusstsein adäquate Gegenvorschläge zu entwickeln (Stand, Best Case Szenarien).[452] Die zugrunde liegende Fragestellung der Worst-Case-Szenarien (Kopfstand) lautete,

[452] vgl. Plattner/Meinel/Weinberg 2009: Design Thinking, S. 36–43

wie erwähnt: „Wie können wir ein Bad so gestalten, dass es auf den ersten Blick mit Alter, Hilfebedürftigkeit und Behinderung assoziiert wird?" Die insgesamt 23 TeilnehmerInnen (n=23) wurden zunächst in 5 Gruppen mit jeweils ca. 4 Personen (n=4) eingeteilt. Der konkrete Arbeitsauftrag lautete, sowohl zu den Best- als auch Worstcase-Szenarien Begriffssammlungen mit mindestens 10 Einzelbegriffen als auch Moodboards mit mindestens 10 Einzelabbildungen zu erstellen. Die Wahl der Arbeitsmittel blieb dabei freigestellt, im Resultat sollte eine präsentier- und vor allem diskutierbare PDF-Präsentation entstehen. Zur Auswertung des Präsentationsmaterials, wurden die jeweiligen Begriffssammlungen gesammelt, in Wortwolken transkribiert und dominante wie auch nachrangige Aspekte visualisiert. Auf eine statistische Auswertung, analog zur späteren Evaluationsphase des Prototyps, wurde aufgrund der vergleichsweise geringen Anzahl an TeilnehmerInnen verzichtet. Die erstellten Moodboards wurden gesammelt und archiviert und zur visuellen Orientierung, bei der konkreten Gestaltung des Prototyps, verwendet (Dos & Don´ts). Analog zu den ExpertInnen-Interviews wurden die Präsentationen mittels Audiomitschnitt aufgezeichnet, unter Zuhilfenahme der Transkriptionssoftware F4 verschriftlicht, geglättet und im Rahmen einer qualitativen Inhaltsanalyse nach Kuckartz als fallbezogene thematische Zusammenfassungen ausgewertet.[453] Details zur Vorgehensweise wurden im Abschnitt ExpertInnen-Interviews eingehend erläutert und werden daher nicht erneut thematisiert (siehe: ExpertInnen-Interviews). Die Kategorienbildung der qualitativen Inhaltsanalyse erfolgte zwangsläufig induktiv (Unvorhersehbarkeit der Präsentationen). Begriffssammlungen, Moodboards und Präsentationen führten in Summe zu hilfreichen Erkenntnissen, siehe Ergebnisse und Fazit.

Workshop-02

Zunächst wurde den TeilnehmerInnen die ausgewerteten Ergebnisse der ersten Workshopveranstaltung vorgestellt. Hierbei ging es darum, sich die Thematik des vergangenen Workshops erneut ins Gedächtnis zu rufen, sowie dessen teilweise bereits ausgewertete Ergebnisse (Wortwolken, Moodboards) in der aktuellen Veranstaltung zu berücksichtigen, respektive konkret anzuwenden. Teilweise ausgewertet insofern, als die qualitative Inhaltsanalyse der Präsentationen zu diesem Zeitpunkt noch nicht vorlag. Analog zur ersten Veranstaltung wurde den TeilnehmerInnen die anzuwendende Methodik, hier Krippendorffs „(Um)Gestalten der Charaktere von Artefakten", vorgestellt, die wie viele der Methoden der semantischen Wende nicht durch Krippendorff, sondern Reinhardt Butter begründet wurde. Analog zu Workshop-01 geht es dabei nach Butter/Krippendorff zunächst vereinfacht formuliert darum, kontrastierende Begriffspaare zu definieren (modern- altmodisch), nach

[453] vgl. Kuckartz 2018: Qualitative Inhaltsanalyse

gewünschten Assoziationen zu sortieren und zu priorisieren (modern), diesen eine Gestalt zu geben (gestalterischer Akt, Collagen) und das Resultat zu testen (Evaluation bspw. mittels Differenzialskalen).[454] Sowohl Workshop-01 als auch Workshop-02 orientierten sich an Krippendorffs Vorgehensweise, mit folgenden Abweichungen: Kontrastierende Begriffspaare wurden, wie erwähnt, bereits in der ersten Veranstaltung und somit im Vorfeld erarbeitet. Dies jedoch auf die generelle Forschungsfrage (Barrierefreiheit) und nicht auf ein konkretes Produkt bezogen. Zur grundsätzlichen Frage danach, wie man zu diesen (Begriffspaaren) gelangt, bleibt Krippendorff im Vagen. Insofern erschien es legitim, auf Kreativitätstechniken des Design Thinking zurückzugreifen, auf die auch Krippendorff selbst an zahlreichen Stellen zurückgreift. Dieser bezieht seine Methodik zudem- und das ist entscheidend- auf die Gestaltung vertrauter Artefakte (bspw. Autos, Lkw-Cockpits), im Kontrast zum innovativen, neuartigen Charakter des Raum-in-Raum-Systems. Während Krippendorffs Vorgehensweise darin mündet, bspw. ein „funktionales" Lkw-Cockpit nach Begriffen wie „einfach" und „solide" zu gestalten,[455] erhielten die TeilnehmerInnen des Workshops Substantive wie „Volvo" und gestalteten nach Assoziationen wie „traditionell" und „langlebig".
Im Resultat entstand eine methodische Misch-Vorgehensweise, die sowohl Krippendorff als auch Design Thinking Rechnung trägt, legitimiert durch die offen gehaltene Vorgehensweise beider methodischer Ansätze. Hinzukommend erfolgte der gestalterische Akt durch Laien (keine DesignerInnen). Dies nicht in der Erwartung, optimale Ergebnisse zu erzielen, sondern aufgrund des in der Forschungsfrage implizierten Hinterfragens des Berufsbildes Designschaffender im Sinne eines: Ob und wann sind deren (meine) Fähigkeiten von Belang und in welcher Form? Im Anschluss an die Präsentation der Methodik erfolgte jene des Prototyps, in einer eigenschaftslosen (Material, Oberflächen), auf den reinen Funktionsaspekt reduzierten Variante (weiße 3-D-Darstellung, Open GL, Erläuterung der Einzelbestandteile). Es folgte die Erläuterung des Arbeitsauftrags. Eigenschaftslose Grundrisse und Schnitte des Prototyps (lineare Darstellungen ohne Füllung) sollten auf Grundlage eines Stimulus und darauf abgeleiteter Adjektive wie auch Substantive (Krippendorff: nur Adjektive) im Sinne einer Collage gestaltet werden. Dabei sollten Materialien, Oberflächen und Produkte verwendet werden, die den Assoziationen der Teilnehmenden entsprechen, selbstredend unter Berücksichtigung der Vorarbeit des Workshop-01, inklusive der gestalterischen No-Gos (Stigma). Zur Orientierung wurde eine durch den Forschenden erstellte Beispielvorlage gezeigt. Anschließend wurden die TeilnehmerInnen in 3 Gruppen mit jeweils 4 Personen (n=4) eingeteilt. Es erfolgte die Zuweisung eines Substantivs (Stimulus, wie bspw. der Begriff

[454] vgl. Krippendorff 2013: Die semantische Wende, S. 289–298
[455] vgl. Krippendorff 2013: Die semantische Wende, S. 289–298

Volvo) zur Bearbeitung der Aufgabenstellung (Begriffssammlung, Collage) im Losverfahren. Insgesamt wurden drei Substantive (Elon Musk, Europalette und Volvo) in Anlehnung an die Adjektive futuristisch, zweckmäßig und hochwertig zur Auswahl gestellt. Im Ergebnis entstanden erneut Moodboards mit Begriffssammlungen, die in Wortwolken transferiert wurden, sowie die selbst erstellten Collagen. Die Analyse der gewonnenen Daten erfolgte analog zum Workshop-01, mittels Audiomitschnitt der Präsentationen, Transkription und Auswertung im Rahmen einer qualitativen Inhaltsanalyse. Die Kategorienbildung der qualitativen Inhaltsanalyse erfolgte deduktiv auf Grundlage der Auswertung des Workshop-01. Die Präsentationen führten auch hier in Summe zu hilfreichen Erkenntnissen siehe Ergebnisse und Fazit. Die seitens Krippendorffs vorgesehene Testphase mittels Differenzialskalen erfolgte im Rahmen der Evaluationsphase, siehe Fragebogenerhebung.

5.6.4 Feldzugang und Stichprobe

Das Forschungsdesign sah eine Durchführung der Workshops sowie die Rekrutierung der TeilnehmerInnen innerhalb des Studiengangs Pflegewissenschaften (TH Rosenheim) bzw. „Management in der Gesundheitswirtschaft" vor. Analog zu den ExpertInnen-Interviews konnte somit von entwurfsrelevantem Vorwissen ausgegangen werden. Die Workshops fanden, eingebettet in das vom Forschungsprojekt DeinHaus4.0 losgelöste Seminar „Kreativitätstechniken", statt. Stichprobe: Bei den TeilnehmerInnen handelte es sich durchweg um Studierende entsprechenden Alters und somit nicht um „unmittelbar Betroffene". Insgesamt nahmen am ersten Workshop 23 und am darauffolgenden 10 Personen teil. Die Datenerhebung erfolgte in Form der Moodboards, Begriffssammlungen sowie anhand der aufgezeichneten und ausgewerteten Präsentationen (qualitative Inhaltsanalyse).

5.6.5 Ergebnisse

Ergebnisse Workshop-01

Nachstehend werden die Adjektivsammlungen der Best- und Worstcase-Szenarien in grafischer Form mittels Wortwolken wiedergegeben.

Abbildung 5-16 Adjektivsammlungen der Best- und Worstcase-Szenarien [456]

456 Darstellungen: Lukas Beyerle

Ergebnisse Workshop-01: Qualitative Inhaltsanalyse Präsentationen
Nachstehend sind die verschriftlichten Ergebnisse der Kategorien-basierten Auswertung der Präsentationen des Workshop-01 aufgeführt. Es erfolgt an dieser Stelle der Verweis auf beiliegende transkribierte Audiomitschnitte (Codebuch (!), Codeliste) sowie die zur Auswertung erstellten Summary-Grids. Wünschenswerte Aspekte wurden mit (+) gekennzeichnet, zu vermeidende mit (-)
Selbst- und Fremdwahrnehmung: Eine Produktbotschaft „barrierefrei" (Bedeutungsschaffung, Stigmatisierung) sollte unter anderem durch den funktionsintegrativen Aspekt vermieden werden (Kaschieren). Einer Selbstwahrnehmung Betroffener als hilfsbedürftige, vom Normalitätskonstrukt abweichende „Patienten" soll entgegengewirkt, Attraktivität für verschiedene Alters- und Zielgruppen angestrebt werden. Es gilt, die Fremd- und Selbstwahrnehmung potenzieller Zielgruppen (Empathie) innerhalb des Entwurfsprozesses zu berücksichtigen, insbesondere vor dem Hintergrund verschiedener Nutzungsszenarien (Pflege).
Präsenz von Notruftechnik (+): Aktuell als optisch hervorstechende (rot), mit Hilfsbedürftigkeit assoziierte Notruftechnik sollte durch zurückgenommene Smartphone-Technologie (Sprachsteuerung) bzw. integriert in herkömmliche, vertraute Elektrotechnik (Lichtschalter), mit im Bedarfsfall guter Erreichbarkeit ausgeführt werden.
Beleuchtung (+): Es sollte Tageslicht bzw. ein adäquater Ersatz mittels (indirektem) Kunstlicht vorgesehen werden. Verschiedene Beleuchtungsmaßnahmen an verschiedenen Positionen sind einer zentralen Einzelbeleuchtung vorzuziehen.
Zusammenspiel Raum-Sanitärgegenstände (+): Es sollte evtl. mit Raumtrennern/Verglasungen zur Gliederung des Raumes als auch zum Kaschieren „unschöner" Hilfsmittel/Sanitärgegenstände gearbeitet werden.
Badausstattung/Hilfsmittel (+): Hilfsmittel sollten unauffällig, schlicht und funktionsintegrativ ausgeführt werden (kaschieren), physische Assistenzen (Griffe) nach Möglichkeit filigran und in Edelstahl ausgeführt werden und eine individuelle Höhenverstellbarkeit gegeben sein. Eine Produktbotschaft „barrierefrei" (Bedeutungsschaffung, Stigmatisierung) soll zwingend vermieden werden (Kaschieren). Durch rauminteragierendes Mobiliar kann Platz geschaffen, Hilfsmittel evtl. ein-/ausfahrbar bzw. automatisiert ausgeführt werden (Schiebetüre). Akustische Maßnahmen (Musik, Klänge) können die Raumatmosphäre verbessern, Glas wird Duschvorhängen vorgezogen.
Farben/Oberflächen/Material (+): Eine ansprechende und abwechslungsreiche (individuelle) Gestaltung des Bades, die Materialien Holz und Stein in Kombination mit Pflanzen, wird nahegelegt. Zeitgleich sollte das Gefühl von Sauberkeit/Hygiene vermittelt werden. Anzustreben ist zudem ein hoher Tageslichtanteil. Großformatige Fliesen sind kleinformatigen

vorzuziehen (zu beachten: Fugenbreite, Farbkontrast Fliesen/Fuge, nicht raumhohe Ausführung); Bodenfliesen sind entsprechend rutschhemmend auszuführen.
Badausstattung/Hilfsmittel (-): Hilfsmittel werden als klobig, zu hervorstechend, additiv, unästhetisch, am reinen Funktionalitätscharakter orientiert empfunden. Sie forcieren den Eindruck des „abweichenden" (Normalitätskonstrukt, Stigma). Ungünstige Höhenverhältnisse/Erreichbarkeiten verstärken hinzukommend die gängigen Stigmata (Konstruktion/Dekonstruktion). Assoziationen von Krankenhäusern, Haftanstalten und Orten des öffentlichen Raumes (Schwimmbad) werden genannt. Hilfsmittel werden als teilweise einschränkend für Nicht-Eingeschränkte bewertet (Umkehrung der Barriere).
Beleuchtung (-): Dunkelheit oder (zu) grelle Beleuchtung sowie eine generelle Abwesenheit von Tageslicht und die Verwendung von Neonröhren werden negativ wahrgenommen.
Präsenz von Notruftechnik (-): Überpräsente Notruftechnik kann negativen Einfluss auf Betroffene im Sinne der Selbst- wie auch Fremdwahrnehmung als abweichend/„behindert"/hilfebedürftig zur Folge haben und lässt einen insgesamt klinischen Raumeindruck entstehen (Analogie Krankenhaus).
Zusammenspiel Raum/Sanitärgegenstände (-): Räumlichkeiten werden als überdimensioniert, Sanitärgegenstände als ungewohnt angeordnet empfunden (Bewegungsflächen, Anfahrbarkeit). Assoziationen zum öffentlichen Raum geweckt (privater Nutzung entgegenstehend, u.a. Assoziation Haftanstalt), ein Mangel an Stauraum aufgrund der Befahrbarkeit festgestellt.
Farben/Oberflächen/ Material (-) Bestimmte Fliesenbeläge (Kleinformat, raumhoch) werden als nicht ansprechend, klinisch, nicht-wohnlich empfunden, insbesondere Farbe (weiß, türkis), Format (Kleinformat) und Fuge (schwarz) betreffend.

Ergebnisse Workshop-02 (Moodboards und Begriffssammlungen)
Analog zu Workshop-01 werden nachstehend die gesammelten Begrifflichkeiten zu den jeweiligen Stimuli (Elon Musk, Volvo, Europalette) in grafischer Form mittels Wortwolken wiedergegeben.

Abbildung 5-17 Adjektivsammlungen „Elon Musk", „Volvo" und „Europalette" [457]

Ergebnisse Workshop-02: Qualitative Inhaltsanalyse der Präsentationen
Gruppe Elon Musk: Elon Musk wird aufgrund der Unternehmensgründungen von PayPal, Tesla und SpaceX als innovativ bezeichnet. Das Adjektiv „zukunftsorientiert" wird vorwiegend mit dessen unternehmerischem Wagemut in Verbindung gesetzt. Musks offener Umgang mit seinem Privatleben sowie dem angeborenen Stottern werden mit dem Begriff authentisch umschrieben. Musk wird von den Vortragenden mit den Adjektiven berühmt, lustig, freundlich, sympathisch, bescheiden, wohlhabend, exzentrisch, wirtschaftlich und erfolgreich beschrieben. Die Adjektive „innovativ" und „zukunftsorientiert" werden in elektrische Verfahrbarkeit, intelligente Sprachsteuerung sowie ein beim Verfahren automatisch

[457] Darstellungen: Lukas Beyerle

einklappbares Waschbecken mit dem Ziel weiteren Platzgewinns übersetzt. Das Adjektiv „lustig“ wurde nicht übersetzt, wohl aber das Adjektiv „freundlich“ durch Schaffung eines zurückgenommenen, modernen Umfeldes (anthrazit) in Kombination mit einem bewegten, auflockernden Boden. Die Verwendung von LED-Elementen soll einerseits den modernen, innovativen, aber zeitgleich bescheidenen Produktcharakter (stromsparend, günstig) unterstreichen, ebenso die Verwendung von Edelstahl. Das zentrale, blau hinterleuchtete Duschelement im Deckenbereich soll die kompakten, auf einen zentralen Bildschirm orientierten Tesla-Cockpits widerspiegeln.

Gruppe Volvo: Die Adjektive „kantig“, „traditionell“, „robust“ werden mit den alten Modellen des Autoherstellers in Verbindung gebracht. Zeitgleich wird das skandinavische Design im Allgemeinen und speziell das aktuelle Design Volvos mit den Adjektiven minimalistisch, kühl, qualitativ hochwertig und hochpreisig sowie geräumig in Verbindung gebracht. Die Adjektive „kühl“ und „minimalistisch“ werden in den Materialien Edelstahl, Glas und Beton (Oberfläche) sowie grau gehaltenen Fliesen übersetzt. Der Rahmen des Systems besteht aus Edelstahl, welches mit geradlinig, robust und funktional assoziiert wird. Eine räumliche Trennung, ähnlich einem Duschvorhang, soll mittels faltbarem Glas erreicht werden, die Beleuchtung indirekt und in den Edelstahlrahmen integriert ausgeführt werden. Armaturen werden kompakt (Funktionsintegration) und minimalistisch, analog zu den kompakt gehaltenen Volvo-Cockpits, vorgesehen.

Gruppe Europalette: Das Adjektiv „universell“ wird mit der vielseitigen Verwendung der Europaletten, bspw. als Mobiliar (Bett, Regal, Couch), in Beziehung gesetzt. Europaletten werden als Transporthilfe beschrieben, die die Adjektive praktisch, stapelbar, wandelbar und leicht in sich vereint. Zusätzlich erfolgt der Hinweis auf den Aspekt des Paletten-Pfands (Rückgabe möglich/erforderlich). Holz wird mit der Verwendung von Holzfliesen bzw. einer generellen Gestaltung des Prototyps in „Holzoptik“ übersetzt. Der Begriff Transporthilfe wird auf eine denkbare Teilautomatisierung des Systems mit Anschieb- und Rasthilfe (Arretierung verschiedene Positionen) übertragen. Es wird eine Analogie zu den bekannten „Touch-to-open“- Schubladen hergestellt, eine generelle Elektrifizierung des Systems jedoch präferiert. Das Adjektiv „stabil“ wird mit einer generell stabilen (vertrauenserweckenden) Schiebekonstruktion in Verbindung gesetzt, Sicherheit in der Nutzung vermittelnd (physische Assistenz). Der Begriff „universell“ wird mit ansprechenden, jedoch rutschhemmenden Fliesen in Verbindung gebracht (offensichtlich generell als widersprüchlich empfunden?). Das Adjektiv „wandelbar“ wird auf die vorgesehene Armaturbox übertragen, die als ansprechend (cool) wahrgenommen wird. Der Begriff Euro-Norm wird naheliegenderweise mit DIN-Bewegungsflächen in Verbindung gebracht. Eine Serialität wird aufgrund individueller Einbausituationen als kritisch erachtet.

Bewertung

Die Ergebnisse des WS-01 lieferten wichtige Impulse zur Gestaltung des späteren Prototyps. Die ausgewerteten Präsentationen konkretisierten die bereits in den Moodboards abgebildeten Dos & Don´ts barrierefreier Gestaltung (Einstellungsbarriere). Insbesondere der Aspekt zu vermeidender, additiver Sekundärkonstruktionen (Funktionsintegration) wird in ausnahmslos allen Moodboards thematisiert. Die Darstellung der Worst-Case-Szenarien stellt sich auffallend einheitlich dar (schmutzig, düster, starke Präsenz von Stütz- und Haltegriffen, Fliesen), während die Best-Case-Szenarien diverser, jedoch mit klarem Fokus auf bestimmte Farbgebung und Materialien (anthrazit, weiß, Holz) sowie weiatgehender Absenz von Sekundärkonstruktionen und guter Belichtung abstellten. Für die Gestaltung des Prototyps entstand vorwiegend durch die qualitative, kategorienbasierte Auswertung der Präsentationen ein Kriterienkatalog, dessen späteres Erscheinungsbild maßgeblich prägend. Hinzukommend wurden Erkenntnisse des Workshops in die Evaluationsphase des Prototyps integriert: So wurden Aspekte wie „Selbst- und Fremdwahrnehmung" (Seniorenprodukt) rückkoppelnd durch Fragestellungen wie „Es handelt sich auf den ersten Blick um ein Produkt für ältere Menschen, ein Seniorenprodukt" abgefragt, Erfolg und Misserfolg des Konzepts abbildend. Workshop-02 erwies sich aus verschiedenen Gründen als weniger produktiv. Die Zahl der Teilnehmenden fiel im Vergleich zu Workshop-01 deutlich geringer aus (lediglich 9 statt 20 Teilnehmende). Dennoch konnten insbesondere durch die Gruppen „Volvo" und „Elon Musk" hilfreiche Inspirationen zur Gestaltung des Prototyps ermittelt werden. Auffallend: Positive Assoziationen zur Thematik der hochwertigen, modernen, aber auch futuristischen Autos (Volvo, Tesla) stehen häufig in Zusammenhang mit dem funktionsintegrativen Aspekt. Das „Reduzierte", erfüllt somit nicht nur eine kaschierende Funktion, sondern wertet Artefakte zeitgleich auf (siehe auch Apple-Produkte). Vorgeschlagene Farbgebung und Material entsprachen weitgehend den Best-Case-Szenarien des WS-01. Wie unter Konzeption und Methodik-WS-02 erwähnt, verfolgte der Workshop zudem das Ziel des in der Forschungsfrage implizierten Hinterfragens des Berufsbildes Designschaffender bzw. deren Rolle/Funktion/Fähigkeiten. Diesbezüglich wurde eine tendenzielle Überforderung der Teilnehmenden (Laien) bei der Bearbeitung der Aufgabenstellung beobachtet, sowohl was die (spontane) Entwicklung von Ideen als auch das sich Lösen von Bekanntem angeht. Das vielzitierte „Um-die-Ecke-Denken" bereitete große Schwierigkeiten, ebenso ein nachvollziehbarer Mangel an technischem Verständnis (Dusche aus unbehandeltem Paletten-Holz). Krippendorffs Auffassung von Designschaffenden als Organisatoren sozialer Prozesse einerseits und kreativ Entwerfenden andererseits scheint zutreffend; die Annahme von Stakeholdern als „Gestaltende auf Augenhöhe" jedoch endet offenkundig mit Beginn des tatsächlich kreativen Prozesses, innerhalb dessen Stakeholder mehr Impulsgeber (WS-01), denn faktisch Entwerfende darstellen (sollten).

5.7 FAZIT

Wie dargestellt erfolgte die Entwicklung des Raum-in-Raum-Systems in fünf Phasen, bestehend aus Recherche, Konzeption, Gruppendiskussion, ExpertInnen-Interviews und Workshops. Somit war diese durch Integration von Stakeholdern auf verschiedenen Ebenen gekennzeichnet: der aktiv in den Entwurfsprozess eingreifenden und mitgestaltenden Ebene (Mock-up-Studien und Workshops) sowie der beratenden und bewertenden Ebene (Gruppendiskussion, ExpertInnen-Interviews). Auf Grundlage der Recherchephase (Lehrbuchgrundrisse, Referenzprodukte, Forschungsprojekte) ließen sich zunächst Entwurfskriterien ermitteln, die zur vierstufigen Konzeption des späteren Prototypen führten. Dessen mehrstufige Optimierung im Sinne des zirkulären Forschungsmodells mit Kommunikationsschwerpunkt (Diskussion, Interviews) fand analog zur Stakeholder-Integration auf ebenfalls zwei Ebenen statt: der vorbeschriebenen vierstufigen Optimierung des Kerngedankens räumlicher Interaktion und Funktionsintegration (Konzeptstatus 01-04) auf Skizzen- und Gesprächsbasis, sowie der darauf aufbauenden physischen Optimierung des Prototypen, auf Grundlage der Beobachtungsstudien (Alterssimulationsanzug) und faktischen Umbaumaßnahmen. Der finale Prototyp als Resultat von Konzeption, Gruppendiskussion, ExpertInnen-Interviews und Workshops, wurde im Rahmen von Fragebogenerhebungen evaluiert (siehe Folgekapitel). Die dabei erzielten, nahezu durchweg positiven Ergebnisse, zeugen von der Richtigkeit besagter Vorgehensweise. Die vorgenommene Adaption fachfremder Methodik, bspw. im Rahmen qualitativer Inhaltsanalysen von ExpertInnen-Interviews, ging dabei mit einem nicht unerheblichen Mehraufwand (Einarbeitung) einher, der in Folgeprojekten entsprechend einkalkuliert werden sollte. Selbiges gilt für die Konzeption und Durchführung der Workshops, insbesondere vor dem Hintergrund der beschriebenen Triangulation mit Kreativitätstechniken des Design-Thinking. Generell stellte sich der erforderliche Arbeitsaufwand zum Verlassen des „klassischen Entwerfens“ als schwer prognostizierbar dar. Das interdisziplinär orientierte Forschungsumfeld der TH Rosenheim, mit zahlreichen beratenden KollegInnen, erwies sich hinsichtlich des Erwerbs „fachfremder Kompetenz“ (Literatur) sowie der konkreten Durchführung der Erhebungen als äußerst hilfreich.

6 EVALUATION

6.1 INHALT

In den nun folgenden Ausführungen wird die insgesamt fünfstufige Evaluation des Raum-in-Raum-Systems, sowohl auf zweidimensionaler als auch auf dreidimensionaler Ebene erläutert. Diese setzte sich zusammen aus den Grundrissanalysen Bestand und Neubau, Fragebogenerhebungen, Beobachtungsstudien und Workshops. In der Grundrissanalyse Bestand wurden zunächst denkbare Badgrundrisse nach VDI-Standard generiert, das Raum-in-Raum-System anstelle einer Einbaubadewanne platziert. Es folgte eine Bewertung der Vor- und Nachteile des Verbaus auf Grundlage zweier Standards barrierefreien Bauens, sowie den in der Forschungsfrage enthaltenen Kriterien der Funktionsintegration und räumlichen Interaktion. In der aufbauenden Grundrissanalyse Neubau wurde das System sowohl als eigenständige Moduleinheit, als auch in frei generierbaren Raumkonfigurationen untersucht. Im Gegensatz zur Grundrissanalyse-Bestand erfolgte eine Bewertung dabei unter dem Aspekt des Platzbedarfs, in Relation zu Grundrissbeispielen gängiger Konstruktionsatlanten und Fertignasszellen des Marktes.
Im Rahmen eines Fachkongresses wurde das Raum-in-Raum-System (Prototyp) der Öffentlichkeit präsentiert und eine qualitativ/quantitativ gehaltene Fragebogenerhebung (mixed-methods) unter den TeilnehmerInnen durchgeführt (ExpertInnen). Neben funktionalen Aspekten lag der Schwerpunkt der Erhebung auf Krippendorffs Bedeutung der Artefakte in der Sprache.[458] Die Fragebögen wurden nach kodifizierten Verfahren sowohl qualitativ (Freitextfelder) als auch quantitativ (Ordinalskalen) ausgewertet. Innerhalb des Forschungscontainers (Laborkontext) fanden Selbstversuche und Beobachtungsstudien statt, die mangels Teilnahmemöglichkeit älterer Menschen (Haftung) im Alterssimulationsanzug durchgeführt wurden. Auf Grundlage geskripteter Testszenarien (Leitfaden) und unter Anwendung der Think-aloud-Methode konnten mittels Video-Protokollanalyse Erkenntnisse gewonnen werden, die unmittelbar in die fortlaufende Optimierung des Prototypen einflossen. Im Rahmen eines gesonderten Workshops wurde die intuitive Bedienbarkeit des Prototypen auf Grundlage Krippendorffs Bedeutung der Artefakte im

[458] vgl. Krippendorff 2013: Die semantische Wende, S. 189–221

Gebrauch[459] sowie der durch Gibbson beschriebenen Affordances[460] untersucht (Mensch-Artefakt-Interaktion). Analog zu den vorbeschriebenen Beobachtungsstudien im Alterssimulationsanzug erfolgten Datenerhebung und Auswertung auch hier auf Grundlage einer Video-Protokollanalyse.

6.2 GRUNDRISSANALYSEN - BESTAND

6.2.1 Inhalt

Die Evaluations- bzw. Testphase des Konzepts gemäß DIN EN ISO 9241-220 startete mit einer umfangreichen Grundrissanalyse, innerhalb derer die raumbildenden Aspekte des Systems, im Sinne von Einbauszenarien in verschiedenen Grundrisskonstellationen, untersucht wurden. Die Voruntersuchungen der Neufert Bauentwurfslehre[461] (siehe: 5.2 Recherche) führten zu folgenden Ergebnissen: Es ließ sich die historische Entwicklung der Raumgrößen, sowie ein Bewusstseinswandel hinsichtlich der generellen Thematik Barrierefreiheit abbilden. Hinzukommend ergaben sich maßgebliche räumliche, wie auch funktionsintegrative, Inspirationen des späteren Konzepts, wie dargestellt. Dennoch beschreibt Neufert exemplarische Raumkonfigurationen, über deren Realisierungszahlen nichts bekannt ist; quantifizierbare Aussagen zu wiederkehrenden Mustern (Raumgrößen, -Konfigurationen) und darauf aufbauend zu Funktionalität und Sinnhaftigkeit des Konzepts, ließen sich zunächst nicht treffen. De facto existieren verlässliche, das Konzept stützende Zahlen zum Thema Bad, nachstehend beschrieben nach einer Studie der Vereinigung Deutsche Sanitärwirtschaft, jedoch keine Erhebungen zur konkreten Grundrissgestaltung (siehe: Forschungsfeld und -thema).[462] In nahezu allen Bädern befindet sich 2017 ein WC (92 %), ein Waschbecken (98 %) und in vielen eine Badewanne (76 %). Die Mehrheit der mit dem Bad Unzufriedenen (85 %) benennt eine zu geringe Größe als wesentlichen Kritikpunkt; parallel, ist ein anhaltender Trend zur bodengleichen Dusche zu verzeichnen. Eine „bequeme Nutzung in jeder Lebenslage" stellt das führende Kriterium moderner Badgestaltung dar (95 %). Ausstattung und Entwicklungstendenzen des Bades in Deutschland lassen sich somit abbilden, dessen Grundrissgestaltung bleibt (weitgehend) im Dunkeln. Zur Analyse von Einbauszenarien galt es somit, eine alternative Untersuchungsmethodik zu entwickeln, da sich „typische Badgrund-

---

459 vgl. Krippendorff 2013: Die semantische Wende, S. 109–186

460 vgl. Krippendorff 2013: Die semantische Wende, S. 109–186

461 vgl. Neufert 1970: Bauentwurfslehre; Neufert 1982: Bauentwurfslehre; Neufert/Kister 2018: Neufert Bauentwurfslehre; Neufert/Neufert 1992: Bauentwurfslehre

462 vgl. Vereinigung Deutsche Sanitärwirtschaft (VDS) 2017: Die Deutschen und ihre Bäder

risse“ aus den genannten Gründen im Bereich der Spekulation bewegten. Diese (Methodik) bestand aus dem freien Generieren von Grundrissmaterial nach gängigen Normstandards, einer Simulation des Einbaus im Planmaterial, der Ableitung wiederkehrender Muster der Raumbildung sowie deren Bewertung nach zwei Standards barrierefreien Bauens. Eine Bezugnahme zu Forschungsfrage, Methodik, Systematik und konkreten Ergebnissen wird in den nachstehenden Ausführungen beschrieben und analog den bisherigen Kapiteln in ein abschließendes Fazit überführt.

6.2.2 Bezugnahme Forschungsfrage

Der Bezug zur Forschungsfrage liegt naheliegend im Kontext Raumbildung bzw. räumliche Interaktion und Barrierefreiheit begründet. Gängige Regelwerke der Barrierefreiheit (DIN 18040-2, Ready-Standard) stellen vorwiegend auf den räumlichen Aspekt im Sinne von Bewegungsflächen und Zugänglichkeit im Kontext des „befahrbaren Umfeldes“ (Rollator/ Rollstuhl) ab.[463] Somit galt es, potenzielle Einbauszenarien auf insgesamt drei Ebenen zu untersuchen: 1) der Platzierung der Box in der jeweiligen Badkonfiguration unter zwangsläufiger Demontage des bestehenden Waschbeckens (Funktionsintegration); 2) der Einflussnahme des verschiebbaren Waschtischs auf die Raumbildung (räumliche Interaktion); 3) der Bewertung raumbildender Aspekte, bezüglich der Realisierung von Bewegungsflächen und damit Erhöhung der Barrierefreiheit (Forschungsfrage). Der funktionsintegrative Aspekt wurde, wie erwähnt, lediglich im Sinne der Organisation von Dusche und Waschtisch auf einer gemeinsamen Grundfläche untersucht. Eine Integration von WC, Duschklappsitz und physischen Assistenzen erfolgte im Zuge einer aufbauenden Grundrissanalyse bzw. der Prototypenentwicklung, innerhalb derer das System zudem an räumlicher Tiefe gewann (70 cm vs. 120 cm). Die Grundrissanalysen, respektive Analysen von Einbauszenarien, müssen somit rückblickend als Voruntersuchungen, dem zirkulär vernetzen Forschungsprozess folgend, gewertet werden (siehe: 3.5 Forschungsprozesse).

6.2.3 Forschungsdesign, Methodik

Zunächst erfolgte die Festlegung auf einen singulären Badraumtypus, im Neufert schlicht als „Bad“, bestehend aus Einbaubadewanne, WC und Waschbecken, beschrieben. (Identische Konfigurationen mit Dusche statt Wanne, werden in den Ausgaben von 1970 und

[463] vgl. ready – vorbereitet für altengerechtes Wohnen o. J.: Standards für altengerechtes Wohnen; Deutsches Institut für Normung 2023: DIN 18040-2, Barrierefreies Bauen - Planungsgrundlagen. Teil 2, Wohnungen

1982 als „Brause“ bezeichnet[464]). Dies zum einen, um die stochastische Anzahl an denkbaren Raumkonfigurationen auf ein beherrschbares Maß zu reduzieren, zum anderen aufgrund der beschriebenen, primären Problemstellung der Einbaubadewanne im Bestand, in der Regel ersetzt durch bodengleiche Duschen[465] (siehe: 5.2 Recherche). Grundlage der frei konfigurierten Standard-Grundrisse stellte die „VDI 6000 Sanitärtechnik“ dar, welche Abmessungen von Sanitärgegenständen, deren Abstände untereinander, sowie die dazugehörigen (VDI) Bewegungsflächen, abweichend von jenen des barrierefreien DIN 18040-2 Standards, definiert.[466] Das WC wurde aufgrund der Fallrohrsituation als weder versetz- noch verfahrbar und damit statisch betrachtet. Unter Annahme eines rechteckigen Raumes und unter Berücksichtigung der beschriebenen Maßgaben, ergaben sich insgesamt 105 Grundriss-Varianten. Hinzukommend wurde, angeregt durch die ExpertInnen-Interviews (siehe: 5.5 ExpertInnen-Interviews), eine nachträglich aufgestellte Waschmaschine als vierter „Sanitärgegenstand“ berücksichtigt. (Die Erstellung der Grundrisse erfolgte manuell und sollte idealerweise durch parametrische Verfahren ersetzt werden.)
Die Anzahl der frei generierten Grundrisse folgt somit der endlichen Anzahl an Möglichkeiten, die vier Sanitärgegenstände (Waschbecken, Wanne, WC, Waschmaschine) innerhalb eines rechteckigen Raumes, unter Berücksichtigung vorbeschriebener VDI-Maßgaben, anzuordnen. Die sich anschließende Analyse gestaltete sich wie folgt: Zunächst wurde das System im Grundriss an Stelle der vormaligen Einbauwanne platziert, die nach VDI-Standard mit einer Größe von 170 x 70 cm vorzusehen ist,[467] und damit jener des Neufert entspricht. Das Raum-in-Raum-System ist modular und räumlich anpassbar vorgesehen und lässt sich sowohl in der Länge als auch in der Breite, durch zusätzlichen Abbruch von Bestands-Estrich, größer gestalten. Zur beschriebenen Untersuchung jedoch, wurde erneut mit Blick auf beherrschbare Datenmengen, sowie zur Analyse grundsätzlicher Gesetzmäßigkeiten des Einbaus, an der Grundfläche einer angenommenen, ehemaligen Wanne festgehalten. Im Idealfall und in den späteren Prototypen untersucht, orientiert sich die Größe des Systems an der seitens DIN 18040-2 geforderten Bewegungsfläche von 120 x 120 cm vor Sanitärgegenständen, respektive den Anforderungen des Ready-Standards (siehe Folgeausführungen). Nach Platzierung innerhalb des Grundrisses, wurden durch horizontales Spiegeln, zwei verschiedene

---

[464] vgl. Neufert 1970: Bauentwurfslehre, S. 198; Neufert 1982: Bauentwurfslehre, S. 198

[465] vgl. BBB Bundesbaublatt o. J.: Badsanierung

[466] vgl. Verband Deutscher Ingenieure VDI o. J.: VDI 6000 Sanitärtechnik; Ausstattung von und mit Sanitärräumen, S. 7–9

[467] vgl. Verband Deutscher Ingenieure VDI o. J.: VDI 6000 Sanitärtechnik; Ausstattung von und mit Sanitärräumen

Einbausituationen (A und B) generiert. Die daraus resultierenden räumlichen Konstellationen werden anhand nachstehend beschriebener Standards untersucht.

Bewertungskriterien

Die DIN 18040-2, als ArchitektInnen geläufige Norm[468], erfordert an dieser Stelle zunächst keine weitere Erläuterung. Ein Alternativkonzept stellt der an der Universität Stuttgart entwickelte Ready Standard dar. Während die DIN 18040-2 keine Unterscheidung zwischen Neubau und Bestand trifft und somit den Sanierungsfall berücksichtigt, orientiert sich Ready vorwiegend am Neubau.[469] Wohnraum soll nicht offenkundig „barrierefrei" geplant (Sichtbarkeit, Stigma), sondern an den Lebenswandel anpassbar sein. Im Falle des Bades können bspw. Waschmaschinen durch Vorsehen alternativer Anschlüsse in der Wohnung (bspw. in der Küche) aus dem Bad entfernt und auf diese Weise Bewegungsflächen hergestellt/ermöglicht werden. Duschen sind grundsätzlich bodengleich vorzusehen und lassen sich im Pflegefall umstandslos durch Wannen ersetzen. Hinzukommend basiert das Ready-Konzept auf dem Grundgedanken einer Besuchseignung, was konkret bedeutet, dass bspw. WCs für Rollstuhlfahrende auch unter Zuhilfenahme Dritter nutzbar sein dürfen. Ready orientiert sich diesbezüglich maßgeblich am Schweizer SIA 500- Hindernisfreie Bauten- Standard, der, und das ist entscheidend, wesentlich reduzierte Bewegungsflächen, im Vergleich zur DIN 18040-2, vorsieht![470] Bezüglich der Bewertung des Systems nach DIN 18040-2, wurden somit die regulären Bewegungsflächen von 120 x 120 cm vor WC, Waschtisch und innerhalb der Dusche veranschlagt.

Rollstuhl- und Ready-Standard

Erhöhte Anforderungen für RollstuhlfahrerInnen (R-Standard) waren von den Untersuchungen ausgenommen. Bezüglich der Bewertung nach Ready-Standard hingegen, wurden die folgenden Parameter veranschlagt: eine Mindestnutzfläche des Badraumes von 3,60 qm, eine Raumbreite (B) oder Raumlänge (L) von mindestens 170 cm. Eine Bewegungsfläche von (nur) 90 x 120 cm vor WC und 90 x 90 cm neben dem WC; eine Bewegungsfläche von 90 x 120 cm vor dem Waschtisch, sowie diagonal vor der Dusche; eine Mindestgröße der Dusche von 90 x 90 cm bzw. vorzugsweise 90 x 120 cm.

---

468 vgl. Deutsches Institut für Normung 2023: DIN 18040-2, Barrierefreies Bauen - Planungsgrundlagen. Teil 2, Wohnungen

469 vgl. ready – vorbereitet für altengerechtes Wohnen o. J.: Standards für altengerechtes Wohnen; ready – vorbereitet für altengerechtes Wohnen o. J.: Standards für altengerechtes Wohnen

470 vgl. Hindernisfreie Architektur 2018: SIA 500 «Hindernisfreie Bauten»

Systematik
Eine erste Kategorisierung der Grundrissvarianten orientiert sich an nachstehender, achtstufiger Bewertungsmatrix, verschiedene Raumkonfigurationen (RK) in verschiedenen Grundrissen (GR) beschreibend. Zur Funktionsfähigkeit des Systems nach DIN 18040-2 ist zunächst eine Grundfläche von ca. 170 x 120 cm erforderlich, resultierend aus dem Platzangebot der ehemaligen Wanne und zwei gespiegelten Bewegungsflächen (siehe Abbildung). Die beschriebene Systematik orientiert sich an besagter Grundfläche (Voraussetzung der Funktionsfähigkeit), der Anordnung der sie umgebenden bzw. auf ihr befindlichen Sanitärgegenstände sowie den daraus resultierenden räumlichen Zusammenhängen. Aus naheliegenden Gründen erfolgte die aufbauende Analyse zunächst auf Grundlage der „strengeren" DIN 18040-2, vergleichsweise große Bewegungsflächen in Relation zum Ready-Standard veranschlagend. (Darstellungen und Tabellen der Folgeseiten: Alle 105 Grundrisse auf beiliegendem USB-Stick verfügbar!)

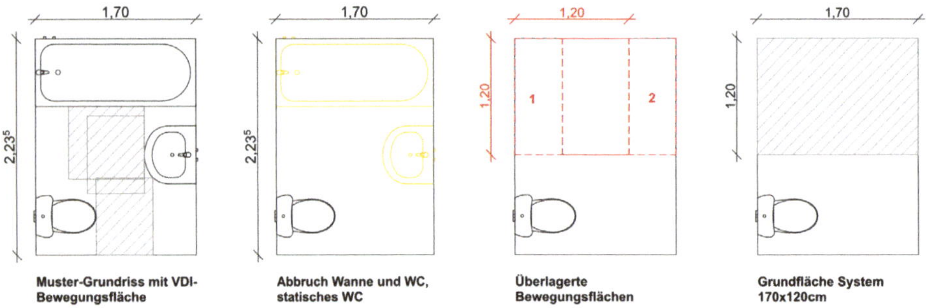

Abbildung 6-1
Grundfläche durch überlagerte Bewegungsflächen nach DIN 18040-2

Tabelle 6-1
Bewertungsmatrix

Raumkonfiguration-01 (RK-01)	▪ Mindestens 1 Sanitärgegenstand befindet sich auf der Grundfläche des Systems. ▪ Alle Sanitärgegenstände sind parallel zur Wanne orientiert.
Raumkonfiguration-02 (RK-02)	▪ Mindestens 1 Sanitärgegenstand befindet sich auf der Grundfläche des Systems. ▪ Insgesamt 2 Sanitärgegenstände sind parallel zur Wanne orientiert. ▪ 1 Sanitärgegenstand befindet sich außerhalb der Grundfläche des Systems, lotrecht neben der Wanne angeordnet.
Raumkonfiguration-03 (RK-03)	▪ Alle Sanitärgegenstände befinden sich außerhalb der Grundfläche des Systems, lotrecht gegenüber der Wanne angeordnet.
Raumkonfiguration-04 (RK-04)	▪ Alle Sanitärgegenstände befinden sich außerhalb der Grundfläche des Systems. ▪ 2 lotrecht gegenüber der Wanne angeordnet, 1 Sanitärgegenstand neben der Wanne.
Raumkonfiguration-05 (RK-05)	▪ Alle Sanitärgegenstände befinden sich außerhalb der Grundfläche des Systems. ▪ Alle Sanitärgegenstände befinden sich lotrecht in Reihe neben der Wanne (Schlauchbad).
Raumkonfiguration-06 (RK-06)	▪ Alle Sanitärgegenstände befinden sich außerhalb der Grundfläche des Systems. ▪ 1 lotrecht gegenüber der Wanne angeordnet, 2 Sanitärgegenstände lotrecht neben der Wanne.

Raumkonfiguration-07 (RK-07)	▪ Mindestens 1 Sanitärgegenstand befindet sich auf der Grundfläche des Systems. ▪ 1 Sanitärgegenstand parallel zur Wanne orientiert. ▪ 2 (oder 1; GR 12,13) Sanitärgegenstand befinden sich außerhalb der Grundfläche des Systems, lotrecht neben der Wanne angeordnet.
Raumkonfiguration-08 (RK-08)	▪ Mindestens 1 Sanitärgegenstand befindet sich auf der Grundfläche des Systems. ▪ 1 Sanitärgegenstand parallel zur Wanne orientiert. ▪ 2 (oder 1; GR 6,7) Sanitärgegenstand befinde sich außerhalb der Grundfläche des Systemüber-Eck vor der Wanne.

1. GRUNDRISSANALYSE RK-01, GR: 01-05, 14-31, GESAMT: 23/105 ST.

Hinweis: In nachstehenden Abbildungen werden folgende Sanitärgegenstände mit Abkürzungen gelistet (Bildunterschriften): Waschmaschine (WaMa), Waschtisch (WT).

1.1 Einzeln auf Grundfläche befindliches, statisches WC (RK-01): Parallel zur Wanne stehendes statisches WC, ohne gegenüberliegenden Sanitärgegenstand, verhindert Realisierbarkeit des Systems, da dessen Grundfläche nicht realisierbar ist. Mit zunehmender Raumbreite, teilweise Entschärfung des Problems durch horizontales Abrücken des WCs von der Wanne. Dies ist immer der Fall, wenn frontal gegenüberliegende Sanitärgegenstände abseits der Grundfläche den Raum „strecken", siehe Abbildung.

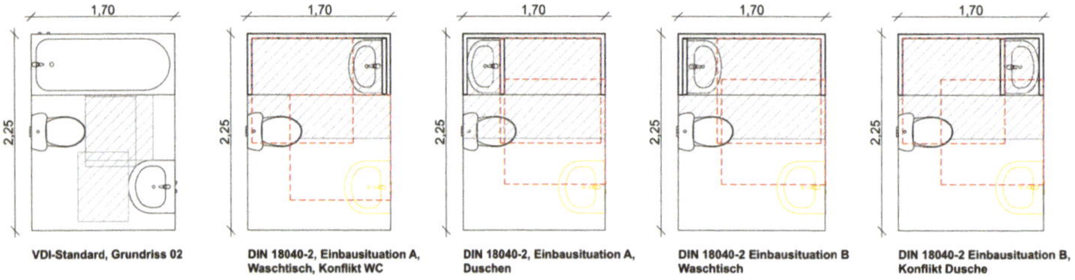

Abbildung 6-2 WC auf Grundfläche, WT gegenüber (1)

Betrifft: GR: 02, 05, 07, 15, 16, 21, 22; Gesamtzahl: 7 St.

1.2 Einzeln auf Grundfläche befindliches, entfallendes Waschbecken (RK-01): Parallel zur Wanne befindliches, entfallendes Waschbecken ohne gegenüberliegenden Sanitärgegenstand garantiert die Realisierbarkeit des Systems, da dessen Grundfläche durch Entfall des Waschbeckens grundsätzlich immer herstellbar ist.

Abbildung 6-3
WT auf Grundfläche, WC gegenüber (1)

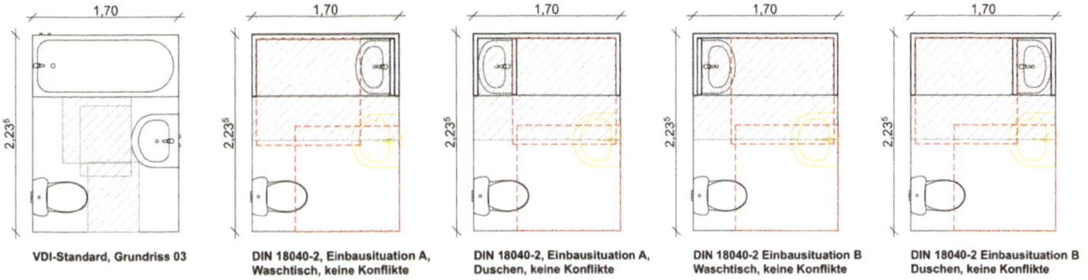

Betrifft: GR: 03, 04, 14, 17, 23; Gesamtzahl: 5 St.

1.3 Einzeln auf Grundfläche stehende, versetzbare Waschmaschine (RK-01): Parallel zur Wanne stehende, versetzbare Waschmaschine auf der Grundfläche, ohne gegenüberliegenden Sanitärgegenstand. In der Kombination mit diagonal gegenüberliegendem, statischem WC und Waschbecken abseits der Grundfläche lässt sich das System nicht realisieren. Die versetzbare Waschmaschine lässt sich nicht außerhalb der Bewegungsflächen WC oder Waschtisch positionieren.

Abbildung 6-4
WaMa auf Grundfläche, WT daneben, WC gegenüber

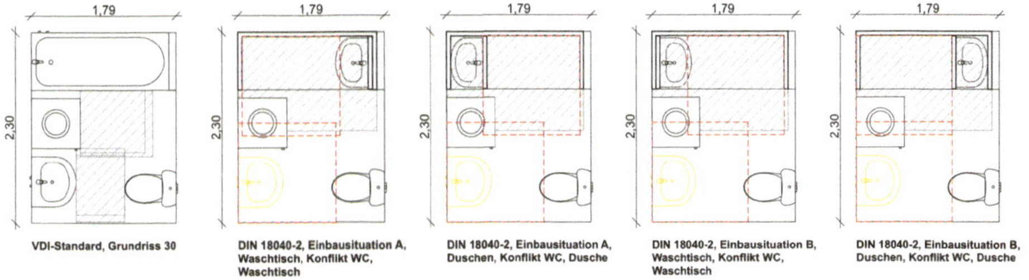

Betrifft: GR: 30, 31; Gesamtzahl: 2 St.

1.4 Auf Grundfläche stehendes, entfallendes Waschbecken mit frontal gegenüberliegendem, statischem WC (RK-01): Frontal gegenüberliegendes, entfallendes Waschbecken und statisches WC erhöhen durch die vorzusehenden VDI-Bewegungsflächen die Raumbreite (Vormauerung). Damit rückt das statische WC horizontal aus der Standfläche heraus. Die

Problematik von „1.1 Einzeln auf Grundfläche befindliches statisches WC“ wird, abhängig von der Position der Vormauerung, dadurch entschärft (idealerweise befindet sich die Vormauerung parallel zum WC angeordnet). In gespiegelter Anordnung träte erneut Fall 1.1 (Standort statisches WC verhindert Realisierung des Systems) ein.

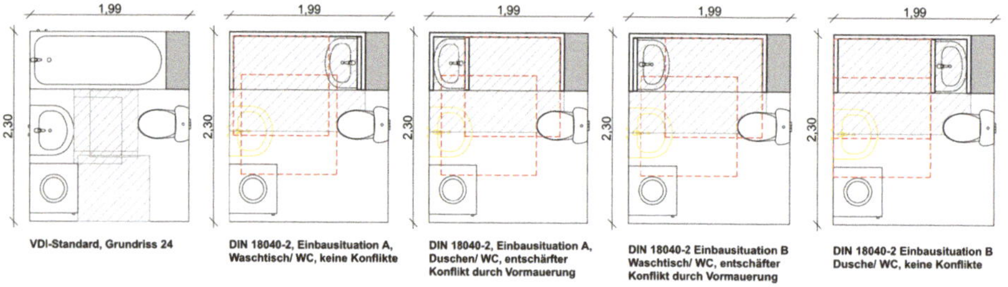

Abbildung 6-5
WT auf Grundfläche, WaMa daneben, WC gegenüber

Betrifft: GR: 01, 24, 25; Gesamtzahl: 3 St.

1.5 Auf Grundfläche stehende, versetzbare Waschmaschine mit frontal gegenüberliegendem, statischem WC (RK-01): Die Kombination aus frontal gegenüberliegender, versetzbarer Waschmaschine und statischem WC erhöht durch die vorzusehenden VDI-Bewegungsflächen die Raumbreite (Vormauerung) nochmals stärker als im Falle von „1.4. Auf Grundfläche stehendes, entfallendes Waschbecken mit frontal gegenüberliegendem, statischem WC“. Damit rückt das statische WC nahezu vollständig horizontal aus der Grundfläche heraus. Die Problematik von „1.1. Einzeln auf Grundfläche befindliches, statisches WC“ wird, abhängig von der Position der Vormauerung, entschärft, es entsteht eine vergleichbare Situation zu „1.4. Auf Grundfläche stehendes, entfallendes Waschbecken, mit frontal gegenüberliegendem, statischem WC“. Die Waschmaschine lässt sich außerhalb der Stellfläche anstelle des entfallenden Waschbeckens platzieren und ermöglicht dadurch die Realisierung der Bewegungsflächen.

Abbildung 6-6
WaMa auf Grundfläche, WC und WT gegenüber (1)

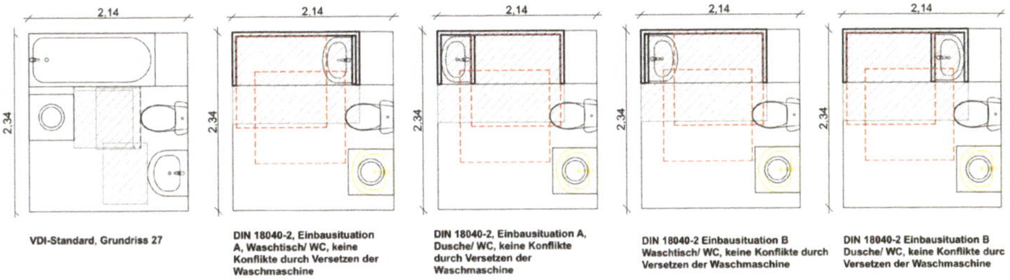

Betrifft: GR: 27, 29; Gesamtzahl: 2 St.

1.6 Auf Grundfläche stehende, versetzbare Waschmaschine mit frontal gegenüberliegendem, entfallendem Waschbecken (RK-01): Grundrisssituation, abhängig vom Standort des statischen WCs: Sind statisches WC und entfallendes Waschbecken in Reihe angeordnet, lässt sich die Waschmaschine außerhalb der Grundfläche an Stelle des entfallenden Waschbeckens versetzen. Sind statisches WC und entfallendes Waschbecken diagonal gegenüberliegend angeordnet, lässt sich das System nicht realisieren, da die versetzbare Waschmaschine entweder die Grundfläche des Systems oder die Bewegungsfläche des WC beeinträchtigt.

Abbildung 6-7
WaMa auf Grundfläche, WC und WT gegenüber (2)

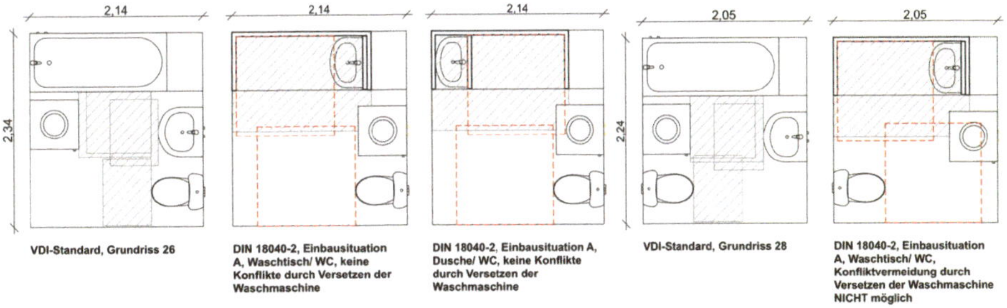

Betrifft: GR: 26, 28, 61, 63; Gesamtzahl: 4 St.

2. GRUNDRISSANALYSE RK-02, GR: 72-77, 44, 48, 49, 58, 59, 62, 63 GESAMT: 17/105 ST. (3 SONDERFÄLLE)

2.1 Einzeln auf Grundfläche stehende, versetzbare Waschmaschine (RK-02): Die parallel zur Wanne stehende, versetzbare Waschmaschine, ohne gegenüberliegenden Sanitärgegenstand, lässt sich in allen Fällen entweder außerhalb der Grundfläche verrücken (statisches WC rechts von Wanne) oder außerhalb der Grundfläche an die Stelle des entfallenden Waschbeckens versetzen (entfallendes Waschbecken rechts von Wanne).

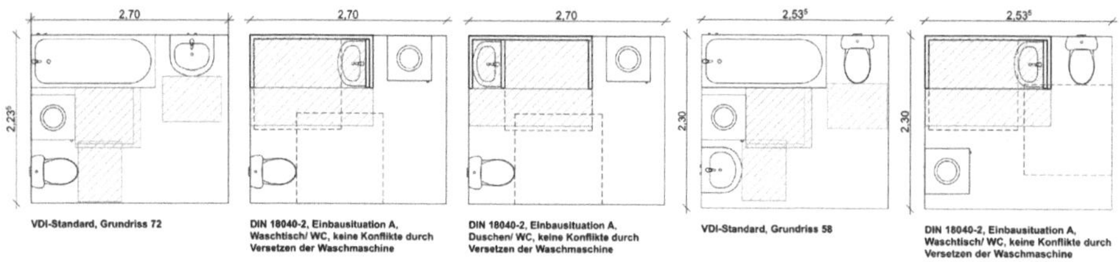

Abbildung 6-8
WaMa auf Grundfläche, WC daneben, WT neben Wanne (1)

Betrifft: GR: 75, 77, 58, 63, 72; Gesamtzahl: 5 St.

2.2 Einzeln auf Grundfläche stehendes, statisches WC (RK-02): Parallel zur Wanne stehendes statisches WC ohne gegenüberliegenden Sanitärgegenstand verhindert erneut eine Realisierbarkeit des Systems, da dessen Grundfläche nicht herstellbar ist. Der unter 1.1 und 1.4 beschriebene Aspekt einer Problementschärfung durch „Strecken" der Raumbreite, abhängig von der Anordnung der Sanitärgegenstände, entfällt, da die Raumbreite maßgeblich durch den rechts von der Wanne gelagerten Sanitärgegenstand definiert wird.

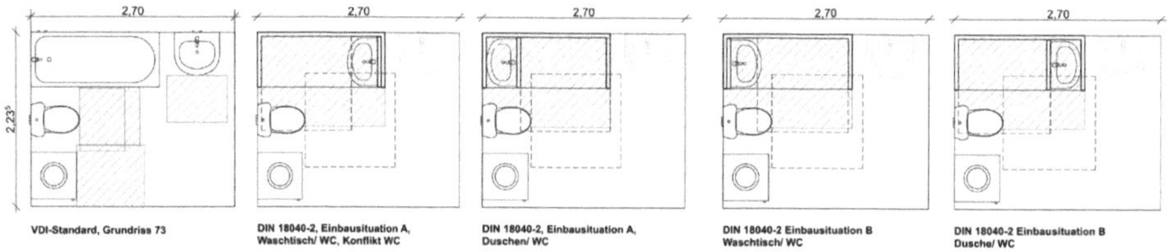

Abbildung 6-9
WaMa auf Grundfläche, WC daneben, WT neben Wanne (2)

GR: 73, 74, 48, 44, 76; Gesamtzahl: 5 St.

2.3 Einzeln auf Grundfläche stehendes, entfallendes Waschbecken (RK-02): Parallel zur Wanne stehendes, entfallendes Waschbecken ohne gegenüberliegenden Sanitärgegenstand garantiert die Realisierbarkeit des Systems, da dessen Grundfläche durch Entfall des Waschbeckens immer herstellbar ist. Situation identisch zu 1.2

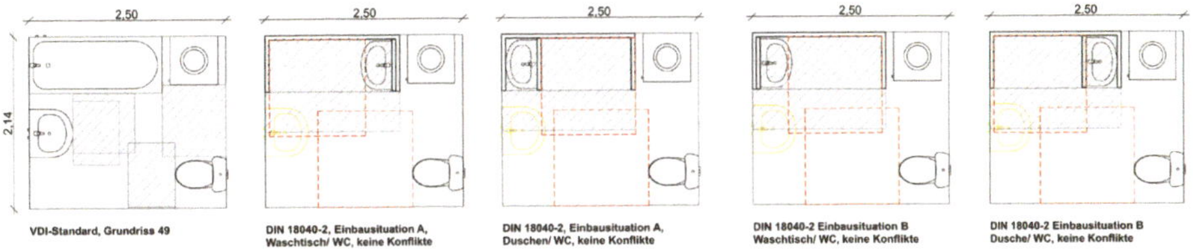

Abbildung 6-10
WT auf Grundfläche, WC gegenüber, WaMa neben Wanne

Betrifft: GR: 45, 49, 59, 62; Gesamtzahl: 4 St.

3. GRUNDRISSANALYSE RK-03, GR: 8-9, 32-37, Gesamt: 9/105 ST.

3.1 Statisches WC und entfallendes Waschbecken, in Reihe der Wanne gegenüberliegend angeordnet (RK-03): Abhängig von der Einbausituation sowie des Standorts des WCs lassen sich durch den Verschiebemechanismus wahlweise die Bewegungsfläche Waschtisch (Waschtisch schiebt sich vor WC) oder die Bewegungsfläche Dusche und WC realisieren.

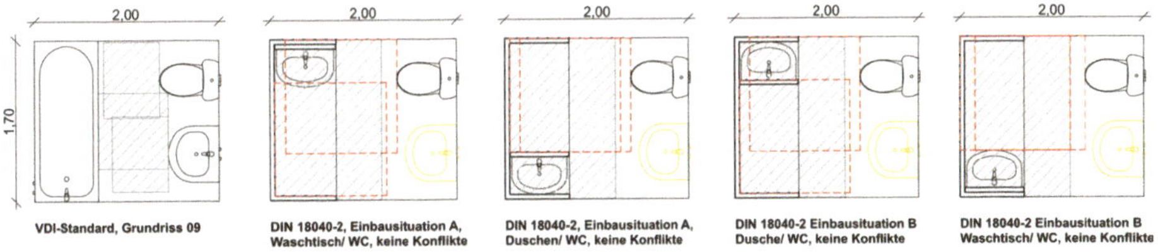

Abbildung 6-11
WC und WT gegenüber Wanne

GR: 08, 09; Gesamtzahl: 2 St.

3.2 Statisches WC, entfallendes Waschbecken, versetzbare Waschmaschine in Reihe der Wanne gegenüberliegend (RK-03): Zunächst identische Situation wie unter 2.2 beschrieben. Durch das Hinzukommen der in Reihe stehenden Waschmaschine erhöht sich zwangsläufig die Raumbreite (x-Achse), ähnlich wie in Situation 1.5. Diese führt bei Einbaubadewannen in der Regel zu einer Vormauerung, die als hinzukommendes statisches Element den Standort des Systems bestimmt. Die versetzbare Waschmaschine hat grundsätzlich keinen Einfluss auf das Raumgeschehen. Entscheidend sind der Standort des WCs in Relation zum Standort des Systems sowie die Position der Vormauerung. Diese führen entweder zur Nicht-Realisierbarkeit des Systems bzw. zur unter 2.1 beschriebenen Situation (Waschbecken schiebt sich vor WC, Bewegungsflächen abhängig vom Verschieben realisierbar).

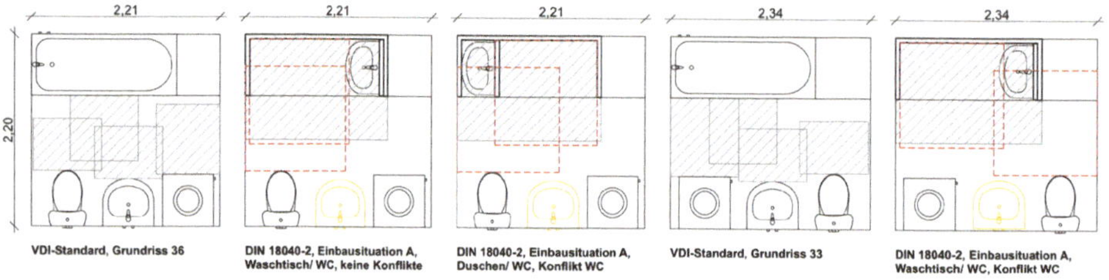

Abbildung 6-12
WC, WT und WaMa gegenüber Wanne (1)

Betrifft: GR: 32-37; Gesamtzahl: 6 St.

4. GRUNDRISSANALYSE RK-04, GR 38-43, GR 52-57, GR 66-71, GESAMT: 18/105 ST.

4.1 Statisches WC, entfallendes Waschbecken, in Reihe der Wanne gegenüberliegend, versetzbare Waschmaschine neben der Wanne angeordnet (RK-04): Vergleichbare Situation wie bei 2.2. Durch die neben der Wanne stehende, versetzbare Waschmaschine erhöht sich erneut die Raumbreite. Die versetzbare Waschmaschine hat (auch hier) grundsätzlich keinen Einfluss auf das Raumgeschehen. Entscheidend ist (auch hier) der Standort des WCs in Relation zum Standort des Systems. Dieser führt entweder zur Nicht-Realisierbarkeit des Systems bzw. zur unter 3.1 beschriebenen Situation (Waschbecken schiebt sich vor WC, Bewegungsflächen abhängig vom Verschieben realisierbar).

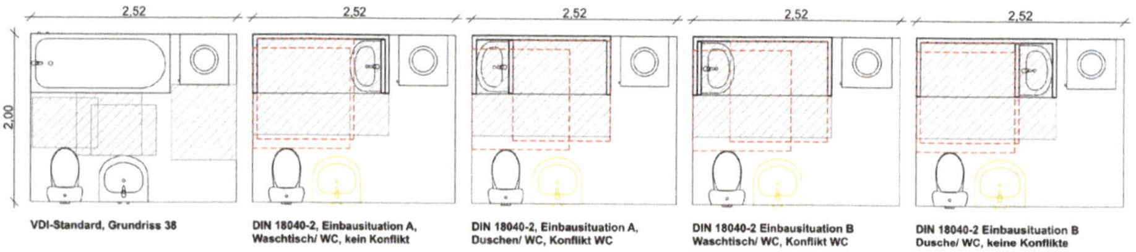

Abbildung 6-13
WC, WT gegenüber Wanne, WaMa neben Wanne

Betrifft: GR: 38-43; Gesamtzahl: 6 St.

4.2 Versetzbare Waschmaschine, entfallendes Waschbecken, in Reihe der Wanne gegenüberliegend, statisches WC neben der Wanne angeordnet (RK-04): Durch Positionierung des statischen WCs neben der Grundfläche und entsprechender Raumgröße lässt sich dessen Bewegungsfläche realisieren; das statische WC hat keinen Einfluss auf das Raumgeschehen, der größte „Störfaktor" (WC) ist aus dem Wege geräumt. Es verbleibt in allen Fällen lediglich die versetzbare Waschmaschine als raumbildendes Element, alle Bewegungsflächen lassen sich umstandslos realisieren.

Abbildung 6-14
WaMa und WT gegenüber Wanne, WC neben Wanne

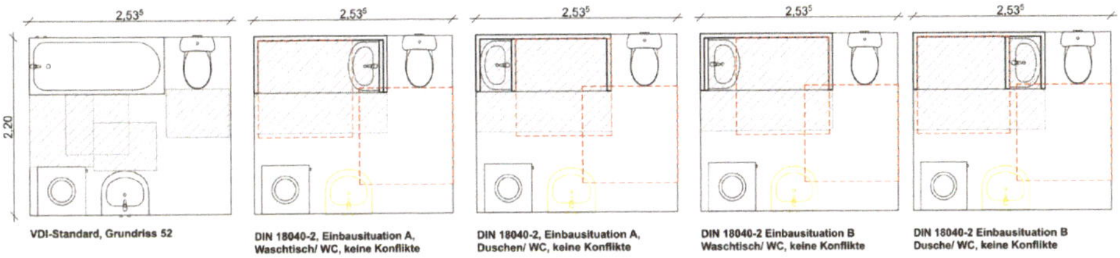

Betrifft: GR: 52-57: Gesamtzahl: 6 St.

4.3 Versetzbare Waschmaschine und statisches WC in Reihe der Wanne gegenüberliegend, entfallendes Waschbecken neben der Wanne angeordnet (RK-04): Die versetzbare Waschmaschine lässt sich in allen Fällen an Stelle des entfallenen Waschbeckens platzieren, wodurch der neu entstehende Raum sinnvoll genutzt wird. Erneut ist (auch hier) der Standort des WCs in Relation zum Standort des Systems entscheidend. Dieser führt entweder zur Nicht-Realisierbarkeit des Systems (System steht in Bewegungsfläche WC) bzw. zur unter 3.1 beschriebenen Situation (Waschbecken schiebt sich vor WC, Bewegungsflächen abhängig vom Verschieben realisierbar).

Abbildung 6-15
WaMa und WC gegenüber Wanne, WT neben Wanne

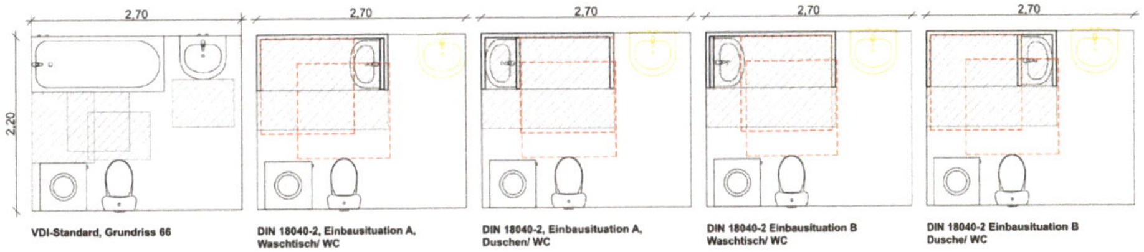

Betrifft: GR: 66-71; Gesamtzahl: 6 St.

5. GRUNDRISSANALYSE RK-05, GR 10, 11, 101-105, GESAMT: 7/105 ST.

5.1 Versetzbare Waschmaschine, statisches WC und entfallendes Waschbecken, in Reihe rechts neben der Wanne angeordnet (Schlauchbäder Typ1) (RK-05)
Generell: Die Wanne steht „frei", Sanitärgegenstände befinden sich abseits der Grundfläche, ohne Relation zu dieser (Raumgrößen nehmen stark zu). Das System lässt sich daher immer

realisieren, da es „autonom" von den anderen Sanitärgegenständen agiert. Für die beschriebenen Schlauchbadsituationen ergeben sich durch den Einbau des Systems eher Nachteile, als Vorteile.
Für die Bewegungsfläche des statischen WCs ist ausschließlich die Raumbreite entscheidend, das System bietet hier keine Vorteile. Die Bewegungsfläche des entfallenden Waschbeckens kann realisiert werden. Dennoch entstehen durch den Einbau des Systems räumliche Engstellen. Das Platzangebot verschlechtert sich sogar durch den Einbau der geschlossenen Box, das System erweist sich für Schlauchbäder als ungeeignet!

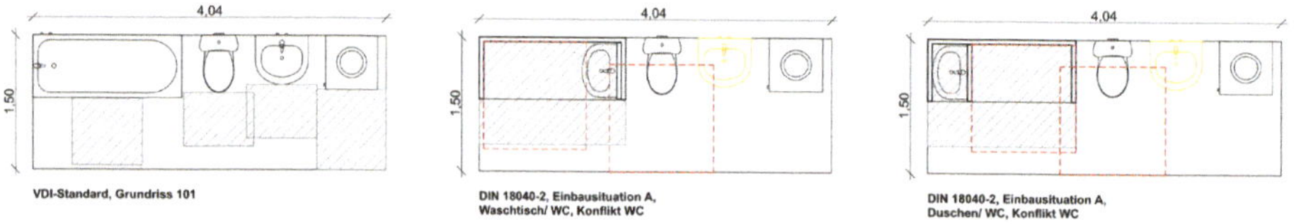

Abbildung 6-16
WC, WT und WaMa neben Wanne

GR: 10,11,101-105; Gesamtzahl: 7 St.

6. Grundrissanalyse RK-06, GR 82-84, 87-89, 92-94, 97-99, Gesamt: 12/105 St.

6.1 Versetzbare Waschmaschine und statisches WC, in Reihe rechts neben der Wanne angeordnet, entfallendes Waschbecken gegenüberliegend angeordnet. (Schlauchbäder Typ 2) (RK-06): Durch den Entfall des Waschbeckens erhöht sich die Bewegungsfläche des statischen WCs. Die günstige räumliche Situation „Statisches WC mit frontal gegenüberliegendem, entfallendem Waschbecken" (siehe auch Situation 1.4) lässt sich realisieren, da keine Beeinträchtigung der Bewegungsfläche durch die versetzbare Waschmaschine entsteht.

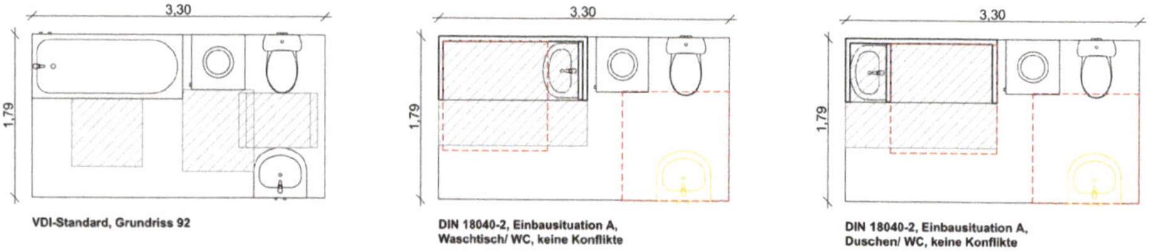

Abbildung 6-17
WaMa und WC neben Wanne, WT gegenüber

Betrifft: GR: 92, 93, 94, 97, 98, 99; Gesamtzahl: 6 St.

6.2 Versetzbare Waschmaschine und entfallendes Waschbecken in Reihe rechts neben der Wanne angeordnet, statisches WC gegenüberliegend angeordnet (RK-06): Durch den Entfall des Waschbeckens erhöht sich die Bewegungsfläche des statischen WCs. Die sonst günstige räumliche Situation „statisches WC mit frontal gegenüberliegendem, entfallendem Waschbecken" (siehe auch Situation 1.4) wird jedoch durch Nichtversetzbarkeit der Waschmaschine aufgehoben. In allen Fällen beeinträchtigt die versetzbare Waschmaschine die Bewegungsfläche des statischen WCs.

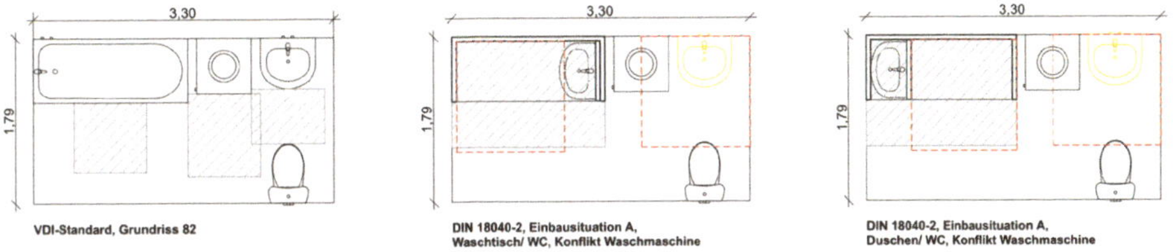

Abbildung 6-18
WaMa und WT neben
Wanne, WC gegenüber

Betrifft: GR: 82-84, 87-89 Gesamtzahl: 6 St.

7. Grundrissanalyse RK-07, GR 12,13,80,85,90,95, Gesamt: 6/105 St.

7.1 Einzeln auf Grundfläche stehendes statisches WC (RK-07): Parallel zur Wanne stehendes statisches WC, versetzbare Waschmaschine und entfallendes Waschbecken rechts der Wanne angeordnet (GR12: Nur Waschbecken). Parallel zur Wanne stehendes, statisches WC verhindert erneut Realisierbarkeit des Systems (GR nicht herstellbar).

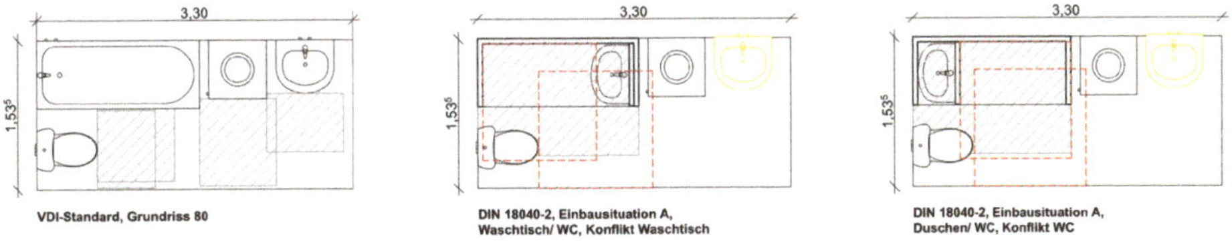

Abbildung 6-19
WaMa und WT neben
Wanne, WC auf Grundfläche

Betrifft: GR: 12, 80, 85; Gesamtzahl: 3 St.

7.2 Einzeln auf Grundfläche stehendes entfallendes Waschbecken (RK-07): Das parallel zur Wanne stehende, entfallende Waschbecken garantiert die Realisierbarkeit des Systems, da dessen Grundfläche durch Entfall des Waschbeckens immer herstellbar ist.

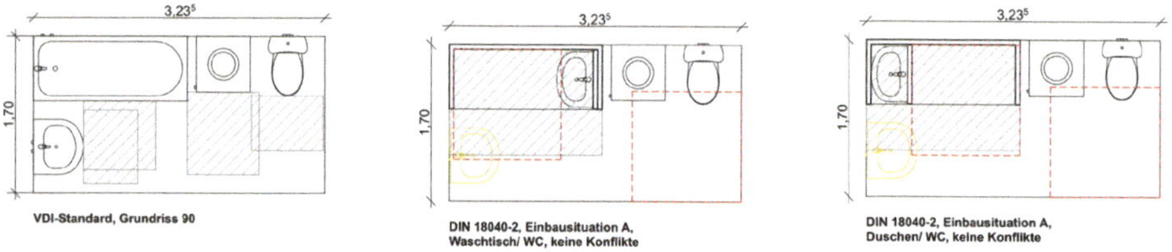

Abbildung 6-20 WaMa und WC neben Wanne, WT auf Grundfläche

Betrifft: GR: 13, 90, 95; Gesamtzahl: 3 St.

8. GRUNDRISSANALYSE RK-08, GR: 6, 7, 50, 51, 64, 65, 79, GESAMT 7/105 ST.

8.1 Analoge Über-Eck-Situation, WC auf GR, WaMa versetzbar, WB entfallend (RK-08)

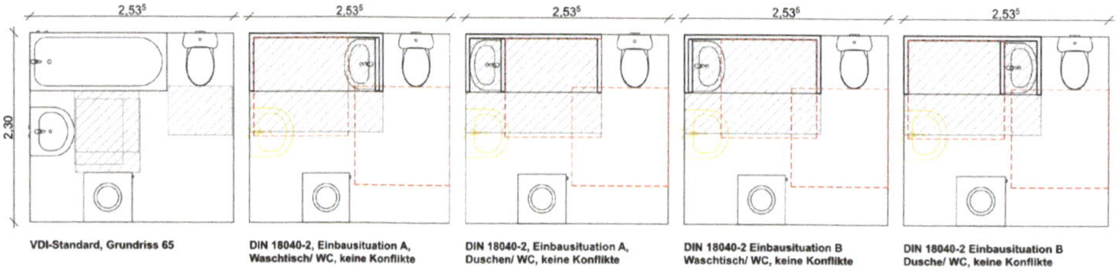

Abbildung 6-21 WC neben Wanne, WT auf Grundfläche, WaMa über Eck

Betrifft: GR: 6, 7, 50, 51, 64, 65, 79, Gesamt: 7 St.

6.2.4 Ergebnisse - Relation DIN 18040-2

Ergebnisse bezüglich Raumgrößen

Der durchschnittliche Mindestplatzbedarf zur Schaffung eines „pflegegerechten" Bades, wurde, wie erwähnt, 2020 in einer Bachelorarbeit herausgearbeitet. So sind im Fall eines nach Neufert definierten Brausebads (WC, Dusche, Waschtisch) 5,91 m^2, im Fall eines Bades (+ weitere Sanitärgegenstände) 7,87 m^2 erforderlich.[471] Konkrete Anforderungen bezüglich der Raumgrößen nach DIN 18040-2 sind nicht definiert.[472] Die Anforderungen des Ready-Mindeststandards betragen 3,60 m^2.[473] Wichtig zu erwähnen an dieser Stelle: Das durchschnittliche Bad in Deutschland ist, gemäß der vorbeschriebenen Studie des VDS, aktuell

[471] vgl. Schipp 2020: Umbau häuslicher Bäder zu bedarfsgerechten Pflegebädern in Abhängigkeit des Pflegegrades, S. 63

[472] vgl. Everding/Sieger/Meyer 2015: Handbuch barrierefreies Bauen

[473] vgl. ready – vorbereitet für altengerechtes Wohnen o. J.: Standards für altengerechtes Wohnen

9,10 m² groß. Dennoch liegen 21 % aller Bäder und damit 8,9 Millionen deutlich unter 6,00 m² und damit unter den Mindestanforderungen eines barrierefreien (pflegegerechten) Badumbaus (siehe: 2.3 Forschungsfeld und -thema).[474]

Tabelle 6-2
Raumgrößen in Relation zu Sanitärgegegenständen

Durchschnittliche Raumgröße aller 105 Grundrisse	5,48 m²
Durchschnittliche Raumgröße ohne versetzbare Waschmaschine	3,96 m²
Durchschnittliche Raumgröße mit versetzbarer Waschmaschine	5,62 m²
Zunahme der Raumgröße durch versetzbare Waschmaschine	41,92 m²

Fokus der Arbeit stellen „kleine" Bäder des Bestandes dar, somit gilt es zu definieren, was unter „klein" zu verstehen ist. Gemäß der Anforderungen nach Ready-Standard (3,60 m²) sind alle der generierten Bäder als ausreichend groß zu bewerten. Seitens DIN 18040-2 wird, wie erwähnt, keine konkrete Raumgröße, sondern lediglich die Realisierung derBewegungsflächen gefordert, spezifische Raumgrößen zwangsläufig beinhaltend. Gemäß den ermittelten Anforderungen der vorbeschriebenen Bachelorarbeit liegt die Mehrheit der generierten Badgrundrisse knapp unterhalb der Umbaufähigkeit vom „Standard-" zum DIN-konformen „Pflegebad". Zwangsläufig nimmt die Raumgröße der VDI-basierten Grundrisse durch Hinzukommen der Waschmaschine zu, diesbezüglich auffallend jedoch die hohe Steigerung der Quadratmeterzahl (41,92 %) durch einen einzelnen Sanitärgegenstand von lediglich 60 x 60 cm Stellfläche. 96 von 105 der generierten Grundrisse weisen eine Raumgröße bis 6,00 m² auf, bei lediglich 9 von 105 Grundrissen liegt diese mit 6,90 qm deutlich darüber (Spitzenwert: 7,59 m² , GR96). Die beschriebenen „Ausreißer" finden sich ausschließlich in den Raumkonfigurationen RK-06 und RK-08 und sind auf übermäßiges Strecken des Raumes durch ungünstige Anordnung von Sanitärgegenständen zurückzuführen. Vor dem Hintergrund derart hoher Raumgrößen stellt sich die Implementierung des Systems als zumindest fragwürdig dar. Hinzukommend erscheinen die generierten Grundrisse zum Teil wenig reali-

[474] vgl. Vereinigung Deutsche Sanitärwirtschaft (VDS) 2017: Die Deutschen und ihre Bäder

tätsnah. Da die Realität wie beschrieben jedoch nicht bekannt ist, wurden alle denkbaren (obgleich auf den ersten Blick ungewöhnlich erscheinenden) Varianten in die Untersuchung mit einbezogen (siehe auch abschließende Beurteilung/Fazit).

Ergebnisse bezüglich Bewegungsflächen
Hinweis: „Realisierbarkeit des Systems" ist in nachstehenden Ausführungen gleichzusetzen mit „Realisierbarkeit von Bewegungsflächen nach DIN 18040-2".

- Ein parallel zur Wanne stehendes, auf der Grundfläche positioniertes, statisches WC verhindert die Realisierbarkeit des Systems (RK-01/02/07/08), ausgehend von einem verschiebbaren Waschtisch (nicht statische Variante).
- Ein parallel zur Wanne stehendes, auf der Grundfläche positioniertes, entfallendes Waschbecken garantiert die Realisierbarkeit des Systems (RK-01/02/07/08).
- Eine parallel zur Wanne stehende, auf der Grundfläche positionierte, versetzbare Waschmaschine kann a) entweder an Stelle des entfallenden Waschbeckens versetzt werden, oder b) verhindert die Realisierbarkeit des Systems, ausgehend von einem verschiebbaren Waschtisch (RK-01/02).
- Im Falle von lotrecht der Wanne gegenüber angeordneten Sanitärgegenständen ist der Standort des statischen WCs entscheidend: Zur Funktionsfähigkeit des Systems muss dieses entweder abseits der Grundfläche (rechts neben Wanne) oder lotrecht zur Grundfläche angeordnet sein (RK-03/04).
- In Schlauchbädern Typ 01 lässt sich das System aufgrund der Unabhängigkeit von anderen Sanitärgegenständen grundsätzlich realisieren (RK-05).
- In Schlauchbädern Typ 02 ist die Anordnung von statischem WC und versetzbarer Waschmaschine entscheidend: Liegen diese gegenüber, lässt sich das System nicht realisieren; diesbezüglich müssen diese in Reihe stehen und das entfallende Waschbecken gegenüber angeordnet sein (RK-06).

Ergebnisse bezüglich Funktionsintegration
Der im Grundriss untersuchte Aspekt der Funktionsintegration beschränkte sich auf den in die Dusche integrierten Waschtisch. Nicht grundrissbezogene Aspekte wurden im Rahmen der ExpertInnen-Interviews bzw. der Prototypen-Tests analysiert. Der Fokus lag zunächst auf der Sinnhaftigkeit einer statischen Integration des Waschtisches in den Duschbereich ohne horizontale Verfahrbarkeit (Untersuchung Verfahrbarkeit: siehe Folgeausführungen, „Räumliche Interaktion"). Die Sinnhaftigkeit einer „Nicht-Verfahrbarkeit" des Waschtischs voraus-

gesetzt, wären alternative Konzepte zum „Trocknen“ des Bodens sowie zur Nutzung einer Armatur für zwei Funktionen zu konzipieren (fortlaufende Modifikation).

- Das Problem des parallel zur Wanne stehenden, auf der Grundfläche positionierten statischen WC, welches die Realisierbarkeit des Systems verhindert (RK-01/02/07/08), entsteht je nach Einbausituation vorwiegend durch die Verschiebbarkeit des Waschtischs (entstehende Engstelle). Die bloße Integration des Waschtischs, parallel zum WC und ohne horizontale Verschiebbarkeit, entschärft besagte Problematik und erweist sich in zahlreichen Grundrissen als vorteilhaft hinsichtlich der Realisierung von Bewegungsflächen.

Abbildung 6-22
Engstelle durch
Verschiebbarkeit WT

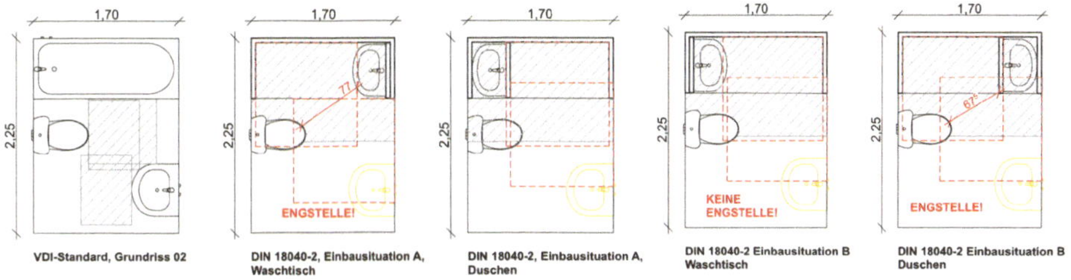

- Im Falle von gegenüberliegendem statischem WC und entfallendem Waschbecken bietet die nicht verschiebbare Integration des Waschtischs in den Duschbereich einen klaren Vorteil, da die Realisierung von Bewegungsflächen vor dem WC ohne Repositionierung des Waschbeckens nicht möglich ist (RK-01, GR-01, GR-25). Analog zur vorherigen Situation führt eine Verschiebbarkeit des Waschtischs zu vermeidenden „Engstellen“, die jedoch aufgrund der Streckung des Raumes (Breite) nicht ins Gewicht fallen (Durchgangsbreite deutlich über DIN-Anforderung, > 80cm)
- In spezifischen Grundrisskonstellationen kann dieser Effekt durch Hinzukommen der versetzbaren Waschmaschine negativ beeinflusst werden. Nämlich dann, wenn dem statischen WC nicht nur das entfallende Waschbecken, sondern auch die versetzbare Waschmaschine gegenüberliegt und keine Option zu deren Repositionierung vorhanden ist. Generell jedoch kann durch den Entfall des Waschbeckens und das „Freiwerden“ eines Anschlusses, die Waschmaschine in den meisten Fällen versetzt, Bewegungsflächen realisiert, das Grundrissgeschehen positiv beeinflusst werden (RK-01, RK-04, RK-06, RK-08).
- In Falle von parallel zur Wanne stehenden, auf der Grundfläche positionierten, versetzbaren Waschmaschinen kann diese durch Entfall des Waschbeckens in nahezu allen Fällen versetzt, das Grundrissgeschehen positiv beeinflusst werden (RK-02, GR62).

- Die Integration des Waschtischs in den Duschbereich führt in einigen Fällen zur Entstehung einer gemeinsam nutzbaren Bewegungsfläche, für WC als auch für Waschtisch. Eine Modifikation des Konzepts hinsichtlich Trocknung/Räumliche Trennung/Armatur ließe zudem die zusätzliche Integration der Bewegungsfläche Dusche möglich erscheinen (RK-03, RK-04, RK-06).
- In schmal geschnittenen „Schlauchbädern", erweist sich die Integration des Waschtischs in den Duschbereich durch folgenden Umstand als vorteilhaft: Häufig verhindert die Raumbereite die Realisierung der Bewegungsflächen. In teilweise nur 150 cmbreiten Räumen lässt sich lotrecht zum Raum, kein Waschtisch mit dazugehöriger Bewegungsfläche platzieren, wohl aber parallel zum Raum, was durch Integration in den Duschbereich geschieht. Teilweise nachteilig erweist sich die geschlossene „Kiste" des Systems (Enge, Belichtungsprobleme) (RK-05, RK-07).

Ergebnisse bezüglich räumlicher Interaktion

Vorausgeschickt: Trotz nachstehender, differenzierterer Ausführungen lässt sich generell kein räumlicher Vorteil der Verschiebbarkeit des Waschtischs hinsichtlich der Realisierung von Bewegungsflächen nach DIN 18040-2 nachweisen! Der ursprüngliche Gedanke des „platzschaffenden Mobiliars" erweist sich zumindest im Falle des Bestands als nicht zielführend. Ergänzend wurden folgende Beobachtungen gemacht:

- Wie bereits in den vorherigen Ausführungen beschrieben, ist ein parallel zur Wanne stehendes, auf der Grundfläche positioniertes, statisches WC stets kritisch zu bewerten. Durch Verschiebbarkeit des Waschtischs entsteht eine (neue) Engstelle zwischen WC und Waschtisch, die das Konzept räumlicher Interaktion abwegig erscheinen lässt (RK-01, RK-02, RK-07, RK-08)
- Ein parallel zur Wanne stehendes, auf der Grundfläche positioniertes, entfallendes Waschbecken löst vorbeschriebenes Problem insofern auf, als die beschriebene Engstelle durch den „Platzhalter" entfallendes Waschbecken entschärft wird. (RK-01, RK-02, RK-07, RK-08)
- Obgleich im Bestand nicht vorteilhaft, ergibt sich in bestimmten Grundrissen die Situation einer im Neubau zu untersuchenden Konstellation gemeinsam nutzbarer Bewegungsflächen für WC, Waschtisch und Dusche, bedingt durch Verschiebbarkeit des Waschtischs. Hierbei „teilen" sich WC und Waschtisch zunächst eine Bewegungsfläche. Durch Verschieben des Waschtischs vor das WC (beim Duschvorgang nicht benötigt), wird der

Duschraum „freigegeben“ (RK-03, RK-04, RK-06). Eine für typische Alltagsszenarien vorteilhafte Raumkonfiguration mit hoher Platzersparnis.

6.2.5 Ergebnistransfer - Ready-Standard

Wie bereits beschrieben unterscheiden sich die Anforderungen des Ready-Standards, von denen der DIN 18040-2, wie folgt.[475]

- Die Bewegungsflächen vor Waschtisch und WC sind deutlich schmaler und rechteckig,
- statt quadratisch zu planen (90 x 120 cm)
- Es besteht bereits im Mindeststandard die Forderung nach einer „Transfer-Fläche“ neben dem WC, die seitens DIN 18040 erst im R-Standard und mit anderen Abmessungen gefordert wird (90 x 90 cm)
- Es wird keine Bewegungsfläche „in“, sondern „vor“ der Dusche gefordert
- Für die Dusche selbst wird eine konkrete Mindestgröße gefordert.
- Bewegungsfläche vor Dusche: 90 x 120 cm, Größe Dusche;(90 x 90 cm; 90 x 120 cm)

Eine eigenständige Untersuchung der Grundrisse nach Ready-Mindest-Standard erwies sich im Laufe der Bearbeitungszeit aus nachstehenden Gründen als nicht sinnvoll: Abgesehen von der im einfachen DIN 18040-2-Standard nicht vorgesehenen Transfer-Fläche WC sowie einer Bewegungsfläche „vor“ der Dusche (diagonal) ergeben sich vergleichbare Untersuchungsparameter in „abgespeckter“ Form. Die Grundrisse wurden somit aufbauend auf den beschriebenen Unterschieden zur DIN und auf Grundlage der Bewertungsmatrix gemäß folgender Fragestellung untersucht: Welche Konsequenzen bezüglich der bisher gewonnenen Erkenntnisse ergeben sich aus 1) reduzierten Abmessungen der Bewegungsflächen vor WC und Waschtisch, 2) der neu hinzukommenden Anforderung einer Transfer-Fläche WC, 3) einer Bewegungsfläche „vor“ statt „in“ der Dusche sowie einer konkreten Mindestgröße der Dusche?

- Die reduzierten Abmessungen der Bewegungsflächen vor WC und Waschtisch heben

das vorbeschriebene Problem des statischen WC auf der Grundfläche des Systems auf, da sich die erforderliche Mindestbreite der Bewegungsfläche von 90 cm, resultierend aus der Breite der vormaligen Wanne von 70 cm, plus 20 cm Abstand zum WC gemäß VDI-Stan-

[475] vgl. ready – vorbereitet für altengerechtes Wohnen o. J.: Standards für altengerechtes Wohnen

dard, [476] realisieren lässt. Der Einbau ist somit immer möglich! Betrifft: RK-01, RK-02, RK -07, RK-08.

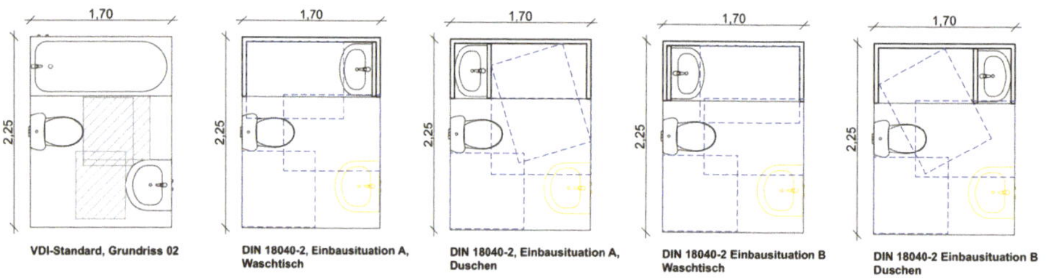

Abbildung 6-23 Realisierbarkeit (reduzierter) Bewegungsflächen

- Eine parallel zur Wanne stehende, auf der Grundfläche positionierte, versetzbare Waschmaschine kann an Ihrem Standort verbleiben und muss im Gegensatz zum DIN-Standard zur Realisierung der Bewegungsflächen nicht zwangsläufig versetzt werden; teilweise jedoch zur Realisierung der Transferfläche-WC.
- Ist das entfallene Waschbecken neben dem statischen WC positioniert, führt dessen Verlagerung in das System automatisch zur Realisierungsmöglichkeit der Transferfläche WC (Funktionsintegration).

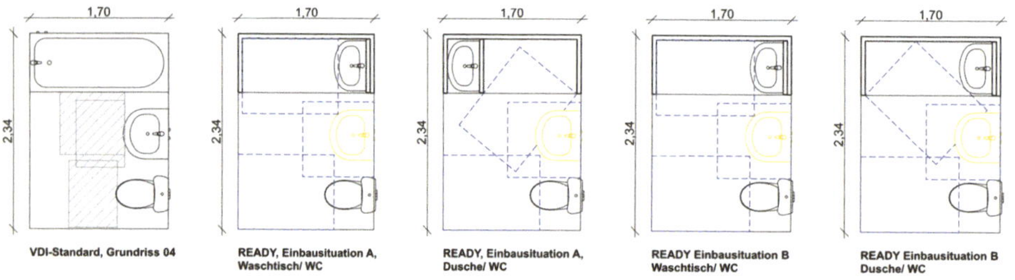

Abbildung 6-24 Realisierbarkeit Transferfläche WC

Hinsichtlich der Thematik „räumliche Interaktion" konnte in einigen Grundrissen kein Vorteil, jedoch ein inspirierender Aspekt beobachtet werden: Abhängig von der Einbausituation lässt sich die Transferfläche WC in einigen Fällen durch Verfahren des Waschtischs und Herstellen der Dusche „freigeben"; siehe Abbildung. Die Problematik einer neu entstehenden

[476] vgl. Verband Deutscher Ingenieure VDI o. J.: VDI 6000 Sanitärtechnik; Ausstattung von und mit Sanitärräumen

Engstelle bleibt bestehen, wird jedoch durch den diagonal gedachten Zugang/Platz vor der Dusche entschärft.

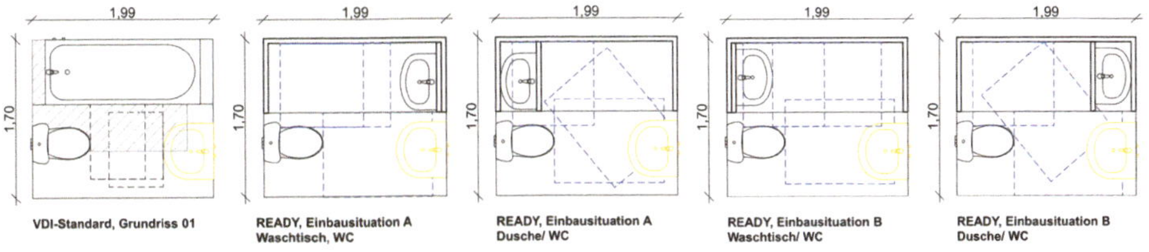

Abbildung 6-25
Realisierbarkeit Transferfläche WC durch Verschieben (Inspiration)

Im Falle einzeln neben der Wanne angeordneter WC (GR13), verhindert der Einbau der „Box" grundsätzlich die Herstellung der Transferfläche-WC.

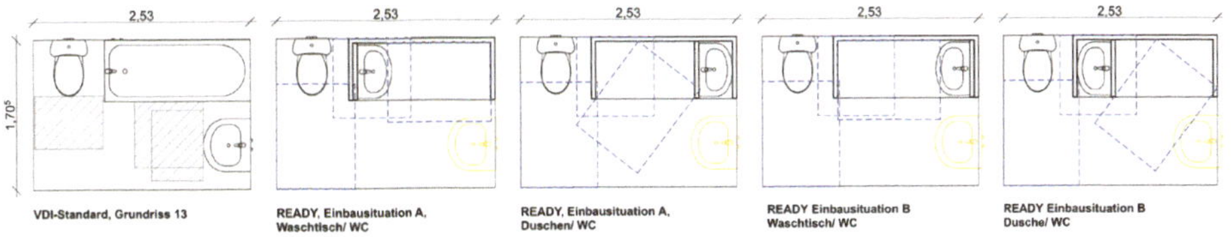

Abbildung 6-26
„Box" auf Transferfläche WC

Die Verlagerungsoptionen der versetzbaren Waschmaschine schränken sich aufgrund der nicht mehr vorhandenen Möglichkeit, die versetzbare Waschmaschine neben dem statischen WC zu platzieren, stark ein. Dies funktioniert gut bei in Reihe stehendem statischen WC, versetzbarer Waschmaschine und entfallendem Waschbecken.

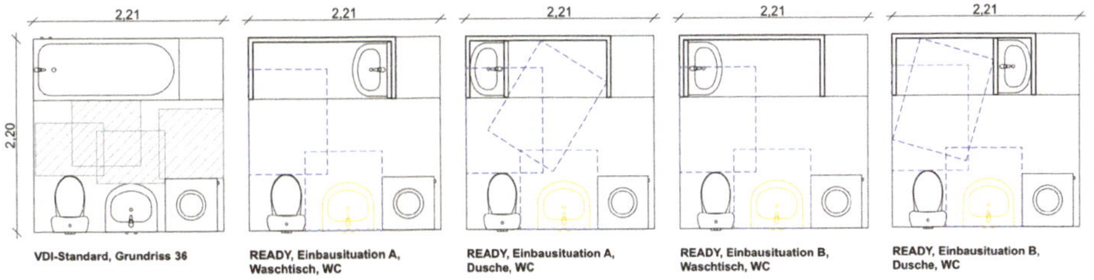

Abbildung 6-27
WC, Waschbecken und Waschmaschine gegenüber Wanne (2)

Die Mindestgröße der Dusche ist aufgrund der Koppelung an die Bewegungsfläche von 90 × 120 cm vor dem Waschtisch grundsätzlich immer herstellbar; die Bewegungsfläche „vor" statt „in“ der Dusche lässt sich grundsätzlich in allen Grundrissen herstellen; es tritt erneut die Problematik der Engstelle hinsichtlich des Verschiebemechanismus auf.

6.2.6 Bewertung

Zur Analyse wurde, wie eingangs erwähnt, lediglich ein einzelner Badraumtypus (Brausebad) herangezogen. Hinzukommend blieben Aspekte wie die räumliche Positionierung von Zugang und Fenstern außen vor. Die Sinnhaftigkeit einer Implementierung bleibt eine individuelle Entscheidung vor Ort. Dennoch konnten hilfreiche Gesetzmäßigkeiten und Inspirationen der Raumbildung ermittelt werden.
Wichtigste Erkenntnis der Untersuchungen stellte zunächst die Nichtsinnhaftigkeit einer Verschiebbarkeit des Waschtischs (räumliche Interaktion) bezüglich der Raumbildung dar. Die statische Integration des Waschtischs in die Dusche, der generelle Entwurfsgedanke einer kompakten „Box“ hingegen (Funktionsintegration), erwiesen sich mit Ausnahme von Schlauchbädern im Bestand als zielführend: Entfallendes Waschbecken und (damit einhergehende) Versetzbarkeit der Waschmaschine bieten eindeutig nachweisbare räumliche Vorteile. Im Laufe der Bearbeitungszeit relativierten sich die gewonnenen Erkenntnisse: Die später folgende Verbreiterung des Systems von 70 cm auf 120 cm innerhalb des Prototypenbaus sowie die Organisation von Waschtisch, Dusche und später auch WC auf einer Grundfläche, ließ eine Verfahrbarkeit des Waschtischs höchst sinnvoll erscheinen. Dies jedoch nicht vorrangig vor dem Hintergrund einer Platzersparnis, sondern jenem physischer Assistenzen im Bereich WC und Dusche (siehe Folgeausführungen, Abbildung). Entscheidend: Der entstandene Prototyp erforderte eine separate Analyse denkbarer Raumkonfigurationen mit Fokus Neubau, aufgrund des nun integrierten WCs.
Inwiefern lässt sich eine generelle Erhöhung der Barrierefreiheit durch das System abbilden? Bezüglich des Faktors umweltbedingte Barriere ließe sich vereinfacht annehmen: Mehr Bewegungsfläche = weniger Barriere, ein Aspekt, der in zahlreichen Grundrissen verwirklicht werden konnte. Die späteren Prototypentests zeigten jedoch, dass diese vereinfachte Kausalität nicht pauschal zutrifft. So führen unterfahrbare Waschtische zwangsläufig auch zu Bewegungsfläche „unter“, statt „vor“ Sanitärgegenständen, Wenderadien für Rollatoren ermöglichend (R-Standard nicht untersucht). Ein Aspekt, der in der DIN 18040-2 keine Erwähnung findet, jedoch innerhalb des Prototypen in Wert gesetzt wurde, welcher Sanitärgegenstände überlagert (WC und Waschtisch), mit entsprechendem Platzgewinn.
Barrierefreiheit ist somit ebenso individuell zu denken wie die jeweiligen Grundrisse und nicht an starre Erfüllung von Bewegungsflächen gebunden. Der Ready-Standard „entschärft“ Forderungen der DIN 18040-2 und führt zwangsläufig zu höheren „Trefferzahlen“ des Konzepts bezüglich Erfüllung und Nicht-Erfüllung räumlicher Standards. Dies insbeson-

dere auch hinsichtlich der Ready-spezifischen Transferfläche WC, die seitens DIN 18040-2 nur im R-Standard gefordert ist. Kritisch zu beurteilen jedoch die Orientierung des Ready-Standards an der Besuchseignung; hier vornehmlich das Einkalkulieren von Hilfestellungen durch Dritte am WC, mit zu vermutender Verstärkung einstellungsbedingter Barriere bzw. negativem Einfluss auf die MenschEN-Umwelt-Interaktion (siehe: 4. Barrierefreiheit).

Abbildung 6-28 Bewegungsflächen unter- und Überlagerung von Sanitärgegenständen[477]

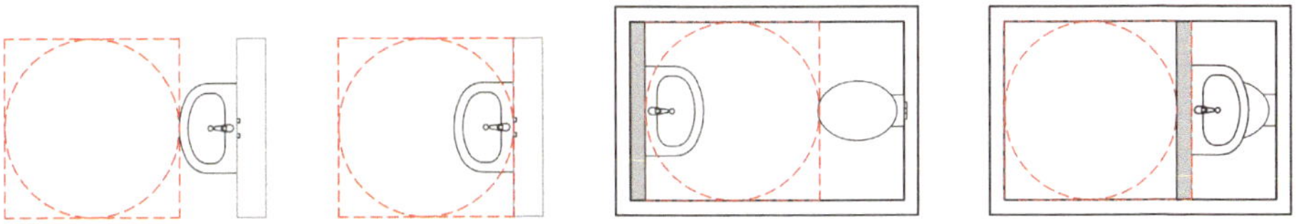

6.3 GRUNDRISSANALYSEN - NEUBAU

6.3.1 Inhalt

Im Folgenden wird der in Kapitel „2.3.4 Forschungsbedarf Architektur" thematisierte und in der Forschungsfrage enthaltene Transfer auf den Neubau, bezüglich System und Raumbildung, dargestellt. Zunächst muss zwischen der singulären Betrachtung des Raum-in-Raum-Systems als eigenständige Moduleinheit (freistehende Fertignasszelle) und deren Eingliederung in eine räumliche Matrix (Bau eines Bades auf Grundlage einer Fertignasszelle) differenziert werden. Im Sinne des Gegensatzpaares „Vom Raum zum Mobiliar" - „Vom Mobiliar zum Raum" wurde zu deren Definition (Matrix) eine Umkehrung der vorangegangenen Vorgehensweise (Grundrissanalyse Bestand) vollzogen, wie nachstehend beschrieben. Das System bildet zum Zeitpunkt der Erhebung bereits den späteren Prototypenstatus als eigenständige Moduleinheit mit integriertem WC, physischen Assistenzen und einer an den Bewegungsflächen der DIN 18040-2 orientierten Breite von 120 cm ab.[478] Mittels Überlagerung von Sanitärgegenständen, unterfahrbarem Waschtisch, räumlicher Interaktion und Funktionsintegration (Forschungsfrage) ließen sich mitunter eindeutige Vorteile abbilden, siehe Folgeausführungen.

---

[477] Darstellung: Lukas Beyerle

[478] vgl. Deutsches Institut für Normung 2023: DIN 18040-2, Barrierefreies Bauen - Planungsgrundlagen. Teil 2, Wohnungen

Die nun aufbauend folgende Definition der Matrix gestaltete sich wie folgt: Vereinfacht formuliert wurden im ersten Durchlauf (Grundrissanalyse Bestand) statische Raumkonfigurationen nach Kriterium-01 (VDI-Standard) erstellt, das System innerhalb dieser (Raumkonfigurationen) platziert und nach Kriterium-02 bewertet (Forschungsfrage und Norm). Dabei passte sich das Mobiliar den räumlichen Gegebenheiten an (Standort, Größe): Vom Raum zum Mobiliar. Im jetzt folgenden zweiten Durchlauf (Grundrissanalyse Neubau), wurde das System „auf dem weißen Blatt" platziert, zunächst für sich stehend betrachtet (eigenständige Moduleinheit) und anschließend eine ideale Raumkonfiguration (Matrix) „passend" nach Kriterium-02 (Forschungsfrage und Norm) gestaltet: Vom Mobiliar zum Raum. Die Bezugnahme zu Forschungsfrage, Methodik, Bewertungskriterien und konkreten Ergebnissen wird in den nachstehenden Ausführungen beschrieben und analog zu den bisherigen Kapiteln in ein abschließendes Fazit überführt.

6.3.2 Bezugnahme Forschungsfrage

Analog zur Grundrissanalyse Bestand lag der Fokus auf dem Kontext Raumbildung und Barrierefreiheit im Sinne des „befahrbaren Umfelds" (siehe: 4.3 Design und Architektur). Dabei galt es u. a., die Erkenntnisse der explizit als Voruntersuchung konzipierten Grundrissanalyse Bestand in die nun aufbauende Grundrissanalyse Neubau einfließen zu lassen (Transfer). Zunächst wurde die vorab beschriebene Umkehrung der Vorgehensweise im Sinne des „Vom Mobiliar zum Raum"-Ansatzes vorgenommen, der funktionsintegrative Aspekt durch Integration von Waschbecken und WC in das System (als eigenständige Moduleinheit) forciert. Somit entfielen Waschbecken und statisches WC als raumbildende Faktoren, ebenso der Faktor Raumbildung mittels räumlicher Interaktion (horizontale Verschiebbarkeit des Waschtischs), der sich im Bestand als nicht zielführend erwiesen hatte (Einbezug Vorab-Erkenntnisse). Da räumliche Interaktion im Sinne einer Erhöhung der Barrierefreiheit jedoch innerhalb des (fortentwickelten) Prototypen eindeutige Vorteile durch Überlagerung von Waschtisch und WC (Raumgewinn) sowie physischer Assistenz bietet, galt es fortan zwischen der aktiven Raumbildung innerhalb und der erwiesenermaßen davon unbeeinflussten passiven, außerhalb des verbauten Systems, zu differenzieren (Voruntersuchungen).

6.3.3 Forschungsdesign, Methodik

Konzeptbedingt und analog zu den Grundriss-Analysen-Bestand, erfolgte zunächst die Festlegung auf den Badraumtypus Brause, definiert durch Dusche, Waschtisch und WC. Wie beschrieben galt es, das System sowohl als eigenständige Moduleinheit zu betrachten, als auch eine systemoptimierte räumliche Matrix (Grundriss) zu definieren. Maßgabe der Grundrissgestaltung stellte nun im Gegensatz zu den Voruntersuchungen die DIN 18040-2[479] statt der VDI 6000[480] im Sinne der Vorgehensweise einer Umkehrung („Vom Mobiliar zum Raum“) dar. Die aktive Raumbildung innerhalb des Systems, folgt dabei klaren Gesetzmäßigkeiten, die passive hingegen (Bereich vor und um das System) galt es zu untersuchen. Diesbezüglich wurden zunächst verschiedene, nachstehend aufgeführte Grundrissvarianten und Raumkonfigurationen generiert (in Klammern der jeweilige Platzbedarf), bei denen jeweils eine vorgeschaltete Bewegungsfläche als Rollator-Stellplatz und Ausgangspunkt der passiven Raumbildung fungiert: 1) Nur Rollator-Stellplatz (1,44 m^2) 2) Rollator-Stellplatz (1,44 m^2) und Stauraum (0,22 m^2); 3) Rollator-Stellplatz (1,44 m^2), Stauraum (0,22 m^2) und Waschmaschine (0,36 m^2). Entscheidend: Das Vorsehen von Stauraum stellt keine Anforderung der DIN 18040-2 dar, wurde jedoch im Rahmen der ExpertInnen-Interviews als zwingend notwendig erachtet (siehe: 5.5 ExpertInnen-Interviews); während entsprechende (kaum vorhandene) Mustergrundrisse in der Regel keine Schränke vorsehen (siehe: Bewertungskriterien). An dieser Stelle wird einmal mehr die Relativität gängiger DIN-Forderungen deutlich, zumal vor dem Hintergrund steigenden Stauraumbedarfs im Alter (siehe: 5.5 ExpertInnen-Interviews). Die endlichen Anordnungsmöglichkeiten der Elemente (Stellplatz, Schrank und Waschmaschine) vor dem System (Passivraumbildung), in Kombination mit einer (nun vorgesehenen) Türe, führten zum Entwurf von insgesamt 3 systemoptimierten Grundrissvarianten (siehe Abbildungen). Es handelt sich um Entwürfe im Sinne subjektiv vorstellbarer Realitäten des Autors. Der Verbau der Moduleinheit, ob freistehend oder integriert, kann sehr vielseitig und in diversen Varianten und Einbauszenarien (Implementierung, Typologien) realisiert werden. Auf ein Spiegeln des Systems, analog zu den Voruntersuchungen, wurde aufgrund mangelnder Relevanz bezüglich der Raumkonfigurationen verzichtet. Analog zur Grundrissanalyse Bestand liegt auch im Falle des Neubaus der Rückgriff auf parametrische Verfahren zur Grundrissgenerierung nahe (Potenziale aufbauender Forschung).

Bewertungskriterien

Wie erwähnt, stellte der Aspekt räumlicher Interaktion aufgrund der Voruntersuchungen kein Bewertungskriterium dar, ebenso der funktionsintegrative (Aspekt), der vorwiegend innerhalb der Prototypenstudien untersucht wurde. Die auf Grundlage DIN 18040-2 entstehenden Raumgrößen der jeweiligen Konfigurationen, als nun vorrangiges Bewertungskriterium,

[479] vgl. Deutsches Institut für Normung 2023: DIN 18040-2, Barrierefreies Bauen - Planungsgrundlagen. Teil 2, Wohnungen

[480] vgl. Verband Deutscher Ingenieure VDI o. J.: VDI 6000 Sanitärtechnik; Ausstattung von und mit Sanitärräumen

wurden anschließend in Relation zu Grundrissbeispielen des Konstruktionsatlas „Barrierefrei Bauen für die Zukunft" gesetzt und bewertet.[481] Wie bereits unter 5.4.1 Grundrissanalysen Bestand beschrieben, definiert die DIN 18040-2 (im Gegensatz zum Ready-Standard) keine Mindestquadratmeterzahlen und fordert lediglich die Realisierung von Bewegungsflächen.[482] Hinzukommend fanden sich in der Literatur jenseits des erwähnten Titels, so gut wie keine, (!) den Stauraumaspekt berücksichtigenden, bemaßten, oder zumindest mit Raumstempel versehenen Mustergrundrisse jenseits des R-Standards! Der Konstruktionsatlas „Barrierefrei bauen für die Zukunft" hingegen, formuliert drei sehr effiziente Grundrisse auf Grundlage des NICHT-R-Standards, inklusive Angabe der Quadratmeterzahl, die als Maßgabe der Bewertung dienten.[483] Von der Berücksichtigung des vorbeschriebenen Bewertungskriteriums Ready-Standard (mit klar definierten Raumgrößen) wurde aus zwei Gründen abgesehen: In telefonischer Abstimmung mit dem WohnXperium Chemnitz[484] wurde explizit von dessen Weiterverfolgung aufgrund durchweg negativer Erfahrungen im praktischen wie auch Forschungskontext abgeraten. Hinzukommend postuliert Ready, wie dargestellt (siehe: 6.2/6.3 Grundrissanalysen Bestand/Neubau), eine sukzessive Anpassbarkeit des Bades, die innerhalb des Raum-in-Raum-Systems, so nicht abgebildet werden kann (bspw. nachträgliches Vorsehen einer Wanne).[485]

6.3.4 Ergebnisse - Kontext Fachliteratur

Im Folgenden werden die generierten Raumkonfigurationen in Relation zu jenen der genannten Fachliteratur gesetzt (siehe vorherige Ausführungen und nachstehende Abbildungen). Wie eingangs erwähnt (siehe: Inhalt) muss zwischen der Betrachtung des Raum-in-Raum-Systems als 1) eigenständige Moduleinheit und 2) dessen Eingliederung in eine (eigens konstruierte, am System orientierte) räumliche Matrix (Grundriss) differenziert werden. Zu 1) Der Einbau kann wahlweise im Neubau als freistehende Fertignasszelle in prädestinierten Typologien (Altenheimen und Krankenhäusern) oder im Bestand als eigenständige, ebenfalls freistehende Moduleinheit an angrenzende Badräume (Einrichtung eines Pflegezimmers) vorgenommen werden. In den Voruntersuchungen (siehe: Grundrissanalyse Bestand)

[481] vgl. Rau et al. 2019: Barrierefrei, S. 166

[482] vgl. Deutsches Institut für Normung 2023: DIN 18040-2, Barrierefreies Bauen - Planungsgrundlagen. Teil 2, Wohnungen; ready – vorbereitet für altengerechtes Wohnen o. J.: Standards für altengerechtes Wohnen

[483] vgl. Rau et al. 2019: Barrierefrei, S. 166

[484] vgl. wohnxperium 2024: Räume erleben, gestalten und erforschen

[485] vgl. ready – vorbereitet für altengerechtes Wohnen o. J.: Standards für altengerechtes Wohnen

stand aufgrund des Forschungsauftrags (siehe: 2.3 Forschungsfeld und Forschungsthema) der Einbau in angenommene Bestandsbäder (Einzelraum) mit statischem Grundriss im Fokus. Eine generelle Neuorganisation des Grundrisses (Einrichtung eines Pflegezimmers) wurde nicht untersucht. Zu 2) Die Eingliederung in die vorbeschriebene Matrix wird anhand der Grundrissdarstellungen abgebildet und in Relation zu den Darstellungen des Konstruktionsatlas „barrierefrei Bauen“ gesetzt. Dabei soll ausdrücklich kein Versuch unternommen werden, das Raum-in-Raum-System „im besten Licht“ erscheinen zu lassen. Vielmehr soll eine zielführende, auf den bisherigen Ausführungen aufbauende Argumentation erfolgen, die Vor- und Nachteile des Systems so objektiv wie möglich abbildet.

1. „GR-01 Moduleinheit (2,24 m^2)“ vs. „GR-01 Konstruktionsatlas (3,60 m^2)“

Abbildung 6-29 „Moduleinheit (2,24 qm)“[486] vs. „GR-01 Konstruktionsatlas (3,60 qm)“[487]

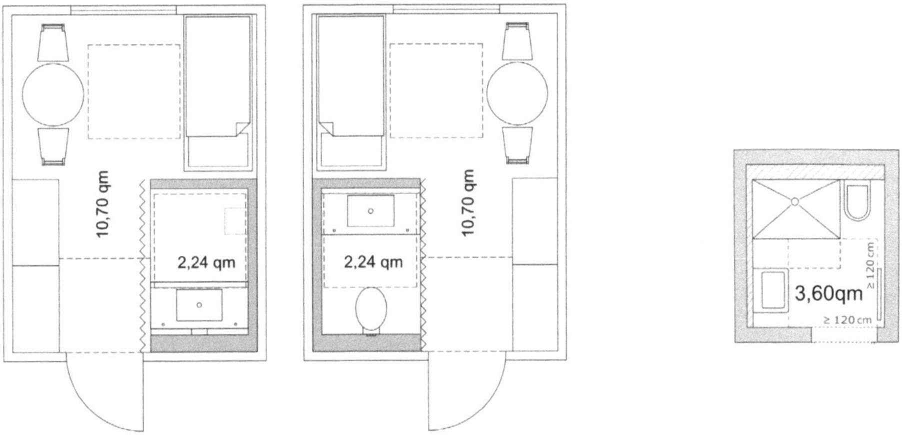

Im Grundriss-01-Moduleinheit lassen sich Dusche, WC und Waschtisch gemäß DIN 1804-2 auf einer Grundfläche von lediglich 2,24 m^2 organisieren. Funktionalität und Platzangebot entsprechen dem späteren Prototypen, eine vorbeschriebene Verlagerung der Bewegungsfläche unter den Waschtisch beinhaltend. Eine räumliche Trennung zum Einbauort kann mittels Vorhang, Schiebetüre oder alternativen Raumabschlüssen realisiert werden. Für Rollator-Stellplatz, zusätzlichen Stauraum und Waschmaschine jedoch ist Platz im jeweiligen

[486] Darstellung: Lukas Beyerle

[487] Rau 2013: Barrierefrei, S. 166

Raum des Einbaus bzw. benachbarten Räumlichkeiten (Pflegezimmer) zu veranschlagen. „Grundriss-01 Konstruktionsatlas (3,60 m^2)“, als mit 3,60 m^2 kleinste Variante, ist somit deutlich größer, bietet jedoch den Vorteil einer innenseitig gelegenen, zusätzlichen Bewegungsfläche (Rollator-Stellplatz) sowie eines in sich geschlossenen Raumes (ebenso als freistehende Fertignasszelle denkbar), mit konventionellem Drehtürzugang.

2. „GR-02 Mit Rollator-Stellplatz (4,73 qm)“ vs. „GR-01 Konstruktionsatlas (3,60 qm)“
Wie bereits in den Bezeichnungen ersichtlich, fällt der benötigte Platzbedarf des „GR-02 Mit Rollator-Stellplatz (4,73 m^2)“ deutlich höher aus als beim „GR-01 Konstruktionsatlas (3,60 m^2)“. Dennoch ist dieser relativ zu betrachten: Einerseits werden im Falle des kleineren Grundrisses („GR-01 Konstruktionsatlas (3,60 m^2)“) Bewegungsflächen zu Ungunsten einer kleineren Dusche überlagert (Fläche mit Gefälle < Bewegungsfläche), andererseits kann kritisch hinterfragt werden, wie praktikabel ein Raum mit 3,60 m^2 zur Rollatornutzung (noch) sein kann. Hinzukommend lassen sich bewährte physische Assistenzen, wie die beschriebenen Boden-Deckenstangen, nur noch bedingt platzieren. Obwohl bspw. nach (nicht geprüftem) Ready-Standard mit 3,60 m^2 eine ausreichende Mindestgröße vorläge,[488] ist der Faktor Wassereintrag nach Nutzung der Dusche (ca. 1,44 m^2 entsprechend 120 x 120 cm) in die Bewertung mit einzubeziehen.

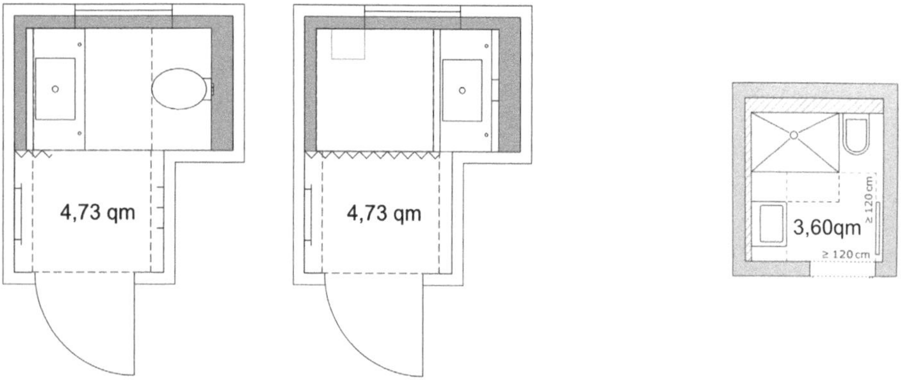

Abbildung 6-30
„GR-02 Mit R.-Stellplatz (4,73 qm)“ [489] -
„GR-01 Konstruktionsatlas (3,60 qm)“ [490]

[488] vgl. ready – vorbereitet für altengerechtes Wohnen o. J.: Standards für altengerechtes Wohnen
[489] Darstellung: Lukas Beyerle
[490] Rau 2013: Barrierefrei, S. 166

Salopp formuliert, dürften nach Nutzung der Dusche beträchtliche Teile des Bades „unter Wasser stehen“, eine sichere (Rutschhemmung) und komfortable Nutzung (Hausschuhe) einschränkend. Die nicht unerhebliche Erhöhung des Platzbedarfs um ca. 30 % (4,73 m^2 statt 3,60 m^2) im Falle von „GR-02 Mit Rollator-Stellplatz (4,73 m^2)“ erscheint vor dem Hintergrund damit einhergehender Vorteile (Trocknung der Dusche, aktive physische Assistenzen, Beleuchtungskonzept) zumindest subjektiv als gerechtfertigt, bleibt jedoch zwangsläufig Bauherrenentscheidung. Der generelle Trend zum „großen“ bzw. „größeren“ Bad[491], in Kombination mit den Herausforderungen des demografischen Wandels,[492] lässt eine Raumgröße von 4,73 m^2 als vertretbar erscheinen. Die bereits erwähnte räumliche Trennung zum Einbauort bspw. mittels Duschvorhang, kann optional vorgesehen werden und wurde in den Prototypenstudien simuliert.

3. „GR-03 Mit Rollator-Stellplatz und Stauraum (4,78 m^2)“ vs. „GR-02 Mit Rollator-Stellplatz (4,73 m^2)“ Der Vergleich der Raumgrößen als alleiniges Bewertungskriterium (siehe: Bewertungskriterien), stellt sich weitgehend analog zu den vorherigen Ausführungen dar (Vergleich „GR-02 Mit Rollator-Stellplatz (4,73 m^2)“ mit „GR-01 Konstruktionsatlas (3,60 m^2)“). Entscheidend: Für den nun vorgesehenen, in der Regel dringend benötigten Stauraum (siehe: 5.5 ExpertInnen-Interviews), werden trotz Schrank-Stellfläche von 0,22 m^2 lediglich 0,05 m^2 an zusätzlichem Raum benötigt! Aufgrund dieser (überraschenden) Tatsache sollte das System generell inklusive des dargestellten Stauraums verbaut werden, dessen zusätzlicher Platzbedarf als irrelevant bezeichnet werden kann.

Abbildung 6-31 „GR-03 R-Stellplatz/ Stauraum (4,78 m^2)“- „GR-02 R-Stellplatz (4,73 m^2)“[493]

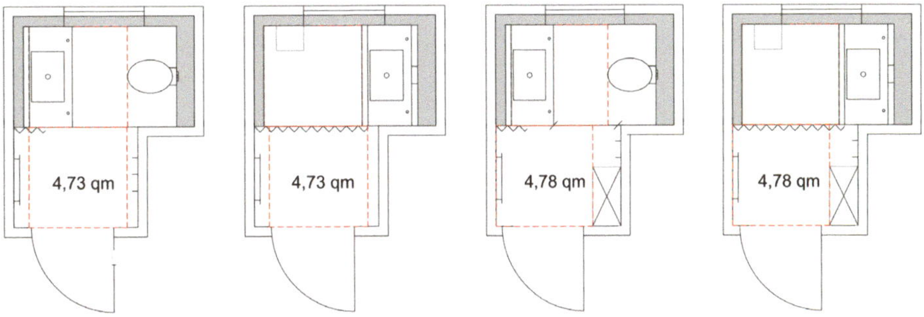

[491] vgl. Vereinigung Deutsche Sanitärwirtschaft (VDS) 2017: Die Deutschen und ihre Bäder

[492] vgl. DESTATIS Statistisches Bundesamt 2024: Bevölkerung

[493] Darstellungen: Lukas Beyerle

4. „GR-04: Mit Rollator-Stellplatz, Stauraum und Waschmaschine (5,17 m²)“ vs. „GR-02 Konstruktionsatlas (4,05 m²)“ und „GR-03 Konstruktionsatlas (4,90 m²)“

Im Vergleich von „GR-04: Mit Rollator-Stellplatz, Stauraum und Waschmaschine (5,17 m²)“ mit „GR-02 Konstruktionsatlas (4,05 m²)“ wird zunächst ein Größenunterschied von 1,12 qm deutlich. Dieser ist zunächst insofern zu relativieren, als im Falle des kleineren Grundrisses (GR-02 Konstruktionsatlas (4,05 m²) kein Stauraum vorgesehen ist, der mit besagten 0,22 m² zu Buche schlägt. Ein Größenunterschied von 0,90 m² unter Berücksichtigung der Stauraumthematik ist dennoch festzustellen. Dieser relativiert sich analog zu 2) „Vergleich „GR-02 Mit Rollator-Stellplatz (4,73 m²)“ mit „GR-01 Konstruktionsatlas (3,60 m²)“ durch Überlagerung von Bewegungsflächen zu Ungunsten einer kleineren Dusche (Fläche mit Gefälle < Bewegungsfläche). Ebenso analog zu den vorherigen Untersuchungen stellt sich das beschriebene Entwässerungsproblem dar: Bewegungsflächen vor Waschmaschine und WC stehen nach dem Duschvorgang „unter Wasser“ und sind damit nur eingeschränkt nutzbar. Erneut stellt sich die Frage, ob eine Erhöhung des Platzbedarfs um 0,90 m² in Anbetracht der klaren Vorteile des Systems in Kauf genommen werden sollte (Bauherrenentscheidung). Im anschließenden Vergleich von „GR-04: Mit Rollator-Stellplatz, Stauraum und Waschmaschine (5,17 m²)“ mit „GR-03 Konstruktionsatlas (4,90 m²)“ hebt sich der vormalige Flächenverlust unter Berücksichtigung der Stauraumthematik (0,22 m²) endgültig auf; die Differenz beträgt lediglich noch 0,05 m², eine sich konstant durch die Untersuchungen ziehende Zahl. Aufgrund der beschriebenen Systemvorteile in Relation zu ebenso beschriebenen Nachteilen der Konstruktionsatlas-Grundrisse wäre in diesem Fall dem Verbau des Konzepts der Vorzug zu geben.

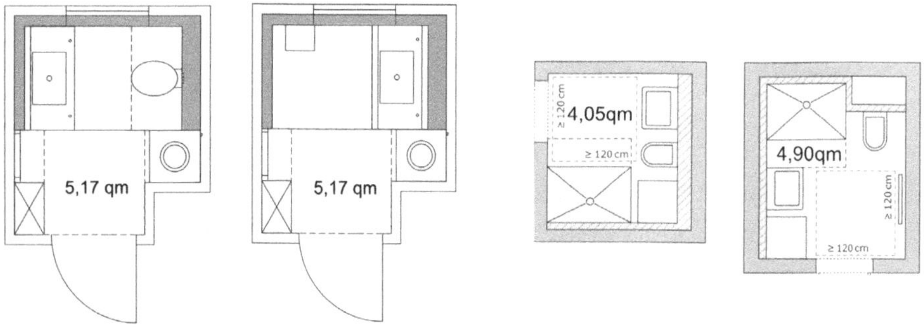

Abbildung 6-32 „GR-04: Mit R-Stellplatz, Stauraum und Waschmaschine (5,17qm)“-. „GR-02 Konstruktionsatlas (4,05 qm)“ und „GR-03 Konstruktionsatlas (4,90 qm)“ [494]

[494] Darstellung: Lukas Beyerle; Rau 2013: Barrierefrei, S. 166

6.3.5 Ergebnistransfer - Kontext Marktangebot

Nachstehend sollen sowohl systembasierte Raumkonfigurationen als auch jene des Konstruktionsatlas „Barrierefrei Bauen für die Zukunft“[495] in Relation zu Fertignasszellen des Kooperationspartners und Referenzherstellers „Tjiko“ gesetzt werden (Bezugnahme Marktangebot).[496] Alternative Hersteller, wie Grumbach, Deba, Saniflex und weitere,bieten vergleichbare Raum-in-Raum-Lösungen sowohl für Bestand als auch Neubau, sowie verschiedene Typologien an.[497] Dessen Produktpalette (Tjiko) beinhaltet unter anderem die sogenannte „open+“ Reihe, mit folgenden drei, nach DIN 18040-2 und am NICHT-R-Standard (!), orientierten Modellreihen an: l3 open+ (3,70 m^2), I3 open+ (5,05 m^2) und I4 open+ (6,22 m^2).[498] Die erste Modellreihe l3 open+ als Minimalvariante mit 3,70 m^2 Grundfläche entspricht dabei „GR-01 Konstruktionsatlas (3,60 m^2)“, sowohl in der Anordnung der Sanitärgegenstände als auch im Flächenbedarf (Abweichung 0,10 m^2). Etwaige Nachteile dieser sehr platzsparenden Variante wurden bereits unter 5.2 Vergleich „GR-02 Mit Rollator-Stellplatz (4,73 m^2)“ mit „GR-01 Konstruktionsatlas (3,60 m^2)“ eingehend beschrieben (Wassereintrag, faktische Nutzbarkeit Rollator). Die I3 open-Modellreihe mit 5,05 m^2 bewegt sich hinsichtlich des Platzbedarfs im Bereich der systembasierten Raumkonfigurationen (GR-01 bis GR-04), für die ein durchschnittlicher Platzbedarf von 4,89 m^2 zu veranschlagen ist, jedoch mit der Einschränkung einer nicht rechteckigen Grundrissbildung, eine Thematik, die im abschließenden Fazit des Kapitels nochmals aufgegriffen wird.

Diese vorausgesetzt, ergäbe sich für die systemoptimierten Grundrisse GR-01 bis GR-04 eine Grundfläche von 5,28 m^2 und damit etwas über der l3-open-Modellreihe mit 5,05 m^2 gelegen. Die l4-open-Modellreihe schließlich liegt mit 6,22 m^2 deutlich über dem systemoptimierten Grundriss „GR-04: Mit Rollator-Stellplatz, Stauraum und Waschmaschine (5,17 qm)“, explizit auch bei annähernd rechteckigem Grundriss der GR-04-Variante. Mit Ausnahme der Modellreihe l3 open+ mit 3,70 m^2 (Minimalvariante), berücksichtigen die Tjiko-Fertignasszellen (obgleich nicht dargestellt) die Option eines Stauraums im Bereich der Dusche. „GR-02 Konstruktionsatlas (4,05 m^2)“ und „GR-03 Konstruktionsatlas (4,90 m^2)“ beide mit Waschmaschine, liegen mit einem durchschnittlichen Platzbedarf von 4,47 m^2 deutlich unter dem Vergleichsgrundriss l4 open+ von Tjiko mit 6,22 m^2, berücksichtigen jedoch keinen Stauraum innerhalb des Bades.

[495] vgl. Rau 2013: Barrierefrei

[496] vgl. Tjiko 2024: Tjiko Modulbau

[497] vgl. Grumbach o. J.: Fertigbäder; DEBA Bathrooms o. J.: Das perfekte System für Neubau oder Sanierung.; Saniflex o. J.: Saniflex

[498] vgl. Tjiko 2024: Bad-Modelle

6.3.6 Bewertung

Das Raum-in-Raum-System als eigenständige Moduleinheit organisiert Dusche, WC und Waschtisch durch Überlagerung von Sanitärgegenständen (WC, Waschtisch) sowie Verlagerung von Bewegungsflächen unter Sanitärgegenstände (Waschtisch) auf einer Grundfläche von 2,24 qm. Somit kann zunächst eine hocheffiziente Nutzbarkeit des innenliegenden Raumes (Aktivraumbildung) festgestellt werden, gewährleistet durch stete Trocknung des Bodens mittels Verfahrbarkeit des Waschtischs. Wie erwähnt ist bei der eigenständigen Modulvariante jedoch zusätzlicher Raum im jeweiligen Bereich des Einbaus (Passivraumbildung) bzw. benachbarten Räumlichkeiten (Pflegezimmer) zu veranschlagen (Rollator-Stellplatz, Stauraum, Waschmaschine). Der Verbau kommt somit vor allem in prädestinierten (Neubau-)Typologien (Krankenhaus, Pflege, Hotel etc.) infrage, die hypothetische Bestandsvariante (Nachbarraum zu Pflegezimmer) dürfte in den seltensten Fällen realisierbar sein (Installation). Dennoch stellt die eigenständige Moduleinheit ein innovatives Konzept zur Herstellung/Erhöhung der Barrierefreiheit dar (Forschungsfrage), bestätigt durch sehr nachhaltiges Interesse verschiedener Stakeholder über die gesamte Projektlaufzeit hinweg (siehe auch: Fragebogenerhebung Kongress). Bevorzugte Typologien des Verbaus (Implementierung) wurden im Rahmen der Fragebogenerhebungen unter Fachpublikum ermittelt (siehe Folgekapitel 6.4 Fragebogenerhebungen). Die Minimalvarianten eines abgeschlossenen Raumes (Matrix), im Konstruktionsatlas mit 3,60 qm bzw. analog bei Tjiko mit 3,70 qm dargestellt, lassen sich in den generierten Systemgrundrissen ausdrücklich nicht realisieren! Ein zusätzlicher Platzbedarf von ca. 1,00 qm bleibt erforderlich, erscheint jedoch aus den dargelegten Gründen als vertretbar (Nutzbarkeit Rollator, Vorteile System). Dennoch kann in diesem Fall dem System bezüglich der Fragestellung „Wie klein kann (barrierefreies) Bad sein?" kein Vorteil im Sinne eines (besonders) geringen Platzbedarfs in Relation zu bestehenden Fertignasszellen attestiert werden. Der weitere Vergleich der generierten Systemgrundrisse (abseits der Minimalvariante) mit jenen des Konstruktionsatlas sowie des Herstellers Tjiko führte zu folgenden Erkenntnissen: Die entstehenden Raumgrößen stellen sich als vergleichbar dar, zusätzlicher Stauraum sowie eine nicht rechteckige Grundrissbildung (Systemgrundrisse) können als entscheidende, jedoch in der Fläche begrenzt wirksame Faktoren betrachtet werden. Zusammenfassend erweist sich das Raum-in-Raum-System auf Grundlage des Bewertungskriteriums Raumgröße in der eigenständigen Modulvariante als sehr platzsparend, in der verbauten Variante (Matrix) als weitgehend gleichwertig (Quadratmeterzahl) zu gängigen Mustergrundrissen und Marktangebot.

6.4 FRAGEBOGENERHEBUNGEN

6.4.1 Inhalt

Die fortgeführte Evaluation des Konzepts gemäß DIN EN ISO 9241-220[499] erfolgte durch eine triangulierte, quantitativ-qualitativ gehaltene Fragenbogenerhebung (mixed-methods), auf Grundlage des Prototypen. Schwerpunkt der inkludierten Fragestellungen stellten vorwiegend produktsemantische (Krippendorff) als auch cross-funktionale Aspekte (Bieling) dar. Der zunächst rein quantitativ gehaltene Erhebungsbogen, wurde auf Grundlage der Feedbackgespräche des Pretests (n=19) durch qualitative Elemente ergänzt und zur aufbauenden Befragung von Fachpublikum verwand (n=60). Der Fokus lag dabei auf dem subjektiven Ersteindruck des Prototypen, auf Grundlage einer Präsentation durch den Forschenden. Modifikation und Fortentwicklung des Konzepts erfolgten aufbauend durch qualitativ gehaltene Selbsttests im Alterssimulationsanzug (siehe: 6.5 Beobachtungsstudien). Die Methodik zu Vorgehensweise und Auswertung des quantitativen Parts basierte auf einem Leitfaden des Bibliotheksportals[500], die des qualitativen erneut auf dem vorbeschriebenen Procedere Kuckartz′ (siehe ExpertInnen-Interviews).[501] Im Folgenden werden die Bezugnahme zur Forschungsfrage, Forschungsdesign, Fragebogenerstellung und Methodik, Feldzugang und Stichprobe, sowie die konkreten Ergebnisse anhand von Grafiken und kategorienbasiert ausgewerteten Summarys, (analog ExpertInnen-Interviews) dargestellt.

6.4.2 Bezugnahme Forschungsfrage

Eine Bewertung des Potenzials zur Erhöhung der Barrierefreiheit durch das System, ist aufgrund des Erhebungssettings zunächst relativ zu betrachten: Im Rahmen des vorbeschriebenen Pretests (n=19) erhielten alle TeilnehmerInnen die Möglichkeit, die Funktionalitäten des Prototyps aktiv zu testen, nicht jedoch in der darauf aufbauenden Erhebung unter Fachpublikum (n=60). Eine subjektive Bewertung des Gesamteindrucks (einstellungsbedingte Barriere) sowie auch der Funktionalitäten des Prototyps (umweltbedingte Barriere), erfolgte somit vorwiegend auf Grundlage der durch den Forschenden gehaltenen Präsentation und nur bedingt auf empirischen Tests. Hinzukommend relativiert der Laborkontext (Forschungscontainer) die Aussagekraft der Erhebungen, bezüglich des Faktors räumliche Interaktion,

---

[499] vgl. Deutsches Institut für Normung 2019: DIN EN ISO 9241-210, Ergonomie der Mensch-System-Interaktion. Teil 210, Prozess zur Gestaltung gebrauchstauglicher interaktiver Systeme (ISO/FDIS 9241-210:2019)

[500] vgl. Bibliotheksportal 2016: Quantitative Befragung

[501] vgl. Kuckartz 2018: Qualitative Inhaltsanalyse

der stets ein Zusammenspiel aus konkretem Einbauort und weiteren Sanitärgegenständen (Matrix) bedingt. Wesentliche Aspekte der Fragebogenerstellung und damit des methodologisch-designwissenschaftlichen Beitrags, stellten Krippendorffs praktische Bedeutungen der Artefakte im Gebrauch (Erkennen, Erkunden, Vertrauen)[502] sowie die sprachliche Bedeutung von Artefakten in der Kommunikation (Sprache) dar.[503] Darüber hinaus galt es, zielgruppenübergreifende Potenziale cross-funktionalen Designs[504] (siehe: 2.3 Kontext und Forschungsbedarf) als auch (alters-)stigmatisierende Aspekte (siehe: 4. Barrierefreiheit) zu untersuchen.

6.4.3 Forschungsdesign und Methodik

An die im Folgeabschnitt detailliert beschriebene quantitative Fragebogenerstellung mit qualitativer Optimierung (mixed-methods), schlossen sich die konkreten Erhebungen innerhalb zweier Termine im Forschungscontainer an (Studierende, Fachpublikum Kongress, n=79). In beiden Fällen erfolgte zunächst eine 20-minütige Präsentation und Vorführung des Prototypen mit ausführlichen Informationen zu Entstehungshintergrund und Zielsetzung. Die Möglichkeit eines Selbsttests bestand, wie erwähnt, lediglich im Rahmen des zunächst rein quantitativen Pretests (n=19), wurde jedoch aufgrund beengter Platzverhältnisse von nur wenigen TeilnehmerInnen wahrgenommen. Im Anschluss an Präsentation, Vorführung und (teilweise) Selbsttest fand in beiden Fällen das Ausfüllen der Erhebungsbögen vor Ort statt. Im Rahmen des Pretests (n=19), wurde zudem mündliches Feedback der TeilnehmerInnen hinsichtlich der Verständlichkeit der Fragestellungen sowie des erforderlichen Zeitaufwands zur Bearbeitung eingeholt, welches unmittelbar in die Optimierung einfloss. Im Anschluss erfolgten sowohl die quantitative als auch die qualitative Auswertung und Interpretation der Ergebnisse auf Grundlage der Forschungsfrage (siehe Folgekapitel).

Fragebogenerstellung und Datenerhebung

Innerhalb des Erhebungsbogens wurden die folgenden drei Themenkomplexe adressiert: 1) Der Erst- bzw. Gesamteindruck des Prototyps bezüglich Gestaltung (Farbe, Material), potenzieller Zielgruppen (alle Altersgruppen vs. „Seniorenprodukt") und stigmatisierender Aspekte (Wahrnehmung physischer Assistenzen). 2) Die Funktionalitäten des Prototyps bezüglich Verfahrbarkeit, Individualisierungsoptionen (Stangen, Sitze), Sinnhaftigkeit (insbesondere für ältere Menschen), Nutzbarkeit von Einzelelementen (Waschtisch), Stauraum, Beleuchtung und Reinigung sowie 3) denkbarer Implementierungen und Nutzungskontexte

[502] vgl. Krippendorff 2013: Die semantische Wende, S. 109–186

[503] vgl. Krippendorff 2013: Die semantische Wende, S. 189–221

[504] vgl. Bieling 2019: Inklusion als Entwurf, S. 59–62

(privat, öffentlich, Pflegeszenarien). Der Erhebungsbogen bestand aus insgesamt 17 Einzelfragen, deren Formulierung zum einen auf Grundlage der Forschungsfrage bzw. deren Erweiterung auf den Themenkomplex Produktsemantik nach Krippendorff erfolgte. Zum anderen orientierten sich die Fragestellungen an den zuvor erstellten Leitfäden der qualitativen Gruppendiskussionen sowie den vorbeschriebenen ExpertInnen-Interviews, zur Gewährleistung konstanter Vergleichbarkeit der Forschungsergebnisse.
Es erfolgte wie beschrieben zunächst der Pretest eines vorwiegend quantitativ gehaltenen Fragebogens (Ordinalskala) mit Studierenden (n=19), eine qualitative Einzelfrage („Ich würde den Ersteindruck des Prototyps mit folgenden (weiteren) Adjektiven beschreiben“) beinhaltend. Das Feedback der TeilnehmerInnen (Verständlichkeit, Zeitaufwand etc.) fiel einhellig positiv aus. Einzig der Wunsch, die getroffene Wahl des „Kreuzchens“ innerhalb der Ordinalskalen von 1-5 (1: „stimme gar nicht zu“ – 5: „stimme voll und ganz zu“) zu begründen, kam wiederholt zur Sprache. Aufgrund dessen wurden in Vorbereitung der zweiten Erhebung, alle quantitativ gehaltenen Fragen um ein entsprechendes Freitextfeld „Anmerkungen“ ergänzt. Dessen rege Nutzung im Rahmen der zweiten Erhebungsrunde, bestätigte die Richtigkeit der Vorgehensweise. Die qualitative Einzelfrage des Pretests (Adjektivabfrage) verfolge das Ziel, den gewünschten „Charakter“ des Prototyps nach Butter bzw. Krippendorff zu ermitteln (siehe auch: Workshops“).[505]

„Wünschenswerte und unerwünschte Adjektive sind meist vom Auftraggeber erhofft, sollten jedoch auch in Zusammenarbeit mit Stakeholdern erarbeitet werden. Man möchte beispielsweise, dass ein Auto beeindruckend, ein Weinglas elegant […], ein medizinisches Instrument sauber aussieht.“[506]

Die Auswertung der Erhebungsbögen erfolgte im Rahmen des erwähnten Mixed-Methods-Triangulationsansatzes. Zunächst zur Auswertung der quantitativ gehaltenen Fragen: Es erfolgte die Nummerierung der 79 Fragebögen sowie der Transfer der 17 Einzelfragen in einen Codeplan. Dabei wurden die 17 Einzelfragen mit sinnhaften Kürzeln (F1, F2 usw.) versehen, ein späteres Auszählen und Abbilden der Häufigkeitsverteilung erleichternd. Im Anschluss wurde der Codeplan in eine zuvor erstellte Excel-Tabellencodemaske übertragen. Über die Formelfunktion des Programms lassen sich Häufigkeitsverteilungen und Durchschnittswerte abbilden und vergleichsweise umstandslos in grafische Darstellungen wandeln (siehe Abbildungen). Es folgt die textliche Interpretation der Ergebnisse auf Grundlage der

---

[505] vgl. Krippendorff 2013: Die semantische Wende, S. 289–298; Butter 1989: Putting theory into practice: an application of product semantics to transportation design

[506] Krippendorff 2013: Die semantische Wende, S. 289

Forschungsfrage zur Hypothesenbildung. Die Auswertung der qualitativ gehaltenen Fragen (Freitextfeld Anmerkungen) erfolgte analog zur Auswertung der ExpertInnen-Interviews, im Rahmen einer inhaltlich strukturierenden, qualitativen Inhaltsanalyse nach Kuckartz.[507] Die konkrete Vorgehensweise wurde bereits in den vorherigen Ausführungen eingehend beschrieben (siehe: ExpertInnen-Interviews), obgleich sich die Auswertung vordefinierter, sprich vorkategorisierter Einzelaussagen, naturgemäß einfacher darstellt, als die mitunter mühsame Auswertung von Textpassagen in Interview-Transkripten.
Analog zu den ExpertInnen-Interviews wurden (die bereits schriftlich vorliegenden) Einzelaussagen zunächst transkribiert, d. h. im Wortlaut in Microsoft Word übertragen und auf Grundlage des zuvor erstellten Codeplans gesammelt. Es folgte die beschriebene Glättung, sowie deren Import in die Datenanalysesoftware MaxQDA. Der sonst übliche Folgeschritt einer Codierung des Materials, anhand einer vorgeschalteten deduktiven Oberkategorienbildung, entfiel aufgrund des naturgemäß kategorienbasierten Fragebogensettings. Aufgrund begrenzter Antwortmöglichkeiten bzw. geringer Interpretationsspielräume innerhalb der Fragestellungen entstanden keine induktiven Subkategorien. Analog zu den ExpertInnen-Interviews, erfolgte die anschließende kategorienbasierte Auswertung im Rahmen der Summarys, die theoretisch eine erneute quantitative Interpretation (Auszählung) nach Bortz zulassen.[508] Es muss jedoch darauf hingewiesen werden, dass sich die Aussagekraft des qualitativen Parts in engen Grenzen bewegt, da zu erheblichen Anteilen Einzelaussagen (n=1/79) getroffen und gewertet wurden, die eine erneute quantitative Auswertung ad absurdum führen. Der qualitative Part stellt somit eine Ergänzung, jedoch keinen wesentlichen, aussagekräftigen Bestandteil der Erhebung dar (Inspiration, Denkanstöße).

6.4.4 Feldzugang und Stichprobe

Die Rekrutierung von ca. einem Viertel der StudienteilnehmerInnen (n=19), erfolgte über den Studiengang Pflegewissenschaften und Gesundheitsmanagement der TH Rosenheim. Drei Viertel der TeilnehmerInnen (n=60) wurden unter den Besuchern eines fachbezogenen Kongresses der Hochschule rekrutiert.[509] Bei allen TeilnehmerInnen konnte somit von einem direkten oder zumindest indirekten Bezug zu forschungsrelevanten Fragestellungen ausgegangen werden. Neben dem Alter der Befragten wurden auch deren Berufe erfasst. Die TeilnehmerInnen des Kongresses setzten sich demzufolge aus Pflegenden, ArchitektInnen,

---

[507] vgl. Kuckartz 2018: Qualitative Inhaltsanalyse, S. 97–117

[508] vgl. Bortz/Döring 2006: Forschungsmethoden und Evaluation für Human- und Sozialwissenschaftler, S. 149

[509] vgl. Technische Hochschule Rosenheim 2023: DeinHaus4.0 Konferenz

Heimpersonal (Leitung und Angestellte), ProfessorInnen, WohnberaterInnen sowie Angehörigen des Gesundheits- und Pflegemanagements zusammen. Insgesamt wurden, wie erwähnt, 79 Personen befragt, der Altersdurchschnitt lag bei 34,88 Jahren. Vor dem Hintergrund der insbesondere für ältere Menschen relevanten Forschungsfrage wäre ein höherer Altersdurchschnitt wünschenswert gewesen. Dies war aus versicherungstechnischen Gründen, aufgrund des Werkstattsettings (Sturz- und Verletzungsgefahr) nicht möglich. Die rege Teilnahme, sowie das hohe Interesse vornehmlich junger Menschen können jedoch insofern als positiv gewertet werden, als sich positive Rückschlüsse auf das cross-funktionale Potential des Konzepts, sowie die gelungene Konzeption eines „nicht stigmatisierenden“ und dennoch klar an ältere Menschen adressierten Prototypen ziehen lassen. Der geringe Anteil tatsächlich „alter“ Menschen unter den Befragten ließ sich zudem durch den bereits beschriebenen „Trichtereffekt“ gebündelter Expertise bspw. von WohnberaterInnen kompensieren.

6.4.5 Ergebnisse

Die Ergebnisse des quantitativen Parts werden anhand von Diagrammen dargestellt, die des qualitativen Parts mittels Wiedergabe der Ergebnisse einer tabellarischen, kategorienbasierten Auswertung (analog ExpertInnen-Interviews). Bezüglich des quantitativen Parts erfolgt an dieser Stelle der Hinweis auf die zugrunde liegende Tabellencodierung auf Grundlage der Erhebungsbögen; für den qualitativen Part auf die transkribierten Einzelaussagen, sowie die zur Auswertung erstellten Summarys-Grids. In Vorbereitung der sich anschließenden Interpretation der Ergebnisse bezüglich der Forschungsfrage werden jeweils die qualitativen den quantitativen Ergebnissen gegenübergestellt. Die Darstellung erfolgt in der Reihenfolge der Fragen des Erhebungsbogens. Wie erwähnt enthielt der vorwiegend quantitative Erhebungsbogen des Pretests eine qualitative Einzelfrage: „Ich würde den Ersteindruck des Prototypen mit folgenden (weiteren) Adjektiven beschreiben“. Die Frage basierte auf Krippendorffs Bedeutung der Artefakte in der Sprache: Produkte vermitteln Botschaften, schaffen Bedeutungen, beinhalten kulturell bedingt Zuschreibungen. Sie wirken bspw. „sportlich“, „elegant“, „futuristisch“. Krippendorff bezeichnet besagte Zuschreibungen als Charaktere der Artefakte, die sich durch Adjektive bzw. Adjektivpaare beschreiben lassen und, das ist entscheidend, zielgerichtet gestalten lassen.[510] Er erachtet die mit dem Produkt assoziierten Eigenschaften (Charaktere) als zentral für dessen (marktwirtschaftlichen) Erfolg bzw. Misserfolg. Artefakte werden in der Sprache definiert, ihre Bedeutung ist dem eigentlichen Funktionswert übergeordnet zu betrachten. Die Ergebnisse vorbeschriebener Fragestellung werden in nachstehender Grafik verdeutlicht. Die statistische Auswertung einer Einzelfrage erschien

[510] vgl. Krippendorff 2013: Die semantische Wende, S. 289

in diesem Kontext nicht angebracht. Auf den ersten Blick wird deutlich, dass der Prototyp vor allem mit positiven Adjektiven wie „innovativ" und „platzsparend" charakterisiert wird. Positiv vor allem auch vor dem Hintergrund einer gänzlich offenen Fragestellung, die negatives Feedback schonungslos offenlegt. Ein „innovatives" Bad, dürfte in den Augen vielerKonsumentInnen einem „althergebrachten" vorzuziehen sein.

Abbildung 6-33 Adjektivsammlung, qualitativer Part der Fragebogenerhebung[511]

F1 Gestaltung: „Die Gestaltung (Farben, Material) des Produkts empfinde ich als modern, ansprechend, zeitgemäß."

Qualitativer Part: Die Gesamterscheinung des Systems wird überwiegend sehr positiv bewertet (super, genial, hell, zeitlos, modern) (n=5/79). Dennoch wird eine Verwendung (auch) alternativer und vor allem kontrastreicherer Materialien angeregt (n=4/79). Vereinzelt wird die Frage nach (zusätzlichem) Stauraum aufgeworfen (n=2/79), eine generelle Implementierung des Systems in Kleinraumtypologien als ideal erachtet (n=1/79).

[511] Darstellung: Lukas Beyerle

Tabelle 6-3
Quantitative Auswertung,
F1-Gestaltung[512]

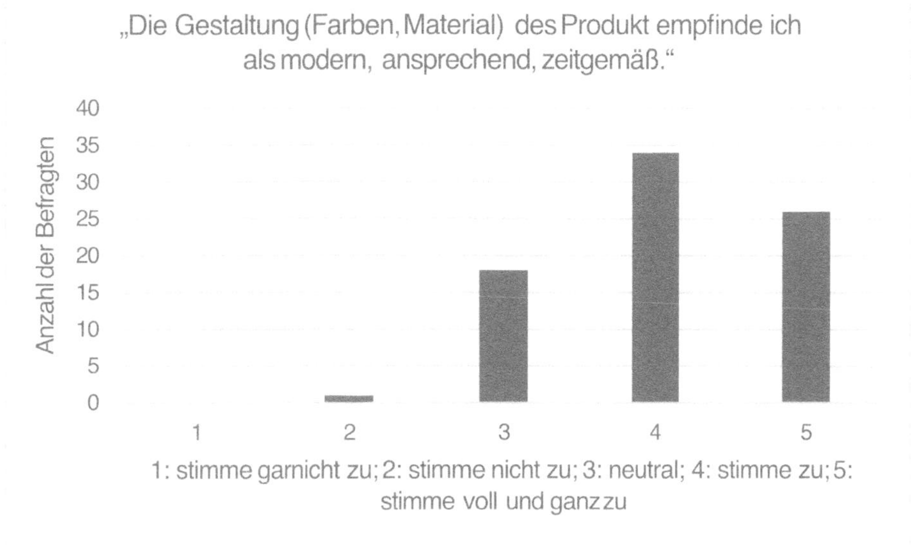

Quantitativer Part und Interpretation: Generell ist eine hohe Zustimmung zum positiven Ersteindruck des Prototypen bzgl. Material und Farbgebung zu verzeichnen; die Erhebungsbögen enthalten lediglich eine Negativbewertung. Besagter positiver Ersteindruck wird im qualitativen Part bestätigt. Es erfolgt der (erneute) Hinweis auf zu geringe Kontraste, der bereits in der Pretestphase, im Rahmen der Definition des Artefakt-Charakters nach Butter/Krippendorff, zur Sprache kam. Fazit: Kontraste erhöhen!

F2 Altersgruppen: „Es handelt sich auf den ersten Blick um ein Produkt, das für alle Altersgruppen attraktiv sein kann."
Qualitativer Part: Das System wird ganz überwiegend als ideal zur Implementierung in Kleinraumtypologien bewertet (n=7/79). Es wird auf eine zwingende Höhenverstellbarkeit der Sanitärgegenstände (Körpergrößen) hingewiesen (n=2/79), die Positionierung von Spiegel und Armatur wird vereinzelt als unvorteilhaft bewertet (n=2/79). Einzelne Befragte bewerten das System als nicht geeignet für ältere, Eingeschränkte (zu kompliziert), Kinder und Übergewichtige sowie als vorwiegend geeignet für Mobilitätseingeschränkte (jeweils: n=1/79).

[512] Darstellung: Lukas Beyerle

Tabelle 6-4
Quantitative Auswertung F2-Altersgruppen[513]

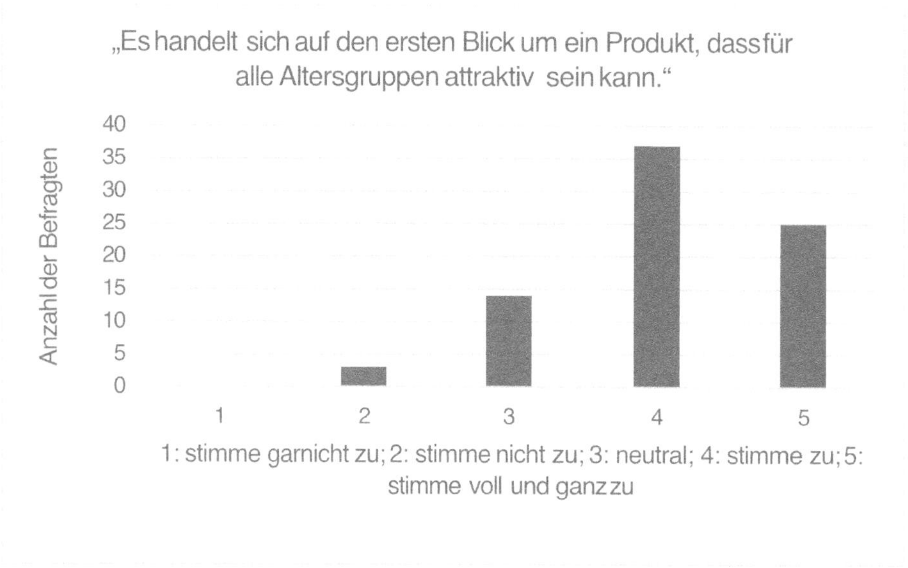

Quantitativer Part und Interpretation: Generell ist eine hohe Zustimmung bzgl. der Frage nach Attraktivität für verschiedene Altersgruppen zu verzeichnen, eine offensichtlich gelungene Dekonstruktion von Behinderung und Vermeidung stigmatisierender Assoziationen widerspiegelnd. Zeitgleich attestieren die Ergebnisse dem Konzept ein hohes Potenzial cross-funktionalen Designs. Der qualitative Part stützt die genannten Thesen insofern, als er entscheidend den generellen Verbau in Kleinraumtypologien favorisiert, assoziiert mit Zielgruppen jenseits des Behinderungsstigmas.

F3 Seniorenprodukt: „Es handelt sich auf den ersten Blick um ein Produkt für ältere Menschen, ein ´Seniorenprodukt´."

Qualitativer Part: Der Prototyp wird als ideal zur Implementierung in Kleinraumtypologien bewertet (n=3/79), ein zielgruppenübergreifendes Potenzial (alt/jung) bestätigt (n= 3/79).

[513] Darstellung: Lukas Beyerle

Haltegriffe und Duschklappsitze wecken teilweise Assoziationen zu Alter und Hilfebedürftigkeit (n=2/79).

Tabelle 6-5
Quantitative Auswertung, F3 Seniorenprodukt[514]

Quantitativer Part und Interpretation: Generell ist eine hohe Zustimmung im Sinne der Verneinung einer Assoziation „Seniorenprodukt" mit relevantem Anteil an neutraler und zustimmender Wertung (Bejahung) zu verzeichnen. Dennoch bestätigen die Ergebnisse die aus F2 abgeleitete Hypothese eines für alle Menschen attraktiven Produkts. Dies im Sinne einer fokussierten Nachfrage, das Thema Stigmatisierung gezielt adressierend. Analog F2 erfolgt im qualitativen Part erneut die Verknüpfung mit „jungen" Typologien (Kleinraumwohnung, Studierendenwohnung), den cross-funktionalen Aspekt sowie eine gelungene Dekonstruktion von Behinderung, und die Bedeutungskategorisierung erneut bestätigend.

F4 Intuition: „Die Funktionsweise des Produkts erscheint mir intuitiv (Verschieben unmittelbar einleuchtend"

[514] Darstellung: Lukas Beyerle

Qualitativer Part: Einige Befragte vermuten Erklärungsbedarf im Vorfeld der Nutzung, einer intuitiven Bedienbarkeit im Wege stehend (n=4/79). Ebenso scheint ein „Mitdenken" bei der Nutzung (Sitz hochklappen beim Verschieben, Armatur richtig einstellen) erforderlich (n=2/79). Dennoch wird die Funktionsweise als überwiegend positiv und sinnhaft (platzsparend, leicht bedienbar) bewertet (n=3/79).

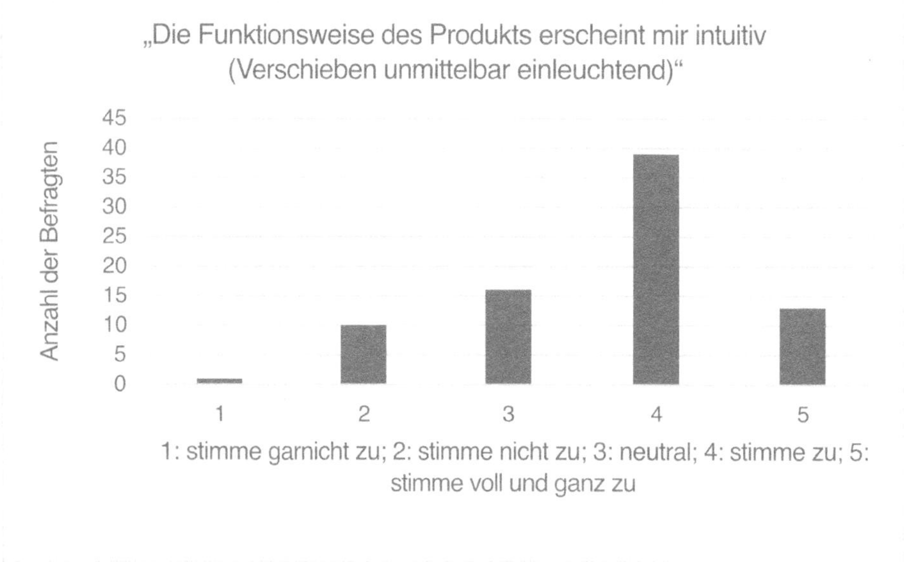

Tabelle 6-6
Quantitative Auswertung F4 Intuition[515]

Quantitativer Part und Interpretation: Generell ist eine überwiegend hohe Zustimmung zur intuitiven Bedienbarkeit des Prototypen zu verzeichnen, die sich aus mehreren Gründen als elementar bzgl. der Sinnhaftigkeit des Konzepts darstellt: Eine nicht-intuitive Handhabung läuft Gefahr, die Barrierefreiheit im doppelten Sinne zu verringern: Nichtnutzbarkeit aufgrund Nichtverstehens (umweltbedingt); Außenwahrnehmung durch Dritte als „nicht kundig", „überfordert" (einstellungsbedingt). Intuitive Bedienbarkeit stellt zudem ein zentrales Merkmal gelungenen human-centered-designs nach Krippendorff, im Sinne der „Bedeutung im Handeln" (Erkennen-Erkunden-Vertrauen) dar. Aufgrund der hohen Relevanz für

[515] Darstellung: Lukas Beyerle

die vorliegende Arbeit wurde die Thematik in einem separaten Workshop untersucht (Think-aloud-Protokollanalyse mit nicht informierten ProbandInnen). Auch im qualitativen Part wird die Bedeutung des intuitiven Aspekts/ des Vermeidens eines Erklärungsbedarfs in den Vordergrund gestellt.

F5 Verfahrbarkeit (+): „Die Verfahrbarkeit des Schlittens empfinde ich generell als positiv (innovativ, originell, sinnhaft)."

Qualitativer Part: Die Verfahrbarkeit des Schlittens wird generell sehr positiv bewertet (tolle/ super Idee, gut durchdacht) (n=3/79). Manche der Befragten befürchten ein unkontrolliertes Verfahren des Schlittens, das als beängstigend/ problematisch wahrgenommen wird (n=2/79). Einzelne Befragte bewerten den Zwang zum Verfahren, einen unterstellten aufwändigen Einbau und vermutete (hohe) Kosten sowie eine evtl. niedrige Verfahrgeschwindigkeit als nachteilig (jeweils: n=1/79).

Tabelle 6-7 Quantitative Auswertung, F5 Verfahrbarkeit (+)[516]

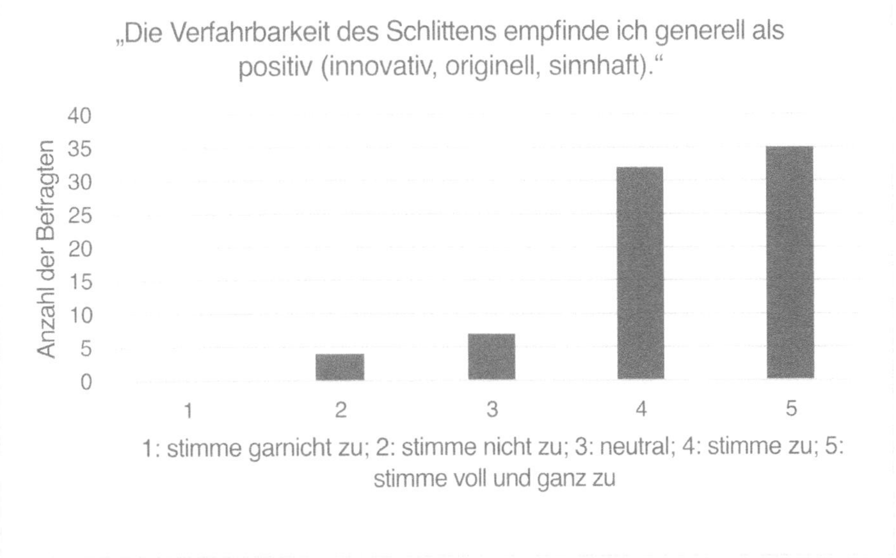

[516] Darstellung: Lukas Beyerle

Quantitativer Part und Interpretation: Generell ist eine überwiegend sehr hohe Zustimmung bzgl. der positiven Wahrnehmung der Verfahrbarkeit zu verzeichnen. Dies ist insofern von hoher Relevanz, als das Verfahren den Produktcharakter des Konzepts sehr maßgeblich prägt (Aha-Effekt beim Verschieben). Die Verfahrbarkeit stellt somit einen zentralen bedeutungsschaffenden Aspekt nach Krippendorff dar, innerhalb dessen bspw. die Wahrnehmung als „originell" eine höhere Beachtung und Wertzuschreibung erfährt als die damit verbundene Funktionsweise.

„Es besteht kein Zweifel daran, dass Bedeutungen mehr zählen als die intendierten Funktionen."[517]

F6 Verfahrbarkeit (-): „Die Verfahrbarkeit des Schlittens empfinde ich generell als negativ (unnötig, wenig sinnhaft)."

Tabelle 6-8
Quantitative Auswertung, F6 Verfahrbarkeit (-)[518]

[517] Krippendorff 2013: Die semantische Wende, S. 259

[518] Darstellung: Lukas Beyerle

Qualitativer Part: Einzelne Befragte äußern Skepsis bzgl. Reinigung und Wartung des Systems. Die Abziehlippe wird als positiv bewertet, dennoch wird die notwendige Rutschhemmung des Bodens (Seifenreste) infrage gestellt. Erneut wird das System als ideal zur Implementierung in Kleinraumtypologien bewertet, die physischen Assistenzen als gut durchdacht empfunden (jeweils: n=1/79)

Quantitativer Part und Interpretation: Generell ist erneut eine überwiegend sehr hohe Zustimmung bzgl. der positiven Wahrnehmung der Verfahrbarkeit zu verzeichnen, nun im Sinne der Verneinung einer negativen Bewertung. Es handelt sich somit um eine die Hypothesen von F5 bestätigende „Umkehrfrage", ähnlich F3, dessen Balkendiagramm aussagekräftig nach links spiegelnd. Eine Bezugnahme zum qualitativen Part stellt sich aufgrund dessen geringer Aussagekraft (nur Einzelaussagen) als nicht zielführend dar.

F7 Implementierung, privat: „Ich sehe eine Implementierung des Produkts im privaten Bereich (bspw. Haus, Wohnung)."

Tabelle 6-9 Quantitative Auswertung, F7 Implementierung (privat)[519]

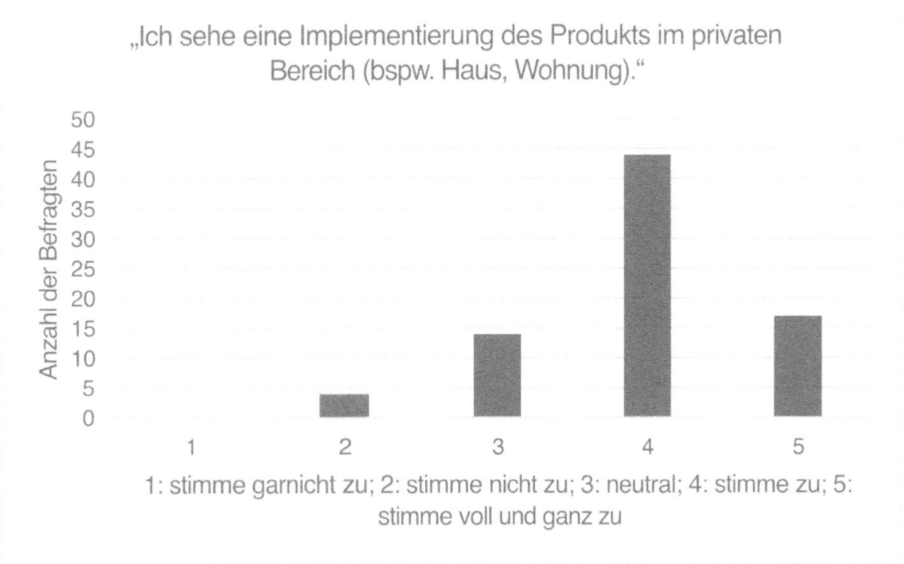

[519] Darstellung: Lukas Beyerle

Qualitativer Part: Für die Mehrheit der Befragten waren diesbezüglich die Kostenfrage (n=5/79), als auch Typologie (Wohnsituation) und Badgröße entscheidend (n=4/79). Einzelne Befragte favorisierten den Einbau in Kleinraumtypologien, bewerten den Zwang zum Verfahren als (zu) umständlich, stellen die Eignung für ältere Menschen infrage (zu ungeduldig) und sehen das System als prädestiniert für eine Modulbauweise an (jeweils: n=1/79).

Quantitativer Part und Interpretation: Generell ist eine sehr hohe Zustimmung bzgl. einer Implementierung im privaten Bereich zu verzeichnen. Dies ist insofern entscheidend, als damit ein Kernauftrag des Projekts „Erhöhung der Barrierefreiheit im (privaten!) Bestand" positiv adressiert wird. Im qualitativen Part wird zudem auf die damit verbundene Kostenfrage, wie auch auf Fragestellungen des individuellen Einbaus (Wohnsituation) verwiesen.

F8 Implementierung, öffentlich: „Ich sehe eine Implementierung des Produkts im öffentlichen Bereich (bspw. Hotel, Schwimmbad)"

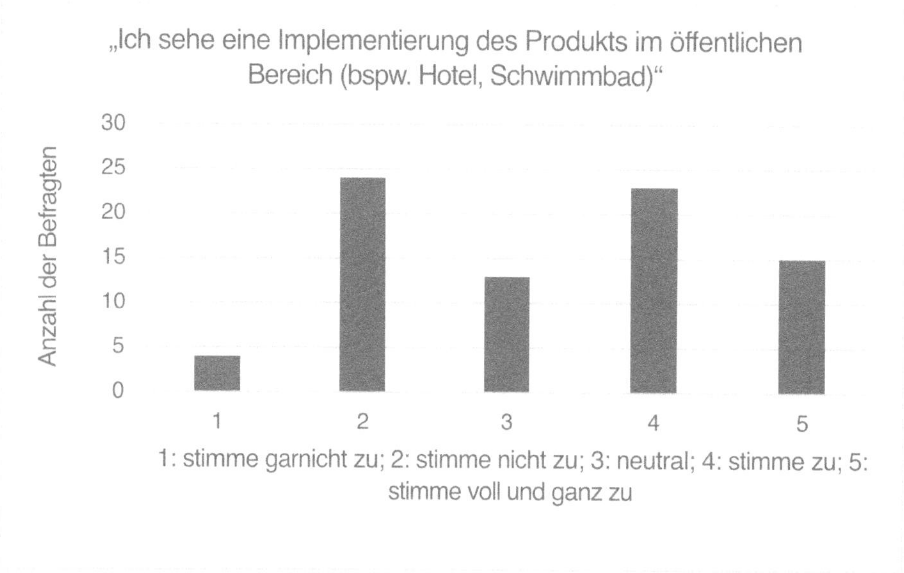

Tabelle 6-10 Quantitative Auswertung F8 Implementierung öffentlich[520]

[520] Darstellung: Lukas Beyerle

Qualitativer Part: Die Befragten fokussieren sich stark auf die im Fragebogen genannten Beispiele denkbarer Einbauorte (Hotel, Schwimmbad) statt auf den öffentlichen Bereich im Allgemeinen. Ein Verbau in Schwimmbädern wird ausgeschlossen (n=3/79) im Hotelkontext jedoch als denkbar bewertet (n=2/79). Generell wird eine private statt öffentliche Nutzung präferiert (n=2/79). Einzelne Befragte sehen die Kostenfrage als entscheidend an, bewerten den Zwang zum Verfahren als (zu) umständlich und fürchten Erklärungsbedarf im Vorfeld der Nutzung (mangelnde Intuitivität) (jeweils: n=1/79).

Quantitativer Part und Interpretation: Generell ist bzgl. einer Implementierung im öffentlichen Bereich ein geteiltes Stimmungsbild zu verzeichnen. Zustimmung als auch Nichtzustimmung zur Fragestellung befinden sich auf annäherend gleichem Niveau, mit leichter Tendenz in Richtung Zustimmung. Der qualitative Part lässt Rückschlüsse auf eine präferierte Nutzung im Hotelkontext zu, dennoch stellt sich die Aussagekraft beider Teile als begrenzt im Sinne eines „Jeins“ dar.

F9 Privater Wohnbereich: „Ich könnte mir vorstellen, das Produkt in meinem privaten Wohnbereich zu verwenden.“

Qualitativer Part: Die Mehrheit der Befragten empfindet das System in ihrer aktuellen Lebensphase als nicht erforderlich/gewünscht (n=3/79). Einzelne Befragte werten Ihren Badraum als zu klein und empfinden die Kostenfrage als entscheidend. Hinzukommend erfolgt der Hinweis auf die eingeschränkte Nutzbarkeit des Bades, ausschließlich durch Einzelpersonen (jeweils: n=1/79).

Quantitativer Part und Interpretation: Generell ist eine eindeutig hohe Zustimmung bzgl. einer Verwendung im privaten Bereich zu verzeichnen. Analog F3 handelt es sich um eine ergänzende fokussierte Nachfrage zu F8, die Thematik „Nutzung“ im privaten Kontext gezielt adressierend. Erneut entscheidend: die klar erkennbare Bezugnahme zum Kernauftrag des Projekts „Erhöhung der Barrierefreiheit zu Hause, im (privaten!) Bestand“. Ablesbar auch die individuelle, persönliche Attraktivität des Konzepts (explizit „mein“ und kein beliebiger privater Wohnbereich) für die Bewertenden. Im qualitativen Part wird erneut auf die damit verbundene Kosten- als auch Einbaufrage (Wohnsituation) verwiesen.

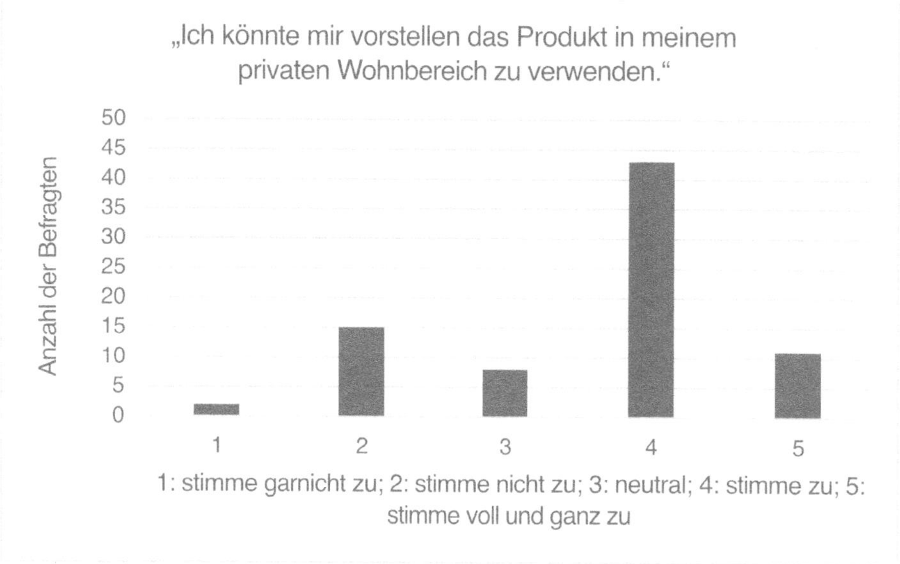

Tabelle 6-11 Quantitative Auswertung, F9 Privater Wohnbereich[521]

F10 Individualisierbarkeit: „Die individualisierbare Ausstattung des Produkts (Storage, Sitze, Waschtisch) überzeugt mich."

Qualitativer Part: Einzelne Befragte (nur Einzelmeinungen) bemängeln zu wenig Stauraum und verweisen auf eine evtl. problematische Bedienbarkeit bei halbseitiger Lähmung. Hinzukommend stellt sich die Frage nach der Anpassbarkeit des Systems an sich ändernde Bedürfnisse. Die Einbindung in den Badgrundriss (Vorraum/Türe) sollte zwingend dargestellt werden, eine elektrische Bedienbarkeit wird präferiert (jeweils: n=1/79).

Quantitativer Part und Interpretation: Generell ist eine durchweg hohe Zustimmung zur individualisierbaren Ausstattung zu verzeichnen, die Sinnhaftigkeit einer individuellen Konfiguration des Systems sowie einer Modulbauweise bestätigend. Auch eine Anpassbarkeit des Bades an sich ändernde Bedürfnisse, statt Planung eines „Altenbades" von vornherein, wird somit indirekt als sinnhaft bestätigt (individualisierbares Bad im Allgemeinen). Im qualitati-

[521] Darstellung: Lukas Beyerle

ven Part erfolgt neben weniger relevanten Einzelmeinungen der wichtige Hinweis zur Darstellung des Systems im Gesamtkontext Bad (Integration im Raum).

Tabelle 6-12
Quantitative Auswertung, F10 Individualisierung[522]

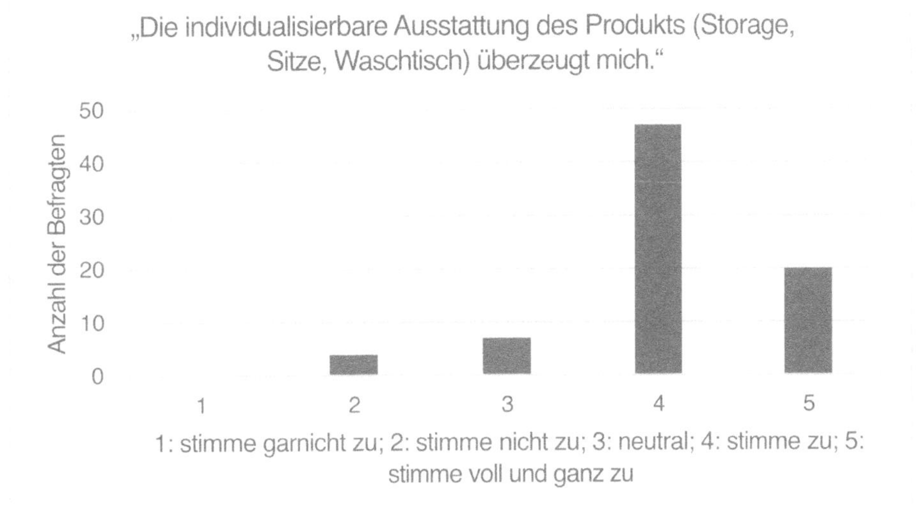

F11 Integrierte Stangen-01: „Die integrierten Stangen des Systems wecken Assoziationen zum Thema Alter/Behinderung."

Qualitativer Part: Die Befragten empfinden das Griffstangensystem in der Gesamterscheinung als teilweise moderner als herkömmliche Griffe (n=3/79). Alter und Behinderung werden mitunter, als „normal" ergo nicht stigmatisierend, wahrgenommen (n=2/79). Der funktionsintegrale Aspekt (Körbe, Bespielbarkeit mit diversen Assistenzen) wird als positiv, obgleich ungewohnt (n=2/79), physische Assistenzen im Allgemeinen als zwingend erforderlich bewertet (n=1/79).

Quantitativer Part und Interpretation: Generell ist bzgl. des stigmatisierenden Aspekts der integrierten Stangen (physische Assistenz) ein geteiltes Stimmungsbild zu verzeichnen,

522 Darstellung: Lukas Beyerle

obgleich Neutralität und Nichtzustimmung in Summe überwiegen. Das Urteil bezüglich gezielt abgefragter Assoziationen zu einstellungsbedingten Barrieren, Assoziationen mit Hilfebedürftigkeit und Abweichung vom Normalkonstrukt fällt somit gemischt aus. Im Qualitativen ist eine tendenziell geringe Bezugnahme zur konkreten Fragestellung zu verzeichnen.

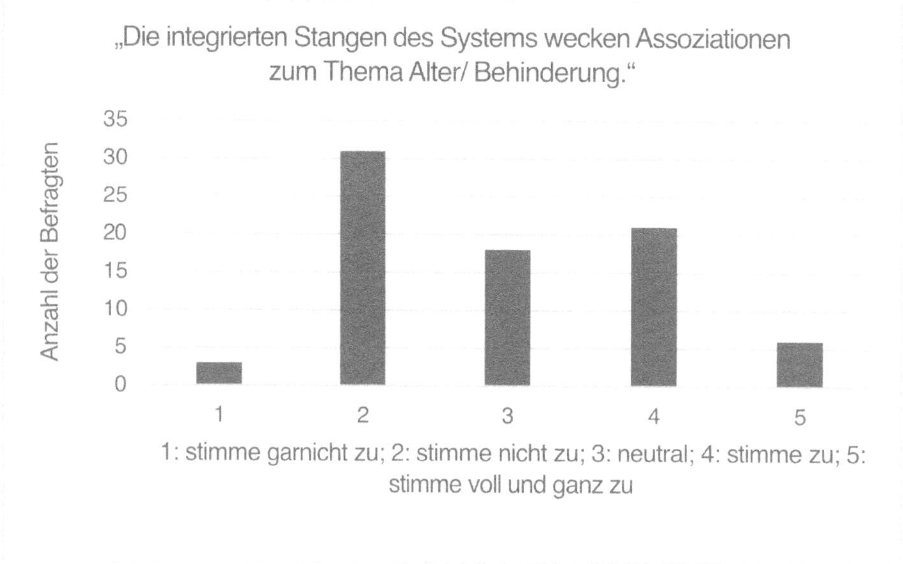

Tabelle 6-13 F11 Integrierte Stangen-01[523]

F12 Integrierte Stangen-02: „Die integrierten Stangen des Systems sollten nur als Zusatzausstattung erhältlich sein."

Qualitativer Part: Die integrierten Stangen des Systems werden generell positiv bewertet (Teil des Designs, gute Idee, sinnhaft) n=3/79, ebenso der Aspekt der Nachrüstbarkeit und Erweiterung (Zusatzausstattung) (n=2/79). Einzelne Befragte sehen die integrierten Stangen nur im Bereich Wand/Vorsatzschale als optional an und erkennen zudem ein zielgruppenübergreifendes Potential auch für jüngere Menschen (Reha) bzw. altersvorsorgend (präventiv) (n=1/79).

[523] Darstellung: Lukas Beyerle

Tabelle 6-14 F12 Integrierte Stangen-02[524]

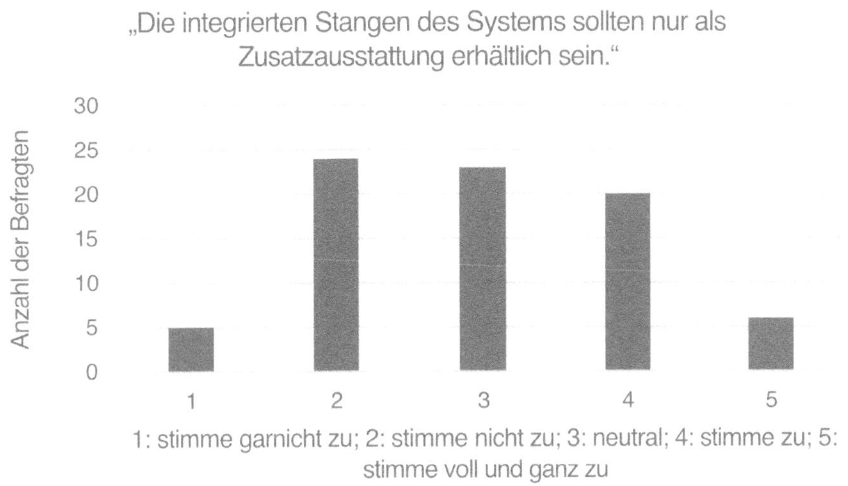

Quantitativer Part und Interpretation: Generell ist bzgl. der Frage nach dem Aspekt der als Zusatzausstattung erhältlichen Stangen (physische Assistenz) ein nahezu tendenzfreies Stimmungsbild zu verzeichnen. Zustimmung, Neutralität und Nichtzustimmung halten sich annähernd die Waage. Bemerkenswert vor dem Hintergrund der so klar zustimmenden Bewertungen bei „F10 Individualisierbarkeit", die im Wesentlichen gleichen Aspekte (Anpassungsfähigkeit des Bades) adressierend.

F13 Duschklappsitz: „Ich fände einen Duschklappsitz auch in meiner Dusche attraktiv (Rasur, Nägel schneiden)."

Qualitativer Part: Duschklappsitze werden als „noch" nicht erforderlich und ggf. für Besuch sinnvoll erachtet (n=2/79). Generell wird eine moderne, dezente Gestaltung favorisiert und angeregt, Analogien zu den bekannten „touch to open" Schubladen sowie Integration in

[524] Darstellung: Lukas Beyerle

die elektrische Verfahrbarkeit des Systems anzustreben (n=2/79). Hingewiesen wird auf die Montagehöhe des Sitzes sowie die erforderliche Rutschhemmung des Bodenbelags. Hinzukommend wird die Frage nach der Verfügbarkeit von Sitzen mit integrierten Klapplehnen (Markt) thematisiert. (n=1/79)

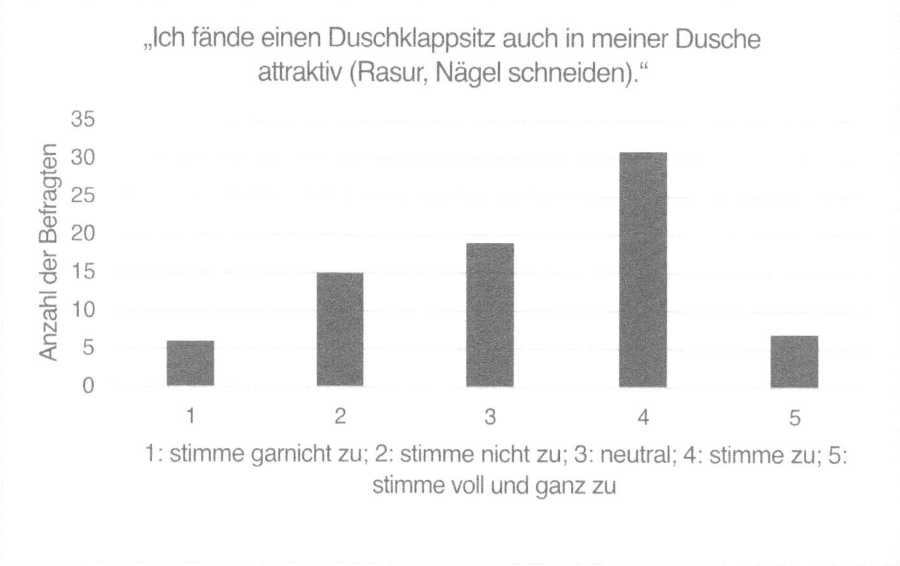

Tabelle 6-15
F13 Duschklappsitz[525]

Quantitativer Part und Interpretation: Generell ist bzgl. der Frage nach der Attraktivität des „Altenprodukts" für die Befragten eine deutliche Zustimmung mit gewissem Neutralanteil und insgesamt wenig Nichtzustimmung erkennbar. Die Frage adressierte gezielt sowohl cross-funktionale Aspekte als auch einstellungsbedingte Barrieren. Die Ergebnisse bestätigen sowohl die von Bieling angeführte Attraktivität von Duschklappsitzen auch für junge Menschen als auch die in den ExpertInnen-Interviews gewonnenen Erkenntnisse.

[525] Darstellung: Lukas Beyerle

F14 Ältere Menschen: „Die gezeigten Funktionalitäten für ältere Menschen erscheinen mir nachvollziehbar und sinnvoll."

Qualitativer Part: Einzelne Befragte weisen auf die Notwendigkeit des Mitdenkens bei der Nutzung und damit verbundenen Problemen (Demenz) hin (Position Sitz/Armatur beim Verschieben). Ebenfalls zu bedenken gegeben werden das Szenario der Rollatornutzung, sowie die Montagehöhe von Sitz und Toilette. Darüber hinaus sollte das System zwingend elektrifiziert werden und eine Lösung für etwaigen Stromausfall berücksichtigt werden (jeweils: n=1/79).

Tabelle 6-16
F14 Ältere Menschen[526]

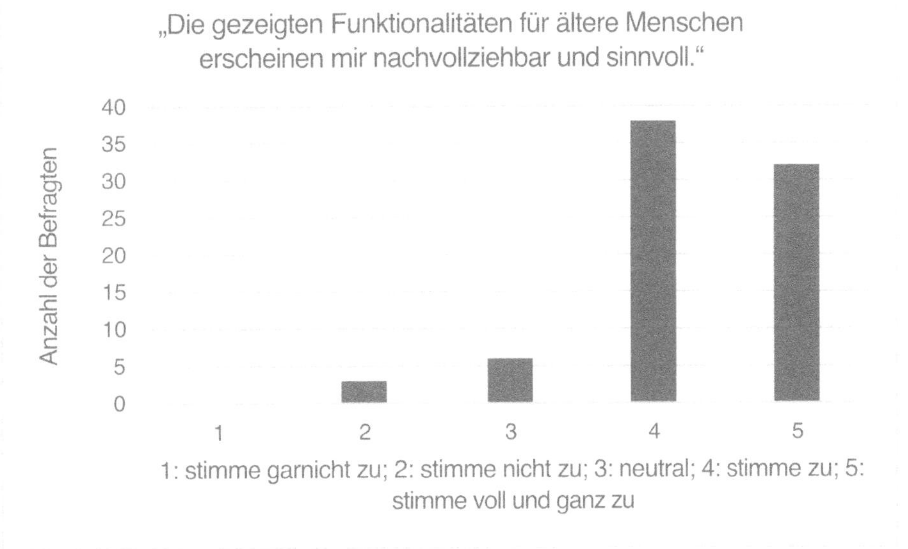

Quantitativer Part und Interpretation: Generell ist eine einhellig hohe Zustimmung zur Sinnhaftigkeit der gezeigten Funktionalitäten für ältere Menschen und damit zu einem zentralen Aspekt des Konzepts zu verzeichnen. Es handelt sich zudem um das eindeutigste Ergebnis der Gesamtbefragung! Die Bewertung erfolgte, wie erwähnt, auf Grundlage der

[526] Darstellung: Lukas Beyerle

konkreten Vorführung der Funktionen durch den Forschenden. Die im qualitativen Part enthaltene (negative) Kritik beinhaltet lediglich Einzelwertungen mit geringer Aussagekraft. Die genannten Hinweise wurden entweder bereits zum Erhebungszeitpunkt bzw. in der Folge berücksichtigt.

F15 Nutzbarkeit: „Die Nutzbarkeit des Waschtischs (Armatur, Ablage, Körbe) überzeugt mich.“

Qualitativer Part: Generell attestieren die Befragten dem Waschtisch zu wenig Stauraum und Ablageflächen (n=3/79). Einzelne Befragte (nur Einzelmeinungen) weisen darauf hin, Höhenverstellbarkeit als auch korrekte Positionierung (Abstand) des Waschtischs vor dem WC zu überdenken (teils als zu nah empfunden), gefolgt von der Anregung, die Kanten des Waschtischs abzurunden. Die Körbe wurden von einzelnen Befragten als ungeeignet bewertet sowie die Frage nach deren Höhenverstellbarkeit in den Raum gestellt. Hinzukommend wird die Frage „Händewaschen nach Toilettengang“ (?) thematisiert (jeweils: n=1/79).

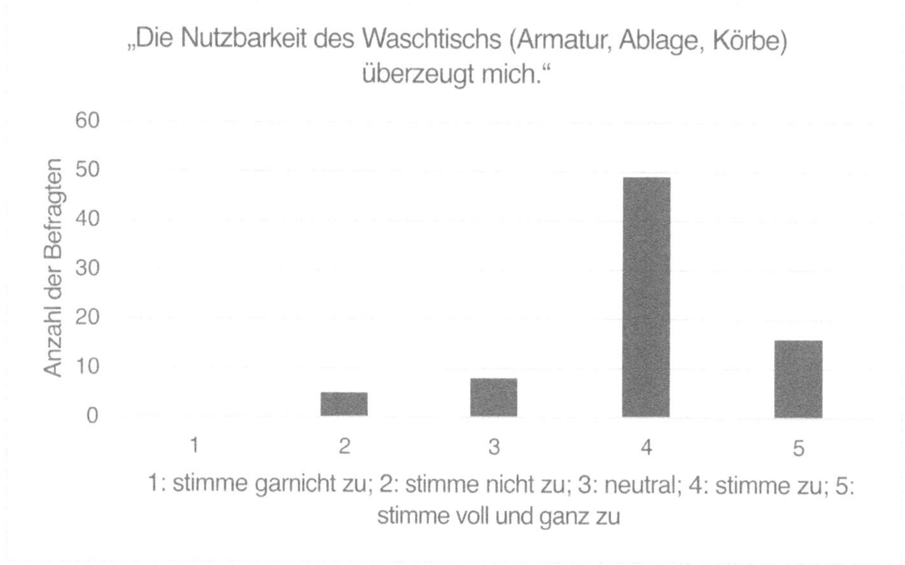

Tabelle 6-17
F15 Nutzbarkeit[527]

[527] Darstellung: Lukas Beyerle

Quantitativer Part und Interpretation: Generell ist eine einhellig hohe Zustimmung zur Nutzbarkeit des Waschtischs und damit zu einem weiteren zentralen Aspekt des Konzepts zu verzeichnen. Der funktionsintegrale Aspekt des Korb-Storagesystems in Verbindung mit den Griffstangen (Barriereabbau durch Kaschieren von Assistenzen) sorgt für den Abbau sowohl umwelt- als auch einstellungsbedingter Barriere (für ALLE gut nutzbar, Normalität relativierend).

F16 Beleuchtung: „Das Beleuchtungskonzept mit verschiedenen Modi (morgens/abends) spricht mich an."

Qualitativer Part: Einzelne Befragte (nur Einzelmeinungen) präferieren eine Automatisierung des Beleuchtungskonzepts sowie eine zusätzliche Spiegelbeleuchtung und generell mehr Lichtquellen, abhängig von Position/Vorhandensein des Fensters. Das circadiane Morgenlicht (bläulich) wird als unangenehm empfunden, generell wird natürliches Licht bevorzugt (jeweils: n=1/79). [528]

Tabelle 6-18
F15 Beleuchtung[528]

[528] Darstellung: Lukas Beyerle

Quantitativer Part und Interpretation: Generell ist eine einhellig hohe Zustimmung zur Frage nach der Attraktivität des Beleuchtungskonzepts zu verzeichnen. Die oftmals unterschätzte Bedeutung des Faktors Licht/Beleuchtung wird diesbezüglich auf 2 Ebenen deutlich: der gesundheitlich-biologischen (circadianes Licht, Farbspektrum) als auch der Inszenierung eines Produkts durch bestimmte Lichtstimmungen (Präsentation des Prototypen in verschiedenen Lichtmodi). Die Aussagekraft der qualitativen Parts stellt sich aufgrund von wenigen Einzelmeinungen begrenzt dar, obgleich Automatisierung und Spiegelbeleuchtung höchst sinnhaft erscheinen (siehe auch: ExpertInnen-Interviews).

F17 Reinigung: „Die Reinigung (Putzen) des Systems stelle ich mir gut machbar vor."

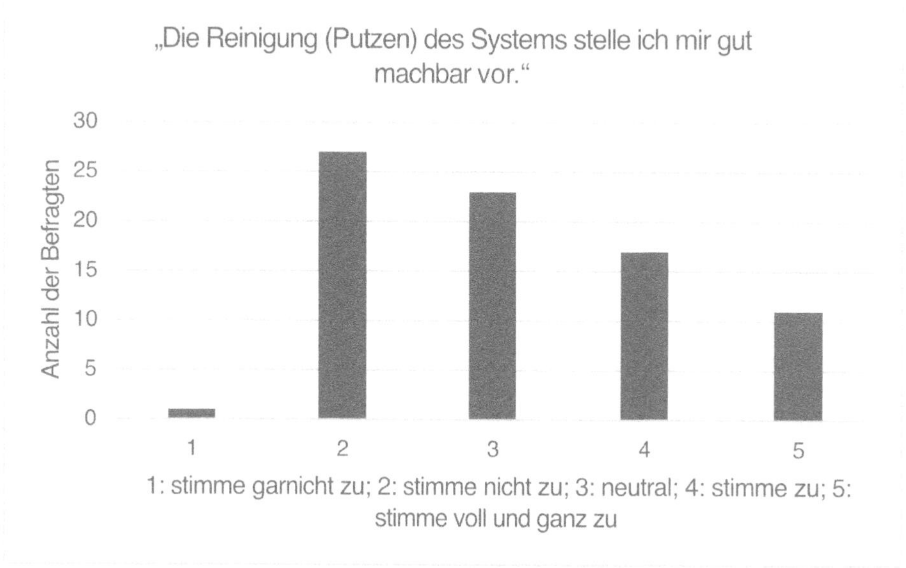

Tabelle 6-19
F17 Reinigung[529]

Qualitativer Part: Die Mehrheit der Befragten bewertet die Reinigung als nicht/ nur bedingt machbar, für ältere Menschen (n=3/79) bzw. als generell schwierig und aufwändig (n=2/79), insbesondere in Teilbereichen (Nischen, Ecken, Griffe) (n=5/79). Darüber hinaus werden

[529] Darstellung: Lukas Beyerle

Bedenken bzgl. der Themen Abfluss, Schimmel und Luftfeuchtigkeit geäußert (n=2/79). Einzelne Befragte bewerten die Abziehlippe positiv, äußern jedoch Skepsis bzgl. der Rutschhemmung des Bodens (n=1/79).

Quantitativer Part und Interpretation: Quantitativer Part und Interpretation: Generell ist bzgl. der Reinigung des Systems große Skepsis zu verzeichnen. So wird die Frage nach einer gut machbaren Reinigung zu einem erheblichen Anteil nicht bejaht, gepaart mit viel Neutralität als auch einem großen Anteil an Zustimmung. Somit entsteht ein geteiltes Meinungsbild, die bereits in den ExpertInnen-Interviews anklingenden Schwächen des Systems bzgl. Reinigung widerspiegelnd (Körperhaltung, Handling). Klare Skepsis auch im qualitativen Part mit entscheidenden Hinweisen zu Problemstellungen (Gebrechlichkeit, Frequenz, Zugänglichkeit etc.). Insbesondere bezüglich des Reinigungsaspekts besteht somit weiterer Entwicklungsbedarf.

6.4.6 Bewertung

Die ausgewerteten (quantitativ) und interpretierten (qualitativ) Ergebnisse der Fragenbogenerhebung in Kombination mit persönlichen Gesprächen vor Ort stellen sich zusammenfassend wie folgt dar: Der Prototyp wird insgesamt nahezu einhellig positiv wahrgenommen und bewertet. Die Befragten zeigten sich durchweg interessiert und neugierig, folgten aufmerksam den Erläuterungen des Forschenden und stellten zahlreiche Nachfragen, die wiederum in inspirierende, obgleich nicht ausgewertete Gruppendiskussionen mündeten. Bedenken bestehen bezüglich der (nicht ausreichenden) Kontrastierung, die durch die Wahl alternativer Materialien/Farbgebung umstandslos erhöht werden kann. Durchweg bestätigt wurden die hohe Attraktivität des Konzepts für verschiedene Altersgruppen und die damit verbundene Erhöhung der Barrierefreiheit, bekräftigt durch den Mehrfachhinweis auf Potenziale zum Verbau in „jungen Typologien" (Studierendenwohnheim) und die klare Verneinung der Assoziation „Seniorenprodukt".
Auch die horizontale Verschiebbarkeit des Waschtischs, als prägendes Element des Konzepts, wird durchweg positiv bewertet. Kritische Stimmen bezüglich eines erforderlichen „Mitdenkens" im Rahmen der Nutzung (Armatur und Sitz zurückstellen beim Verfahren) wurden im Zuge der Optimierung des Prototyps berücksichtigt, der befürchtete Erklärungsbedarf vor Erstnutzung im Rahmen einer gesonderten Think-Aloud-Protokollanalyse untersucht. Eine Implementierung wird klar im privaten und weniger im öffentlichen Bereich verortet, stets verbunden mit der (wenig überraschenden) Frage nach Anschaffungskosten und Realisierbarkeit in den jeweiligen (privaten) Badräumen. Die funktionalen Individualisierbarkeitsoptionen überzeugten die Befragten, gestalterische (Individualisie-

rungs-Optionen), wie verschiedene Materialien und Farben, konnten aus naheliegenden Gründen nicht abgefragt werden. Das integrierte Griffstangensystem wurde als nicht stigmatisierend, die Duschklappsitze als altersgruppenübergreifend attraktiv, die Nutzbarkeit des Waschtischs als gut bewertet. Vereinzelt wurde der Wunsch nach mehr Stauraum genannt, der sich bspw. durch Verbau eines konventionellen Alibert im Bereich des Spiegels umsetzen ließe, dies jedoch mit einhergehenden Nachteilen bezüglich Rollstuhlfahrenden (Nicht-Erreichbarkeit, sitzende Position). Nahezu einhellig als sinnhaft bewertet wurden die vorgestellten Funktionalitäten für die (eigentliche) Zielgruppe älterer Menschen, insbesondere auch in sich anschließenden Gesprächen mit WohnberaterInnen, die bereits als Teilnehmende der ExpertInnen-Interviews fungiert hatten. Auch das Beleuchtungskonzept wurde insgesamt sehr positiv aufgefasst, obgleich es in Folgeprototypen erweitert, bzw. neu organisiert werden sollte, um die aktuelle Verdunkelung des Raums in der Mittelposition zu vermeiden. Skeptisch betrachtet wird die Reinigung des Systems. Hier besteht nach wie vor Forschungs- und Entwicklungsbedarf, vornehmlich einer effizienten und körperlich weniger herausfordernden (ältere Menschen) Reinigung der Entwässerungswanne.

6.5 BEOBACHTUNGSSTUDIEN

6.5.1 Inhalt

Wie erwähnt, kamen im Rahmen der Evaluation von Gestaltungslösungen gemäß Phase 4ISO 9241-110, sowohl quantitative als auch qualitative Erhebungsmethoden (mixed-methods) zur Anwendung. Im Folgenden werden die auf den Funktionalitätsaspekt abstellende Selbsttests des Prototyps mittels Alterssimulationsanzug beschrieben, die sowohl durch den Forschenden als auch ProbandInnen an zwei Terminen innerhalb des Forschungscontainers durchgeführt wurden (Laborkontext). Datenerhebung und Auswertung erfolgten im Rahmen einer Think-Aloud-Protokollanalyse (siehe Methodik). Einerseits galt es im Prototyp, umgesetzte Erkenntnisse der ExpertInnen-Interviews empirisch zu testen, eine Rückkopplung aus Hypothesengenerierung und -bestätigung zu ermöglichen, andererseits konnten funktionale Schwachstellen des Prototyps nun identifiziert und entsprechende Modifikationen vorgenommen werden. Diese (Modifikationen) wurden zum zweiten Termin im Sinne fortlaufender Optimierung des Konzepts sowie erneuter Hypothesengenerierung und -bestätigung ebenfalls getestet (zirkulär vernetztes Forschungsmodell). Die Testreihe wurde mittels Video- und Audioaufnahmen aufgezeichnet, in Beobachtungsprotokolle transferiert und ausgewertet. Bezugnahme zur Forschungsfrage, Methodik und Ergebnisse werden nachstehend beschrieben und in ein abschließendes Fazit überführt.

6.5.2 Bezugnahme Forschungsfrage

Die Bezugnahme zur Forschungsfrage begründet sich wie folgt: Eine Erhöhung der Barrierefreiheit durch ein Raum-in-Raum-System bedingt, dem Begriff folgend, zwei Räume, bestehend aus Badraum und zu integrierender Box. Wie dargelegt bewegt sich die kombinierte Untersuchung des Badraums (Matrix) dabei zwangsläufig im Bereich des Spekulativen (siehe: Grundrissanalysen Bestand/Neubau). Umso entscheidender die bestmögliche Funktionalität des Raum-in-Raum-Systems (Box) als beherrschbarer Einzelfaktor, bezüglich der Vermeidung umweltbedingter Barrieren. Räumliche Interaktion (Verschieben) und Funktionsintegration (physische Assistenz) stellten aufgrund konkreter Bezugnahme zur Forschungsfrage den Fokus der verschiedenen Testszenarien dar. Im Gegensatz zur quantitativen Testphase wurde der Faktor einstellungsbedingte Barriere nun explizit nicht untersucht. Ein dem Prototypen vorgelagertes Podest von 120 cm Tiefe, simulierte einerseits eine idealisierte Matrix und anderseits eine Mindestfläche für den etwaigen Transfer auf den Kontext Neubau (Forschungsfrage), orientiert an den Bewegungsflächen der DIN 18040-2.[530] Ein methodologisch-designwissenschaftlicher Beitrag ließ sich insofern abbilden, als die Effektivität der Erhebungsmethode (Think-Aloud-Protokollanalyse) im Sinne praxisgeleiteter Forschung,[531] auf die Probe gestellt wurde. Analog zum vorbeschriebenen quantitativen Part, folgten die Testreihen erneut Krippendorffs Verstehen zweiter Ordnung, auf Grundlage der Theorie von „Erkennen-Erkunden-Vertrauen“.[532]

Dies auf verschiedenen und entscheidend, simulierten Ebenen (keine Feldforschung): Naheliegend durch Verwendung des Alters-„Simulation“-Anzugs (Mensch), der Simulation eines Umfelds (Umwelt), sowie der Simulation eines Artefakts (Prototyp), der in Kapitel 4 entwickelten Definition von Barriere als Mensch-Umwelt-Interaktion folgend. Bezüglich etwaiger funktional-ergonomischer Schwachstellen des Prototyps, insbesondere physischer Assistenzen, galt es, gängige UCM (benutzerkonzeptionelle Modelle) nach Krippendorff zu ermitteln. UCM beschreiben vereinfacht die Tatsache, dass Artefakte von verschiedenen Menschen, auf verschiedene Weise genutzt werden (können).[533] Die bevorzugte individuelle Nutzung physischer Assistenzen durch die ProbandInnen (bspw. zum Setzen und Aufrichten) führt zur Ermittlung „gängiger“ UCM, die in die aufbauende Modifikation des Konzepts einflossen. Ein erstes, obgleich nicht dokumentiertes, Herantasten an denkbare

[530] vgl. Deutsches Institut für Normung 2023: DIN 18040-2, Barrierefreies Bauen - Planungsgrundlagen. Teil 2, Wohnungen

[531] vgl. Candy 2006: Practice Based Research: A Guide

[532] vgl. Krippendorff 2013: Die semantische Wende, S. 109–175

[533] vgl. Krippendorff 2013: Die semantische Wende, S. 141–145

UCM fand, bereits in den Mock-up-Studien der Prototypenentwicklung statt (Kooperation Physiotherapie/Pflegewissenschaft). Krippendorff plädiert diesbezüglich für ethnografische Beobachtungen (teilnehmende Beobachtung) sowie die Verwendung von Videoaufnahmen, um *„sich wiederholende Szenarien“* zu identifizieren.[534] Wichtig zu erwähnen: Die ProbandInnen (ProjektmitarbeiterInnen) kannten den Prototyp und dessen Funktionen im Vorfeld, somit erübrigte sich die Ebene des Erkennens. Diese wurde innerhalb einer separaten Untersuchung mit völlig unvoreingenommenen Personen beleuchtet, unter anderem Erkenntnisse der ExpertInnen-Interviews, bezüglich kognitiver Einschränkungen, berücksichtigend (siehe: Workshop Intuition).

6.5.3 Forschungsdesign und Methodik

Die beiden Erhebungen fanden, wie erwähnt, an zwei aufeinander folgenden Terminen im April und Juni 2023, innerhalb des Forschungscontainers (Laborkontext) statt. Die Durchführung erfolgte durch den Forschenden selbst (anleitend wie auch testend) sowie zwei Probandinnen (wissenschaftliche Mitarbeiterinnen). Das Durchschnittsalter betrug 38,28 Jahre. Bei allen Teilnehmenden konnte, bedingt durch deren Profession, von einem direkten Bezug zu forschungsrelevanten Fragestellungen ausgegangen werden (Projektmitarbeit, Pflegewissenschaften, Physiotherapie, Architektur). Die zum Einsatz gekommene Think-aloud-Methode sieht vor, ProbandInnen aufzufordern, bei der Erfüllung einer vorgegebenen Aufgabe, ihre Gedanken und Emotionen fortlaufend zu verbalisieren, um die spezifischen Problemstellungen eines Artefakts zu identifizieren.[535] Es existieren verschiedene Varianten der Methode, vorwiegend unterschieden nach dem Zeitpunkt Ihres Einsatz (unmittelbares Verbalisieren vs. Verbalisieren im Nachgang),[536] die naturgemäß verschiedenartige Protokolle (*„concurrent“ und „retrospective“*) nach sich ziehen.[537] Verwendet wurde die sogenannte Introspektion, sprich unmittelbare Verbalisierung der Emotionen und Gedankengänge während des Handelns[538]; die Protokollerstellung erfolgte „concurrent“, obgleich im Nachgang durch den Forschenden, anhand der Videoaufzeichnungen. Vorsichtig formuliert handelt es sich bei der Think-Aloud-Methode um eine durch den Faktor „lautes Sprechen“ modifizierte Variante einer teilstrukturierten, teilnehmenden Beobachtung, mit annähernd deckungsglei-

[534] vgl. Krippendorff 2013: Die semantische Wende, S. 282

[535] vgl. Reegen 2020: Think-Aloud-Methode, S. 75

[536] vgl. Reegen 2020: Think-Aloud-Methode, S. 78

[537] vgl. Buber 2007: Denke-Laut-Protokolle, S. 559

[538] vgl. Konrad 2010: Lautes Denken, S. 476

chem Procedere, gemessen an der durch Kochinka beschriebenen Vorgehensweise.[539] Die Teilnahme des Forschenden in diesem Fall, kann nach Gold als „mäßig", sprich wechselnd zwischen passiv beobachtend und aktiv testend, beschrieben werden.[540] Die teilstrukturierte Vorgehensweise (einfacher, explorativ gehaltener Leitfaden) orientierte sich an den ExpertInnen-Interviews. Festzuhalten bleibt, dass für die zur Anwendung gekommene Think-Aloud-Methode, keine standardisierte Vorgehensweise existiert.[541] Ein erneut nach Helfferich im SSPSS-Verfahren erstellter Leitfaden[542] sah die folgenden Testszenarien vor:
1) Verschieben des Schlittens mit/ohne Rollator, 2) Duschvorgang mit Rollator in 2 Größenvarianten der Dusche*, 3) Waschtischnutzung mit Rollator, 4) WC-Nutzung mit Rollator. (*Einstellung-01 mit Breite 1,20m; Einstellung-02 mit Breite: 0,90m)
Im Rahmen der ersten Erhebung galt es, innerhalb eines explorativ/deskriptiven Verfahrens funktionale Schwachstellen des Prototyps zu identifizieren und Hypothesen zu bilden (induktive Vorgehensweise). In der zweiten Erhebungsphase und nach Modifikation des Konzepts, folgte der Hypothesentestende Part (eine Hypothese in diesem Fall könnte bspw. lauten: „Ein Versetzen von Griff A nach links, würde Stehenden mehr Stabilität bieten"). Der Hypothesentest kann dabei theoretisch quantitativ erfolgen (deduktive Vorgehensweise)[543], eine entsprechende separate Untersuchung, erschien aufgrund der geringen TeilnehmerInnenzahl (n=3) jedoch nicht sinnvoll. Dennoch orientieren sich die gewonnenen Erkenntnisse (auch) an einfach auszuzählenden Tatsachen. So empfanden 3/3 ProbandInnen die vertikalen Griffstangen als „zu rutschig". In den Ergebnissen (Folgeausführungen) wird ein qualitativer Gesamteindruck wiedergegeben.

Die konkrete Vorgehensweise, orientiert an Buber, gliederte sich in:

1) Vorbereitung, 2) Untersuchungsvorbereitung, 3) Untersuchung und 4) Auswertung[544] nachstehend stichpunktartig beschrieben. (Hinweis: Differenzierung zwischen erster TR-01 und zweiter Testreihe TR-02).

---

539 vgl. Kochinka 2010: Beobachtung

540 vgl. Gold 1958: Roles in Sociological Field Observations

541 vgl. Yom/Wilhelm/Gauert 2007: Protokolle lauten Denkens und Site Covering: Erweiterung der Methode zur detailierten Bewertung des Screendesigns von Webangeboten, S. 637

542 vgl. Helfferich 2009: Die Qualität qualitativer Daten

543 vgl. Konrad 2010: Lautes Denken, S. 480

544 vgl. Buber 2007: Denke-Laut-Protokolle, S. 560

1) Vorbereitungsphase und 2) Untersuchungsvorbereitung (TR-01, TR-02): Unterzeichnen der Einverständniserklärungen, Aufklärungsgespräch durch den Forschenden, Anlegen des Alterssimulationsanzugs, Einweisung der ProbandInnen im Sinne von Handlungsanweisungen/ Instruktionen (Testszenarien-Skript), Vereinbarung von Verhaltensregeln bei Zwischenfragen/auftretenden Komplikationen. 3) Untersuchung und 4) Auswertung (TR-01, TR-02): Durchspielen der Testszenarien auf Grundlage des Leitfadens, Dokumentation mittels Videoaufzeichnung. Auswertung der Videoaufzeichnungen durch den Forschenden mit Schwerpunkt Hypothesenbildung zu Schwachstellen des Prototyps (TR-01) und Hypothesentest nach Modifikation (TR-02).
Transfer der Erkennntisse, ExpertInnen-Interviews: Folgende Erkenntnisse und Anregungen der vorangegangenen ExpertInnen-Interviews flossen in Prototyp und qualitative Testphase (mit) ein. 1) Verwendung von Standard-Sanitärtechnik aufgrund gängiger, vertrauter UCM (intuitives Verständnis) 2) Vorsehen von Duschklappsitzen (obgleich kritisch bewertet) bei zeitgleicher Formulierung von Lösungsstrategien hinsichtlich spezifischer Schwachstellen (Transfer, Seitenstabilität); 3) Integration eines zweiten Duschsitzes (Testreihe-01) in Vorbereitung des Verbaus eines WC (Testreihe-02); 4) Simulation des Add-on-Charakters der Duschklappsitze sowie zusätzlichen Stauraums (Pflege) durch systemintegrierte Schalen (anthrazit); 5) Test der vorangestellten Hypothese einer zwingenden Notwendigkeit zur Elektrifizierung beim Verschieben (zeitgleiches Rollator Handling, Bedienkräfte) 6) Vorsehen physischer Assistenzen (Integration Griffstangen, Aussparungen) am Waschtisch/ in der Dusche/ beim Verfahren (Setzen/ Aufrichten), inkl. Abweichung von Normstandards (bspw. kein L-Griff in Dusche). 7) Ertüchtigung von Standard-Sanitärausstattung zur physischen Assistenz (belastbare Duschbrausestange: *„Alles wird gegriffen"*) 8) Entwicklung und Einbau eines höhenverstellbaren, modularen, sicher verfahrbaren und gut erreichbaren Storage-Systems am Waschtisch, alternativ zu Spiegelschränken (Körbe). 9) Vorsehen einer den Duschraum verengenden Position-02 (obgleich kritisch bewertet), mit Fokus Transfer und Seitenstabilität Duschklappsitz (Hypothesen-Test). 10) Einbezug der Nutzung eines Rollators in alle Testszenarien (Verschieben, Parken, Wenden, Sitzen auf Rollator).

6.5.4 Ergebnisse

In den folgenden Ausführungen werden die Erkenntnisse der ersten Testreihe (TR-01), darauf basierende Modifikationen des Prototyps, sowie aufbauende Erkenntnisse der zweiten Testreihe (TR-02) in komprimierter Form dargestellt. Wie dargelegt lag der Fokus auf der

Identifikation gängiger UCM und funktionaler Schwachstellen, die nachstehend auf Grundlage der Kategorien des Leitfadens beschrieben werden.[545]

Abbildung 6-34 Übersichtsdarstellung, Prototyp und Assistenzen[546]

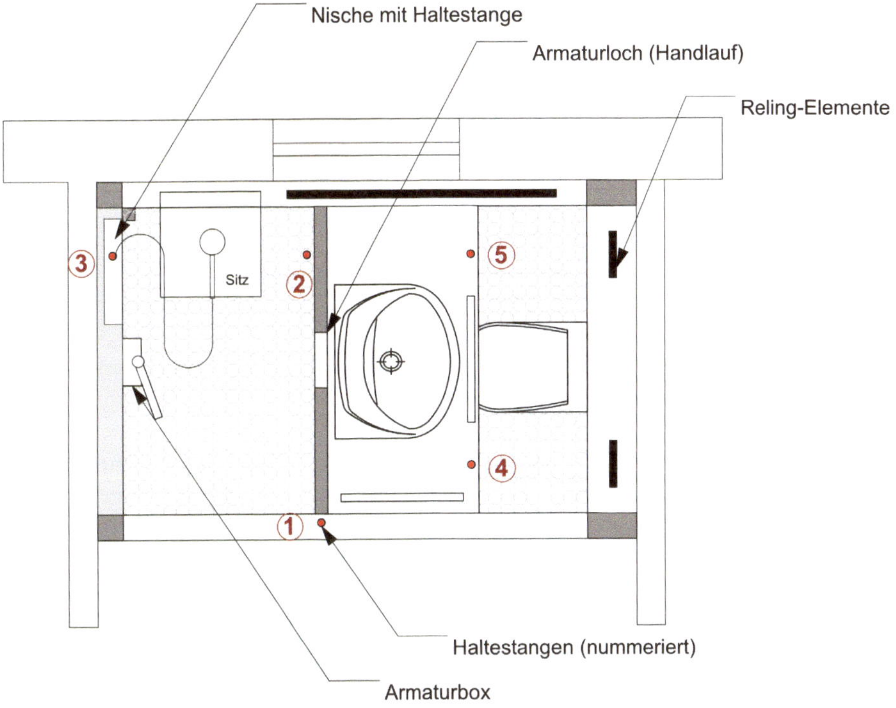

Szenario-01, Verschieben des Waschtischs ohne Rollator
TR-01: Das Verschieben nach links mittels Greifen von Stange-04 und horizontaler Aussparung vor Waschtisch wird positiv (Sicherheitsgefühl), das Verschieben nach rechts negativ bewertet (Unsicherheitsgefühl). Stange-01 wird als zu glatt, der Schlitten als (zu) leichtgängig

[545] vgl. Krippendorff 2013: Die semantische Wende, S. 141–145

[546] Darstellung: Lukas Beyerle

empfunden. Die Hypothese vertikal (zu) glatter Stangen der ExpertInnen-Interviews bestätigt sich, die Leichtgängigkeit des Schlittens verschärft Unsicherheitsgefühle und ist zeitgleich Kriterium der DIN 18040-2 (Bedienkräfte)[547], einhergehend mit funktionalen Widersprüchen (ExpertInnen-Interviews). Relevante Modifikationen: Stange-01 und -02 werden mit vertikaler Stabilität schaffenden Holzelementen versehen und in diesem Zuge gekürzt (Materialersparnis), Elektrifizierung erforderlich. TR-02: Die vertikale Stabilität beim Greifen stellt sich nun als maßgeblich erhöht dar, allerdings besteht die Gefahr des rückwärtigen „Durchrutschens“ (Elemente mit Vorderkante Schlitten abschließen lassen!). Zudem ist nun ein gezieltes statt intuitives Greifen erforderlich.

Szenario-02, Verschieben des Waschtischs mit Rollator
TR-01: Die Instabilität des Rollators in Kombination mit der Instabilität des Schlittens vermittelt ein hohes Unsicherheitsgefühl, der Hypothese der Expertinnen-Interviews folgend. Relevante Modifikationen: Analog „Szenario-01 „Verschieben des Schlittens ohne Rollator“: Vertikale Holzelemente, Elektrifizierung TR-02: Analog „Szenario-01 „Verschieben des Schlittens ohne Rollator“: Erhöhung vertikaler Stabilität mit Problematik rückwärtigen Durchrutschens; subjektives Sicherheitsgefühl beim Verschieben (dennoch) erhöht.

Szenario-03, Parken des Rollators, Betreten und Verlassen der Dusche, Einstellung-01
TR-01: Beim Betreten und Drehen zum Duschklappsitz wird die Brüstung, beim Setzen und Aufrichten die Armaturbox mitverwendet (glatt, scharfkantig, schlecht greifbar). Der hervorstehende Wasserhahn verleitet zum Einhalten (statt zum Wegklappen). Stange-03 (Brausestange) ist zu weit fensterseitig montiert und führt zum „Einzwicken“ des Handgelenks bei Verwendung zum Aufrichten. Alleiniges Aufrichten über Stange-03 stellt sich als unvorteilhaft dar (Körper in der Nische). Die Nicht-Sichtbarkeit von Stange-01 beim Verlassen der Dusche erweist sich als nachteilig. Stange ist wie erwähnt zu glatt. Das Armaturloch zur Verwendung als Handlauf ist beim Betreten der Dusche zu weit vom Einstieg entfernt. Relevante Modifikationen: horizontaler Handlauf auf Brüstung, Versetzen von Stange-03, Erweiterung der Armaturlochs zur besseren Erreichbarkeit, Holzelemente (auch) auf Stange-02, Ersatz der Armaturbox durch vielseitig greifbare Variante (physische Assistenz).
TR-02: Erweiterung des Armaturlochs führt zu besserer Nutzbarkeit als Handlauf (Erreichbarkeit) beim Betreten und zur Verbesserung der Sichtbarkeit von Stange-01 beim Verlassen der Dusche (weiteres Vortreten möglich). Der horizontale Handlauf im Brüstungsbereich

---

[547] vgl. Deutsches Institut für Normung 2023: DIN 18040-2, Barrierefreies Bauen - Planungsgrundlagen. Teil 2, Wohnungen

verbessert maßgeblich Setzen und Aufrichten im Bereich Duschklappsitz, insbesondere in Kombination mit Stange-02, erfordert jedoch zusätzliche Horizontalstabilisierung (analog Holzelemente). Rückwand, Dusche und Schlitten sind teilweise zu weit entfernt für Aufrichten unter Verwendung Armaturbox und Stange-02: Das Aufrichten erfolgt daher tendenziell über Armaturloch und Stange-02 bzw. Handlauf und Stange-02 und niemals unter alleiniger Verwendung von Stange-03, wie beschrieben. Die versetzte Stange-03 (Brausestange), lässt sich nun problemlos (kein Einzwicken) zum Aufrichten verwenden.

Szenario-04, Parken des Rollators, Betreten und Verlassen der Dusche, Einstellung-02
TR-01: Aus der Verengung des Duschraums resultiert zwangsläufig eine erhöhte Seitenstabilität bei Nutzung des Duschklappsitzes (Sturz nach links und rechts nicht mehr möglich), sowie eine verbesserte Positionierung auf dem Duschklappsitz mittels Stange-02 (Transfer). Die Nicht-Sichtbarkeit von Stange-01 beim Verlassen der Dusche erweist sich erneut als nachteilig, das Armaturloch zur Verwendung als Handlauf ist beim Betreten der Dusche zu weit vom Einstieg entfernt. Stange-02 und Stange-03 erweisen sich in Kombination als praktikabel zum Setzen, nicht jedoch zum Aufrichten, das tendenziell über Armaturloch und Stange-02 stattfindet (UCM), die als zu glatt empfunden wird. Relevante Modifikationen: Analog „Szenario-03, Parken des Rollators, Betreten und Verlassen der Dusche, Einstellung-01" TR-02: Aus der Verengung des Duschraums resultiert zwangsläufig eine erhöhte Seitenstabilität bei Nutzung des Duschklappsitzes. Die Positionierung auf dem Duschklappsitz (Transfer) erfolgt nun bevorzugt über Armaturbox und -loch, ebenso das Aufrichten. Auffallend: Stange-02 wird tendenziell nicht mehr verwendet bzw. lediglich vereinzelt zum Aufrichten in Kombination mit der Armaturbox. Dabei erfolgt der Hinweis auf einen erhöhten Kraftaufwand beim Aufrichten (Optimierungsbedarf, Ergonomie). Das Betreten des Duschraums erfolgt aufgrund der räumlichen Verengung nun bevorzugt unter Nutzung von Stange-01 und Armaturbox (Stabilisierung) statt Stange-01 und erweitertem Armaturloch.

Szenario-05: Parken des Rollators, Betreten und Verlassen des WC
TR-01: Das Durchspielen von Szenario-05 gestaltete sich im Vergleich zum vorherigen Szenario wesentlich einheitlicher und unauffälliger bezüglich der UCM (ähnliche Vorgehensweise bei allen ProbandInnen). Beim Parken des Rollators und anschließendem Positionieren vor dem WC wird von allen ProbandInnen die Brüstung im Bereich Duschklappsitz mitverwendet (Einhalten an Stange-04 und Brüstung). Diese erweist sich dabei als glatt, scharfkantig und schlecht greifbar, analog Armaturbox TR-01. Das Herablassen auf den Duschklappsitz (WC-Simulation) erfolgt problemlos über Stange 04- und -05, beim Aufrichten über besagte Stangen jedoch wird ein teilweise erhöhter Kraftaufwand thematisiert. Die linksseitig

montierte Gitterbox wird als störend beim Betreten des WC-Bereichs empfunden. Relevante Modifikationen: Montage WC, Demontage Gitterbox, horizontaler Handlauf auf Brüstung, Motorisierung für aktive Assistenz beim Aufrichten (in Aussicht). TR-02: Horizontale Handläufe im rückwärtigen Brüstungsbereich werden intuitiv und unmittelbar beim Betreten und teilweise auch beim Herablassen auf WC verwendet. Das Aufrichten erfolgt ausschließlich über Stange-04 und 05, zur aktiven Assistenz (Verringerung des Kraftaufwands) wird eine Motorisierung geplant. Horizontale Aussparungen am Waschtisch werden nur zur stehenden Stabilisierung verwandt. Es erfolgt keine Nutzung des fensterseitigen horizontalen Handlaufs (zu weit entfernt); Stange-05 wird beim Betreten als zu glatt empfunden; Holzelemente sind auch hier ratsam. Demontage der linksseitigen Gitterbox gut und sinnvoll (keine Behinderung mehr beim Betreten und Aufrichten).

Szenario-06: Parken des Rollators, Positionieren vor und Verlassen des Waschtischs
TR-01: Die Kante des Einbauwaschtischs (Erhabenheit) wird am Unterarm als unangenehm empfunden (Unterbauwaschbecken naheliegend). Stange-04 und 05 werden als tendenziell beengend, die Gitterboxen in sitzender Position als zu hoch positioniert empfunden. Stange-04 wird als störend bzw. nachteilig beim Verwenden der Ablage empfunden (Herumgreifen erforderlich). Relevante Modifikationen: Montage WC, Veränderung Position Gitterboxen (Modifikation Stangen nicht kurzfristig abbildbar), Handlauf fensterseitig. TR-02: Das WC auf der Bewegungsfläche schränkt den Bewegungsradius ein und erfordert teilweise erneutes Aufstehen und Versetzen des Rollators. Dennoch ist die Funktionsfähigkeit durch Unterfahrbarkeit des Waschtischs gegeben (siehe 6.2/6.3 Grundrissanalysen Bestand/Neubau). Hinzukommend verhindert nun das WC das Wegrutschen des Rollators nach hinten (vorteilhaft). Gitterboxen sind in veränderter Position einwandfrei zu bedienen, die Problematik von Stange-05 bezüglich Erreichbarkeit der Ablage bleibt bestehen. Der fensterseitige, horizontale Handlauf erweist sich in Kombination mit Stange-05 als zusätzlich vorteilhaft beim Aufrichten.

Bewertung

Wie eingangs beschrieben, erfolgte die Datenerhebung unter den simulierten Bedingungen eines Laborkontextes: Alterssimulationsanzug, Funktionalitäten simulierender Prototyp, (kein Wasseranschluss, keine elektrische Verfahrbarkeit), Forschungscontainer statt realer Wohnung (fehlende räumliche Matrix). Auswertung und Protokollerstellung erfolgten zudem ausschließlich durch den Forschenden, entsprechende Unschärfe zwangsläufig inkludierend (subjektive Interpretation). Selbstredend wäre der Einbezug von ProbandInnen höheren Alters vor dem Hintergrund der Validität wünschenswert gewesen. Dies war aus versicherungstechnischen Gründen (Unfallrisiko, Werkstattkontext) nicht möglich. Somit

konnte ein bekannter Slogan der internationalen Behindertenbewegung nicht beherzigt werden: *„Nothing about us, without us!"*[548] Inwiefern sind die Ergebnisse somit zu relativieren? Mittels Alterssimulationsanzug lassen sich körperliche Einschränkungen realistisch und mit entsprechender Validität der Ergebnisse abbilden; zeitgleich erhöhen diese die Empathie gegenüber älteren Menschen.[549] Einerseits lässt sich somit wertvoller Input bezüglich des Entwurfsprozesses generieren, andererseits führt der Aspekt der Empathie unter Umständen zum Abbau einstellungsbedingter Barrieren der Forschenden. Der Faktor „Abhängige Patienten vs. selbstbestimmte (für Abhängige entwerfende) Individuen"[550] (4.4.2 Transdisziplinäre Perspektive) tritt im Idealfall in den Hintergrund. Die Stichprobe mit insgesamt nur drei ProbandInnen, inklusive des Forschenden, fiel im Vergleich zu vorherigen Tests klein aus. Festzustellen ist aber auch, dass sich die Anzahl gängiger UCM im Bereich der Dusche überschaubar und im Falle der Szenarien an WC und Waschtisch nahezu einheitlich darstellt. Eine Elektrifizierung des Systems ist aus Gründen der sicheren Bedienbarkeit und tatsächlicher Barrierefreiheit (manuelles Schieben schafft Barriere) dringend erforderlich.
Die Greifbarkeit der vertikalen Stangen konnte entscheidend verbessert werden, muss aber dennoch weiter optimiert werden (Durchrutschen). Die Erweiterung des Armaturlochs erwies sich als zielführend (bessere Erreichbarkeit, Sichtbarkeit Stange-01), ebenso das Versetzen von Stange-03 (kein Einzwicken beim Greifen). Die Umgestaltung der Armaturbox unterstützt maßgeblich UCM im Bereich der Dusche (Setzen, Aufrichten, Stützen), ebenso die bestehenden, bzw. hinzukommenden horizontalen physischen Assistenzen (Reling), die sich in allen Szenarien als sinnvoll erwiesen. Der nicht DIN-konforme Einbau des WCs in der Bewegungsfläche vor dem Waschtisch, relativiert die strengen Maßgaben der DIN insofern, als lediglich Einbußen in dessen Funktionalität entstehen (Nutzungskomfort), die generelle Funktionalität jedoch erhalten bleibt.

---

[548] Charlton 1998: Nothing About Us Without Us

[549] vgl. Filz 2008: „Instant Aging"- Selbsterfahrung des Alterns; Scherf 2014: Entwicklung, Herstellung und Evaluation des Modularen AlterssimulationsanzugseXtra (MAX)

[550] vgl. Batavia 1999: The role of independent living centers in meeting the health care needs of people with disabilities

6.6 WORKSHOP INTUITION

6.6.1 Inhalt

Wiederholt wurde auf die hohe Relevanz der „Semantischen Wende" und spezifisch auf den Aspekt eines „Verstehens zweiter Ordnung" eingegangen. Diesem wurde im Rahmen einer eigenen Testreihe Rechnung getragen, Krippendorffs Definition eines bedeutungsvollen Interfaces, definiert durch die Aufmerksamkeitsmodi „Erkennen-Erkunden-Vertrauen", in Kombination mit den sogenannten Affordances widerspiegelnd (siehe: 4.3 Design und Architektur).[551] Stand bis dato der Einbezug, vorab umfassend informierter Stakeholder durch Präsentationen, Gespräche, Interviews und Fragebogenerhebungen im Vordergrund, galt es nun, die Sinnhaftigkeit des Konzepts, mittels gänzlich unbedarfter ProbandInnen zu ermitteln. Diese wurden mit dem zuvor nicht erläuterten, Ihnen völlig unbekannten Prototypen konfrontiert und darum gebeten, diesen unter Anwendung der Think-Aloud-Methode (siehe vorheriges Kapitel) zu erkunden, bzw. im Idealfall jenseits geskripteter Szenarien zu testen. Analog zu vorangegangenen Erhebungen, wurden Video- und Audiomitschnitte erstellt, die im Rahmen von Protokollanalysen qualitativ interpretiert (induktive Hypothesenbildung) und quantitativ überprüft wurden (deduktive Hypothesenprüfung).

6.6.2 Bezugnahme zur Forschungsfrage

Der Kontext praktischer Bedeutungen im Gebrauch, orientiert am Verstehen zweiter Ordnung, Affordances und verschiedenen Aufmerksamkeitsmodi (Erkennen-Erkunden-Vertrauen)[552]wurde bereits vertiefend unter 4.6 Positionen von Design thematisiert. Ein Verstehen zweiter Ordnung und damit ein Verständnis erwartbaren Verhaltens von *„Menschen, die in ihrer eigenen Welt leben und nach ihren eigenen Vorstellungen handeln"*[553], ist aus nachstehenden Gründen bezüglich des Kontexts barrierefreien Designs unerlässlich: Einerseits bedingen räumliche Interaktion und Funktionsintegration ein möglichst intuitives Verständnis der Prototyp-Funktionsweise, da Handlungsausführungen sonst schlimmstenfalls verhindert statt behindert werden (umweltbedingte Barriere). Andererseits geht es darum, Interfaces, als Mensch-Artefakt-Interaktion zu gestalten, die Merkmale Interaktivität und Dynamik (was sehe ich und wie gehe ich damit um?) und damit den Faktor Mensch zu erfassen.[554] Im Ideal-

[551] vgl. Krippendorff 2013: Die semantische Wende, S. 109–186

[552] vgl. Krippendorff 2013: Die semantische Wende, S. 109–186

[553] Krippendorff 2013: Die semantische Wende, S. 110

[554] vgl. Krippendorff 2013: Die semantische Wende, S. 111

fall entstehen nach Krippendorff *„Andauernde, sich intrinsisch motivierende Interaktionen"*[555], eng gekoppelt an den Affordance-Begriff Gibsons, demzufolge Artefakte nach Handlungsmöglichkeiten und nicht zwingend nach einer offensichtlichen Funktion entworfen werden (intuitives Erkennen einer Sitzgelegenheit als solche, intuitiv richtiges Greifen eines Baseballschlägers).[556] Insbesondere bezüglich der Aspekte Selbst- und Fremdwahrnehmung (einstellungsbedingte Barriere) ist ein intuitives Verständnis von innovativen Produkten, auch aufgrund des Aspekts der Scham bei „Unfähigkeit zur Bedienung" (zu alt, zu ungeschickt), unerlässlich:

„Die Angst vor neuen Technologien ist die Angst, sich als Versager zu verstehen, in Situationen zu geraten, aus denen man keinen sinnvollen Ausweg sieht, oder sich vor anderen zu blamieren."[557]

Vereinfacht formuliert: Das Konzept muss (auch für ältere Menschen) möglichst ad hoc und ohne Einweisung bzw. vorheriges Erlernen der Funktionsweise zu verstehen und zu bedienen sein, insbesondere im Kontext etwaiger kognitiver Einschränkungen (siehe: 5.5 ExpertInnen-Interviews). Krippendorff rät zur Untersuchung vorbeschriebener Aspekte, obgleich nicht explizit auf das Thema Barrierefreiheit bezogen, ausdrücklich zur Gestaltung von Szenarien im Prototypen-Kontext (wie geschehen), sowie zur Verwendung der Think-Aloud-Methodik.[558] Erneut galt es als Designschaffender, gänzlich unbedarfte Menschen in den Entwurfsprozess einzubeziehen (Wandel des Berufsbilds Designschaffender), einhergehend mit zielführenden Erkenntnissen aufbauender Forschung (Organisation sozialer Prozesse, Methodeneffizienz, Verwertbarkeit der Ergebnisse). Methodenbedingt wurden die bereits in der quantitativen Testphase (Fragebogenerhebung) erhobenen Bedeutungen von Artefakten in der Kommunikation (Sprache)[559] erneut untersucht. Diesbezüglich standen nun ausschließlich spontan getätigte Aussagen zum Ersteindruck des Konzepts im Fokus, die gemäß Krippendorff selbstredend nicht beobachtbar und nur in der gesprochenen Sprache zuhause sind. [560] Die übergeordnete Fragestellung der Testreihe lautete zusammenfassend:

Inwiefern (Erkennen) und wodurch (Erkunden) werden prototypenspezifische Affordances (physische Assistenz, Verschiebemöglichkeit) intuitiv erkannt/ nicht erkannt und welcher Handlungsbedarf (Optimierung) resultiert daraus?

---

[555] Krippendorff 2013: Die semantische Wende, S. 112

[556] vgl. Gibson 2015: The Ecological Approach to Visual Perception, S. 127–135

[557] Krippendorff 2013: Die semantische Wende, S. 121

[558] vgl. Krippendorff 2013: Die semantische Wende, S. 282–284

[559] vgl. Krippendorff 2013: Die semantische Wende, S. 189–221

[560] vgl. Krippendorff 2013: Die semantische Wende, S. 120

6.6.3 Forschungsdesign und Methodik

Die Erhebungen fanden im Juni 2023 innerhalb des Forschungscontainers und damit erneut im Laborkontext statt; das Setting entsprach den vorangegangenen Untersuchungen. Es nahmen 16 ProbandInnen (n=16) im Durchschnittsalter von 22 Jahren teil, allesamt Studierende der Studiengänge Pflegewissenschaften und Gesundheitsmanagement, und somit einem direkten Bezug zu forschungsrelevanten Fragestellungen. Der Einbezug von älteren bzw. eingeschränkten ProbandInnen war, wie bereits im vorherigen Kapitel erwähnt, aus versicherungstechnischen Gründen (Unfallrisiko, Werkstattkontext) nicht möglich. Erneut wurde die Think-aloud-Methode, in der Variante der Introspektion unter Erstellung von Concurrent-Protokollen[561] (Video-, Audioaufzeichnung), verwendet. Aufgrund der zugrunde liegenden Fragestellung (intuitives Handeln nicht informierter ProbandInnen) fand nun im Gegensatz zu vorangegangenen Untersuchungen eine nicht teilnehmende Beobachtung (keine Teilnahme des Forschenden) in der offenen Variante (nicht verdeckt) statt.[562]
Ebenso wurde, wie erwähnt, auf geskriptete Testszenarien (Handlungsanweisungen)verzichtet, eine nun unsystematische statt zuvor systematische Beobachtungsstrategie verfolgt.[563] Die ProbandInnen wurden, der Reihe nach, einzeln, in den Forschungscontainer geholt und gebeten, den ihnen unbekannten Prototypen unter fortlaufender Verbalisierung ihrer Gedanken zu „erkunden“. Dabei lag der zeitliche Rahmen im Durchschnitt bei ca. 01:30 min. In der vorangegangenen Testreihe wurden zwei Versionen des Prototyps getestet. Der Schwerpunkt lag auf der Identifikation von Schwachstellen (erste Version), Modifikation und erneuter Test (zweite Version). Eine (zusätzliche) quantitative Auswertung des Datenmaterials, erschien aufgrund der geringen TeilnehmerInnenzahl (n=3) nicht sinnvoll (siehe: 6.5 Beobachtungsstudien). Die jetzige, vergleichsweise hohe Anzahl an ProbandInnen (n=16) ermöglichte eine sowohl qualitative als auch quantitative Auswertung des Datenmaterials, mit entsprechender Aussagekraft (Tendenzen in der Bewertung). Wie erwähnt existiert für die Think-Aloud-Methode keine standardisierte Vorgehensweise[564], die Interpretation der gewonnenen Daten gestaltete sich entsprechend offen. Im ersten Durchgang erfolgte die Sichtung des Videomaterials und die Anfertigung induktiver qualitativer Protokolle durch den Forschenden, auf Grundlage der Kategorien „Erkennen-Erkunden-Vertrauen“, sowie des Aspekts der „Funktionszuschreibung“ im Sinne des Affordance-Gedankens. Beispiel:

---

[561] vgl. Buber 2007: Denke-Laut-Protokolle, S. 559

[562] vgl. Kochinka 2010: Beobachtung

[563] vgl. Kochinka 2010: Beobachtung

[564] vgl. Yom/Wilhelm/Gauert 2007: Protokolle lauten Denkens und Site Covering: Erweiterung der Methode zur detailierten Bewertung des Screendesigns von Webangeboten, S. 637

Führt das Erkennen und Erkunden des verfahrbaren Schlittens zur Funktionszuschreibung „integrierte Dusche“? Aufbauend wurden deduktive Kategorien gebildet, die ein quantitatives Abbilden von Teilaspekten (Auszählen) ermöglichten. Beispiel: Wie viele ProbandInnen erkennen intuitiv die Verschiebbarkeit des Waschtischs? Ebenso wie die Protokollerstellung, folgte auch die Auswertung den Kategorien des Erkennen-Erkundens-Vertrauens, deren Definition aus Gründen der Nachvollziehbarkeit nachstehend zitiert wird:

„Erkennen: Ein zutreffendes Kategorisieren von Artefakten einschließlich deren Benennung und Verwendungsmöglichkeiten. Erkunden: herausfinden, wie man an eine Sache herangeht, sie handhabt und bestimmte Wirkungen mit ihr erzielt. Vertrauen: Etwas auf derart natürliche Weise handzuhaben, sodass sich die Aufmerksamkeit auf die sinnlich wahrnehmbaren Folgen seiner Verwendung richten kann.“[565]

In vorangegangenen Untersuchungen (siehe: 6.5 Beobachtungsstudien) stand aufgrund vorinformierter ProbandInnen das „Erkunden“ des Prototypen im Vordergrund, in den nun folgenden Untersuchungen ließ sich der vorgeschaltete Aspekt des Erkennens (nicht informierte ProbandInnen) beleuchten. Mangels Wasseranschluss, fehlender Motorisierung und Erhebungssetting (Entkleiden nicht möglich) ließ sich der Faktor „Vertrauen“ nicht untersuchen (siehe: 7. Ergebnisse). Die Vorgehensweise folgte erneut dem durch Buber beschriebene Procedere (siehe: 6.5 Beobachtungsstudien), die Übergänge zwischen Erkennen und Erkunden gestalteten sich naturgemäß fließend.[566]

6.6.4 Ergebnisse

Das Gros der ProbandInnen machte bei Durchführung der Tests, aufgrund der Beobachtung durch den Forschenden, sowie parallellaufender Videoaufzeichnung einen gehemmten Eindruck, gepaart mit sprichwörtlichen Berührungsängsten („Darf ich das anfassen?“) und erkennbarer Einflussnahme auf das Verhalten.[567] Rückblickend wäre aus methodischer Sicht, zumindest die Absenz des Forschers (nur Videomitschnitt) ratsam gewesen, von einer verdeckten Beobachtung wurde aus ethischen Bedenken abgesehen. Generell fand die Testreihe innerhalb des bereits modifizierten Prototypen, auf Grundlage vorangegangener Untersuchungen statt (Alterssimulationsanzug). Entscheidend bezüglich der Affordances vor allem das vergrößerte Armaturloch, den Blick auf die dahinterliegende Duschbrause freigebend

---

[565] Krippendorff 2013: Die semantische Wende, S. 123

[566] vgl. Buber 2007: Denke-Laut-Protokolle, S. 560

[567] vgl. Kochinka 2010: Beobachtung

und eine vormals „verdeckte" Funktionalität nun offensichtlich zeigend. Die Auswertung (Protokolle) der Tests fokussierte sich auf forschungsfragerelevante Faktoren der räumlichen Interaktion und Funktionsintegration und damit wie beschrieben auf Verschiebemechanismus und physische Assistenz (prototypenspezifische Affordances). Ein Erkennen bzw. Erkunden von Standardmobiliar („Ich sehe ein Waschbecken") blieb aus naheliegenden Gründen unberücksichtigt. Analog zu vorangegangenen Tests, galt es vorwiegend die Schwachstellen des Systems zu identifizieren. Die Auswertung erfolgte wie beschrieben (Methodik) sowohl qualitativ als auch quantitativ (mixed-methods).

Der Ersteindruck des Prototypen wurde von 2 der ProbandInnen (n=2/16) als „ganz normal" bezeichnet. Dies mag zunächst banal klingen, erscheint vor dem Hintergrund des zu berücksichtigenden Normalitätskonstrukts jedoch nicht unerheblich (siehe: 4. Barrierefreiheit). Das Verhalten weiterer ProbandInnen (Schulterzucken, gewisse Ratlosigkeit bezüglich gewünschter Kommentierung des Gesehenen) legt die Vermutung nahe, dass auch diese die Umgebung als „völlig normal" und somit nicht kommentierungsbedürftig empfanden. Die prototypenspezifischen Erkenntnisse gestalten sich wie folgt: Bezüglich des Aspekts der Verschiebbarkeit (räumliche Interaktion) ist Folgendes festzustellen: Die Mehrheit der (nicht informierten) ProbandInnen wurde im Zuge des Erkundens auf die Verschiebbarkeit aufmerksam (n=11/16). Dies geschah jedoch fast ausnahmslos beim Erkunden der physischen Assistenzen bzw. der Storage-Elemente des Waschtischs, bei dem sich das System zufällig (!) in Bewegung setzte (n=10/11). In lediglich einem Fall (n=1/16) führte das Erkunden des unter dem Waschtisch positionierten Duschklappsitzes zur logischen Schlussfolgerung einer Verschiebbarkeit.

Das Erkennen der Verschiebbarkeit (n=11/16) führte nur bei ca. zwei Dritteln der ProbandInnen zum Erkennen/ Erkunden der rückwärtigen Dusche (n=7/16). In zwei bemerkenswerten Fällen (n=2/16), wurde die Verschiebbarkeit beim intuitiven Versuch (Affordance) entdeckt, den Waschtisch als physische Assistenz zum Setzen auf das WC zu verwenden. Die offensichtliche Erkennbarkeit der Duschbrause hinter dem Waschtisch führte nicht zwingend zur Schlussfolgerung der Verschiebbarkeit, die in der Regel zuerst entdeckt und erst dann in einen Sinnzusammenhang mit der Brause gestellt wurde. („Man kann das verfahren, weil dahinter etwas versteckt ist").

Vorläufiges Fazit: Das Erkennen der Verschiebbarkeit erfolgte in der Regel rein zufällig und nicht aufgrund einer Affordance! Diesbezüglich besteht dringender Optimierungsbedarf! Die intuitive Verwendung des Waschtischs zum Setzen auf das WC legt eine gelungene Affordance im Sinne ergonomisch naheliegender Handlungsabläufe nahe! Das Erkennen der Verschiebbarkeit durch Erkunden des Waschtischs führt nicht zwangsläufig zum Blick dahinter und zum Erkennen der Dusche (Handlungsbedarf)! Bezüglich des Aspekts der Funktionsintegration ist festzustellen, dass die physischen Assistenzen (Griffstangen, horizontale Aussparungen) nahezu durchweg als solche erkannt und erkundet wurden (n=13/16). In Ausnahmefällen wurde bspw. bei horizontalen Aussparungen lediglich eine singuläre Funktionalität als Handtuchhalter assoziiert (2/16), in einem Fall (n=1/16) wurden stabilisierende Holzelemente an Stange-02 als Knöpfe missinterpretiert. Generell kann bezüglich physischer Assistenz von einer durchweg positiven Affordance der vertikalen Stangen und horizontalen Aussparungen gesprochen werden, die keinen weiteren Optimierungsbedarf mit Ausnahme ergonomischer Aspekte (rückwärtiges „Durchrutschen“ beim Greifen, siehe vorherige Tests) nach sich ziehen.

6.6.5 Bewertung

Die Aussagekraft der Testreihe, bezüglich konkreter Ergebnisse, ist stark zu relativieren: Wie im vorangegangenen Test, fanden die Erhebungen unter Laborbedingungen und zusätzlich ohne Rollator statt. Der Faktor Bewegungsfläche/Koordination von Hilfsmitteln blieb somit außen vor. Ebenso fanden die Untersuchungen ausschließlich durch junge, durchweg uneingeschränkte ProbandInnen und ohne Alterssimulationsanzug statt. Erneut ließen sich Funktionalitäten mangels Wasseranschluss und Elektrifizierung lediglich simulieren, die bis dato nicht vorhandene Elektrifizierung jedoch, stellt einen entscheidenden Faktor bezüglich des intuitiven Verständnisses dar. Es ist anzunehmen, dass bspw. ein deutlich sichtbarer Knopf mit entsprechendem Aufforderungscharakter der Betätigung, einen gewissen „Selbsterklärungseffekt“ des Konzepts mit sich brächte, eine entscheidende Schwachstelle des Konzepts (Nicht-Erkennen der Verfahrbarkeit) behebend. Die bereits thematisierte Hemmung der ProbandInnen aufgrund des Erhebungssettings, sowie die erneute Interpretation/Auswertung des Videomaterials ausschließlich durch den Forschenden (singuläre Perspektive) geht mit einer naheliegenden Relativität der Aussagekraft einher. (Eigentlich) erwartbare Hemmnisse der ProbandInnen, wären im Vorfeld zu berücksichtigen gewesen. Diesbezüglich wurde eine Fürsorgepflicht Designschaffender als Organisatoren sozialer Prozesse deutlich: Das Erhebungssetting sollte im Sinne der Rücksichtnahme auf ProbandInnen, sowie besserer Ergebnisse, sozialen Hemmnissen entgegenwirken! Die durchweg als solche erkannten physischen Assistenzen, sowie der in zwei Fällen intuitiv durchgeführte Versuch, den Waschtisch zum Setzen und Aufrichten am WC zu verwenden, sind besonders positiv hervorzuheben. Aufbauend wäre zu untersuchen, inwiefern eine Elektrifizierung nicht lediglich zum Erkennen der Dusche, sondern auch zur intuitiven Nutzung der physischen Assistenzen beiträgt (bspw. assistiertes Setzen und Aufrichten am WC). Obgleich nicht Gegenstand der Erhebung, ist eine (erneut) sehr positive Resonanz der jungen ProbandInnen auf das Konzept zu verzeichnen, eine Nicht-Wahrnehmung als „Seniorenprodukt“ (Fragebogenerhebung) erneut bestätigend. Ein bedeutungsvolles Interface gemäß Krippendorff muss einerseits die drei Modi des Erkennen-Erkunden-Vertrauens unterstützen und anderseits „Unterbrechungen" bspw. durch nicht intuitives Verständnis entgegenwirken.[568] Aufgrund des Versuchsaufbaus ließ sich wie erwähnt der Faktor des Vertrauens und damit auch derjenige der Unterbrechung nicht zielführend untersuchen.

6.7 FAZIT

Wie zu Beginn des Kapitels erläutert, erfolgte die Evaluation des Raum-in-Raum-Systems in fünf Phasen, sowohl auf zweidimensionaler als auch auf dreidimensionaler Ebene. Innerhalb der Grundrissanalyse-Bestand konnte die Nicht-Sinnhaftigkeit der Verfahrbarkeit des Waschtischs bezüglich einer Erhöhung der Barrierefreiheit gemäß DIN 18040-2 nachgewiesenen werden. Als höchst sinnvoll hingegen erwies sich der generelle Verbau einer kompakten „Box" an Stelle der vormaligen Einbauwanne, sowie der Aspekt der physischen Assistenz mittels räumlicher Interaktion. Eine Verlagerung von Bewegungsfläche (auch) unter- statt ausschließlich vor Sanitärgegenständen erwies sich als ebenso vorteilhaft, wie die Über- statt (bloße) Verlagerung selbiger, einhergehend mit entsprechendem Platzgewinn. In der Grundrissanalyse-Neubau erwies sich das Raum-in-Raum-System, in der eigenständigen Modulvariante, als barrierefreies „Raumwunder", einhergehend mit einer spezifischen Typologie-Gebundenheit, die auch innerhalb der Fragebogenerhebung thematisiert wurde. Bezüglich Platzersparnis stellte sich das System als vergleichbar mit gängigen Konstruktionsgrundrissen und Fertignasszellen des Marktes dar, obgleich erneut der Vorteil physischer Assistenz durch räumliche Interaktion hervorzuheben ist, der in gängigen Systemen so selbstredend nicht gegeben ist. Die erläuterte Fragebogenerhebung unter Fachpublikum eines Kongresses mit ca. 80 TeilnehmerInnen, spiegelt eine nahezu einhellig positive Bewertung von Erscheinungsbild und Funktionalität des Prototypen wider. Aufbauender Forschungsbedarf besteht im Bereich der Reinigung, sowie einem befürchteten Erklärungsbedarf der Verfahrbarkeit, die aktuell im Folgeprototypen untersucht werden (Überarbeitung Entwässerung, Elektrifizierung mit Sprachsteuerung). Beobachtungsstudien: Die vorbeschriebenen Beobachtungsstudien mittels Alterssimulationsanzug basierten, wie erwähnt, auf der zweigliedrigen Vorgehensweise der Identifikation (von Problemstellungen) und Modifikation. Im Zuge der Umbaumaßnahmen des Prototopen (zirkuläres Forschungsmodell) wurden Haltestangen gekürzt, versetzt und bezüglich Rutschhemmung ertüchtigt, die Armatur-Öffnung erweitert und als Handlauf ausgebildet, eine horizontale „Reling" im Gesamtsystem integriert, Arma-

[568] vgl. Krippendorff 2013: Die semantische Wende, S. 117–125

turbox und Storage-System modifiziert sowie ein WC integriert. In den Folgeuntersuchungen konnte die Richtigkeit der Maßnahmen durch Nachweis einer Verbesserung der Usability belegt werden. Innerhalb des dritten Workshops erwies sich das Erhebungssetting der offenen Beobachtung, aufgrund der deutlich wahrnehmbaren Hemmung der ProbandInnen, als suboptimal. Deutlich wurde zudem, dass eine intuitive Bedienbarkeit des Prototypen auf Grundlage der Affordances zum Erhebungszeitpunkt nicht gegeben war. Die Verfahrbarkeit des Waschtischs wurde in der Regel schlicht nicht realisiert, ein Aspekt, dem durch die aktuell laufende Elektrifizierung des Systems bspw. durch deutlich erkennbare Bedienelemente, entgegengewirkt werden kann.

7 ERGEBNISSE

7.1 FRAGESTELLUNG

Im nun folgenden letzten Kapitel werden konkrete Forschungsergebnisse anhand von Thesen zusammengeführt, in Relation zum Forschungsstand gestellt, (selbst)kritisch reflektiert und ein Ausblick aufbauender Forschung formuliert. Zunächst gilt es, Forschungsfrage als auch Definitionen von Behinderung und Barrierefreiheit als maßgebliche Faktoren der Arbeit erneut aufzugreifen. Diesbezüglich wird die ursprüngliche Fragestellung in drei voneinander getrennte Abschnitte geteilt, die darin enthaltenen Begrifflichkeiten im Ergebniskontext einer differenzierten Betrachtung unterzogen. Eine Definition von Behinderung/Barrierefreiheit als zweiter wesentlicher Aspekt wird im Rahmen der ersten These aufgegriffen werden. Es wird darauf hingewiesen, dass die Ergebnisse der Einzelkapitel sowie deren Bezugnahme zur Forschungsfrage in den jeweiligen Fazits dargestellt wurden und im Folgenden kapitelübergreifende - verbindende Erkenntnisse formuliert werden. Nachstehend die ursprüngliche Forschungsfrage, ergänzt durch die vorbeschriebene Teilung. *„Teil-01 Barrierefreiheit: Kann ein zu entwickelndes Raum-in-Raum-System durch 1) räumliche Interaktion und 2) Funktionsintegration die 3) Barrierefreiheit in Bestandsbauten mit transferierbarem Erkenntnisgewinn für den Neubau herstellen bzw. erhöhen?" Teil-02 Methodologie/Designwissenschaft: Welcher insbesondere methodologisch designwissenschaftliche Beitrag kann, dabei abgebildet werden? Teil-03 Berufsbild Designschaffender: Welche Rückschlüsse auf das sich wandelnde Berufsbild Designschaffender gezogen werden?"* Teil-01 Barrierefreiheit, befasst sich mit den ermittelten Potenzialen einer Erhöhung der Barrierefreiheit in Bestand und Neubau, mittels räumlicher Interaktion und Funktionsintegration. Teil-02 Methodologie/Designwissenschaft, thematisiert entstandene Diskursbeiträge der Arbeit bezüglich cross-funktionaler Designstrategien[570] Krippendorffs „Wissenschaft für Design"[571], sowie der Adaption sozialwissenschaftlich-ethnografischer Methodik, zur Integration wissenschaftlicher Qualitätskriterien.[572] Teil-03 Berufsbild Designschaffender, reflektiert die spezifische Rolle von Kreativität als Kernkompetenz Designschaffender, im Kontext des Transfers Design zu Designforschung.

---

[570] vgl. Bieling 2019: Inklusion als Entwurf, S. 59–62

[571] vgl. Krippendorff 2013: Die semantische Wende

[572] vgl. Zerweck 2008: Methoden in Design und Designresearch

Forschungsfrage Teil-01: Barrierefreiheit - Thesenformulierung
Rückblick: Zunächst wurde die hohe Dringlichkeit der Entwicklung eines Raum-in-Raum-Systems zur Erhöhung der Barrierefreiheit, aufgrund des demografischen Wandels,[573] in Kombination mit einem Mangel an Fachkräften und barrierefreiem Wohnraum begründet.[574] Zusätzlich wurde die damit einhergehende Situation sich wandelnder Zielgruppen erläutert, denen es mit adäquaten Produkten, jenseits stigmatisierender Seniorenprodukte zu begegnen gilt (siehe: 2. Forschungsgegenstand). Es konnte eine Definition von Behinderung, als Konsequenz einstellungs- und umweltbedingter Barrieren, sowie spezifischer Formen der Problematisierung körperlicher Differenz, unter Bezugnahme auf die Design- und Sozialforschung erarbeitet werden (siehe: 4. Barrierefreiheit). Aufbauend wurden Potenziale in Architektur und Design, als sich wechselseitig beeinflussende Faktoren dargestellt, besagte Barrieren zu konstruieren bzw. zu dekonstruieren (siehe: 4. Barrierefreiheit).

Forschungsfrage, Definitionen und Begrifflichkeiten im Ergebniskontext
Im Folgenden wird zunächst die angekündigte Differenzierung der in Teil-01 „Barrierefreiheit" enthaltenen Begrifflichkeiten (Forschungsfrage), im Ergebniskontext vorgenommen. Teil-01 Barrierefreiheit lautete wie folgt: „Kann ein zu entwickelndes Raum-in-Raum-System durch 1) räumliche Interaktion und 2) Funktionsintegration die 3) Barrierefreiheit in Bestandsbauten mit transferierbarem Erkenntnisgewinn für den Neubau herstellen bzw. erhöhen?"

Teil-01 Forschungsfrage: Definition der Barrierefreiheit
Zunächst gelang im Rahmen des Kapitels zur Barrierefreiheit die Formulierung einer Definition von Behinderung und damit Barriere, eine darauf aufbauende Ableitung des Begriffs Barrierefreiheit ermöglichend: „Behinderung wird als kulturelle Konstruktion, als spezifische Form der Problematisierung körperlicher Differenz in Abhängigkeit von einstellungs- und umweltbedingten Barrieren innerhalb einer Mensch-Umwelt-Interaktion definiert."

Teil-01 Forschungsfrage: Herstellung/Erhöhung von Barrierefreiheit
Es konnte dargestellt werden, wie Barriere(n) konstruiert als auch dekonstruiert, sowie durch Verwendung qualitativ-quantitativer Erhebungsmethodik (mixed-methods) messbar gemacht werden können (Herstellen/Erhöhen). Dabei können Artefakte ignorant oder explizit gestaltet sein, als Hilfsmittel oder gewöhnlicher Gebrauchsgegenstand assoziiert werden,

[573] vgl. DESTATIS Statistisches Bundesamt 2024: Bevölkerung
[574] vgl. bfb 2020: Barrierefreier Wohnraum: Ausnahme statt Regel | Ergebnisse Mikrozensus

der Thematik Einschränkung kaschierend, markierend oder gar inszenierend begegnen.[575] Hinzukommend können diese zu Ihrer Funktionalität ein „Artefakt-gerechtes“ Umfeld als weiterer Akteur der Entstehung/Nicht-Entstehung von Behinderung, in steter Wechselwirkung benötigen.[576] Durch Konstruktion von Artefakt und Umwelt werden soziale Zusammenhänge und zwangsläufig Definitionen von (u. a. körperlich/geistiger) Normalität und Abweichung stets mitkonstruiert, die Inklusion und Exklusion zunächst ermöglichen (Konstruktion/Dekonstruktion von Unterscheidungsmerkmalen) und im negativen Falle (Exklusion) einseitig forcieren.[577] Die Untersuchung besagter Aspekte im Rahmen des mixed-methods Forschungsdesigns erfolgte auf Grundlage der dargelegten Differenzierung zwischen einstellungs- und umweltbedingter Barriere (Definition von Behinderung/Barriere), sowie auf qualitativer (Formulierung von Thesen) als auch quantitativer Ebene (Verifizierung/Falsifizierung).

Teil-01 Forschungsfrage: Begriff der räumlichen Interaktion
Die ursprüngliche Intention einer Untersuchung des rauminteragierenden Aspekts fokussierte sich auf den Faktor Raumbildung bzw. die Hypothese einer Realisierbarkeit von Bewegungsflächen durch „platzmachendes“, bzw. räumliche Gegebenheiten aktiv beeinflussendes Mobiliar. Im Laufe der Bearbeitungszeit mussten die genannten Aspekte zugunsten physischer Assistenz, der Überlagerung statt Verlagerung von Mobiliar (Prototyp), als auch der Verschiebbarkeit als produktsemantisches Alleinstellungsmerkmal relativiert werden (siehe Thesenbildung).

Teil-01 Forschungsfrage: Begriff der Funktionsintegration (Ergebniskontext)
Die Intention einer Untersuchung des funktionsintegralen Aspekts, zielte zunächst ebenso wie der rauminteragierende auf die Realisierbarkeit von Bewegungsflächen, in diesem Fall mittels „Platz schaffen“ durch Organisation vielseitiger Funktionalitäten auf geringem Raum. Der ursprüngliche Gedanke einer bloßen Integration des Waschtischs, erweiterte sich im Laufe der Bearbeitungszeit um physische Assistenzen und Beleuchtungskonzept, vor allem aber um den semantischen Aspekt, siehe räumliche Interaktion. Dabei integriert und vereint das Raum-in-Raum-System produktsemantische Funktionalitäten in sich, die weit über

575 vgl. Rosen/Hendren 2013: Why Are Glasses Perceived Differently Than Hearing Aids?
576 vgl. Anderberg 2005: Making both ends meet
577 vgl. #beHindernisse: Drei Modelle von Behinderung, S. 1

profane Nutzungsoptionen eines Badraums hinausgehen (Bedeutungsschaffung)[578] und Barrierefreiheit aktiv erhöhen.

7.2 THESENBILDUNG

7.2.1 Barrierefreiheit

Es folgt die Beantwortung des Teil-01 der Forschungsfrage anhand von Thesen auf zwei Ebenen: Der allgemeinen und der spezifischen. Die allgemeine Ebene thematisiert das generelle Potenzial des Raum-in-Raum-Systems zur Erhöhung der Barrierefreiheit auf Grundlage einstellungs- und umweltbedingter Barrieren; die spezifische Ebene fragt nach dem diesbezüglichen Beitrag der räumlichen Interaktion sowie der Funktionsintegration.

1. These, einstellungsbedingte Barriere: Das entwickelte Raum-in-Raum-System kann einen nachgewiesenen Beitrag zur Erhöhung <u>einstellungsbedingter</u> Barrierefreiheit in Bestand und Neubau leisten (allgemeine Ebene).

Einstellungsbedingte Barrieren bzw. Potenziale einer (messbaren) Reduktion, wurden im Rahmen der an Krippendorff orientierten Design-Thinking-Workshops,[579] sowie der darauf aufbauenden Fragebogenerhebungen am Prototypen untersucht (quantitativ/qualitativ). Vereinfacht formuliert standen dabei die Entwicklung und subjektive (quantitative/qualitative) Bewertung eines kreativen Produktvorschlags durch Fachpublikum (Stakeholder) im Vordergrund. Die individuelle Rolle Designschaffender, innerhalb des besagten Prozesses, wird im Zuge der Thesenformulierung zu Forschungsfrage „Teil-03 Berufsbild Designschaffender" thematisiert werden. Im Rahmen der vorbeschriebenen Workshops erfolgte eine Identifikation wünschenswerter/nicht wünschenswerter Gestaltungsaspekte (Begriffssammlungen, Moodboards, Collagen), die es ermöglichten, einstellungsbedingter Barriere „ein Gesicht zu geben" und die gewonnenen Erkenntnisse in die Prototypengestaltung einfließen zu lassen. Auf diese Weise konnten Faktoren negativer als auch positiver Produktkonnotationen im Kontext Barrierefreiheit (Bedeutungsschaffung) konkretisiert, ein spezifisches Produkt-Erscheinungsbild generiert werden. Innerhalb der Testphase des Prototypen mittels Fragebogenerhebung, fand die nun quantitativ messbare (!) Bewertung des Aspekts einstellungsbedingter Barriere (subjektive Bewertung von Erscheinungsbild und Funktionalität) auf Grundlage des Erhebungssettings (Präsentation) statt. Erfolg und Misserfolg beabsichtigter Konnotationen, ließen sich mittels Ordinalskalen quantitativ abbilden, qualitative Freitext-

[578] vgl. Krippendorff 2013: Die semantische Wende

[579] vgl. Krippendorff 2013: Die semantische Wende, S. 289–298

felder ermöglichten die Generierung weiterer, die Gesamtbewertung stützende Daten. Die Ergebnisse zeugen sehr eindeutig von einer gelungenen Dekonstruktion, bzw. Nicht-Konstruktion einstellungsbedingter Barriere vor dem Hintergrund eines explizit für ältere und von Einschränkungen betroffene Menschen gestalteten Produkts. Der Prototyp wurde auf quantitativer Ebene von der überwiegenden Mehrheit der Befragten als „modern und ansprechend", „für alle Altersgruppen attraktiv" und explizit mit „kein Seniorenprodukt" bewertet, gestützt durch individuelle Bewertungen des qualitativen Parts (Freitextfelder). Besonders interessant: Physische Assistenzen (Griffstangen) als eindeutiges Hilfsmittel weckten explizit „keine Assoziationen zum Thema Alter und Hilfebedürftigkeit", der Idealfall im Sinne der Dekonstruktion von Barrieren. Aufgrund der vorbeschriebenen Aspekte kann konstatiert werden, dass sich mittels des Raum-in-Raum-Systems einstellungsbedingte Barrieren auf vielschichtiger Ebene verringern, Barrierefreiheit erhöhen lässt sowie ein adäquater Produktvorschlag vor dem Hintergrund sich wandelnder Märkte formuliert werden konnte, dem Stigma „Seniorenprodukt" erfolgreich entgegenwirkend. Der Aspekt der Bedeutungsschaffung nach Krippendorff erwies sich dabei als „roter Faden" der Arbeit als zielführend hinsichtlich der Thematik einstellungsbedingter Barriere.

2. These, umweltbedingte Barriere: Das entwickelte Raum-in-Raum-System kann einen nachgewiesenen Beitrag zur Erhöhung umweltbedingter Barrierefreiheit in Bestand und Neubau leisten (allgemeine Ebene).

Umweltbedingte Barrieren wurden im Rahmen der Gruppendiskussionen (qualitativ), der ExpertInnen-Interviews (qualitativ), der Grundrissanalysen (quantitativ), der Selbsttests mittels Alterssimulationsanzug (qualitativ) sowie innerhalb der Fragebogenerhebungen am Prototypen untersucht (quantitativ/ qualitativ). Analog zu den vorherigen Ausführungen, bedingt der Nachweis einer Reduktion von Barriere die Messbarkeit, hier erneut abgebildet mittels Fragebogenerhebung (quantitativ). Gruppendiskussionen und ExpertInnen-Interviews ermöglichten die Identifikation barrierebegünstigender Faktoren des Systems, schärften kontextbezogen Blick und Bewusstsein des Entwerfenden und ermöglichten die Erhebung zielführenden ExpertInnen-Wissens. Innerhalb des Transfers in die Konzeptions-/ Testphase ließen sich auf diese Weise potenzielle Barrieren erkennen, zielgerichtet(er) vermeiden und reduzieren, Erfolg und Misserfolg in der Fragebogenerhebung (messbar) abbilden. In der Grundrissanalyse (Bestand) bietet der Verbau einer „kompakten Box" der zwangsläufige Entfall des (Bestands-)Waschbeckens, sowie die Versetzbarkeit bzw. Neuaufstellung der Waschmaschine, eindeutig nachgewiesene räumliche Vorteile (Bewegungsflächen), einhergehend mit einer Reduktion umweltbedingter Barrieren. Die damit in Verbindung stehende Faktoren räumlicher Interaktion und Funktionsintegration werden, im Rahmen der Thesen-

bildung auf der zweiten spezifischen Ebene, thematisiert. In der Grundrissanalyse Neubau konnte im Fall der eigenständigen Moduleinheit, eine hocheffiziente Wirksamkeit bezüglich des Faktors (räumliche) Barrierefreiheit auf engstem Raum nachgewiesen werden, begründet durch Überlagerung von und Verlagerung von Bewegungsfläche unter Sanitärgegenständen (siehe Thesenbildung, spezifische Ebene).
Einen relativierenden Faktor bezüglich Platzersparnis, stellte die Typologie-Gebundenheit des Systems in der vorbeschriebenen Minimalvariante dar. Im Falle eines Verbaus im geschlossenen Raum (Matrix), ergo nicht freistehend, ließen sich keine (räumlichen) Vorteile zu bestehenden Systemen darstellen. Eine Erhöhung der umweltbedingten Barrierefreiheit lässt sich vorwiegend durch physische Assistenz und Funktionsintegration nachweisen, siehe Folgethesen. Umweltbedingte Barrieren adressieren neben räumlichen Aspekten vor allem jene der Funktionalität. Innerhalb der Fragebogenerhebung wurden die Funktionalitäten des Prototypen durch Fachpublikum nahezu einhellig als „nachvollziehbar und sinnvoll" für ältere Menschen bewertet (eindeutigstes Ergebnis der Gesamtbefragung). Einen weiteren relativierenden Faktor stellt die generelle Funktionsweise des Systems dar, der zunächst im Rahmen der Fragebogenerhebung ein einleuchtender und intuitiver Charakter bescheinigt wurde, der in aufbauenden Erhebungen
(Workshop Intuition) jedoch nicht bestätigt werden konnte. Eine Reduktion umweltbedingter Barrieren ließ sich somit eindeutig nachweisen, bedarf jedoch im Vorfeld der Erklärung, die im Falle der Fragebogenerhebung durch eine Präsentation des Forschenden gegeben war. In der qualitativen Testphase mittels Alterssimulationsanzug, stand die systeminterne Reduktion umweltbedingter Barrieren, durch Ermittlung und fortlaufende Optimierung der Affordances im Fokus,[580] eine Erhöhung umweltbedingter Barrierefreiheit zwangsläufig beinhaltend. Die Ergebnisse relativierend stellte sich der Laborkontext, sowie die bloße „Simulation" altersspezifischer Einschränkung dar, die jedoch erwiesenermaßen vergleichbar mit der Erfahrungswelt älterer Menschen ist.[581] Aufgrund der vorbeschriebenen Aspekte kann konstatiert werden, dass sich mittels des Raum-in-Raum-Systems umweltbedingte Barrieren auf vielschichtiger Ebene verringern und die Barrierefreiheit erhöhen lässt, inklusive der dargestellten relativierenden Faktoren.

---

[580] vgl. Krippendorff 2013: Die semantische Wende, S. 109–186

[581] vgl. Scherf 2014: Entwicklung, Herstellung und Evaluation des Modularen AlterssimulationsanzugseXtra (MAX)

3. These, räumliche Interaktion: Die Verfahrbarkeit des Raum-in-Raum-Systems führt im Bestand zu keiner räumlichen Erhöhung der Barrierefreiheit, bietet im Neubau durch Überlagerung von Sanitärgegenständen ein hohes, ausbaufähiges Potenzial systeminterner (!) Platzersparnis und in beiden Varianten maßgebliche Vorteile bezüglich physischer Assistenzen und barrierereduzierenden, produktsemantischen Alleinstellungsmerkmalen (spezifische Ebene).
Wie beschrieben, konnten in der Grundrissanalyse Bestand eindeutige räumliche Vorteile hinsichtlich eines Verbaus des Raum-in-Raum-Systems nachgewiesen werden, davon ausgenommen die Verfahrbarkeit, für die sich kein erkennbarer Vorteil bezüglich der Raumbildung ableiten ließ. Im Falle des Neubaus erwies sich das System in der Variante der eigenständigen Moduleinheit, als barrierefreies, obgleich typologiegebundenes „Raumwunder". Hinzukommend könnte die bisherige Systemgröße von 2,20 qm in einer nicht barrierefreien Variante noch deutlich unterschritten werden, alternative Implementierungen ermöglichend (Potenziale aufbauender Forschung). Die Sinnhaftigkeit der durch räumliche Interaktion (Verfahrbarkeit) abgebildeten physischen Assistenzen (neben weiteren, nicht an räumliche Interaktion gebundenen), konnte in der qualitativen Testphase mittels Alterssimulationsanzug empirisch erfahren und belegt, sowie durch die beschriebene Optimierung auf Grundlage der Affordances,[582] kontinuierlich fortentwickelt werden. Schlussendlich wurden alle Funktionalitäten einem Fachpublikum von 60 Personen präsentiert (Erklärung und Vorführung) und nahezu einhellig als „nachvollziehbar und sinnvoll" für ältere Menschen erachtet, siehe vorbeschriebene Fragebogenerhebung. Als mindestens ebenso bedeutsam, insbesondere bezüglich der Reduktion einstellungsbedingter Barrieren, erwies sich die Verfahrbarkeit des Waschtischs, als zentrales Alleinstellungsmerkmal des Systems. Der „Aha-Effekt" beim Verschieben des Waschtischs, dem Erkennen der „versteckten" Dusche, wurde durch alle Stakeholder kontinuierlich und durchweg positiv bewertet (empirische, nicht belegte Erfahrung). Dieser Eindruck wird gestützt durch die Fragebogenerhebungen, innerhalb derer die Verfahrbarkeit mit hoher Übereinstimmung als intuitiv, originell und sinnhaft bewertet wurde. Diese stellt somit einen zentralen bedeutungsschaffenden Aspekt nach Krippendorff dar, innerhalb dessen bspw. die Wahrnehmung als „originell" eine höhere Beachtung und Wertzuschreibung erfährt als die damit verbundene Funktionsweise, bzw. der Aspekt der Raumbildung:
„Es besteht kein Zweifel daran, dass Bedeutungen mehr zählen als die intendierten Funktionen." [583].

[582] vgl. Krippendorff 2013: Die semantische Wende, S. 109–186

[583] Krippendorff 2013: Die semantische Wende, S. 77

Insbesondere auch durch räumliche Interaktion konnte dem Stigma „Seniorenprodukt" durch Schaffung eines originellen, „coolen" und durchweg positiv aufgefassten Produkts, jenseits der Stützstrumpfästhetik, erfolgreich entgegengewirkt werden.

4. These, Funktionsintegration: Im Bestand ist eine räumliche Erhöhung der Barrierefreiheit durch Verbau einer kompakten „Box" zu verzeichnen, im Neubau forciert durch Berücksichtigung des WC, begleitet durch nachweislich sinnhafte Integration von physischen Assistenzen und individuellem Zubehör; der entscheidende funktionsintegrative Aspekt jedoch ist (erneut) in der produktsemantischen Funktionalität zu verorten (spezifische Ebene).
Bezüglich der Organisation von Dusche und Waschtisch auf einer Grundfläche konnten in der Grundrissanalyse Bestand, räumliche Vorteile durch Verbau der kompakten Box sowie Entfall des Bestandswaschbeckens nachgewiesen werden (Bewegungsflächen). Im Neubau wurde der funktionsintegrative Aspekt durch Vorsehen des WCs optimiert (Überlagerung), zusätzliche Raumersparnis generiert und die Verfahrbarkeit des Waschtischs (räumliche Interaktion) bezüglich der Integration weiterer Funktionalitäten (physische Assistenz) legitimiert. Im Bestand lässt sich hinsichtlich einer Erhöhung der Barrierefreiheit zum einen der Installationsmehrwert durch die Integration der Waschtischfunktion mittels Armaturbox hervorheben (1 Anschluss, 2 Funktionen), einen potenziellen Verbau des Systems erleichternd. Zum anderen lässt sich ein Mehrwert der Box bezüglich physischer Assistenz im Bereich der Dusche abbilden, die Barrierefreiheit nachweislich erhöhend. Der Aspekt einer Trocknung des Bodens beim Verfahren des Waschtischs stellt einen weiteren, bedeutenden funktionsintegrativen Aspekt dar, die zuverlässige Nutzbarkeit des Systems gewährleistend. Sinnhaftigkeit als auch barrierereduzierende Funktionen der integrierten Assistenzen sowie des Zubehörs ließen sich vorrangig auf Grundlage der Expertinnen-Interviews sowie der Prototypentests belegen. Profane Nutzungsoptionen des barrierefreien Badraums können somit erfüllt und durch die vorbeschriebenen Aspekte optimiert werden. Erneut entscheidend, insbesondere bezüglich einer Dekonstruktion von Barrieren, ist die Art und Weise, „wie" dies geschieht, bzw. wie Artefakt und Nutzende durch Dritte wahrgenommen werden. Der „Coolness"-Faktor, die Antizipation eines explizit für alte Menschen gestalteten Produkts maßgeblich positiv beeinflussend, stellt eine integrierte und vor allem zentrale Funktionalität des Systems dar. Im Rahmen der Fragebogenerhebung wurden unter anderem spontan mit dem System assoziierte Begrifflichkeiten abgefragt, wobei das Adjektiv „innovativ" sehr eindeutig hervorstach (vermutlich auch aufgrund des funktionsintegrativen Aspekts, siehe Wortwolken).
Die Übergänge einer Dekonstruktion umwelt- als auch einstellungsbedingter Barriere gestalteten sich aufgrund des funktionsintegrativen Aspekts fließend: So stellte bspw. die eigens

entwickelte Armaturbox eine zunächst rein technisch sinnvolle Maßnahme dar (Anschluss-Situation), die physische Assistenz aber vor allem produktsemantische Funktionalitäten in sich integriert, indem diese als innovativ, schlau und damit attraktiv wahrgenommen wird. Darüber hinaus führt der funktionsintegrative Aspekt zu fließenden Übergängen zwischen Barriere-definierenden Faktoren des Kaschierens (integrierte Stangen) als auch Markierens oder Inszenierens. So bspw. beim explizit als „Hilfsmittel" fungierenden Waschtisch, dessen Heranfahren an das WC nun offenkundig als positiv und völlig jenseits des Behinderungsstigmas aufgefasst wird. Dabei stehen die genannten Aspekte in enger Verbindung zum cross-funktionalen Entwurfs- als auch Forschungsansatz der Arbeit (siehe Folgethesen).
Aufgrund der vorbeschriebenen Aspekte kann konstatiert werden, dass sich mittels des funktionsintegrativen Aspekts des Raum-in-Raum-Systems sowohl umwelt- als auch einstellungsbedingte Barrieren auf vielschichtiger Ebene verringern lassen, Barrierefreiheit erhöhen lässt.

7.2.2 Methodologie/Designwissenschaft

Rückblick: Wie dargelegt wurde, stellt sich Design auf vielschichtige Weise als undefinierte(r) Begriff, Handlungsweise und Profession dar. Hinzukommend findet eine Differenzierung zwischen Design- und Designforschung, Kreativitäts- und Forschungsmethodik nur bedingt statt. Deontische Fragestellungen, der Transfer impliziten in explizites Wissen, sowie designspezifische „wicked problems" erschweren die Anbindung an traditionelle Formen von Wissenschaft. Der beschriebene Generationenwandel in der (durchaus) bestehenden Methodologie führte zur Entwicklung partizipativer, fachfremde Methodik adaptierenden Forschungsprozess-Modellen mit Kommunikationsschwerpunkt, deren Effizienz und Wissensbeitrag kritisch zu hinterfragen sind. Somit steht zwangsläufig (auch) der Transfer von Grundlagenforschung in angewandte Forschung im Fokus. Das mixed-methods-Forschungsdesign der Arbeit ermöglichte dabei Thesengenerierung, Transfer in Entwurfskriterien, als auch Verifizierung im Rahmen der Evaluation. Vertieft untersucht wurden dabei cross-funktionale Designstrategien, produktsemantische Aspekte einer „Wissenschaft für Design" sowie die Frage nach der generellen Notwendigkeit der Entwicklung eigenständiger „Designforschungsmethodik", alternativ zu Adaption/Triangulation kodifizierter Standards bestehender wissenschaftlicher Disziplinen. Es folgt die Beantwortung des Teil-02 der Forschungsfrage anhand von drei Thesen: Die erste widmet sich dem Aspekt cross-funktionaler Designstrategien, die zweite befasst sich mit der Praktikabilität der semantischen Wende, die dritte hinterfragt die Notwendigkeit einer Entwicklung fachspezifischer Methodik im Designkontext.

5. These, cross-funktionales Design: Als zielgerichtete Werkzeuge eines partizipativen Entwurfsprozesses können cross-funktionale Designstrategien im Kontext Barrierefreiheit einer Entstehung einstellungsbedingter Barrieren effizient entgegenwirken, „Seniorenprodukte“ verhindern.

Zielgerichtetes Werkzeug im vorbeschriebenen Kontext meint das Überwinden einer bis dato willkürlich stattfindenden Verschiebung/Vermischung von Zielgruppen des Mainstream-Designs, in den Bereich des (expliziten-, Hilfsmittel-) Designs und umgekehrt. Die generelle Thematik ignoranter, expliziter, universeller und cross-funktionaler Designstrategien[584], wurde in Kapitel 4. Barrierefreiheit eingehend beschrieben. Diese und das ist entscheidend, sind jedoch nicht getrennt voneinander zu betrachten, sondern stehen in gegenseitiger Wechselwirkung: Die Entwicklung von Artefakten soll an dieser Stelle ergänzend als zirkulärer, hierarchisierter bzw. emanzipierter Entwicklungsprozess, unter verschiedener Zielgruppen-Priorisierung beschrieben werden. Im zirkulären Prozess (Kreismodell) werden Hilfsmittel für Eingeschränkte entwickelt, durch Nicht-Eingeschränkte antizipiert und erneut durch Hilfsmittel der Ursprungszielgruppe zugänglich gemacht, siehe Schreibmaschine und Braille-Tastaturen. Ein Wechselspiel aus Entstehung und Nicht-Entstehung von Barriere ist dabei stets inkludiert, Zielgruppen werden getrennt voneinander betrachtet, der Prozess findet (weitgehend) zufällig statt.

Das beschriebene zirkuläre Modell kommt bei Bieling so nicht vor, erscheint jedoch im Kontext barrierefreien Designs bedeutsam! Die hierarchisierte, vielfach beschriebene Variante (Treppenmodell) meint das bewusste/nicht zufällige downgrading von Mainstreamprodukten zu Hilfsmitteln (Seniorenhandy), ebenfalls unter Annahme getrennter Zielgruppen, einhergehend mit maximaler Forcierung einstellungsbedingter Barriere. Innerhalb des Projekts galt es, einen emanzipierten und damit cross-funktionalen Entwicklungsprozess, bestehend aus drei gleichberechtigt kooperierenden Zielgruppen zu realisieren: Der „junger“ Menschen, der „älterer“ von Einschränkung betroffener Menschen, sowie jene der DIN-Norm, als nicht personifizierte, jedoch im übertragenen Sinne zu berücksichtigende Zielgruppe, mit eindeutige definierten Bedürfnissen im Sinne von Kriterien.[585] Eine Hierarchisierung fand insofern nicht statt, als Einschränkung zwar den Ausgangspunkt kontextungebundener Anwendungsgebiete[586] darstellte, den verschiedenen Zielgruppen jedoch ein klares „Veto-Recht“, vorwiegend im Rahmen der Evaluationen eingeräumt wurde. Die Bedürfnisse junger Menschen,

---

584 vgl. Bieling 2019: Inklusion als Entwurf, S. 59–62

585 vgl. Deutsches Institut für Normung 2023: DIN 18040-2, Barrierefreies Bauen - Planungsgrundlagen. Teil 2, Wohnungen

586 vgl. Bieling 2019: Inklusion als Entwurf, S. 62

ihre individuelle Vorstellung „gelungenen" Designs, wurde innerhalb der Workshops ermittelt; die der Alten vorwiegend durch ExpertInnen-Interviews und Gruppendiskussionen, inklusive des beschriebenen „Trichter-Effekts" im Sinne gebündelten ExpertInnen-Wissens. Jene der DIN-Norm fanden sich verschriftlicht in Form von technisch gehaltenen Anforderungen in den entsprechenden Regelwerken. Daran orientiert wurden Konzept und Prototyp entwickelt und mittels Fragebogenerhebung (qualitativ/quantitativ) und Selbsttests im Alterssimulationsanzug (qualitativ) evaluiert. Wie bereits bei anderen Erhebungen wurde eine Erhöhung der Barrierefreiheit erst durch das quantitativ messbare Feedback der Fragebogenerhebungen möglich. Dabei setzten sich die ProbandInnen aus den beiden (personifizierten) Zielgruppen zusammen: Den „Jungen" in Form von Menschen mittleren Lebensalters (Durchschnittsalter: 34,88 Jahre), den „Alten" repräsentiert durch ältere BesucherInnen des öffentlichen Fachkongresses, sowie Fachpublikum mit besagtem, professionsbedingtem ExpertInnen-Wissen.
Technisch-ergonomische Funktionalitäten des Prototypen wurden erneut im Rahmen der Erhebungen, mittels Alterssimulationsanzug untersucht, bei denen trotz des Laborkontext von validen Ergebnissen, bezüglich der Zielgruppe der Älteren auszugehen ist. Die quantitativ ermittelten Daten (Fragebogen), als Werkzeug der Messbarkeit von Barriere, zeugen von einer gelungenen Realisation, der cross-funktionalen Designstrategie: Das für alte, von Einschränkung betroffene Menschen konzipierte Produkt, wurde eindeutig als *„für alle Menschen attraktiv"* bewertet, die Entstehung eines Seniorenprodukts verneint, der Duschklappsitz als „typisches" Artefakt cross-funktionalen Designs[587] in seiner Sinnhaftigkeit bestätigt. Hinzukommend wurde ein Verbau im privaten Bereich (unabhängig vom Alter) bevorzugt, die integrierten Stangen erneut nicht mit Behinderung und Hilfsbedürftigkeit in Verbindung gebracht. Aufgrund der vorbeschriebenen Aspekte kann konstatiert werden, dass sich mittels cross-funktionaler Designstrategien, einstellungsbedingte Barrieren auf vielschichtiger Ebene verringern, Barrierefreiheit nachweislich erhöhen lässt. Dabei entstand explizit kein Universal Design! Das Raum-in-Raum-System berücksichtigt weder die Bedürfnisse „aller Menschen", wie z. B. Kinder, noch adressiert es „alle Einschränkungen", wie bspw. Sehbehinderungen oder schlicht die Erfordernis einer Rollstuhlnutzung (DIN-R-Standard). Dennoch konnten die durch Park reduzierten bzw. konkretisierten (Universal Design) Anforderungen der Zugänglichkeit, Entstigmatisierung, Berücksichtigung von Hilfsmitteln/ und -Personen, sowie Kompatibilität mit Assistenztechnologien, innerhalb des Konzepts, realisiert werden.

[587] vgl. Bieling 2019: Inklusion als Entwurf, S. 46

6. These, Praktikabilität der „semantischen Wende“: Krippendorffs Verstehen erster und zweiter Ordnung, die Bedeutung der Artefakte in Sprache und Gebrauch, hier explizit im methodischen Kontext „(Um)gestalten der Charaktere von Artefakten“ stellt eine effiziente Arbeitsgrundlage dar, die jedoch im Kontext Barrierefreiheit der Triangulation bedarf.

Krippendorffs Verstehen 1. Ordnung, als (Selbst-)Verständnis Designschaffender, ließ sich vor allem bezüglich eines sich wandelnden Berufsbilds untersuchen, siehe Folgethesen „Berufsbild Designschaffender“. Ein Verstehen 2. Ordnung, stellte sich als zentral für Krippendorffs Blick auf Design(schaffende) selbst, sowie die Mehrheit der Erhebungen im Kontext Barrierefreiheit dar:[588] Die Kombination mit Waldschmidts Perspektive der Selbst- und Fremdwahrnehmung als übergeordnetes Verständnis von „Andersartigkeit“ als zentralem Aspekt der Konstruktion von Barriere,[589] erwies sich als kapitelübergreifend zielführend. Bezüglich der Theorie der Bedeutung von Artefakten in Sprache und Gebrauch, sowie damit einhergehender Methodik,[590] waren erneut die bereits erwähnten Workshopformate von Interesse (nun abgekürzt: WS), obgleich in Summe alle qualitativen Erhebungen durch diese (Theorie) geprägt waren. So lag der Fokus bei WS-01 auf der Sprache, bei WS-02 auf der sprachbasierten Gestaltung, bei WS-03 auf dem (intuitiven) Gebrauch. Insbesondere bezüglich WS-01 und 02 galt es, zwischen Schrift-, Bild- und gesprochener Sprache zu differenzieren.

Methodisch konkret zur Anwendung, obgleich durch Design-Thinking-Strategien und qualitative Inhaltsanalysen erweitert (Triangulation), kam in Workshop 01 und 02 Krippendorffs „Umgestaltung von Charakteren“.[591] WS-03 hingegen, fokussierte sich auf dessen Affordance-Begriff, untersucht mittels Beobachtungsstudien und Think-Aloud-Protokollanalyse.[592] Bedeutung in der Sprache in WS-01, WS-02: Die Bedeutung der Artefakte in der Sprache wurde in WS-01 und 02 auf der Ebene der Begriffsassoziation (Schriftsprache), der Moodboards und Collagen (Bildsprache) sowie der Präsentationen (gesprochene Sprache) untersucht. Unterschiede bezüglich Krippendorffs „Umgestaltung von Charakteren“ sowie der konkret zur Anwendung gekommenen triangulierten Methodik, werden im Folgenden dargestellt, begründet und reflektiert. In WS-01 als auch der „Semantischen Wende“ galt es ein bekanntes Artefakt nach zuvor ermittelten Kriterien (um) zu gestalten. Im Falle Krip-

588 vgl. Krippendorff 2013: Die semantische Wende, S. 96–102

589 Waldschmidt 2005: Disability Studies: Individuelles, soziales und/oder kulturelles Modell von Behinderung?, S. 9

590 vgl. Krippendorff 2013: Die semantische Wende, S. 109–221

591 vgl. Krippendorff 2013: Die semantische Wende, S. 189–198

592 vgl. Krippendorff 2013: Die semantische Wende, S. 109–186

pendorffs ein „modernes" Lkw-Cockpit, im Falle der Arbeit ein „barrierefreies" Badezimmer, im übertragenen Sinne eines Artefakts (eigentlich Raum). Die alleinige Anwendung der Methodik zur „Umgestaltung von Charakteren"[593] stellte sich dabei aus folgenden Gründen nur bedingt als zielführend dar: Den meisten Menschen kann eine konkrete Vorstellung von Lkw-Cockpits unterstellt werden, insofern meint „modern" eine Variante des Vertrauten. Die Umgestaltung eines Bads als „barrierefrei" steht dem Vertrauten entgegen, da in der Regel auf semantischer Ebene als „abweichend" empfunden, wie beschrieben (Selbst- und Fremdwahrnehmung). Somit galt es, nicht Vertrautes lediglich umzugestalten, sondern zunächst eine Vorstellung existierender, jedoch nicht vertrauter Artefakte zu erarbeiten. Statt Assoziationen (Manifestationen) zu vordefinierten Adjektiven zu sammeln und in ein „Shaping" zu transferieren, erschien eine Triangulation durch die mit gegensätzlichen Fragestellungen arbeitende Kopf-Stand-Methode des Design-Thinking hier zielführender: Diese ermöglichte mittels Erhebung von Schriftsprache (Assoziationen), Bildsprache (Moodboards) als auch gesprochener Sprache (Inhaltsanalyse), den Einstieg auf der „Kennenlern-Ebene" von Artefakten, statt auf der bedingt zielführenden Ebene des Gestaltens von Bekanntem.[594] Konträr zu Krippendorff, lag der Fokus der Erhebung hinzukommend (auch) auf der Ermittlung von Negativassoziationen, als eigenständiges und in der Konsequenz bedeutsameres Ergebnis der Untersuchung (Konstruktion/Dekonstruktion von Barriere). Dabei informierte und inspirierte ein Schritt den Folgeschritt, inklusive der Entstehung zweier miteinander in Verbindung stehender Ergebnisse, die in Symbiose ein drittes Ergebnis in Form des Prototypen-Transfers generieren. Bei Krippendorff hingegen entsteht ein Einzelergebnis durch das Ausschlussprinzip und ein weiteres mittels Prototypen-Transfer, während das Gegenteil eines modernen Lkw-Cockpit explizit nicht abgebildet wird, konträr zum Kontext Barrierefreiheit (Worstcase als bedeutsame(re) Erkenntnis). Selbstredend ließen sich mit der „Umgestaltung von Charakteren" auch die beschriebenen Worst- und Bestcase-Szenarien generieren, Probleme von vertraut und abweichend, „Kennenlernen" und „Shaping", jedoch blieben bestehen. Die spezifischen Problemstellungen sind dabei in der Diffusität der Entstehung von Barriere zu verorten, Triangulation erforderlich machend, die unter Umständen auch durch Rückgriff auf weitere Methodik der „Semantischen Wende", realisierbar wäre. Die vorgenommene Kombination des „Umgestaltens der Charaktere von Artefakten" mit Design-Thinking-Kreativitätstechniken, cross-funktionalen Designstrategien (junge TeilnehmerInnen) sowie sozialwissenschaftlicher Erhebungsmethodik (qualitative Inhaltsanalyse) stellte im Kontext Barrierefreiheit eine effiziente Vorgehensweise dar. Dies nicht zuletzt aufgrund der daraus

---

[593] vgl. Krippendorff 2013: Die semantische Wende, S. 189–198

[594] vgl. Reuter/Jonas 2013: Thinking Design, S. 46–57

resultierenden konkreten Entwurfskriterien („keine sichtbaren Notknöpfe“), statt unspezifischer Adjektive („reduziert“). Zwar thematisiert Krippendorff gängige sozialwissenschaftliche, als auch ethnologische Standards als probate Methodik designforschenden Handelns[595], deren konkrete Anwendung bzw. Triangulation, wie dargestellt, bleibt mitunter vage. Für handfeste Fragestellungen im Sinne von „Wie führe ich ein Leitfadeninterview und werte dieses qualitativ aus?“ ist in der Regel Sekundärliteratur erforderlich, die in der Konsequenz jedoch zu höchst effizienter Kommunizier- und Sichtbarmachung von Designprozessen führt, siehe Folgethesen. Hinweis: Die bisherigen Ausführungen bezogen sich auf WS-01. Die „Umgestaltung von Charakteren“ sieht ein Erarbeiten von Entwurfskriterien durch Stakeholder, einen darauf basierenden Entwurf durch Designschaffende und dessen (erneute) Evaluation durch Stakeholder vor. Besagtes Verfahren wurde im Rahmen der Arbeit insofern kritisch hinterfragt, als in WS-02 die ersten beiden Schritte (Entwurfskriterien, Entwurf) durch Stakeholder selbst vorgenommen wurden. Daraus resultierende Erkenntnisse, als auch jene des WS-03 (Intuition) werden im Rahmen der Folgethesen „Berufsbild Designschaffender“, erörtert.

7. These, Methodik und Wissensgenerierung: Kreativität in Kombination mit Adaption und Triangulation wissenschaftlich kodifizierter Standards in kommunikationsbasierten Prozessmodellen lässt die Entwicklung spezifischer „Designforschungsmethodik“ obsolet erscheinen und stellt ein Werkzeug zur erfolgreichen Realisierung partizipativer Forschungsprozesse mit diskurs- und praxisbereichernder Wissensgenerierung dar.
Zum methodologischen Aspekt: In den folgenden Ausführungen wird zunächst der Aspekt der Methodik und anschließend jener der Wissensgenerierung thematisiert werden. Obgleich wie bereits unter 3. Forschungsfeld festgestellt, „alles“ Methode sein kann, fokussierte sich die vorliegende Arbeit bezüglich des „forschenden Parts“ auf Adaption/Triangulation sozialwissenschaftlich/ethnografischer Standards des qualitativ/quantitativen Spektrums[596]. Bezüglich des kreativen Parts hingegen waren, aus methodologischer Sicht, die bereits beschriebenen Workshops, definiert durch triangulierte Kreativitätstechniken von Relevanz. Generell ließen sich im Rahmen des mixed-methods-Forschungsdesign durch qualitative Verfahren Hypothesen generieren, die wiederum in quantitativen Verfahren geprüft, implizites in explizites Wissen transferiert werden konnte(n). Explizites Wissen meint dabei Entwurfskriterien als auch instrumentelles Wissen, das bspw. im Rahmen der qualitativen Inhaltsanalysen von ExpertInnen-Interviews, kommunizier- und belastbar, sowie den Designprozess informierend

[595] vgl. Krippendorff 2013: Die semantische Wende, S. 278–287
[596] vgl. Zerweck 2008: Methoden in Design und Designresearch

ermittelt werden konnte.[597] Entwurfsentscheidungen ließen sich auf diese Weise transparent, bspw. auf Grundlage analysierter Interviewdaten und damit Kommunikationsanalyse, nachvollziehen und begründen. Nicht nur die Adaption von Methodik, sondern auch der entsprechenden (fachfremden) Analyse-Software, erwies sich dabei als zielführend (MaxQDA). Die Untersuchungen des physischen Entwurfs (Prototyp) mittels Beobachtungsstudien und ebenfalls mit Schwerpunktsetzung Kommunikation (Think-Aloud-Methode) stellten sich als ebenso effizient, im Sinne der Generierung entwurfsrelevanten Wissens, dar. Die verschiedenen, aufeinander aufbauenden methodischen Teilschritte der Arbeit, wurden wie zu Beginn erwähnt, in den jeweiligen Fazits der Arbeit erschöpfend dargestellt, die abschließende (sehr erfolgreiche) quantitative Evaluation des Konzepts, lässt eine Entwicklung/ Anwendung „designspezifischer" Methodik, zumindest im Falle des Raum-in-Raum-Systems obsolet erscheinen: Mittels Adaption und Triangulation (mixed-methods) kodifizierter, transparenter, obgleich „fachfremder" Datenerhebungs- und Analyseverfahren, entstand ein, die Stakeholder-Bedürfnisse nachgewiesenermaßen, befriedigendes (Design-)Produkt.
Zum Aspekt der Wissensgenerierung: Die Frage nach dem individuellen Diskurs- und Wissensbeitrag sowie dessen Entstehung steht im Zentrum eines jeden Dissertationsvorhabens und fand wie erwähnt (auch) jenseits pragmatischer Entwicklung von Entwurfskriterien statt. Designforschung stellt sich gemäß Auffassung der meisten TheoretikerInnen als systematische praxisbasierte Untersuchung durch praktisches Entwerfen, Testen und Dokumentieren mit Zielsetzung kommunizierbarer Wissensgenerierung (implizit vs. explizit) dar (siehe: 3. Forschungsfeld). Es konnte gezeigt werden, dass zumindest für die vorliegende Arbeit eine Notwendigkeit zur Entwicklung eigenständiger Methodik bzw. entsprechender Prozessmodelle verneint werden kann, Fragen nach dem „Wie?" der Wissensgenerierung erübrigend. Somit gilt es an dieser Stelle zu fragen: „Welches?" Wissen, mit welchem spezifischen Diskursbeitrags generiert werden konnte. Zur präzisen Einordnung ein Rückblick bezüglich der konträren Stoßrichtungen etablierter Wissenschaft und einer in der Entstehung befindlichen Designwissenschaft: Diese (Designwissenschaft) befasst sich mit deontischen Fragestellungen, verfolgt eine tendenziell spekulative statt stringente Vorgehensweise, erweitert den (eigenen) Forschungsgegenstand durch neue Artefakte, urteilt (trotz des quantitativen Aspekts) subjektiv statt objektiv, generiert spezifische (Objekte) statt universelle Aussagen und schafft deontisch-instrumentelles, statt faktisch-erklärendes Wissen.[598] Welches Wissen konnte generiert werden? Auf Grundlage einer deontisch gelagerten Forschungsfrage, wurde ein eigenständi-

[597] vgl. Hohl 2015: Praxis-basierte, Praxis-geleitete oder Theorie-basierte Ph.D. Forschung in Kunst und Design?

[598] vgl. Reuter o. J.: Wissen im Design

ges, theoretisch als auch methodisch fundiertes, Prozessmodell mit Kommunikationsschwerpunkt erarbeitet, dem Charakter einer Blaupause zur designforschenden Entwicklung artverwandter Artefakte (Raum-in-Raum-System) entsprechend. Somit entstand instrumentelles als auch kommunizierbares Wissen im Sinne einer konkreten, adaptierbaren Vorgehensweise, sowie kodifizierter, transparenter Ergebnisse designforschenden Handelns.
Die dabei zugrunde liegende theoretische Grundlage aus produktsemantischen, designtheoretischen und soziologischen Faktoren, in Kombination mit sozialwissenschaftlich-ethnografischer Erhebungsmethodik, führte zu einem Diskurs bereichernden, innovativen Forschungsdesign. Eine methodische Reflexion von Handlungsprozessen nach Schön,[599] als zentraler Punkt des Research-through-Gedankens,[600] ließ sich durch Adaption der sozialwissenschaftlichen Think-Aloud-Protokollanalyse abbilden, in zahlreichen Erhebungen eine Hauptquelle der Wissensgenerierung. Die Übergänge einer Forschung „über“, „für“ und „durch“ Design stellten sich dabei fließend und kaum trennscharf zu behandeln dar. Die Adaption fachfremder Methodik geht zwangsläufig auch mit Forschen „über“ Design einher, obgleich aus anderer Perspektive,[601] der entstandene Prototyp stellt (auch) jenseits eines wissenschaftlichen Kommunikationsanspruchs „manifestiertes“ Wissen und eine Neuinterpretation des Vorhandenen dar. Wissen im Sinne einer eindeutigen „Ja-Nein“ Beantwortung der Forschungsfrage, ließ sich naturgemäß nur bedingt generieren: Rittels „wicked problems“ oder im übertragenen Sinne Buchanans indeterminierte Fragestellungen, Zielsetzung und Untersuchungsraum innerhalb eines kreativen Akts fortlaufend modifizierend,[602] standen einer abschließenden Beantwortung im Wege, den Mehrwert des explorativen Forschungsdesigns im Sinne des vielseitigen Diskursbeitrags jedoch nicht schmälernd. Einer vielzitierten Gleichsetzung von Forschung und Praxis konnte insofern entgegengewirkt werden, als kreative und forschende Prozesse innerhalb der Arbeit konsequent getrennt behandelt wurden, Forschungsergebnisse (Wissen) ausschließlich auf Grundlage adaptierter, kodifizierter Standards erarbeitet wurden, die Nicht-Notwendigkeit einer Entwicklung fachspezifischer Methodik erneut belegend.

---

[599] vgl. Schön 1983: The reflective practitioner

[600] vgl. Findeli 2004: Die projektgeleitete Forschung: Eine Methode der Designforschung

[601] vgl. Glanville 1997a: A ship without a rudder

[602] vgl. Rittel/Webber 1992a: Dilemmas in einer allgemeinen Theorie der Planung; Buchanan 1992: Wicked problems in design thinking

7.2.3 Berufsbild Designschaffender

Rückblick: Konträr zu den vorbeschriebenen Aspekten wurde die Thematik des Berufsbilds Designschaffender nicht explizit im Rahmen des Forschungsdesigns untersucht. Die nachstehende These spiegelt somit einen subjektiven Eindruck des Autors, in der Rückschau auf drei Jahre Forschungsarbeit, jedoch kein belegbares Forschungsergebnis wider.

Teil-03 Forschungsfrage: Thesenbildung Berufsbild Designschaffender: Es folgt die Beantwortung des Teil-03 der Forschungsfrage aufgrund des subjektiv-spekulativen Charakters in Form einer Einzelthese, unter enger Bezugnahme auf den Aspekt der Kreativität.

8. These, Berufsbild Designschaffender: Kreativität als Kernkompetenz Designschaffender befördert neben dem artefaktbasierten Entwerfen die Organisation individuell gestalteter und innovativer Forschungsprozesse, die Designschaffende als prädestinierte Akteure dazu befähigt, den Transfer von Design zu Designforschung aus sich selbst heraus (!) vorzunehmen, ein Berufsbild „Forschungsdesign" nahelegend.
Kontext und Forschungsbedarf der Arbeit sahen ein exploratives Konkretisieren der *„[...] laufenden Bereitstellung neuer beruflicher Möglichkeiten [...]"* [603] für Designschaffende vor. Nachstehend wird zwangsläufig auch die Rolle des Autors, als Architekt und Designer, innerhalb des mehrjährigen, partizipativen Entwurfs- und Forschungsprozesses eingeordnet und reflektiert. Vorausgeschickt: Kreativität bzw. die Befähigung zum kreativen Arbeiten, aufgrund impliziten „Gestaltungs-Know-hows"[604], stellte eine (naheliegende) Schlüsselqualifikation, eng verknüpft mit projektspezifischen Problemstellungen dar. Diese (Kreativität) folgt im vorliegenden Kontext der nachstehenden Definition:
„[...] die Fähigkeit eines Individuums oder einer Gruppe, in phantasievoller und gestaltender Weise zu denken und zu handeln." [605]
Zunächst ein kurzer Rückblick auf die allgemeine Diffusität des Diskurses (siehe: 3. Forschungsfeld): Designbegriff und -Beruf gelten als undefiniert, eine trennscharfe Abgrenzung zur Architektur ließ sich nicht vornehmen („Urban Design"). Es findet in der Regel keine Unterscheidung zwischen Design und Designforschung, Designergebnis und -Erkenntnis, Designmethode und Designforschungsmethode statt. Was kann und sollte Designforschung somit erforschen? Unter anderem Kreativität, Ihre spezifische Rolle innerhalb methodologisch zunächst unkreativer Forschungsdesigns (Adaption) und damit jene Rolle von Design-

[603] Krippendorff 2013: Die semantische Wende, S. 264
[604] vgl. Cross 1982: Designerly ways of knowing
[605] Gabler Wirtschaftslexikon - Das Wissen der Experten o. J.: Kreativität

schaffenden in Designforschungsprozessen (Berufsbild). Dabei lassen sich deren kreative Kompetenzen mit einem professionellen Umgang bezüglich deontischer Fragestellungen und wickedproblems[606] sowie deren Transfer in ein ebenfalls zu entwerfendes Forschungsprozessmodell beschreiben. Ein Rückgriff auf Vorgehensschemata zur Pragmatisierung interdisziplinär erzeugten Wissens in einen Designvorschlag,[607] ist im Falle designforschenden Handelns nicht möglich, da deren Entwicklung bspw. durch Adaption und Triangulation fachfremder Methodik, einen integralen Bestandteil der Forschungstätigkeit darstellt. Den ersten kreativen Akt (der Arbeit) stellte die Entwicklung eines geeigneten Prozessmodells zur forschenden Entwicklung des Raum-in-Raum-Systems dar. Dabei galt es die komplexe Frage zu beantworten, welche Fragestellung in welchem Stakeholder-Netzwerk, mit welcher Methodik, welchem Ziel und welcher (angestrebten) Form der Arbeitsteilung realisiert werden sollte. Bereits in diesem Falle konnte von „spekulativem Entwerfen" im Wortsinne gesprochen werde, da der Autor als Architekt und Designer über keinerlei Forschungserfahrung verfügte, kontinuierlichen Kompetenzerwerb insbesondere vor dem Hintergrund fachfremder Methodik, erforderlich machend. Den zweiten kreativen Akt stellte die fortlaufende Entwicklung von „Designvorschlägen", bspw. auf Grundlage der ExpertInnen-Interviews und Workshops (Stakeholder-Input) als traditionelles Kompetenzfeld Designschaffender dar. Die gewonnenen Daten in Form von interdisziplinärem Wissen verkörperten dabei mehr Hinweis- denn Handlungscharakter, in der Phase der Pragmatisierung blieb der Autor auf sich allein gestellt. Rückblickend aus gutem Grund: Wie erwähnt wurden im Rahmen des zweiten Workshops (WS-02) Stakeholder (statt Designschaffender) um Entwicklung kreativer Lösungsvorschläge gebeten, die sich allerdings bereits bei der Erstellung einfacher Collagen überfordert zeigten; die Entwicklung eines Konzepts mit Innovationswert undenkbar erscheinen lassend. Insgesamt war der partizipative Forschungsprozess durch ein Wechselspiel aus Kompetenz, Inkompetenz und Kompetenzerwerb geprägt, zwangsläufig gepaart mit spezifischen Rollenzuweisungen. In der Kooperation mit verschiedenen Stakeholdern wurde deutlich, dass deren ExpertInnen-Wissen (Funktionalität) als auch durchaus kreativer Input (Gestaltung) maßgeblich zur erfolgreichen Realisierung des Konzepts beitrugen. Der Aspekt gleichberechtigt Gestaltender[608] jedoch, war dabei aufgrund einer zwingend vorzunehmenden Arbeitsteilung, der vorbeschriebenen Thematik Kompetenz-Kompetenzerwerb, sowie der Notwendigkeit der Hierarchie-Bildung zu relativieren.

---

606 vgl. Zerweck 2008: Deontische Fragestellungen; Rittel/Webber 1992a: Dilemmas in einer allgemeinen Theorie der Planung

607 vgl. Hugentobler 2008: Designforschung und Designpraxis, S. 52

608 vgl. Krippendorff 2013: Die semantische Wende, S. 95

Zunächst ist festzustellen, dass Krippendorffs *„[...] unbestrittene ExpertInnen Ihrer eigenen Welten.“*[609] auch unbestreitbar in Ihren eigenen Welten „leben“, einhergehend mit einer professionsbedingt sehr spezifischen Perspektive auf individuelle Problemstellungen des Konzepts. Analog zu den Beobachtungsstandpunkten Designforschender,[610] konnten sich diese als hilfreich, aber auch hinderlich erweisen! Der Forschende stand dabei laufend vor der Entscheidung, Hinweise und Ratschläge anzunehmen und umzusetzen bzw. diese zu ignorieren, (Entscheidungs-)Hierarchien erforderlich machend. Die horizontale Verfahrbarkeit des Waschtischs wurde seitens der Stakeholder zunächst durchweg kritisch bis negativ bewertet, entwickelte sich jedoch in der Folge zum „Unique Selling Point“ des Konzepts, inklusive hervorragender Evaluationsergebnisse! Auch das Stakeholder-Netzwerk, zeigte sich von der Hierarchie-Thematik betroffen: Was WohnberaterInnen sinnvoll erschien, musste ErgonomInnen längst nicht sinnvoll erscheinen, erneute Kategorisierung und Priorisierung durch Designschaffende erforderlich machend. Im Gegensatz zu fachfremden Stakeholdern sind Designschaffende laufend gefordert, ihre „eigene Welt“ zu verlassen, gekoppelt an fortlaufenden Kompetenzerwerb. Sie verfügen diesbezüglich durch den professionsbedingten Zwang zur Auseinandersetzung mit „wicked problems“ und deontischen Fragestellungen, sowie dem Umgang mit dem „weißen Blatt“ über eine Kernkompetenz, die in anderen Berufsfeldern so nicht gegeben ist.

Ein zunächst unbestimmtes Prozessmodell forschender Entwicklung zu „entwerfen“, fordert ähnliche Kompetenzen wie der Entwurf eines unbestimmten Artefakts: Kreativität im Sinne fantasievollen, gestaltenden Handelns in einem, bis dato im Diffusen agierenden, Forschungsfeld. Bezüglich der *„laufenden Bereitstellung neuer beruflicher Möglichkeiten“,*[611] kann somit die kreative Konzeption und Durchführung von partizipativen Forschungsmodellen, auch jenseits von Architektur und Design (!) als denkbares Potenzial betrachtet, werden: „Forschungsdesign“ im Wortsinne, das sich durchaus auch als externe, beratende Dienstleistung für andere Forschende denken lässt. Dennoch muss zumindest im Falle der vorliegenden Arbeit von Erweiterung, statt Neu-Entstehung, einhergehend mit dem beschriebenen Kompetenzgefälle gesprochen werden.

Die autodidaktische Adaption fachfremder Methodik steht deren professionellen Anwendung nicht zwangsläufig entgegen, dennoch muss sich die Qualität der Ergebnisse am gängigen Standard der etablierten wissenschaftlichen Disziplinen messen lassen. Die Analogie zum Entwerfen, innerhalb dessen sich die Rekombination des Vorhandenen zum Neuen

[609] Krippendorff 2013: Die semantische Wende, S. 95

[610] vgl. Glanville 1997b: A ship without a rudder

[611] Krippendorff 2013: Die semantische Wende, S. 264

(in Abgrenzung zur Erfindung) am Standard des Bestehenden messen lässt, ist offenkundig. Die autodidaktische Einarbeitung in fachfremde Methodologie und Software beanspruchte dabei einen nicht unerheblichen Teil der Projektlaufzeit; Kompetenzerwerb stellte somit einen klaren Baustein des Prozessmodells dar, der berücksichtigt sein will. Zwar ließen sich bspw. ExpertInnen-Interviews auch durch entsprechendes (externes) Fachpersonal organisieren, dennoch stünde diese Vorgehensweise einem explorativen Forschungsdesign mit Designschaffenden, als zwingend handlungsfähigen Akteuren im Wege. Die stets eindeutige und sinnhafte Rollenverteilung aller am Forschungsprozess Beteiligten, stellte sich zusammenfassend als „wicked problem“[612] dar, das (erweiterte) Berufsfeld Designschaffender nach wie vor diffus erscheinen lassend.

7.3 AUSBLICK

Im Folgenden wird ein Ausblick aufbauender Forschung des Raum-in-Raum-Systems sowie der entstandene Mehrwert für Forschungsprojekte ähnlich gelagerter Kontexte formuliert. Dabei orientieren sich die nachstehenden Ausführungen erneut an der vorbeschriebenen, dreigliedrigen Systematik der Forschungsfrage, bestehend aus Teil-01 Barrierefreiheit, Teil-02 Designwissenschaft/Methodologie und Teil-03 Berufsbild Designschaffender.

Teil-01 Barrierefreiheit: Ein nicht unerheblicher Teil der Bearbeitungszeit entfiel auf die Formulierung einer Definition von Behinderung und Barriere(freiheit), sowie deren Kontextualisierung in den Bereichen Architektur und Design. Diesbezüglich konnten gesetzliche Definitionen sowohl mit designtheoretischen, soziologischen als auch produktsemantischen Betrachtungsweisen verknüpft werden. Die dadurch gewonnenen Erkenntnisse können als Grundlage weiterer Forschungsvorhaben verwandt werden, sowohl im instrumentellen als auch argumentativen Sinne einer Rechtfertigungsgrundlage. Eine entscheidende Erkenntnis bezüglich designforschenden Handelns im Kontext Barrierefreiheit stellt die Wirksamkeit einer Hierarchisierung in der Bearbeitung verschiedener Entstehungsfaktoren von Barrieren dar. Designforschenden sei an dieser Stelle ans Herz gelegt, bei der Konzeption aufbauender Forschungsdesigns bzw. Prozessmodelle den Fokus zunächst auf einstellungsbedingte und produktsemantische Faktoren und erst im Anschluss (!) auf umweltbedingte, in der Regel funktionale Aspekte zu lenken. Es gilt in gewisser Weise nicht nur zielgruppenübergreifend, sprich cross-funktional, sondern auch „rückwärts“ zu arbeiten: Dabei liegt die Priorität nicht

[612] vgl. Rittel/Webber 1992a: Dilemmas in einer allgemeinen Theorie der Planung

zwingend auf der Funktionalität, ein Umdenken und Abweichen von vertrauten Standardvorgehensweisen des Entwerfens erforderlich machend.
Hinsichtlich des Aspekts räumlicher Interaktion muss zum einen die denkbare (nochmalige) Verkleinerung des Raum-in-Raum-Systems erwähnt werden. Ausgehend von herkömmlichen Bewegungsflächen (VDI-Standard) ließe sich das System wesentlich kleiner und bspw. als (nicht barrierefreie) Fertignasszelle für Campingmobile konzipieren; die Überlagerung von Waschtisch und WC bietet dabei eindeutige räumliche Vorteile. Boden-Deckenstangen in verfahrbarer Variante lassen sich auch in weiteren Anwendungskontexten denken und erforschen. Bezüglich des aktuellen Systems sowie einer derzeit laufenden Elektrifizierung stellt sich die Frage, inwiefern die bisher zum manuellen Verschieben des Schlittens verwendete Stange, für weitere physische Assistenzen im Bad dienlich sein kann, bspw. als aktive Unterstützung beim Gehen. Zur Raumbildung: Innerhalb der Grundrissanalysen- Bestand wurde das WC als statisch angenommen, während es in den entsprechenden Untersuchungen zum Neubau stets innerhalb des Systems platziert wurde. Diesbezüglich wären weitere Untersuchungen mit frei konfigurierbarem Grundriss und ebenso frei positionierbarem WC denkbar. Eindeutig hoher Forschungsbedarf besteht nach wie vor bei der intuitiven Verständlichkeit der Verschiebbarkeit des Waschtischs, die bis dato als nicht gegeben betrachtet werden muss! Hier gilt es, zielführende Affordances zu entwickeln, obgleich durch die aktuell stattfindende Elektrifizierung und entsprechende Steuerungstechnik die Verständlichkeit des Systems stark zunehmen dürfte.
Bezüglich des Aspekts der Funktionsintegration lassen sich weitere, zielgruppenspezifische Funktionalitäten entwickeln, wie bspw. die in den ExpertInnen-Interviews angeregte Liege auf der Rückwand des Waschtischs (Pflege eingeschränkter Kinder), oder individuelle Berücksichtigung von links- oder rechtsseitiger Lähmung nach Schlaganfall (individuelle Konfiguration). Die integrierten Griffstangen ließen sich analog zu den Boden-Deckenstangen des Marktes mit individuellen Gadgets wie Griffen, Ablage und Stehhilfen (außen liegende Stange) bespielen. Denkbar wäre zudem eine großzügige Erweiterung des Systems durch Integration der Waschmaschine als bis dato (letztes) additives Element sowie die weitere Forcierung des über- statt verlagernden Aspekts von Mobiliar zum (weiteren) Platzgewinn. Hoher Forschungs- und Handlungsbedarf besteht gemäß Evaluation hinsichtlich der integrierten Entwässerungswanne, deren Reinigung von der Mehrheit der Befragten als tendenziell schwierig bewertet wurde. Diesbezüglich wird aktuell eine Entwässerung mittels einer einzelnen Linear-Rinne und entsprechend angepasstem Ablauf des Waschtischs realisiert. Die Armaturbox des Systems als Kombination aus physischer Assistenz und Zulauf (Waschtisch-Dusche) beinhaltet Potenziale aufbauender Forschung insofern, als sie einen

fließenden (obgleich unbeabsichtigten) Übergang zum Universal Design verkörpert, ähnliche und bestehende Konzepte (barrierefreier Waschtisch mit Griffmulden) erweiternd.
Bezüglich des methodologisch-designwissenschaftlichen Aspekts ist festzustellen, dass der Einbezug von ProbandInnen fortgeschrittenen Alters aus versicherungstechnischen Gründen nicht realisiert werden konnte. Somit galt es, eine spezifische Zielgruppe mittels des Alters-Simulationsanzugs zu simulieren. Die Validität der Ergebnisse bleibt dabei, trotz belegter Realitätsnähe der Anzüge[613], mit gesunder Skepsis zu betrachten. Potenziale aufbauender Forschung lassen sich neben der naheliegenden Einbindung älterer Menschen durch ein entsprechendes Erhebungssetting (sichere Laborbedingungen/Feldstudie Wohnkompetenzzentrum) abbilden. Hinzukommend sind die gängigen Simulationsanzüge des Marktes in stark differierenden Ausstattungs- und damit Simulationsqualitäten erhältlich. Zur Anwendung kam ein Produkt des mittleren Preissegments, hochwertigere Anzüge könnten unter Umständen die Validität der Ergebnisse nochmals schärfen.
Die in der Entwicklungsphase durchgeführte Gruppendiskussion ließe sich durch entsprechende Fokusgruppendiskussionen im Rahmen fortlaufender Evaluation ergänzen (zirkuläres Forschungsmodell). Somit könnte die zunächst stark explorativ gehaltene Vorgehensweise der Erhebung eines Gesamteindrucks, durch sukzessive Bearbeitung spezifizierter Fragestellungen ergänzt und erweitert werden. Hinsichtlich Adaption und Triangulation sozialwissenschaftlich-ethnografischer und somit fachfremder Methodik, wäre die Einbindung zumindest prüfend tätiger ExpertInnen, sprich VertreterInnen der jeweiligen Fachbereiche, alternativ zur rein autodidaktisch gehaltenen Vorgehensweise zu erwägen. Im Rahmen des Workshops Intuition wurde deutlich, dass zur aufbauenden Ermittlung der Sinnhaftigkeit von Affordances zumindest die Absenz der Forschenden (nur Videomitschnitt) ratsam erscheint (Hemmung der ProbandInnen durch Beobachtung), eine Thematik, die in Folgeuntersuchungen berücksichtigt werden wird.
Hinsichtlich des Aspekts cross-funktionaler Designstrategien ließen sich auf das Konzept aufbauend, weitere *„kontextungebundene Anwendungsgebiete“*[614] horizontaler Verfahrbarkeit von Mobiliar auch jenseits des Kontexts Barrierefreiheit untersuchen. Abseits des Forschungskontexts werden ähnlich gelagerte Konzepte derzeit durch Ben van Berkel in München realisiert (Projekt Van B), einen Show-Charakter statt tatsächlichen Mehrwert in den Vordergrund rückend.[615]

---

[613] vgl. Scherf 2014: Entwicklung, Herstellung und Evaluation des Modularen AlterssimulationsanzugseXtra (MAX)

[614] Bieling 2019: Inklusion als Entwurf, S. 62

[615] vgl. bauwerk. 2023: Van B.

Das sich wandelnde Berufsbild Designschaffender ließ sich lediglich durch ein Stimmungsbild einer Einzelperson (Forschender) abbilden und aus nachstehenden Gründen nicht adäquat untersuchen. Ein sich selbst Erforschen des Forschenden, eine Entsprechung von Forschungsgegenstand und forschender Person, konnte nicht abgebildet werden und erscheint auch nicht sinnvoll. Diesbezüglich wäre in Folgeprojekten die Konzeption einer Gruppe von mindestens drei Designschaffenden ratsam, die dann analog zu den vorgenommenen Erhebungen (mixed-methods) entsprechende (Forschungs-)Fragestellungen untersuchen könnten. Der auch in der Handlungsweise Design zu beobachtenden Diffusität des Diskurses ließen sich auf diese Weise etwas entgegensetzen, obgleich der zu erwartende, deutlich erhöhte Mehraufwand zusätzlicher Erhebungen wohlbedacht sein will und gegebenenfalls eine von der Artefakt-Entwicklung entkoppelte Forschungsarbeit, mit alternativem Beobachtungsstandpunkt[616] erforderlich macht.

---

[616] vgl. Glanville 1997a: A ship without a rudder

Literaturverzeichnis

#beHindernisse: Drei Modelle von Behinderung. Teil 3: Warum Behinderung nicht natürlich ist. URL: https://be-hindernisse.org/2016/02/14/drei-modelle-von-behinderung-teil-3/ (23.01.2024).

Academic (o. J.): Funktionsintegration. URL: https://de-academic.com/dic.nsf/dewiki/481905 (10.01.2024).

Alexander, Christopher (1970): Notes on the synthesis of form. Cambridge, Massachusetts: Harvard University Press.

Anderberg, Peter (2005): Making both ends meet. In: Disability Studies Quarterly, 25. Jg. (3).

Arbeitsgemeinschaft Disability Studies (AGDS) (o. J.): Hintergrund. URL: https://disabilitystudies.de/hintergrund/ (23.01.2024).

Archer, Bruce (1964): Systematic method for designers. In: Design (181), S. 50–52.

Archer, Bruce (1981): A view of the nature of design research. In: Design: Science: method, 1. Jg. (6), S. 30–47.

Arnold, Norbert (2012): Was bedeutet „Wissensgesellschaft"? Herausforderungen und Ziele. In: Analysen und Argumente (112), S. 1–5.

Bade, Thomas (2008): Universal Design im globalen demographischen Wandel. Ein Forschungsprojekt des universal design e.V. und des Lehrstuhls für Industrial Design an der Technischen Universität München. München: Technische Universität München, Lehrstuhl für Industrial Design. URL: https://books.google.de/books?id=n6dEcgAACAAJ (12.01.2023).

Balzert, Helmut et al. (2017): Wissenschaftliches Arbeiten. Ethik, Inhalt & Form wissenschaftlichen Arbeitens, Handwerkszeug, Quellen, Projektmanagement, Präsentation. Berlin/Dortmund: Springer Campus. URL: https://permalink.obvsg.at/AC14497820 (12.05.2022).

Batavia, Andrew (1999): The role of independent living centers in meeting the health care needs of people with disabilities. In: Independent Living News, 1. Jg. (1), S. 1–8.

Bauhaus-Universität Weimar (2009): Archiv. Universal Design: Ist zukünftig ein Design für alle möglich? URL: https://www.uni-weimar.de/de/medieninformationen/archiv/titel/universal-design-ist-zukuenftig-ein-design-fuer-alle-moeglich/ (10.01.2024).

Bauhaus-Universität Weimar (2020): Mitteilungen der Bauhaus-Universität Weimar, Akademische Ordnungen. Promotionsordnung der Fakultät Architektur und Urbanistik, Ausgabe 68/2020. URL: https://www.uni-weimar.de/fileadmin/user/uni/universitaetsleitung/kanzler/mdu_akad/20/68_2020_bf.pdf (09.01.2024).

bauwerk. (2023): Van B. Very urban living. URL: https://www.bauwerk.de/projekte/van-b.html (13.04.2024).

Bayazit, Nigan (2004): Investigating Design: A Review of Forty Years of Design Research. In: Design issues, 20. Jg. (1), S. 16–29.

BBB Bundesbaublatt (o. J.): Badsanierung. Wanne raus, Dusche rein. URL: https://www.bundesbaublatt.de/artikel/bbb_Wanne_raus_Dusche_rein-3542054.html (29.10.2023).

Beauftragter der Bundesregierung für die Belange von Menschen mit Behinderungen (2018): Die UN-Behindertenrechtskonvention. Übereinkommen über die Rechte von Menschen mit Behinderungen. URL: https://www.institut-fuer-menschenrechte.de/fileadmin/Redaktion/PDF/DB_Menschenrechtsschutz/CRPD/CRPD_Konvention_und_Fakultativprotokoll.pdf (23.01.2024).

Benesch, Hellmuth (2006): dtv-Atlas Psychologie. München: dtv Verlagsgesellschaft.

Bergermann, Ulrike (2013): Ability Trouble. Helen Kellers Handästhetiken. In: Bergermann, Ulrike (Hrsg.): Disability trouble. Ästhetik und Bildpolitik bei Helen Keller. Berlin: b_books, S. 15–54.

Betz, Andreas/Schweiger, Andreas (2020): Modulare Badsanierung. In: Technische Hochschule Rosenheim (Hrsg.): Jahresbericht 2019. Forschung- Entwicklung- Innovation. Augsburg: VVM Wirtschaftsverlag, S. 34–36.

bfb, barrierefrei bauen (2020): Barrierefreier Wohnraum: Ausnahme statt Regel | Ergebnisse Mikrozensus. URL: https://www.bfb-barrierefrei-bauen.de/mikrozensus-2018-zusatzprogramm-wohnen/ (10.01.2024).

Bibliotheksportal (2016): Quantitative Befragung. URL: https://bibliotheksportal.de/ressourcen/management/marketing-baukasten/marktanalyse/primaerforschung/quantitative-befragung/ (06.02.2024).

Bieling, Tom (2019): Im Zweifel performative Stadtplanung. URL: https://designabilities.files.wordpress.com/2019/03/designabilities_bookreview_imzweifelperformativestadtplanung_maerz2019_tombieling.pdf (20.01.2024).

Bieling, Tom (2019): Inklusion als Entwurf. Teilhabeorientierte Forschung über, für und durch Design. Basel: Birkhäuser.

Bieling, Tom (2022): Experiment und Versprechen. Über die Entgrenzung des Denkens. URL: https://flusserstudies.net/sites/www.flusserstudies.net/files/media/attachments/bieling-experiment-versprechen.pdf (10.01.2024).

Bieling, Tom/Joost, Gesche (2018): Technikgestaltung und Inklusion. Behinderung im Spannungsfeld von Technologie und Design. URL: searchgate.net/publication/327025059_Technikgestaltung_und_Inklusion_-_Behinderung_im_Spannungsfeld_von_Technologie_und_Design_Digitalisierung_-_Kunstliche_Intelligenz_-_Zukunft_fur_alle (23.01.2024).

Bogner, Alexander/Littig, Beate/Menz, Wolfgang (Hrsg.) (2009): Experteninterviews. Theorien, Methoden, Anwendungsfelder. 3. Auflage. Wiesbaden: VS Verlag für Sozialwissenschaften.

Bohnsack, Ralf (2014): Rekonstruktive Sozialforschung. Einführung in qualitative Methoden. 9. Auflage. Opladen/Toronto: Budrich.

Bortz, Jürgen/Döring, Nicola (2006): Forschungsmethoden und Evaluation für Human- und Sozialwissenschaftler. 4. Auflage. Heidelberg: Springer-Medizin-Verlag.

Brockman, John (1995): The third culture. URL: https://www.edge.org/conversation/john_brockman-the-third-culture (22.01.2024).

Buber, Renate (2007): Denke-Laut-Protokolle. In: Buber, Renate/Holzmüller, Hartmut (Hrsg.): Qualitative Marktforschung: Konzepte - Methoden - Analysen. Wiesbaden: Gabler, S. 555–568.

Buchanan, Richard (1992): Wicked problems in design thinking. In: Design issues, 8. Jg. (2), S. 5–21.

Buchanan, Richard (2007): Anxiety, wonder and astonishment: The communion of art and design. In: Design Issues, 23. Jg. (4), S. 39–45.

Bundesfachstelle Barrierefreiheit (o. J.): Wie ist Barrierefreiheit definiert? URL: https://www.bundesfachstelle-barrierefreiheit.de/DE/Ueber-Uns/Definition-Barrierefreiheit/definition-barrierefreiheit_node.html (10.01.2024).

Bundesinstitut für Arzneimittel und Medizinprodukte: ICF. Internationale Klassifikation der Funktionsfähigkeit, Behinderung und Gesundheit. URL: https://www.bfarm.de/DE/Kodiersysteme/Klassifikationen/ICF/_node.html (23.01.2024).

Bundesinstitut für Arzneimittel und Medizinprodukte (2022): Entstehung der englischsprachigen ICF der WHO. URL: https://www.bfarm.de/DE/Kodiersysteme/Klassifikationen/ICF/historie.html (31.12.2022).

Bundesministerium der Justiz (2002): Gesetz zur Gleichstellung von Menschen mit Behinderungen (Behindertengleichstellungsgesetz - BGG). URL: https://www.gesetze-im-internet.de/bgg/BGG.pdf (23.01.2024).

Bundesministerium für Gesundheit (2023): Wohnumfeldverbessernde Maßnahmen. URL: https://www.bundesgesundheitsministerium.de/leistungen-der-pflege/wohnumfeldverbessernde-massnahmen.html (27.01.2024).

Bürdek, Bernhard (2013): Vom unsichtbaren zum sichtbaren Design. Herausforderungen einer Disziplin, die keine zu sein scheint. URL: https://www.youtube.com/watch?v=OvFF-702ewPY (16.01.2024).

Butter, Reinhart (1989): Putting theory into practice: an application of product semantics to transportation design. In: Design issues, 5. Jg. (2), S. 51–67.

Candy, Linda (2006): Practice-Based Research: A Guide. URL: https://www.creativityand-cognition.com/wp-content/uploads/2011/04/PBR-Guide-1.1-2006.pdf (20.01.2024).

Charlton, James (1998): Nothing About Us Without Us. Disability Oppression and Empowerment. Berkeley: University of California Press.

Cross, Nigel (1982): Designerly ways of knowing. In: Design Studies, 3. Jg. (4), S. 221–227.

Cross, Nigel (1999): Design research: A disciplined conversation. In: Design issues, 15. Jg. (2), S. 5–10.

DEBA Bathrooms (o. J.): Das perfekte System für Neubau oder Sanierung. URL: https://deba.de/index.php/de/das-system-bad (23.02.2024).

Dederich, Markus (2009): Behinderung als sozial- und kulturwissenschaftliche Kategorie. In: Dederich, Markus/Jantzen, Wolfgang (Hrsg.): Behinderung und Anerkennung. Stuttgart: Kohlhammer, S. 15–41.

Dederich, Markus (2012): Ästhetische und ethische Grenzen der Barrierefreiheit. In: Tervooren, Anja/Weber, Jürgen (Hrsg.): Wege zur Kultur. Barrieren und Barrierefreiheit in Kultur- und Bildungseinrichtungen. 1. Auflage 2012. Göttingen: Böhlau Verlag Köln, S. 101–115.

Dederich, Markus/Jantzen, Wolfgang (Hrsg.) (2009): Behinderung und Anerkennung. Stuttgart: Kohlhammer. URL: http://www.socialnet.de/rezensionen/isbn.php?isbn=978-3-17-019631-5 (05.01.2024).

DESTATIS Statistisches Bundesamt (2018): 7,8 Millionen schwerbehinderte Menschen leben in Deutschland. Pressemitteilung Nr. 228 vom 25. Juni 2018. URL: https://www.destatis.de/DE/Presse/Pressemitteilungen/2018/06/PD18_228_227.html (23.01.2024).

DESTATIS Statistisches Bundesamt (2019): Wohnen in Deutschland - Zusatzprogramm des Mikrozensus 2018. URL: https://www.destatis.de/DE/Themen/Gesellschaft-Umwelt/Wohnen/Publikationen/Downloads-Wohnen/wohnen-in-deutschland-5122125189005.html (23.01.2024).

DESTATIS Statistisches Bundesamt (2024): Bevölkerung. Mitten im demografischen Wandel. URL: https://www.destatis.de/DE/Themen/Querschnitt/Demografischer-Wandel/demografie-mitten-im-wandel.html (09.01.2024).

Deutscher Bundestag, Drucksache 14/742 (2001): Gesetzentwurf der Fraktionen SPD und BÜNDNIS 90/DIE GRÜNEN. Entwurf eines Gesetzes zur Gleichstellung behinderter Menschen und zur Änderung anderer Gesetze. URL: https://dserver.bundestag.de/btd/14/074/1407420.pdf (23.01.2024).

Deutsches Institut für Medizinische Dokumentation und Information (2005): Internationale Klassifikation der Funktionsfähigkeit, Behinderung und Gesundheit. URL: https://web.archive.org/web/20140123103353/http://www.dimdi.de/dynamic/de/klassi/downloadcenter/icf/endfassung/icf_endfassung-2005-10-01.pdf (23.01.2024).

Deutsches Institut für Normung (2019): DIN EN ISO 9241-210, Ergonomie der Mensch-System-Interaktion. Teil 210, Prozess zur Gestaltung gebrauchstauglicher interaktiver Systeme (ISO/FDIS 9241-210:2019). Ergonomics of human-system interaction. Part 210, Human-centred design for interactive systems (ISO/FDIS 9241-210:2019). Berlin: Beuth Verlag GmbH.

Deutsches Institut für Normung (2023): DIN 18040-2, Barrierefreies Bauen - Planungsgrundlagen. Teil 2, Wohnungen. Berlin: Beuth Verlag GmbH.

Dombois, Florian (2005): CFF-Content Follows Form. Design am Übergang von naturwissenschaftlicher und künstlerischer Forschung. In: Swiss Design Network (Hrsg.): Forschungslandschaften im Umfeld des Designs. Zweites Design Forschungssymposium. Zürich: Museum für Gestaltung Verlag, S. 41–52.

Duden (o. J.): Duden- Mehr als ein Wörterbuch. URL: https://www.duden.de/rechtschreibung/Barriere (24.01.2024).

Duden (2022): Duden – mehr als ein Wörterbuch. URL: https://www.duden.de/suchen/dudenonline/design (10.01.2024).

Eberwein, Hans/Sasse, Ada (Hrsg.) (1998): Behindert sein oder behindert werden? Interdisziplinäre Analysen zum Behinderungsbegriff. Neuwied/Berlin: Luchterhand.

Engler, Anne/Schulze, Eva (2016): Nutzerstudie im Projekt LISA Habitec. Assistenzsysteme für ein selbstbestimmtes und selbstständiges Leben im häuslichen Umfeld. In: Weidner, Robert (Hrsg.): Technische Unterstützungssysteme, die die Menschen wirklich wollen. Zweite transdisziplinäre Konferenz: Hamburg 2016. Hamburg: Helmut Schmidt Universität Hamburg, S. 453–463.

Erlhoff, Michael/Marshall, Tim (2008): Wörterbuch Design. Begriffliche Perspektiven des Design. Basel: Birkhäuser. URL: http://swb.eblib.com/patron/FullRecord.aspx?p=1038093 (19.07.2023).

ESACAD (o. J.): ESACAD GmbH, Ingenieurdienstleistungen. URL: https://esacad.de/ (11.01.2024).

Everding, Dagmar/Sieger, Volker/Meyer, Simone (2015): Handbuch barrierefreies Bauen. Leitfaden zur DIN 18040, Teil 1 bis 3. Köln: Müller.

Filz, Sascha Allan (2008): „Instant Aging"- Selbsterfahrung des Alterns. Dissertation. URL: https://opus.bibliothek.uni-wuerzburg.de/opus4-wuerzburg/frontdoor/deliver/index/docId/3405/file/Doktorarbeit_S.Allan_Filz.pdf (10.02.2024).

Findeli, Alain (2004): Die projektgeleitete Forschung: Eine Methode der Designforschung. In: Hochschule für Gestaltung und Kunst Basel (Hrsg.): Erstes Design Forschungssymposium. Zürich: SwissDesignNetwork, S. 40–52.

Findeli, Alain et al. (2008): Research through design and transdisciplinarity: A tentative contribution to the methodology of design research. URL: https://www.academia.edu/14939794/Research_through_design_and_transdisciplinarity_A_tentative_contribution_to_the_methodology_of_design_research (22.01.2024).

Foucault, Michel (2020): Der Gebrauch der Lüste. 14. Auflage. Frankfurt am Main: Suhrkamp.

Frayling, Christopher (1993): Research in art and design. In: Royal College of Art Research Papers, 1. Jg. (1993/4), S. 1–5. URL: https://researchonline.rca.ac.uk/384/9/frayling_research_in_art_and_design_1993_OCR.pdf (18.12.2023).

Friedman, Ken (2002): Theory construction in design research: criteria, approaches, and methods. In: Durling, David/Shackleton, John (Hrsg.): Common Ground. Design Research Society, International Conference 2002. Staffordshire: Staffordshire University Press, S. 388–414.

Friedman, Ken (2008): Research into, by and for design. In: Journal of Visual Arts Practice, 7. Jg. (2), S. 153–160.

Gabler Wirtschaftslexikon - Das Wissen der Experten (o. J.): Kreativität. Definition: Was ist Kreativität? URL: https://wirtschaftslexikon.gabler.de/definition/kreativitaet-40039 (24.03.2024).

GEBERIT (2023): Geberit GIS, einfaches Stecksystem. Werkzeuglos und vielseitig. URL: https://www.geberit.de/produkte/installationssysteme/geberit-gis/ (27.01.2024).

Gibbons, Michael et al. (1994): The new production of knowledge. The dynamics of science and research in contemporary societies. London: Sage.

Gibson, James (2014): The ecological approach to visual perception. Hoboken: Taylor & Francis.

Gibson, James J. (2015): The Ecological Approach to Visual Perception. Classic Edition. London: Taylor & Francis Group. URL: https://ebookcentral.proquest.com/lib/kxp/detail.action?docID=1864844 (05.05.2023).

GKV Spitzenverband (2023): GKV Hilfsmittelverzeichnis. URL: https://hilfsmittel.gkv-spitzenverband.de/home (27.01.2024).

Glanville, Ranulph (1997a): A ship without a rudder. In: Problems of excavating cybernetics and systems (7), S. 1–10.

Glanville, Ranulph (1997b): A ship without a rudder. URL: https://www.univie.ac.at/constructivism/papers/glanville/glanville95-ship.pdf (19.03.2022).

Gläser, Jochen/Laudel, Grit (2010): Experteninterviews und qualitative Inhaltsanalyse als Instrumente rekonstruierender Untersuchungen. 4. Auflage. Wiesbaden: VS Verlag. URL: http://d-nb.info/1002141753/04 (20.06.2023).

Goggin, Gerard/Newell, Christopher (2003): Digital disability. The social construction of disability in new media. Lanham: Rowman & Littlefield.

Gold, Raymond L. (1958): Roles in Sociological Field Observations. In: Social Forces, 36. Jg. (3), S. 217–223.

Gray, Carole/Malins, Julian (2005): Visualizing research. A guide to the research process in art and design. London: Ashgate.

Grumbach (o. J.): Fertigbäder. Sparen Zeit, Kosten und Platz bei Planung und Einbau. URL: https://grumbach.net/fertigbaeder/ (23.02.2024).

Grundke, Manfred (2017): Bezahlbarer Wohnraum durch modulares und serielles Bauen. München: TCW.

Güttler, Jörg et al. (o. J.): Development and Evaluation of Assistive Terminals for the Improvement of Functional Performance of the Elderly in a Variety of Life Centers. URL: https://mediatum.ub.tum.de/doc/1484225/document.pdf (27.01.2024).

Güttler, Jörg (2019): Development of an Ambient Health Monitoring System for a Self-Sufficient and Independent Life in Old Age. URL: https://mediatum.ub.tum.de/doc/1445223/1445223.pdf (27.01.2024).

Hacking, Ian (1999): Was heißt „Soziale Konstruktion"? Zur Konjunktur einer Kampfvokabel in den Wissenschaften. Frankfurt am Main: Fischer-Taschenbuch-Verlag.

Häder, Michael (2006): Empirische Sozialforschung. Eine Einführung. Wiesbaden: VS Verlag für Sozialwissenschaften. URL: http://www.socialnet.de/rezensionen/isbn.php?isbn=978-3-531-14010-0 (10.10.2022).

Haimann, Richard (2013): Für Seniorenwohnungen fühlen sich alle zu jung. URL: https://www.welt.de/finanzen/immobilien/article146809568/Fuer-Seniorenwohnungen-fuehlen-sich-alle-zu-jung.html (23.01.2024).

Hamraie, Ami (2015): Universal Design: Myth or Reality? Panel Discussion, Cooper Hewitt, Smithsonian Design Museum. URL: https://www.cooperhewitt.org/2015/01/16/universal-design-myth-or-reality/ (27.01.2024).

Harrasser, Karin (2016): Prothesen. Figuren einer lädierten Moderne. Berlin: Vorwerk 8.

Helfferich, Cornelia (2009): Die Qualität qualitativer Daten. Manual für die Durchführung qualitativer Interviews. 3. Auflage. Wiesbaden: VS Verlag für Sozialwissenschaften.

Hendren, Sara (2010): Hearing Aid Jewelry Chairs That Give Hugs And The Art Of Changing The Question. URL: https://sarahendren.com/abler-archive/2010-05-01-adaptation-part-ii-hearing-aid-jewelry-chairs-that-give-hugs-and-the-art-of-changing-the-question/ (23.01.2024).

Hendren, Sara (2014): All Technology Is Assistive: Six Design Rules on 'Disability'. URL: https://www.jstor.org/stable/pdf/10.5749/j.ctt1pwt6wq.18.pdf?acceptTC=true&coverpage=false&addFooter=false (23.01.2024).

Hergesell, Jannis (2021): Innovationsimperativ und digitale Pflegetechnik. Eine gesellschaftsdiagnostische Perspektive auf „innovative" Assistenzen in der Altenpflege. In: Hülsken-Giesler, Manfred/Kreutzer, Susanne/Dütthorn, Nadin (Hrsg.): Neue Technologien für die Pflege. Grundlegende Reflexionen und pragmatische Befunde. Göttingen: Vandenhoeck & Ruprecht, S. 279–295.

Heylighen, Ann/Herssens, Jasmien (2014): Designerly Ways of Not Knowing: What Designers Can Learn about Space from People Who are Blind. In: Journal of Urban Design, 19. Jg. (3), S. 285–381. URL: https://www.researchgate.net/publication/260706293_Designerly_Ways_of_Not_Knowing_What_Designers_Can_Learn_about_Space_from_People_Who_are_Blind/citation/download (10.03.2023).

Hindernisfreie Architektur (2018): SIA 500 «Hindernisfreie Bauten». URL: https://hindernisfreie-architektur.ch/normen_publikationen/sia-500/ (12.06.2022).

Hohl, Michael (o. J.): Hintergründe zur Forschung durch Praxis. URL: http://www.hohlwelt.com/de/teaching/designresearch/practice.html (27.01.2022).

Hohl, Michael (2015): Praxis-basierte, Praxis-geleitete oder Theorie-basierte Ph.D. Forschung in Kunst und Design? URL: http://www.hohlwelt.com/de/teaching/designresearch/practice.html (09.01.2024).

Hugentobler, Hans Kaspar (2008): Abstract und Einleitung. In: Hugentobler, Hans Kaspar et al. (Hrsg.): Designwissenschaft und Designforschung. Ein einführender Überblick. Luzern: Hochschule Luzern, S. 4–7.

Hugentobler, Hans Kaspar (2008): Design als Handlungsweise. In: Hugentobler, Hans Kaspar et al. (Hrsg.): Designwissenschaft und Designforschung. Ein einführender Überblick. Luzern: Hochschule Luzern, S. 11–16.

Hugentobler, Hans Kaspar (2008): Designforschung und Designpraxis. In: Hugentobler, Hans Kaspar et al. (Hrsg.): Designwissenschaft und Designforschung. Ein einführender Überblick. Luzern: Hochschule Luzern, S. 41–55.

Hugentobler, Hans Kaspar (2008): Felder von Designforschung. In: Hugentobler, Hans Kaspar et al. (Hrsg.): Designwissenschaft und Designforschung. Ein einführender Überblick. Luzern: Hochschule Luzern, S. 32–41.

Hugentobler, Hans Kaspar/Jonas, Wolfgang/Rahe, Detlef (2004): Designing a Methods Platform for Design and Design Research. URL: https://dl.designresearchsociety.org/cgi/viewcontent.cgi?article=2168&context=drs-conference-papers (23.01.2024).

Janser, Andres/Bieling, Tom (2016): „Die Welt als Modell". Andres Janser und Tom Bieling über Modelle als epistemische Praxis. URL: https://designabilities.files.wordpress.com/2016/07/dsgnblts_andresjanser_u_tombieling_dieweltalsmodell_.pdf (21.01.2024).

Jocher, Thomas/Mühlthaler, Erika/Gerhards, Pia (2015): ready - vorbereitet für altengerechtes Wohnen. Neue Standards und Maßnahmensets für die stufenweise, altengerechte Wohnungsanpassung im Neubau. Bonn: Bundesinstitut für Bau-, Stadt- und Raumforschung.

Jonas, Wolfgang (1996): Systems thinking in industrial design. In: Proceedings of System Dynamics, 96. Jg. (12), S. 241–244. URL: https://www.systemdynamics.org/wp-content/uploads/assets/proceedings/1996/jonas241.pdf (20.01.2024).

Jonas, Wolfgang (2004): Forschung durch Design. URL: https://www.researchgate.net/publication/235700680_Forschung_durch_Design (22.01.2024).

Jonas, Wolfgang (2010): Designwissenschaft als Netz von Theorien und Akteuren. In: Romero-Tejedor, Felicidad/Jonas, Wolfgang (Hrsg.): Positionen zur Designwissenschaft. Eine Publikation der DGTF, des Designlabors der FH Lübeck, der Universität Kassel. Kassel: Kassel University Press, S. 79–86.

Jones, John Christopher (1992): Design methods. New York: Wiley.

KFW (2023): Altersgerecht Umbauen – Kredit. Für den Abbau von Barrieren, mehr Wohnkomfort und besseren Einbruchschutz. URL: https://www.kfw.de/inlandsfoerderung/Privatpersonen/Bestehende-Immobilie/F%C3%B6rderprodukte/Altersgerecht-Umbauen-(159)/?kfwmc=vt.sea.google.{Kampagne}.{Anzeigengruppe}.{Anzeige}&wt_cc1=wohnen&wt_cc2=pri|bestandimmobilie&wt_cc3=43732738452_kwd-326469334452_590656695081&wt_kw=e_43732738452_kfw%20159 (27.01.2024).

KFW (2023): Barrierereduzierung - Investitionszuschuss. Für den Abbau von Barrieren und mehr Wohnkomfort. URL: https://www.kfw.de/inlandsfoerderung/Privatpersonen/Bestandsimmobilie/F%C3%B6rderprodukte/Altersgerecht-Umbauen-Investitionszuschuss-(455)/?kfwmc=vt.sea.google.{Kampagne}.{Anzeigengruppe}.{Anzeige}&wt_cc1=wohnen&wt_cc2=pri|bestandimmobilie&wt_cc3=36307287097_kwd-595671774432_610362731709&wt_kw=e_36307287097_kfw%20455b (27.01.2024).

Kochinka, Alexander (2010): Beobachtung. In: Mey, Günter/Mruck, Katja (Hrsg.): Handbuch qualitative Forschung in der Psychologie. Wiesbaden: VS Verlag für Sozialwissenschaften, S. 449–461.

Kolb, David A. (2015): Experiential learning. Experience as the Source of Learning and Development. Upper Saddle River, New Jersey: Pearson Education Inc.

Konrad, Klaus (2010): Lautes Denken. In: Mey, Günter/Mruck, Katja (Hrsg.): Handbuch qualitative Forschung in der Psychologie. Wiesbaden: VS Verlag für Sozialwissenschaften, S. 476–490.

Krausse, Joachim/Lichtenstein, Claude (2017): Your private sky. R. Buckminster Fuller: The art of design science. reprint. Zürich: Lars Müller Publishers. URL: https://permalink.obvsg.at/AC13688700 (12.12.2023).

Kremer-Preiß, Ursula/Stolarz, Holger (2003): Neue Wohnkonzepte für das Alter und praktische Erfahrungen bei der Umsetzung - eine Bestandsanalyse. Zwischenbericht im Rahmen des Projektes „Leben und Wohnen im Alter" der Bertelsmann Stiftung und des Kuratoriums Deutsche Altershilfe. Köln: Kuratorium Deutsche Altershilfe.

Krippendorff, Klaus (2013): Die semantische Wende. Eine neue Grundlage für Design. Basel: Birkhäuser.

Krippendorff, Klaus (2019): Content analysis. An introduction to its methodology. 4. Auflage. Los Angeles et al.: Sage.

Kruse, Jan (2015): Qualitative Interviewforschung. Ein integrativer Ansatz. 2. Auflage. Weinheim, Basel: Beltz Juventa.

Kuckartz, Udo (2018): Qualitative Inhaltsanalyse. Methoden, Praxis, Computerunterstützung. 4. Auflage. Weinheim, Basel: Beltz Juventa. URL: http://www.beltz.de/de/nc/verlagsgruppe-beltz/gesamtprogramm.html?isbn=978-3-7799-3682-4 (08.09.2022).

Latour, Bruno (2015): Der Berliner Schlüssel. Berlin: Botopress.

Lindmeier, Christian (1993): Behinderung - Phänomen oder Faktum? Bad Heilbrunn: Klinkhardt.

Linner, Thomas et al. (2010): Compacted and Industrially Customizable Ambient Intelligent Service Units: Typology, Examples and Performance. In: Callaghan, Vic et al. (Hrsg.): 2010 Sixth International Conference on Intelligent Environments (IE 2010). Kuala Lumpur: IEEE, S. 295–300.

Linner, Thomas et al. (2015): Assistive robotic micro-rooms for independent living. In: Automation in Construction, 51. Jg. (3), S. 8–22.

Linner, Thomas et al. (2015): Assistive Robotic Micro-Rooms for Independent Living. URL: https://www.researchgate.net/publication/269706385_Assistive_Robotic_Micro-Rooms_for_Independent_Living (24.01.2024).

Lunavis (o. J.): Swing Waschbecken. URL: https://www.lunavis.de/produkte/waschbecken-verstellbar/swing-waschbecken (27.01.2024).

Mareis, Claudia (2008): Ansätze in der Designforschung. In: Hugentobler, Hans Kaspar et al. (Hrsg.): Designwissenschaft und Designforschung. Ein einführender Überblick. Luzern: Hochschule Luzern, S. 23–26.

Mareis, Claudia (2008): Designerly ways of knowing. In: Hugentobler, Hans Kaspar et al. (Hrsg.): Designwissenschaft und Designforschung. Ein einführender Überblick. Luzern: Hochschule Luzern, S. 27–28.

Mareis, Claudia (2008): Designforschung und wissenschaftliche Forschung. In: Hugentobler, Hans Kaspar et al. (Hrsg.): Designwissenschaft und Designforschung. Ein einführender Überblick. Luzern: Hochschule Luzern, S. 56–57.

Mareis, Claudia (2008): Einführung in die Designforschung. In: Hugentobler, Hans Kaspar et al. (Hrsg.): Designwissenschaft und Designforschung. Ein einführender Überblick. Luzern: Hochschule Luzern, S. 19–22.

Mareis, Claudia (2008): Wissen und Wissensbegriffe. In: Hugentobler, Hans Kaspar et al. (Hrsg.): Designwissenschaft und Designforschung. Ein einführender Überblick. Luzern: Hochschule Luzern, S. 29–31.

Mayring, Philipp (2022): Qualitative Inhaltsanalyse. Grundlagen und Techniken. 13. Auflage. Weinheim/Basel: Beltz. URL: https://www.content-select.com/index.php?id=bib_view&ean=9783407258991 (19.10.2023).

Melican, Jay (1997): Design Methods. URL: https://id.iit.edu/~jaym/desproc/desmeths.pdf (23.01.2024).

Mey, Günter/Mruck, Katja (2011a): Qualitative Interviews. In: Gabriele Naderer (Hrsg.): Qualitative Marktforschung in Theorie und Praxis. Grundlagen, Methoden, Anwendungen. Wiesbaden: Gabler, S. 257–288.

Mey, Günter/Mruck, Katja (2011b): Qualitative Interviews. In: Qualitative Marktforschung in Theorie und Praxis: Springer, S. 257–288.

Michel, Ralf (2018): Licht – Farbe – Licht. Zur Integration von Design und Technik in der Designforschung mit Licht und Farbe. Weimar: Bauhaus-Universität Weimar.

Mitnitski, Arnold et al. (2015): Age-related frailty and its association with biological markers of ageing. In: BMC medicine, 13. Jg. (1), S. 161–170.

Mittelstraß, Jürgen/Wolters, Gereon/Carrier, Martin (Hrsg.) (1995): Enzyklopädie Philosophie und Wissenschaftstheorie. Stuttgart: Metzler.

mobilogisch! Zeitschrift für Ökologie, Politik und Bewegung (2013): Barrierefreie Stadtquartiere. URL: https://www.mobilogisch.de/41-ml/artikel/190-barrierefreie-stadtquatiere.html (23.01.2024).

Mürner, Christian/Sierck, Udo (2009): Krüppelzeitung. Brisanz der Behindertenbewegung. Neu-Ulm: AG SPAK-Bücher. URL: http://www.socialnet.de/rezensionen/isbn.php?isbn=978-3-930830-80-0 (04.02.2023).

Nelson, Harold/Stolterman, Erik (2012): The design way: Intentional change in an unpredictable world. Cambridge, Massachusetts: MIT Press.

Nentwig-Gesemann, Iris (2010): Das Gruppendiskussionsverfahren. In: Bock, Karin/Miethe, Ingrid (Hrsg.): Handbuch qualitative Methoden in der sozialen Arbeit. Opladen/Farmington Hills: Verlag Barbara Budrich, S. 259–268.

Neufert, Ernst (1970): Bauentwurfslehre. Grundlagen, Normen und Vorschriften über Anlage, Bau, Gestaltung, Raumbedarf, Raumbeziehungen, Maße für Gebäude, Räume, Einrichtungen und Geräte mit dem Menschen als Maß und Ziel ; Handbuch für den Baufachmann, Bauherrn, Lehrenden und Lernenden. Stuttgart: Krämer.

Neufert, Ernst (1982): Bauentwurfslehre. Grundlagen, Normen und Vorschriften über Anlage, Bau, Gestaltung, Raumbedarf, Raumbeziehungen, Maße für Gebäude, Räume, Einrichtungen und Geräte mit dem Menschen als Maß und Ziel ; Handbuch für den Baufachmann, Bauherrn, Lehrenden und Lernenden. Braunschweig: Springer Vieweg.

Neufert, Ernst/Kister, Johannes (2018): Neufert Bauentwurfslehre. Grundlagen, Normen und Vorschriften über Anlage, Bau, Gestaltung, Raumbedarf, Raumbeziehungen, Maße für Gebäude, Räume, Einrichtungen und Geräte mit dem Menschen als Maß und Ziel ; Handbuch für den Baufachmann, Bauherrn, Lehrenden und Lernenden. Wiesbaden: Springer Vieweg.

Neufert, Ernst/Neufert, Peter (1992): Bauentwurfslehre. Grundlagen, Normen und Vorschriften über Anlage, Bau, Gestaltung, Raumbedarf, Raumbeziehungen, Maße für Gebäude, Räume, Einrichtungen und Geräte mit dem Menschen als Maß und Ziel ; Handbuch für den Baufachmann, Bauherrn, Lehrenden und Lernenden. Braunschweig: Springer Vieweg.

Niedderer, Kristina/Roworth-Stokes, Seymour (2007): The role and use of creative practice in research and its contribution to knowledge. URL: http://niedderer.org/IASDR07SRS.pdf (23.01.2024).

Nullbarriere.de, Barrierefrei Planen, Bauen, Wohnen (o. J.): DIN 18025-1/2 Bad. URL: https://nullbarriere.de/din18025-bad.htm (27.01.2024).

Nullbarriere.de, Barrierefrei Planen, Bauen, Wohnen (o. J.): Hersteller/ Produkte barrierefreies Bauen. URL: https://nullbarriere.de/hersteller.htm (27.01.2024).

Nullbarriere.de, Barrierefrei Planen, Bauen, Wohnen (2023): Bedarf an barrierefreien Wohnungen in Deutschland. URL: https://nullbarriere.de/bedarf-barrierefreie-wohnung.htm (23.01.2024).

Online Lexikon für Psychologie & Pädagogik (2023): Wissenschaftliche Forschung. URL: https://lexikon.stangl.eu/3349/wissenschaftliche-forschung (09.01.2024).

Owen, Charles (1998): Design, Advanced Planning and Product Development. URL: https://www.id.iit.edu/wp-content/uploads/2015/03/Design-advanced-planning-product-development-Owen_santiago98.pdf (23.01.2024).

Park, June H. (2012): Inklusion und Design. In: Präsident der Fachhochschule Lübeck (Hrsg.): Öffnungszeiten, Papiere zur Designwissenschaft, 26/2012. ARS MAGNA - Design als Problemlöser? Kassel: Kassel University Press, S. 21–25.

Plattner, Hasso/Meinel, Christoph/Weinberg, Ulrich (2009): Design Thinking. Innovation lernen ; Ideenwelten öffnen. München: mi-Wirtschaftsbuch.

Polanyi, Michael (1966): The tacit dimension. London: Routledge & Kegan Paul.

Polanyi, Michael (1985): Implizites Wissen. Frankfurt am Main: Suhrkamp.

Pöppel, Ernst (2000): Drei Welten des Wissens. Koordinaten einer Wissenswelt. In: Maar, Christa/Obrist, Hans Ulrich (Hrsg.): Weltwissen Wissenswelt. Das globale Netz von Text und Bild. Köln: DuMont, S. 21–39.

Przyborski, Aglaja/Riegler, Julia (2010): Gruppendiskussion und Fokusgruppe. In: Mey, Günter/Mruck, Katja (Hrsg.): Handbuch qualitative Forschung in der Psychologie. Wiesbaden: VS Verlag für Sozialwissenschaften, S. 436–448.

Pullin, Graham (2009): Design meets disability. Cambridge/London: MIT Press.

Raap, Heike (2008): Virtuos scheitern. Über das konstruktive Erforschen von Untiefen im Designprozess. URL: https://www.raap-design.de/pdf/raap_virt.pdf (23.01.2024).

Rau, Ulrike (Hrsg.) (2013): Barrierefrei. Bauen für die Zukunft. 3. Auflage. Berlin/Wien/Zürich: Beuth. URL: http://www.bauwerk-verlag.de/cgi-bin/katalog.pl?ac=si&g=002000&i=978-3-89932-290-3 (20.01.2024).

Rau, Ulrike et al. (Hrsg.) (2019): Barrierefrei. Bauen für die Zukunft. 4. Auflage. Berlin/Wien/Zürich: Beuth Verlag GmbH. URL: http://www.beuth.de/cmd?level=tpl-langanzeige&websource=vlb&smoid=288664854 (20.01.2024).

ready – vorbereitet für altengerechtes Wohnen (o. J.): Standards für altengerechtes Wohnen. Kurzfassung. URL: https://www.readyhome.de/downloads/01/02_kurzfassung.pdf (10.01.2024).

Reegen, Jasmin (2020): Think-Aloud-Methode. In: Wagner-Havlicek, Carina/Wimmer, Harald (Hrsg.): Werbe- und Kommunikationsforschung. Methoden - Stärken/Schwächen - Anwendungsbeispiele. Baden-Baden: Nomos, S. 75–88.

Reichhardt, Ulrike (2008): Designwissenschaft und Planungswissenschaft. In: Hugentobler, Hans Kaspar et al. (Hrsg.): Designwissenschaft und Designforschung. Ein einführender Überblick. Luzern: Hochschule Luzern, S. 85–92.

Reuter, Wolf (o. J.): Wissen im Design. URL: https://home.snafu.de/jonasw/PARADOX-ReuterD.html (22.01.2024).

Reuter, Wolf/Jonas, Wolfgang (Hrsg.) (2013): Thinking Design. Transdisziplinäre Konzepte für Planer und Entwerfer. Basel: Birkhäuser/De Gruyter.

Rittel, Horst (1970): Der Planungsprozess als iterativer Vorgang von Varietätserzeugung und Varietätseinschränkung. In: Institut Grundlagen der modernen Architektur (Hrsg.): Arbeitsberichte zur Planungsmethodik. Entwurfsmethoden in der Bauplanung. Stuttgart: Karl Krämer Verlag, S. 17–31.

Rittel, Horst/Webber, Melvin (2013): Dilemmas einer allgemeinen Theorie der Planung. In: Reuter, Wolf/Jonas, Wolfgang (Hrsg.): Thinking Design. Transdisziplinäre Konzepte für Planer und Entwerfer. Basel: Birkhäuser/De Gruyter, S. 20–38.

Rittel, Horst/Webber, Melvin M. (1992a): Dilemmas in einer allgemeinen Theorie der Planung. In: Planen, Entwerfen, Design: Ausgewählte Schriften zu Theorie und Methodik (4), S. 13–35.

Rittel, Horst/Webber, Melvin M. (1992b): Dilemmas in einer allgemeinen Theorie der Planung. In: Planen, Entwerfen, Design: Ausgewählte Schriften zu Theorie und Methodik (4), S. 13–35.

Roggendorff, Wolfgang et al. (2011): Methoden der Raumplanung. In: Akademie für Raumforschung und Landesplanung ARL (Hrsg.): Grundriss der Raumordnung und Raumentwicklung. Hannover: VSB Verlagsservice Braunschweig GmbH, S. 279–377.

Rommelspacher, Birgit (1998): Dominanzkultur. Texte zu Fremdheit und Macht. 2. Auflage. Berlin: Orlanda-Frauenverlag. URL: http://bookview.libreka.de/retailer/urlResolver.do?id=9783929823295&retid=100024 (12.05.2023).

Rosen, Rebecca J./Hendren, Sara (2013): Why Are Glasses Perceived Differently Than Hearing Aids? URL: https://scalar.usc.edu/works/bodies/media/Why Are Glasses Perceived Differently Than Hearing Aids_The Atlantic.pdf (23.01.2024).

Rosenbrock, Howard (1989): Designing human-centered technology. London: Springer-Verlag.

Rust, Chris/Mottram, Judith/Till, Jeremy (2007): AHRC research review: Practice-led research in art, design, and architecture. URL: https://shura.shu.ac.uk/7596/ (21.04.2024).

Ryle, Gilbert (1992): Der Begriff des Geistes. Stuttgart: Reclam.

Salustri, Filippo A./Eng, Nathan L. (2007): Design as…: Thinking of what Design might be. In: Journal of Design Principles and Practices, 1. Jg. (1), S. 19–28.

Saniflex (o. J.): Saniflex. Die langlebige Lösung mit optimaler Preis-Leistungs-Performance. URL: https://www.sanika.it/de/produkte/saniflex (23.02.2024).

Santermans, Freddy (2004): Herausforderungen für die europäische OTC-Industrie. Chancen und Risiken. Wiesbaden: Deutscher Universitäts-Verlag/ GWV Fachverlage GmbH.

Sato, Keiichi (2000): Constructing Knowledge of Design, part 1: Understanding Concepts in Design Research. In: Durling, David/Friedman, Ken (Hrsg.): Proceedings of the conference doctoral education in design. Foundations for the future. Stoke-on-Trent: Staffordshire University Press, S. 135–143.

Scherf, Christian (2014): Entwicklung, Herstellung und Evaluation des Modularen AlterssimulationsanzugseXtra (MAX). Dissertation. URL: https://www.researchgate.net/publication/279844898_Entwicklung_Herstellung_und_Evaluation_des_Modularen_AlterssimulationsanzugseXtra_MAX (15.11.2023).

Schipp, Theresa (2020): Umbau häuslicher Bäder zu bedarfsgerechten Pflegebädern in Abhängigkeit des Pflegegrades. Bachelorarbeit. Rosenheim: Technische Hochschule Rosenheim.

Schneider, Beat (2005): Design - eine Einführung. Entwurf im sozialen, kulturellen und wirtschaftlichen Kontext. Basel, Berlin: Birkhäuser. URL: http://digitale-objekte.hbz-nrw.de/webclient/DeliveryManager?pid=1511848&custom_att_2=simple_viewer (05.03.2024).

Schön, Donald A. (1983): The reflective practitioner. How professionals think in action. New York: Basic Books.

Schreier, Margrit (2014): Varianten qualitativer Inhaltsanalyse. Ein Wegweiser im Dickicht der Begrifflichkeiten. In: Forum Qualitative Sozialforschung, 15. Jg. (2).

Schüz, Benjamin et al. (2011): Autonomie trotz Multimorbidität im Alter – Der Berliner Forschungsverbund AMA. In: Zeitschrift für Gerontologie und Geriatrie, 44. Jg. (2), S. 9–26.

Science (2013): Wie Forscher arbeiten. Was ist die wissenschaftliche Methode? URL: https://www.science.lu/de/wie-forscher-arbeiten/was-ist-die-wissenschaftliche-methode (22.01.2024).

seniorentechnik.net (o. J.): Der Rollator – eine tolle Erfindung. URL: https://seniorentechnik.net/vital-und-gesund/rollator-tolle-erfindung/ (24.01.2024).

Simon, Herbert Alexander (1969): The sciences of the artificial. Cambridge, Massachusetts: MIT Press.

Snow, Charles Percy (1959): The two cultures and the scientific revolution. Mansfield: Martino Fine Books.

Sozialgesetzbuch (SGB IX), Neuntes Buch, Rehabilitation und Teilhabe von Menschen mit Behinderungen (o. J.): § 2 SGB IX Begriffsbestimmungen. URL: https://www.sozialgesetzbuch-sgb.de/sgbix/2.html (23.01.2024).

Stappers, Pieter Jan (2007): Doing Design as a Part of Doing Research. In: Michel, Ralf (Hrsg.): Design Research Now: Essays and selected Projects. Basel: Birkhäuser, S. 81–91.

Statista Research Department (2011): Verteilung altersgerechter Wohnformen in Deutschland im Jahr 2008. URL: https://de.statista.com/statistik/daten/studie/189194/umfrage/verteilung-altersgerechter-wohnformen-in-deutschland/ (10.01.2024).

Stefanie Hutschenreuter (o. J.): Barrierefrei duschen im eigenen Zuhause. URL: https://www.pflege.de/barrierefreies-wohnen/badezimmer/dusche/ (27.01.2024).

Steinhardt, Isabel (2018): Unterschiede zwischen Fokusgruppe und Gruppendiskussion. URL: https://sozmethode.hypotheses.org/552 (27.01.2024).

Technische Hochschule Rosenheim (2023): DeinHaus4.0 Konferenz. URL: https://www.th-rosenheim.de/studium-und-weiterbildung/im-studium/veranstaltungen-fuer-studierende/detailansicht-veranstaltungen-fuer-studierende/deinhaus-40-konferenz-1 (06.02.2024).

Technische Hochschule Rosenheim (2024): DeinHaus 4.0 Oberbayern. Projektziel. URL: https://www.th-rosenheim.de/forschung-innovation/forschungskompetenzen/forschungsprojekte/deinhaus-40-oberbayern (09.01.2024).

TERRAGON WOHNBAU (2012): Barrierefreies Bauen im Kostenvergleich. Eine Analyse notwendiger Mehrausgaben gegenüber konventionellen Bauweisen von TERRAGON WOHNBAU. URL: http://www.terragon-ag.de/wp-content/uploads/2019/04/TERRAGON-Studie-Kostenvergleich-Barrierefreies-Bauen.pdf (12.02.2023).

Tjiko (2024): Bad-Modelle. URL: https://tjiko.de/modelle/ (23.02.2024).

Tjiko (2024): Tjiko Modulbau. Das Bad als Produkt. URL: https://tjiko.de (23.02.2024).

Toyota (2020): Toyota Home. Building the future. URL: https://www.toyotahome.co.jp (24.01.2024).

Uhlmann, Johannes (2005): Die Vorgehensplanung Designprozess für Objekte der Technik. Mit Erläuterungen am Entwurf eines Ultraleichtflugzeuges. Dresden: TUDpress.

UN-Behindertenrechtskonvention, Übereinkommen über die Rechte von Menschen mit Behinderungen (o. J.): Begriffsbestimmungen. Universelles Design. URL: https://www.behindertenrechtskonvention.info/begriffsbestimmungen-3760/ (10.06.2023).

UN-Behindertenrechtskonvention, Übereinkommen über die Rechte von Menschen mit Behinderungen (o. J.): Zugänglichkeit. URL: https://www.behindertenrechtskonvention.info/zugaenglichkeit-3790/ (23.01.2024).

Van den Boom, Holger (Hrsg.) (2000): Entwerfen. Köln Salon Verlag.

Verband Deutscher Ingenieure VDI (o. J.): VDI 6000 Sanitärtechnik; Ausstattung von und mit Sanitärräumen. URL: https://www.vdi.de/richtlinien (10.01.2024).

Verbund Pflegehilfe (o. J.): Altersgerechte Badsanierung. URL: https://www.pflegehilfe.org/badsanierung (27.01.2024).

Verbund Pflegehilfe (o. J.): Badewanne zur ebenerdigen Dusche umbauen. URL: https://www.pflegehilfe.org/badewanne-zur-dusche (27.01.2024).

Verein Stadtteilarbeit (o. J.): Leitbild des Vereins „Stadtteilarbeit e.V.". URL: https://www.verein-stadtteilarbeit.de/verein/leitbild.html (10.01.2024).

Vereinigung Deutsche Sanitärwirtschaft (VDS) (2017): Die Deutschen und ihre Bäder. URL: https://www.sanitaerwirtschaft.de/markt-branche/die-deutschen-und-ihre-baeder (10.01.2024).

Vonovia (2024): Wir geben Menschen ein Zuhause. URL: https://www.vonovia.de (27.01.2024).

Vries, Joop de/Perry, Thomas (2007): Der demografische Wandel und die Zukunft der Gesellschaft. Szenarien für den Umgang mit einer alternden und schrumpfenden Bevölkerung. In: VHW - Bundesverband für Wohnen und Stadtentwicklung (3/2007), S. 115–119.

Wagner, Frank/Binner, Katrin (2016): Ein weites Feld. Frank Wagner im Gespräch mit Bernhard E. Bürdek. In: nomad - The Magazine for New Design Culture, Business Affairs & Contemporary Lifestyle (2), S. 144–153.

Waldschmidt, Anne (2005): Disability Studies: Individuelles, soziales und/oder kulturelles Modell von Behinderung? In: Psychologie und Gesellschaftskritik, 29. Jg. (4), S. 9–31.

Waldschmidt, Anne/Schneider, Werner (2007): Disability studies, Kultursoziologie und Soziologie der Behinderung. Erkundungen in einem neuen Forschungsfeld. Bielefeld: Transcript Verlag.

wohnxperium (2024): Räume erleben, gestalten und erforschen. URL: https://wohnxperium.de (02.02.2024).

World Health Organization (1980): International Classification of Impairments, Disabilities, and Handicaps. A manual of classification relating to the consequences of disease. Geneva: WHO.

Yom, Miriam/Wilhelm, Thorsten H./Gauert, Stefanie (2007): Protokolle lauten Denkens und Site Covering: Erweiterung der Methode zur detaillierten Bewertung des Screendesigns von Webangeboten. In: Buber, Renate/Holzmüller, Hartmut (Hrsg.): Qualitative Marktforschung: Konzepte - Methoden - Analysen. Wiesbaden: Gabler, S. 635–652.

Zerweck, Philip (2008): Deontische Fragestellungen. In: Hugentobler, Hans Kaspar et al. (Hrsg.): Designwissenschaft und Designforschung. Ein einführender Überblick. Luzern: Hochschule Luzern, S. 17–18.

Zerweck, Philip (2008): Design als berufliche Praxis. In: Hugentobler, Hans Kaspar et al. (Hrsg.): Designwissenschaft und Designforschung. Ein einführender Überblick. Luzern: Hochschule Luzern, S. 8–10.

Zerweck, Philip (2008): Methoden in Design und Designresearch. In: Hugentobler, Hans Kaspar et al. (Hrsg.): Designwissenschaft und Designforschung. Ein einführender Überblick. Luzern: Hochschule Luzern, S. 93–109.

Zerweck, Philip (2008): Prozesse des Design und Design Research. In: Hugentobler, Hans Kaspar et al. (Hrsg.): Designwissenschaft und Designforschung. Ein einführender Überblick. Luzern: Hochschule Luzern, S. 59–84.

Zoglauer, Thomas (1992): Wissenschaftstheoretische Aspekte der Modellbildung und Modellübertragung. In: Sonderforschungsbereich 230 (Hrsg.): Modelle und Methoden: Beiträge zum Wissenschaftsverständnis. Konzepte des SFB 230 39. Stuttgart: Universität Stuttgart, S. 119–127.